Egbert Rumpf-Rometsch

W0324643

Die Fälle

BGB - Schuldrecht BT 1

Mängel im Kauf-, Werk- und Werklieferungsrecht

40 Fälle mit Lösungsskizzen und Formulierungsvorschlägen

9. Auflage

der fall fallag

!!!!!!!!!!

Und wieder für Jana !

Credits

Jana gibt mir weiterhin viel Kraft und versüßt mein Leben.

Ein ganz dickes Dankeschön an alle, die durch innovative Kritik und oft umfangreiche Vorschläge zur Verbesserung dieser Auflage beigetragen haben. Euer Einsatz hat mich erfreut. Macht weiter so!

Druck und Verarbeitung

CPI – Ebner & Spiegel, Ulm

Umschlag

Marion Volkmer visuelle kommunikation, Düsseldorf

Internet

www.fall-fallag.de

Bezug (leider nur) für den Buchhandel

SIGLOCH Distribution, Blaufelden

ISBN 978-3-932944-68-0

Rumpf-Rometsch • Die Fälle – BGB Schuldrecht BT 1 • 9. Auflage • 2019

Aus dem Vorwort zur 1. Auflage

Nun denn, es ist geschafft !!!

Das ... natürlich nicht letzte Buch der Reihe „Die Fälle“ liegt vor euch. Und es hat mich viel Schweiß gekostet. Aber der Spaß stand natürlich – wie immer – im Vordergrund. Und das sollte er auch. Denn sonst wäre Bücherschreiben eine äußerst mühevolle und gar nicht erquickende Angelegenheit.

Erst einmal ein wirklich herzliches „Dankeschön“ an die meisten von euch. Ihr habt es letztlich möglich gemacht. Und was, werdet ihr womöglich fragen. Ganz einfach: Ich habe die Zweigleisigkeit meines Berufslebens aufgeben können. Einerseits Rechtsanwalt, andererseits Autor und Verleger, tja nun.

Um auf den Punkt zu kommen: Die Resonanz auf die schon erschienenen Bücher war so überwältigend, dass ich mich entschlossen habe weiterzuschreiben und weiterzuschreiben und weiterzuschreiben ...

...

Wie dem auch sei. Genug der persönlichen Entwicklungen. Ich bin glücklich und ihr werdet es hoffentlich ebenfalls sein, wenn ihr dieses Buch durchgearbeitet habt. Es liegt noch ein mühsamer Weg vor euch, aber der ist zu schaffen. Versprochen!!!

...

In diesem Buch finden sich die wichtigsten Ansprüche, Rechte und dazugehörigen Probleme zur Mängelhaftung im Kaufrecht, Werk- und Werklieferungsrecht. Und noch ein paar mehr. Aber nicht alle. Ich habe versucht, das zusammenzutragen und zu systematisieren, was mir in den letzten Jahren über den Weg gelaufen ist. Dankbar wäre ich für weitere Anregungen, die ich in einer nächsten Auflage berücksichtigen könnte.

Köln, im mittlerweile recht warmen Juni 1995

Egbert Rumpf-Rometsch

Aus dem Vorwort zur 3. Auflage

Die Schuldrechtsreform !!!

... Nun ist sie da. Die Reform. Die große Reform. Die große Reform des Schuldrechts. Lange erwartet oder auch nicht. Nicht nur einmal habe ich in den letzten Jahren diverse Menschen im Justizministerium fernmündlich gequält, um zu erfragen, wann, ja wann denn endlich ...

Unglaublich, aber wahr: Jetzt haben wir den Salat, respektive die Reform. Und was hat sich geändert? Vieles! Und vieles auch nicht. Ganz ernsthaft: In einigen Punkten halte ich die Reform für durchaus gelungen. Und in anderen Punkten kann ich nur ungläubig den Kopf schütteln. Und sehe mich dabei in einer Reihe mit vielen mir bekannten und befreundeten Juristen. Aber jegliches kollektive Kopfschütteln ist vergeblich. Ich mag an dieser Stelle voller Inbrunst nochmals betonen, dass die Reform auch ihr Gutes hat. Wir beschreiten neue Wege. Und warten auf die Reform der Reform.

Habt ihr euch schon einmal Gedanken darüber gemacht, dass wahrscheinlich unzählige in gut temperierten Lagerräumen schlummernde und auf den Verkauf wartende Bücher quasi über Nacht zu Makulatur geworden sind? Immerhin: Meine nicht. Das liegt aber allenfalls an einer eher glücklichen Kalkulation. Und nun werden immense Mengen Rohstoffe verbraten, um neues Lesefutter zu produzieren. Die Papierkocher und Drucker reiben sich die Hände. Derweil wächst der Altpapierberg ins Unermessliche. So viel zur Ökobilanz.

Heute und morgen ist es – gerade ob der Änderungen – wichtiger denn je, konstruktive Kritik zu üben. Tut es ...

Köln, im Klüngel-März 2002

Egbert Rumpf-Rometsch

Vorwort zur 9. Auflage

Aufmerksame Leser werden bemerkt haben, dass sich am – hier nicht gedruckten – Wortlaut des Vorworts zur vorigen Auflage einmal mehr wenig geändert hat.

Und: Ein Teil dieses Vorworts gleicht dem Vorwort meines Buchs „Die Fälle – BGB AT", das gleichzeitig in neuer Auflage erscheint.

Bereits zum achten Mal habe ich mit überaus großer Freude das Buch überarbeitet. Und noch ein anderes, nämlich das bereits erwähnte Buch „Die Fälle – BGB Schuldrecht AT", das sich nach wie vor der Unmöglichkeit, dem Verzug und (sonstigen) Pflichtverletzungen vor und im Vertrag widmet.

Da es nichts gibt, was nicht zu verbessern ist, habe ich wieder einige Änderungen vorgenommen. Zu berücksichtigen war insbesondere, dass sich in der Normierung des Verbrauchsgüterkaufs dies und das „verschoben" hat. Außerdem war zu überdenken, ob und gegebenenfalls wie sich neue Vertragstypen (z.B. der Bauvertrag, § 650a) sinnvoll in die Ausführungen integrieren lassen.

Auch hier soll der Hinweis auf ***„Das Recht – Ein Basisbuch"*** nicht fehlen. Dort geht es um die Grundlagen und um den nicht minder wichtigen Gesamtüberblick. Arbeitstechnik und Sprache stehen dabei im Vordergrund, wobei zahlreiche Grundbegriffe anhand von Fallbeispielen vermittelt werden. Das Buch gibt es ab April 2019 als ***Download*** auf der Verlag-Homepage (www.fall-fallag.de). ***Kostenfrei***. Zum Jubiläum. Der Fall-Fallag blickt auf 25 erfolgreiche Jahre zurück. Danke …

Und weil's so schön ist, wiederhole ich mich gerne. Danke für die Resonanz! Ich freue mich nach wie vor, wenn ihr die Zeit findet, etwaige Unklarheiten zu vermelden. Das kommt nachfolgenden Jura-Generationen zugute. Also denkt bitte nicht: Nach mir die Sintflut! Zeigt Solidarität. Immer. Und immer wieder.

Für Lob und Kritik könnt ihr die unten angegebene E-Mail-Adresse nutzen.

Köln, im April 2019, fast 24 Jahre nach Erscheinen der ersten Auflage

Egbert Rumpf-Rometsch

Kontakt: www.fall-fallag.de
lobundtadel@fall-fallag.de

Inhaltsverzeichnis

Mängel im Kaufrecht

Einführung in die Handhabung des Buches

Das euch vorliegende Buch beinhaltet Fälle aus den Bereichen ***Mängel im Kaufrecht*** und ***Mängel im Werk- und Werklieferungsrecht***, es beschäftigt sich also mit vertraglichen Ansprüchen.

Eine ernste Aufforderung: Ihr solltet – nein müsst – immer die genannten ***Vorschriften lesen.*** Denn die Zauberworte für eine effektive Arbeitsweise heißen „aktives Lernen". Rein passives Konsumieren bringt kaum Erfolge.

Alle ohne Gesetzesbezeichnung genannten Normen sind solche des BGB. Ich zitiere Absätze mit römischen Ziffern (z.B. § 433 ***II***). Die Bezeichnung einzelner Sätze erfolgt durch arabische Ziffern (z.B. § 433 I ***1*** oder § 388 ***S. 1***). Gegebenenfalls wird ein Halbsatz (Hs.), eine Alternative (Alt.), eine Variante (Var.) oder eine Nummer (Nr.) zitiert (z.B. § 437 ***Nr. 2 Alt. 1***). Wenn Vorschriften außerhalb des BGB genannt werden, geschieht dies mit der jeweiligen Gesetzesbezeichnung (z.B. ***StGB***).

Zunächst solltet ihr euch intensiv mit der allgemeinen ***Einführung in die Fallbearbeitungstechnik*** beschäftigen. Die meisten der darin enthaltenen Ratschläge werden euch auch außerhalb des Bürgerlichen Rechts zugute kommen.

Es folgt in der Rubrik ***Alle Fälle auf einmal*** eine Zusammenstellung sämtlicher Sachverhalte. Ich möchte euch damit vor der Versuchung bewahren, vorschnell in die jeweilige Lösungsskizze und/oder den Formulierungsvorschlag zu schauen. Macht euch zunächst immer eigene Gedanken! Am meisten bringt es, wenn ihr nicht nur eine eigene Lösungsskizze entwerft, sondern euch auch an der Formulierung übt.

Nach den Sachverhalten folgt der Hauptteil des Buches, der bei jedem der Fälle dieselbe Struktur aufweist:

Fall – Lösungsskizze – Formulierungsvorschlag – Fazit

Der ***Sachverhalt*** mit Fallfrage wird noch einmal wiedergegeben, damit ihr nicht immer wieder zum Anfang des Buches zurückblättern müsst.

Bereits in der ***Lösungsskizze*** findet eine Schwerpunktsetzung statt. Ich führe jeweils alle Prüfungspunkte auf, die problematischen Merkmale werden aber schon in der Skizze umfangreicher behandelt.

Der ***Formulierungsvorschlag*** ist – wie schon die Bezeichnung verrät – ein Vorschlag. Nehmt den Begriff wörtlich: Meine Formulierung ist ein Vorschlag, nicht mehr und nicht weniger. Ich möchte euch vermitteln, wie eine gelungene Formulierung aussehen kann. Im Gegensatz zu anderen Autoren mische ich jedoch keine lehrbuchartigen Ausführungen in den Formulierungsvorschlag, weil die in einer Klausur oder Hausarbeit nichts zu suchen haben.

Im jeweiligen ***Fazit*** greife ich die Schwerpunkte des betreffenden Falles noch einmal auf. Hier finden sich Erläuterungen zu Aufbaufragen und juristischen Finessen. Kurzum: Im Fazit werden wissenswerte Aspekte erläutert, die sich nicht schon erschöpfend aus der Lösungsskizze und/oder dem Formulierungsvorschlag ergeben. Die klare Trennung zwischen Formulierungsvorschlag und Fazit hat natürlich auch für den jeweiligen Sprachstil Folgen. Im Fazit werdet ihr des Öfteren eine etwas saloppere Ausdrucksweise antreffen, die im Rahmen einer Klausur oder Hausarbeit als „unwissenschaftlich" verpönt ist.

In den Lösungsskizzen und Formulierungsvorschlägen habe ich etwas eingebaut, das zwar einem systematischen Aufbau entspricht, aber nicht unbedingt geschrieben werden muss. Es handelt sich hierbei um die ***Unterteilung:***

I. Anspruch entstanden

II. Anspruch untergegangen

III. Anspruch durchsetzbar

IV. Ergebnis

Noch einmal: Das muss nicht sein, ist aber (zumindest für noch nicht Fortgeschrittene) sehr sehr sinnvoll. Und: Ein Korrektor wird euch niemals einen Strick daraus drehen, sondern sich über den nachvollziehbaren Aufbau freuen.

Fast am Ende des Buches präsentiere ich euch mehrere ***Aufbauschemata***, die ihr verinnerlichen solltet. Die Schemata sind ausfüllungsbedürftig, enthalten jedoch alle Ansprüche/Rechte, an die ihr in diesem Stadium der Fall-Lösung denken solltet, um dem Korrektor ein famoses Ergebnis präsentieren zu können.

Im ***SCHEMA I*** sind wichtige Ansprüche und Rechte aus dem Bereich „Mängel im Kaufrecht" aufgelistet.

Das ***SCHEMA II*** zeigt euch wichtige Ansprüche und Rechte aus dem Bereich „Mängel im Werkvertragsrecht".

Einen Zugriff auf Vorschriften erleichtert das ***Gesetzesverzeichnis***. Das ***Sachverzeichnis*** hilft euch, Details aufzuspüren.

Genug geschwätzt, die Einführung naht ...

Einführung in die Fallbearbeitungstechnik

Mit der Fallbearbeitungstechnik kann man sich nicht intensiv genug beschäftigen. Eine gute Arbeit lebt von der ***Schwerpunktsetzung***, vom ***Stil*** und der ***Argumentation***.

Die Darstellung macht's!!

Was ihr in dieser Hinsicht beherrscht, kommt euch in jeder Klausur oder Hausarbeit zugute. Dagegen begegnet euch ein mühevoll auswendig gelernter Meinungsstreit unter Umständen nie wieder. In der immer weiter steigenden Flut der juristischen Einzelprobleme kann man sich letztlich nur durch eine fundierte Fallbearbeitungstechnik über Wasser halten.

Worum geht es ?

In der Klausur oder Hausarbeit soll ein Fall gutachterlich gelöst werden. Das klingt völlig banal, wird aber oft genug nicht beachtet. Es geht nicht darum, möglichst viel Wissen in Form von Meinungsstreitigkeiten abzuladen. Wer auf die „Ich weiß was"-Tour kommt, fängt sich Randbemerkungen wie „Fallbezug?" oder „überflüssige Lehrbuchausführungen" ein.

Auf Streitfragen darf nur eingegangen werden, wenn es für die Fall-Lösung darauf ankommt.

Häufig liegt der Schwerpunkt der Arbeit auf der Auswertung der im Sachverhalt enthaltenen Angaben, nicht auf dem leidigen Abspulen von Meinungsstreitigkeiten.

Wie gehe ich an die Sache heran ?

- Die Erfassung des Sachverhalts

Zunächst einmal muss der Sachverhalt gründlich erfasst werden. Das gelingt nur bei sehr kurzen und übersichtlichen Klausuren durch einmaliges Lesen. In aller Regel solltet ihr den ***Text*** mindestens zweimal oder besser dreimal ***aufmerksam lesen***. Viele bearbeiten das Aufgabenblatt schon in diesem Stadium mit allen möglichen ***Markierungen***, ***Einteilungen*** und ***Randbemerkungen***.

Das ist nicht unbedenklich:

In der Regel enthält der Sachverhalt keine überflüssigen Passagen. Es besteht die Gefahr, dass vor lauter Konzentration auf die hervorgehobenen Teile Wichtiges unter den Tisch fällt. Vor allem aber könnt ihr zum Zeitpunkt der Erst- oder Zweitlektüre eines unbekannten Falls noch gar nicht zielsicher entscheiden, was nun besonders wichtig ist. Die Fehlerquote kann ziemlich hoch liegen.

Außerdem darf bezweifelt werden, dass die Angelegenheit durch – womöglich vielfarbige – Markierungen wirklich übersichtlicher wird.

Wer es partout nicht lassen kann, sollte sich jedenfalls der genannten Nachteile bewusst sein.

Besonders zu beachten sind natürlich ***Fallfragen*** und ***Bearbeiterhinweise***.

Manchmal wird allgemein nach der Rechtslage gefragt. Dann sind alle infrage kommenden Anspruchsgrundlagen zu überdenken. Häufig ist jedoch nur ein bestimmter Anspruch zu prüfen. Mitunter ist die Prüfung bestimmter Ansprüche ausgeschlossen. Der Bearbeiterhinweis kann auch den Ausschluss einzelner rechtlicher Möglichkeiten betreffen. Dabei kann es z.B. um Leistungsverweigerungs- oder um Zurückbehaltungsrechte des Anspruchsgegners gehen.

Die – gar nicht so seltene – ***Missachtung*** solcher Hinweise erregt den Unmut des Korrektors, ***sollte*** also ***tunlichst vermieden werden***. Achtet darauf!

- Die Suche nach den Anspruchsgrundlagen

Nichts ist ärgerlicher, als einen einschlägigen Anspruch zu übersehen! Deshalb sollte nicht vorschnell mit der gedanklichen Prüfung der auf den ersten Blick infrage kommenden Normen begonnen werden.

Einigermaßen einfach gestaltet sich das Auffinden der „richtigen“ Anspruchsgrundlage, wenn eine konkrete Fallfrage gestellt wird (etwa: „Hat X gegen Y einen Kaufpreisanspruch?“). Dann ist eine zur Frage „passende“ Norm aufzufinden (hier: § 433 II), wenn diese nicht bereits in der Fallfrage genannt ist. Das gelingt recht schnell, wenn ihr euch wiederholt mit dem ***Inhaltsverzeichnis des BGB*** beschäftigt habt.

Sollte allerdings allgemein nach der Rechtslage gefragt werden, beginnt der Spaß. Ihr müsst dann überlegen, ***wer / von wem / was / woraus*** haben möchte. Laut Sachverhalt erschließt sich in der Regel ganz schnell, ***wer*** etwas ***von wem*** haben möchte. Auch ***was*** der eine vom anderen haben will, bereitet überwiegend keine Schwierigkeiten. Das kann etwa die Übereignung einer Sache, die Kaufpreiszahlung, Schadensersatz in Geld, die Herausgabe einer Sache oder ... oder ... sein. ***Woraus***, also aus welcher Norm bzw. aus welchem Paragraf der Anspruchsteller seinen Anspruch herleitet, ist manchmal gar nicht so einfach herauszufinden.

Die Lösungsskizze / Zeiteinteilung

Das Erstellen einer sauberen ***Lösungsskizze*** wird oft vernachlässigt. Sie ist die Basis der späteren Klausur und muss ***möglichst detailliert, vor allem aber vollständig*** sein.

Erst wenn der Fall von vorne bis hinten skizziert ist, kann in der Reinschrift eine vernünftige Schwerpunktsetzung erfolgen. Deswegen ist von der ***Unsitte des „Drauflosschreibens“*** klar abzuraten. Hinter diesem stark verbreiteten Verhalten steht wohl der auf den ersten Blick beruhigende Gedanke, schon mal etwas zu Papier gebracht zu haben.

Das ist deshalb gefährlich, weil im noch nicht durchdachten Teil der Arbeit die Hauptschwerpunkte liegen können. „Frühschreiber" merken das dann zu spät. Das Ergebnis ist eine Arbeit, die zum Ende hin bestenfalls immer dünner wird, schlimmstenfalls ganze Teile der Prüfung gar nicht mehr enthält.

Lasst euch also nicht von den Nachbarn verunsichern, die schon mehrere Seiten geschrieben haben, während ihr noch mit der Lösungsskizze beschäftigt seid. ***Abgerechnet wird zum Schluss!!***

Wann spätestens mit dem Schreiben der Klausur begonnen werden sollte, kann nicht pauschal beantwortet werden. Hier zählen individuelle Erfahrungswerte.

Als ***Faustformel*** mag die sogenannte ***Drittelregel*** dienen:

Auf jeden Fall mindestens das erste Drittel der Bearbeitungszeit für die Skizze verwenden. Andererseits spätestens nach Ablauf von zwei Dritteln der Bearbeitungszeit mit dem Schreiben beginnen, sonst werdet ihr nicht fertig (Oh Ärger).

Bei den Überlegungen zur Lösungsskizze muss der ***Sachverhalt genau im Auge behalten*** werden. Bei einem gut gestellten Fall hat jeder Teil seine Bedeutung. Überflüssige Füllpassagen sind wie gesagt recht selten.

Deshalb ist es sehr hilfreich, folgende ***Kontrollüberlegung*** anzustellen:

Habe ich den gesamten Sachverhalt in die Lösungsskizze einbezogen? Wenn ja, spricht einiges für die Vollständigkeit der Lösung (nicht notwendig für die Richtigkeit).

Oder umgekehrt: Kann eine bestimmte Textpassage ersatzlos gestrichen werden, ohne dass es sich auf meine Lösung auswirkt? Wenn ja, muss die Lösung im Hinblick auf den betreffenden Teil überdacht werden.

Der Gesamtaufbau

Bereits beim Erstellen der Lösungsskizze solltet ihr euch über den Aufbau klar werden. Oft spielen in einem Fall eine ganze Reihe von Personen mit. Dann ist genau darauf zu achten, ***wer gegen wen welche Ansprüche*** geltend macht oder machen kann. Das ergibt sich – wie gesagt – aus der Fallfrage und aus eventuellen Bearbeiterhinweisen.

Wenn ganz allgemein nach der Rechtslage gefragt ist, kann es sich anbieten, nach Personen zu gliedern. Es kann aber auch sinnvoll sein, verschiedene zeitliche Abschnitte getrennt zu betrachten und innerhalb der Abschnitte eine Gliederung nach Personen vorzunehmen.

Die Darstellung im Allgemeinen

- Die äußere Form

Hierzu gibt es nicht so furchtbar viel zu sagen. Dass die ***Schrift*** in der Klausur ***möglichst leserlich*** sein sollte, kann sich jeder denken. Wer also eine Sauklaue hat, sollte nach Möglichkeit daran arbeiten. Schreibt ***nicht mit Bleistift***, damit werden üblicherweise die Korrekturbemerkungen gemacht. Lasst ***genügend Rand***, sonst gilt das Motto „Kein Rand – keine Randbemerkungen". Beschreibt die ***Blätter*** nur ***einseitig und nummeriert*** sie. Wenn ihr die Seiten in der Hektik der letzten Sekunden vor Abgabe in der falschen Reihenfolge zusammengeheftet habt, fällt dem Korrektor so die Zuordnung leichter. An einer fehlenden Unterschrift ist wohl noch keine Klausur oder Hausarbeit gescheitert. Versucht trotzdem daran zu denken. Für die erste juristische Prüfung (Examen) müsst ihr euch die Unterschrift im Übrigen wieder abgewöhnen. Dort werden die Arbeiten anonym unter einer Kennziffer geschrieben.

- Gutachtenstil

Von euch wird in der Klausur – wie auch in Hausarbeiten – der anfänglich stark gewöhnungsbedürftige ***Gutachtenstil*** erwartet. Er besteht aus vier Schritten, die anhand eines bewusst vereinfachten Beispiels verdeutlicht werden sollen:

1. Schritt: Frage aufwerfen

„X könnte gegen Y einen Anspruch auf Übereignung der Kaufsache gemäß § 433 I 1 haben."

2. Schritt: Voraussetzung bzw. Definition

„Dies setzt einen wirksamen Kaufvertrag, § 433 zwischen den Parteien voraus. Ein Kaufvertrag besteht aus zwei übereinstimmenden Willenserklärungen, Angebot und Annahme."

3. Schritt: Subsumtion

„X hat die Kaufsache angeboten, Y hat das Angebot angenommen. Also liegt ein wirksamer Kaufvertrag, § 433 vor."

4. Schritt: Ergebnis

„Somit hat X gegen Y einen Anspruch auf Übereignung der Kaufsache gemäß § 433 I 1."

Um Missverständnissen vorzubeugen: Wenn ein unproblematischer Normalfall vorliegt, wirkt es albern, den umständlichen Gutachtenstil anzuwenden. Man beschränkt sich dann auf eine ***kurze Feststellung***. Das ist vom Fallsteller durchaus vorgesehen. Die Bearbeitungszeit ist so bemessen, dass ihr unmöglich die ganze Klausur konsequent im Gutachtenstil schreiben könnt.

Also:

Unproblematisches kurz feststellen!

Problematisches im Gutachtenstil darstellen!

Wenn ihr euch für den ***Gutachtenstil*** entschieden habt, ***dann*** muss er ***sauber und vollständig*** sein!

Also nicht: „X könnte gegen Y einen Anspruch auf Übereignung der Kaufsache gemäß § 433 I 1 haben. Dies setzt einen wirksamen Kaufvertrag, § 433 zwischen den Parteien voraus. Ein Kaufvertrag besteht aus zwei übereinstimmenden Willenserklärungen, Angebot und Annahme. Dies ist hier der Fall."

In diesem – so oder ähnlich leider sehr oft anzutreffenden – Negativbeispiel fehlt der Subsumtionsschritt und damit der Fallbezug. Das ist nichts Halbes und nichts Ganzes!

Vernachlässigt die Schwerpunktsetzung nicht! Klausuren und Hausarbeiten, in denen alles etwa gleich breit geprüft wird, nerven den Korrektor. Versetzt euch einmal in die Lage eines Korrekturassistenten, der einen Stapel mit über 50 Arbeiten vor sich liegen hat. Stellt euch seine Erleichterung vor, wenn er in der 47. Klausur oder Hausarbeit endlich einmal den geradezu erlösend knappen Satz „Der Anspruch ist durchsetzbar" liest. Das gibt einen dicken Haken am Rand, Sympathiepunkte werden eingefahren. ***Wenn die Schwerpunktsetzung stimmt, wird euch die ein oder andere inhaltliche Schwäche locker verziehen!***

Die Schwierigkeit bei der ganzen Angelegenheit liegt natürlich darin, die ***Spreu vom Weizen*** zu ***trennen***, also herauszufinden, was problematisch und was unproblematisch ist.

Das ist immer eine ***unvermeidliche Gratwanderung:*** Wer aus Sicht des Korrektors Unproblematisches im Gutachtenstil prüft, langweilt ihn. Wer andererseits Problematisches nur kurz feststellt, muss sich den Vorwurf des fehlenden Problembewusstseins gefallen lassen.

Es lohnt sich also, ein Fingerspitzengefühl für die richtige Schwerpunktsetzung zu entwickeln.

Im Gutachten spielt die ***Wortwahl*** eine entscheidende Rolle. ***Warnzeichen für unangebrachten Urteilsstil*** sind Wörter wie ***„da", „weil" oder „denn"***. Sobald über die bloße Feststellung hinaus etwas erklärt werden muss, ist der Urteilsstil tabu!

Der reine ***Gutachtenstil*** zeichnet sich wie gezeigt ***im 1. Schritt*** durch Wendungen wie ***„müsste", „könnte", „möglicherweise hat" oder „in Betracht kommt"*** aus. ***Im Ergebnis*** (4. Schritt) heißt es dann typischerweise ***„also", „demnach", „somit", „damit" oder „folglich"***.

Um ganz sauber zu bleiben, solltet ihr mit dem Wort ***„müsste"*** vorsichtig umgehen. Es ist immer dann unangebracht, wenn strukturell noch eine andere Variante in Betracht kommt.

Also nicht: „A könnte die Erklärung gemäß § 123 I anfechten. Dann müsste er durch arglistige Täuschung zur Abgabe der Willenserklärung bestimmt worden sein."

Das ist unzutreffend, weil auch die widerrechtliche Drohung als Anfechtungsgrund in § 123 I genannt wird.

Vorsicht ist geboten, wenn der Satz ***mit*** den Wörtern ***„Es"*** oder ***„Bevor"*** beginnt. In der Regel folgen dann überflüssige Ausführungen. Auch die beliebte Einleitung ***„Fraglich ist, ob ..."*** sollte man jedenfalls nicht zu häufig verwenden. Meist bietet es sich stattdessen an, unmittelbar in die konkrete Prüfung des jeweiligen Merkmals einzusteigen. Das wirkt prägnanter.

Die Prüfung des einzelnen Anspruchs

Der nun folgende Anspruchsaufbau orientiert sich an einem ***vertraglichen*** ***Anspruch***.

- Der Obersatz

Jede Prüfung muss mit einem Obersatz beginnen. Der Obersatz sollte immer den ***Anspruchsteller*** und den ***Anspruchsgegner***, das ***Begehren*** des Anspruchstellers und die dazugehörige einschlägige ***Norm*** enthalten:

> „X könnte gegen Y einen Anspruch auf Übereignung der Kaufsache gemäß § 433 I 1 haben."

Also: ***Wer*** könnte ***von wem was woraus*** verlangen?

Gewöhnt euch an, ***immer einen vollständigen Obersatz*** zu ***formulieren***.

- Der folgende Aufbau

Ich schlage – nicht nur in diesem Buch – etwas vor, was nicht unbedingt geschrieben werden muss. Es untermauert jedoch einen klaren und systematischen Aufbau jeder Anspruchsprüfung. Nicht nur für Anfänger lohnt es sich, die folgende ***Unterteilung*** immer zu berücksichtigen:

I. Anspruch entstanden ?

II. Anspruch untergegangen ?

III. Anspruch durchsetzbar ?

IV. Ergebnis

Die Unterteilung bietet den unermesslichen Vorteil, dass ihr viele Kleinigkeiten während einer Prüfung nicht vergesst. Voraussetzung ist allerdings, dass ihr euch einprägt, welche kleinen Schweinereien in welchem Unterteilungspunkt lauern. Deshalb mag ich nun auf die einzelnen Unterteilungspunkte eingehen.

- „Anspruch entstanden ?"

Nach dem Einstieg (Obersatz) dürft ihr die anschließende Prüfung mit dem Satz:

> „Der Anspruch müsste zunächst entstanden sein" einleiten.

Im Prüfungspunkt „I. Anspruch entstanden ?" findet ihr übrigens nahezu alle Problempunkte, die im Allgemeinen Teil des BGB angesiedelt sind.

So ist im Bereich eines vertraglichen Anspruchs stets die ***Wirksamkeit der Willenserklärungen*** zu überdenken. Jede Willenserklärung bedarf zu ihrer Wirksamkeit einiger ***Mindestbestandteile***. Die werdet ihr innerhalb der Fälle kennenlernen. Dasselbe gilt für die sogenannte ***invitatio ad offerendum***. Zu berücksichtigen sind außerdem

Problemkreise wie z.B. ***Abgabe und Zugang*** von Willenserklärungen, ***Übereinstimmung von Angebot und Annahme*** und die ***Stellvertretung***.

Zusätzlich können ***Nichtigkeits- und Unwirksamkeitsgründe*** Bedeutung gewinnen. Hier sei nur beispielsweise auf die ***Geschäftsunfähigkeit*** bzw. die ***beschränkte Geschäftsfähigkeit*** verwiesen.

Außerdem kann euch im Prüfungspunkt „I. Anspruch entstanden ?“ die Frage beschäftigen, ob die ***wirksame Anfechtung*** einer Willenserklärungen erfolgt ist.

Wenn ihr zum Ergebnis kommt, dass der Anspruch nicht entstanden ist, endet die Prüfung im Punkt „II. Ergebnis“. Der Anspruchsteller hat dann keinen Anspruch gegen den Anspruchsgegner. Wenn der Anspruch aber entstanden ist, geht's mit dem Prüfungspunkt „II. Anspruch untergegangen ?“ weiter.

- „Anspruch untergegangen ?“

Der wichtigste „allgemeine“ Untergangsgrund ist die ***Erfüllung***. Zu berücksichtigen sind allerdings auch die ***Hinterlegung***, die ***Aufrechnung***, der ***Erlassvertrag***, das ***negative Schuldanerkenntnis*** und die ***Annahme an Erfüllungs statt***. Lest hierzu die §§ 362 ff.

„Besondere“ Untergangsgründe finden sich im Bereich der sogenannten ***nachträglichen*** ***Unmöglichkeit*** etwa in § 275 I und in § 326 I 1. Dazu mehr in diesem Buch.

Außerdem kann ein Anspruch aus anderen Gründen untergehen. Ihr werdet sehen ...

Wenn der Anspruch untergegangen ist, endet die Prüfung im Punkt „III. Ergebnis“. Wenn der Anspruch aber nicht untergegangen ist, heißt der nächste Prüfungspunkt „III. Anspruch durchsetzbar ?“.

- „Anspruch durchsetzbar ?“

Bevor ihr ein Ergebnis präsentiert, solltet ihr kurz überdenken, ob der entstandene Anspruch, der nicht untergegangen ist, vielleicht – momentan oder dauerhaft – nicht durchsetzbar ist.

Hier ist insbesondere ein etwaiges ***Leistungsverweigerungs-*** bzw. ***Zurückbehaltungsrecht*** zu berücksichtigen. Lest hierzu § 320, aber auch § 273.

Zudem kann sich eine ***Verjährung*** als interessant erweisen. Wichtig sind hier vor allem die §§ 194 ff. Lest zusätzlich § 438 und § 634a.

Und: Ganz unabhängig davon, ob der Anspruch durchsetzbar oder nicht ist, endet die Prüfung im folgenden Punkt „IV. Ergebnis“.

- „Ergebnis“

Zum Schluss folgt das „IV. Ergebnis“. Denkt bitte daran, genau die Frage zu beantworten, die ihr im Obersatz aufgeworfen habt.

Wie stelle ich einen Meinungsstreit vorteilhaft dar ?

Nicht immer müssen Meinungsstreitigkeiten gelöst werden. Das ist schon eher in Hausarbeiten der Fall. An dieser Stelle möchte ich dennoch einige ***grundlegende Hinweise*** geben.

Auf allen genannten Aufbauebenen können Problemschwerpunkte auftauchen. Dabei muss es sich wie bereits erwähnt keineswegs immer um Meinungsstreitigkeiten handeln. Wenn aber ein Meinungsstreit einschlägig ist, heißt das noch lange nicht, dass er auch entschieden werden muss! An dieser Stelle werden regelmäßig grobe logische Fehler gemacht.

Immer wieder liest man seitenweise von „Theorien" und ihren Vorzügen oder Nachteilen, ohne dass der Fallbezug auch nur ansatzweise hergestellt worden ist.

Ganz wichtig: Die Argumente für oder gegen eine Meinung dürfen erst ins Spiel gebracht werden, wenn die ***fallbezogene Subsumtion*** ergeben hat, dass die dargestellten Standpunkte zu verschiedenen Ergebnissen führen. Nicht selten besteht die Leistung gerade darin, einer Streitentscheidung aus dem Weg zu gehen.

Bei einer Vielzahl differenzierender Ansichten genügt oft die Auseinandersetzung mit einer bestimmten Meinung, weil die anderen im konkreten Fall auf ein übereinstimmendes Ergebnis hinauslaufen.

Kurz gesagt: ***Niemals mehr entscheiden als unbedingt nötig!***

Wenn es auf eine ***Streitentscheidung*** ankommt, müsst ihr sie ***abstrakt***, also losgelöst vom konkreten Fall treffen.

Von euch wird nicht das entscheidende, noch nie da gewesene Argument erwartet. Erst recht müsst ihr keine neuartigen Lösungswege aus dem Boden stampfen. Verlangt wird lediglich eine fundierte und ***nachvollziehbare Auseinandersetzung mit den vorhandenen Argumenten***. Das gilt übrigens grundsätzlich auch für Hausarbeiten.

Bei umfangreicher Argumentation kann es sich anbieten, in einer Art ***Ping-Pong-Verfahren*** die Argumente einander gegenüberzustellen:

> „Für die enge Auslegung spricht ...
> Dagegen lässt sich anführen, dass ...
> Andererseits ...
> Der Gegeneinwand überzeugt wegen ... nicht."

Mit einem solchen „Schlagabtausch" setzt man sich mit den Argumenten der letztlich abgelehnten Auffassung lebendig auseinander.

Je nach Geschmack kann man aber auch die Argumente der einzelnen Auffassungen en bloc bringen, wobei sich anbietet, die später abgelehnte Argumentation zuerst darzustellen. Das wirkt überzeugender.

Setzt euch immer konkret mit den jeweiligen Meinungen auseinander und vermengt die Diskussion nicht zu einem Einheitsbrei. Vor allem in Hausarbeiten findet sich häufig folgende Struktur: 1. „Meinung A", 2. „Meinung B", 3. „Meinung C", 4. „Kritik und eigene Ansicht". Diese Art der Darstellung ist in Aufsätzen und Büchern beliebt, aber erfahrungsgemäß für Hausarbeiten oder gar Klausuren ungeeignet. Die Kandidaten („Das ganze Leben ist ein Quiz ...“) verirren sich dabei regelmäßig im Dschungel eigener und fremder Gedankengänge.

Im Grundsatz halte ich es ***nicht*** für ***empfehlenswert***, die ***Meinungen beim Namen zu nennen***.

Also nicht: „Der BGH vertritt die Auffassung ... / Der herrschenden Lehre zufolge ... / Die XY-Theorie besagt ...“

Eine solche Form der Darstellung ist nicht falsch, hat aber einen entscheidenden Nachteil: ***Der Streit wirkt abgespult!***

Aus Sicht des Korrektors werden nur auswendig gelernte Erkenntnisse gebetsmühlenartig zu Papier gebracht, die in der Klausur ohnehin nicht belegbar sind.

Mit der Einordnung der Meinungen in Literatur und Rechtsprechung gewinnt ihr keinen Blumentopf.

Eine Berufung auf die herrschende Lehre oder den BGH ist keine ***Prüfungsleistung***, die Leistung ***besteht in der ansprechenden Argumentation***.

Wesentlich überzeugender ist demgegenüber die ***Darstellung vom Problem her:***

> „Der Gesetzestext legt zunächst eine weite Interpretation des Merkmals XY nahe.“
>
> „Aus dem Sinn und Zweck der Norm lässt sich aber ableiten, dass ...“

Derartige Formulierungen suggerieren eine ***eigenständige und lebendige Herleitung*** der Ansichten. Die Lösung stellt sich auf diese Weise als echte Leistung des Bearbeiters dar, sie wird im Idealfall zum Leseerlebnis für den Korrektor. Diese Vorgehensweise bietet sich übrigens ***auch in Hausarbeiten*** an, wobei sich dann die Vertreter der jeweiligen Auffassung zwanglos aus den Fußnoten ergeben.

Jetzt erwarten euch erst einmal die gesammelten Sachverhalte.

Widersteht – wenn es irgend geht – der Verlockung, nach dem Lesen eines Sachverhalts direkt in den Lösungsvorschlag zu schauen. Ihr solltet vielmehr ernsthaft versuchen, eine eigenständige Lösung zu erarbeiten.

Und nun nahen endlich die Fälle ...

Mängel im Kaufrecht

Fall 1

K interessiert sich für einen bestimmten Hund des Hundezüchters V, der auf den Namen „Bonzo“ hört. Beide schließen einen diesbezüglichen Kaufvertrag, der in derselben Woche abgewickelt wird. Schon bald darauf stellt K fest, dass „Bonzo“ beim Spazierengehen immer gegen Mauern und Laternenpfähle rennt. Der konsultierte Tierarzt diagnostiziert eine schon seit der Geburt des Hundes vorhandene extrem starke Fehlsichtigkeit, die nicht korrigiert werden kann. K wendet sich an V und erklärt ihm unter Schilderung des Sachverhalts, er wolle ein Tier, das keine Sehschwäche aufweist.

Frage: Hat K einen Anspruch auf Lieferung eines Hundes ohne Sehschwäche ?

Anmerkung: Der Verkäufer ist kein Unternehmer i.S.d. § 14

Fall 2

K erklärt gegenüber dem Hundezüchter V, er wolle ein Tier aus dem jüngsten Wurf kaufen. V ist damit einverstanden. Beide schließen einen diesbezüglichen Vertrag. Den Kaufpreis zahlt K sofort. Nach zwei Wochen sucht K einen Hund aus dem Wurf aus, nimmt ihn mit und gibt ihm den Namen „Fonzo“. Schon bald darauf stellt K fest, dass das Tier beim Spazierengehen immer gegen Mauern und Laternenpfähle rennt. Der konsultierte Tierarzt diagnostiziert eine schon seit der Geburt des Hundes vorhandene extrem starke Fehlsichtigkeit, die durch eine Operation korrigiert werden kann. K wendet sich an V und erklärt ihm unter Zurverfügungstellung von „Fonzo“, er wolle wegen des „Mangels“ ein gesundes Tier aus demselben Wurf. V erklärt zutreffend, er könne zwar einen solchen Hund liefern, sei dazu jedoch nicht bereit.

Frage: Hat K einen Anspruch auf Lieferung eines mangelfreien Hundes ?

Anmerkung: Der Verkäufer ist kein Unternehmer i.S.d. § 14

Fall 3

Jäger K interessiert sich für einen Jagdhund. Deshalb kauft er vom Hundezüchter V ein Tier aus dem jüngsten Wurf. Den Kaufpreis zahlt K sofort. Nach zwei Wochen sucht K einen der Hunde aus dem Wurf aus, nimmt ihm mit und gibt ihm den Namen „Gonzo“. Schon bald darauf stellt K fest, dass das Tier beim Spazierengehen immer gegen Mauern und Laternenpfähle rennt. Der eiligst konsultierte Tierarzt diagnostiziert eine schon seit der Geburt des Hundes vorhandene erhebliche Fehlsichtigkeit, die operativ behoben werden kann. K erinnert sich daran, dass er beim Verkaufsgespräch ausdrücklich einen Jagdhund erbeten und V darauf die besonderen Jagdfähigkeiten dieser Rasse angepriesen hat, die K nun nicht nutzen kann. K wendet sich an V und fordert ihn zur Mangelbeseitigung auf. V äußert, er sei nicht bereit, die Operationskosten zu tragen, biete aber einen anderen – gesunden – Hund aus dem Wurf.

Frage: Hat K einen Anspruch auf Mangelbeseitigung ?

Anmerkung: Der Verkäufer ist kein Unternehmer i.S.d. § 14

Fall 4

Der mit Goldketten behängte Gymnastikanzugträger G befindet sich einmal mehr in Geldnot. Deshalb bietet er abends in seiner Stammkneipe „Beim Elfi" schweren Herzens sein güldenes Panzerarmband für 500 € zum Verkauf an. Der Interessierte K erkundigt sich hierauf bei G nach der Güte des Goldes. G antwortet, es handele sich um 585er-Gold. Der zu Recht misstrauische K schaut sich prüfend das Schmuckstück an und erkennt die deutlich sichtbare Einprägung im Verschluss des Armbands. Hieraus ist ersichtlich, dass das Gold lediglich eine 333er-Qualität hat. K drückt dem G trotzdem das geforderte Geld in die Hand und erhält das Armband. Am nächsten Tag bereut er den Kauf. Der alsbald angesprochene G zeigt sich hinsichtlich der Forderung des K auf Übereignung eines vergleichbaren 585er-Armbands stur.

Frage: Hat K einen Anspruch auf Lieferung eines 585er-Armbands ?

Fall 5

Sexshop-Inhaber S (Unternehmer) verkauft dem Kunden K (Verbraucher) eine Gummipuppe des Typs „Lalola". Der Vertrag wird sofort abgewickelt. Bald darauf muss K entsetzt feststellen, dass sich ein Lufteinfüllstutzen nicht ordnungsgemäß verschließen lässt. Die Puppe ist „undicht". Deshalb verlangt er von S eine neue Gummipuppe. S verweist auf einen an der Kasse angebrachten, für alle Käufer sichtbaren Zettel, auf dem steht: „Hiermit mache ich auf meine Allgemeinen Geschäftsbedingungen (AGB) aufmerksam." In den in der Kassenschublade befindlichen Geschäftsbedingungen findet sich unter § 6 der Passus: „Sämtliche Rechte wegen eines Fehlers der gekauften Sachen sind ausgeschlossen."

Frage: Hat K einen Anspruch auf Lieferung einer mangelfreien Gummipuppe ?

Fall 6

K kauft beim windigen Privatmann P einen acht Jahre alten Pkw der Marke Mercedes. Auto und Geld wechseln sofort den Eigentümer. Schon nach einer Woche streikt der Motor. Ein sofort beauftragter Kfz-Sachverständiger führt in seinem Gutachten aus, der jetzige – durch eine Reparatur zu beseitigende – Defekt resultiere aus einem Unfall, in den das Auto vor Kurzem verwickelt gewesen sei. Dieser habe zu kleinen

Rissen im Motorblock geführt. Erzürnt fordert K von P, der Wagen solle sofort repariert werden. Der spitzbübisch grinsende P, der im Übrigen den Mangel kannte, verweist den K auf den zwischen den Parteien handschriftlich ausgefertigten Vertrag, in dem sich folgender Passus findet: „Jegliche Gewährleistungsrechte sind ausgeschlossen."

Frage: Hat K einen Anspruch auf Mangelbeseitigung ?

Fall 7

K kauft beim Möbelhändler H eine altdeutsche Schrankwand des Typs „Standfest". Den Kaufpreis von 6.000 € bezahlt er sofort. Die Schrankwand wird geliefert und in seinem Wohnzimmer aufgestellt. Nach vier Jahren bricht sie irreparabel zusammen, weil sie minderwertig verklebt ist. H wusste schon vor Abschluss des Kaufvertrags aus anderen Verkäufen von der minderwertigen Verklebung. Da er aber aus jedem Verkauf einen hohen Gewinn erzielt, hat er dem K sein Wissen nicht offenbart. Auf das Verlangen des K hinsichtlich der Lieferung einer – mittlerweile tatsächlich existierenden – ordnungsgemäß verklebten Schrankwand äußert H, nach so langer Zeit sei er nicht dazu bereit.

Frage: Hat K einen Anspruch auf Lieferung einer neuen Schrankwand ?

Fall 8

K kauft beim Möbelhändler H eine altdeutsche Schrankwand des Typs „Standhaft". Den Kaufpreis von 6.000 € bezahlt er sofort. Wie vereinbart wird die Schrankwand vier Wochen nach Vertragsschluss geliefert und von den Arbeitern X und Y des H im Wohnzimmer des K aufgestellt. Genau zwei Jahre nach Vertragsschluss bricht die an sich fehlerfreie Schrankwand irreparabel zusammen, weil X und Y sie unsachgemäß montiert haben. Auf das Verlangen des K hinsichtlich der Lieferung einer neuen Schrankwand äußert H, nach so langer Zeit sei er nicht dazu bereit.

Frage: Hat K einen Anspruch auf Lieferung einer neuen Schrankwand ?

Fall 9

Medizinstudent K kauft im Baumarkt des B ein Kieferregal des Typs „Pilli" zur Selbstmontage. Den Kaufpreis von 60 € bezahlt er sofort. Beim Zusammenbau muss K bemerken, dass die Montage nach der den Einzelteilen beigefügten Aufbauanleitung nicht zu bewerkstelligen ist. Trotzdem schafft er es auf unerklärliche Weise, das Regal ordnungsgemäß zu erstellen. Sein wohlmeinender WG-Mitbewohner und Jurastudent J erklärt, das Regal sei alleine deshalb mangelhaft, weil es an einer fehlerfreien

Aufbauanleitung fehle und rät K, gegenüber B einen Anspruch auf Mangelbeseitigung geltend zu machen. K solle dem B durch Forderung einer fehlerfreien Aufbauanleitung „Dampf machen". K tut, wie ihm geheißen.

Frage: Hat K einen Anspruch auf Lieferung einer fehlerfreien Aufbauanleitung ?

Fall 10

Der durch einen Semesterjob zu Geld gekommene Jurastudent K kauft im Fachgeschäft des F einen neuen TV-Recorder. Zu Hause muss er feststellen, dass bereits der Anschluss des Geräts an die vorhandene Heimkinoanlage arge Probleme bereitet, weil die mitgelieferte Anleitung nur in koreanischer Sprache zur Verfügung steht. Der ein wenig versierte K schafft es trotzdem, den TV-Recorder in Gang zu setzen. Allerdings entdeckt er mit Schrecken, dass auch die beigefügte Bedienungsanleitung nicht in deutscher Sprache abgefasst ist. K, der des Koreanischen nicht allzu mächtig ist, wendet sich flugs an F und verlangt Lieferung sowohl einer Anschlussanleitung als auch einer Bedienungsanleitung in deutscher Sprache.

Frage: Hat K einen Anspruch auf Lieferung der geforderten Anleitungen ?

Fall 11

K interessiert sich für Sportwagen des Herstellers H. Aus von H in Printmedien verbreiteten Anzeigen hat er erfahren, dass das neu auf den Markt gekommene Modell „Sucker" lediglich 20 Liter Superplus pro 100 Kilometer im Drittelmix verbrauchen soll. K ist begeistert und begibt sich deshalb direkt zum Autohaus des A, der Modelle des Herstellers H vertreibt. Ohne mit A über den Benzinverbrauch zu sprechen, ordert er eines der neuen Modelle. Als er später den Wagen in Empfang nehmen darf, ist er von den Fahrleistungen begeistert, muss aber feststellen, dass das Auto entgegen der an sich zutreffenden Angabe des H in den Medien durchschnittlich 33 Liter durch die Vergaser jagt. K verlangt daraufhin unter Schilderung der Sachlage von A Lieferung eines Neuwagens mit dem angepriesenen niedrigeren Verbrauch.

Frage: Hat K einen Anspruch auf Lieferung eines neuen Sportwagens ?

Fall 12

K interessiert sich für einen bestimmten Hund des Hundezüchters V, der auf den Namen „Lonzo" hört. Beide schließen einen diesbezüglichen Kaufvertrag, der in derselben Woche abgewickelt wird. Schon bald darauf stellt K fest, dass „Lonzo" beim Spazierengehen immer gegen Mauern und Laternenpfähle rennt. Der konsultierte Tierarzt diagnostiziert eine schon seit der Geburt des Hundes vorhandene extrem starke Fehlsichtigkeit, die nicht korrigiert werden kann. K wendet sich an V und erklärt ihm unter Schilderung des Sachverhalts, er sei nicht mehr an dem Hund interessiert.

Frage: Hat K ein Rücktrittsrecht ?

Anmerkung: Der Verkäufer ist kein Unternehmer i.S.d. § 14

Fall 13

K erklärt gegenüber seinem Nachbarn V, er wolle ein Tier aus dessen jüngstem Hunde-Wurf kaufen. V ist damit einverstanden. Beide schließen einen diesbezüglichen Vertrag. Den Kaufpreis zahlt K sofort. Nach zwei Wochen sucht K einen Hund aus dem Wurf aus, nimmt ihn mit und gibt ihm den Namen „Ronzo“. Schon bald darauf stellt K fest, dass das Tier beim Spazierengehen immer gegen Mauern und Laternenpfähle rennt. Der konsultierte Tierarzt diagnostiziert eine schon seit der Geburt des Hundes vorhandene extrem starke Fehlsichtigkeit, die durch eine Operation korrigiert werden kann. K wendet sich an V und erklärt ihm unter Zurverfügungstellung von „Ronzo“, er wolle wegen des „Mangels“ ein gesundes Tier aus demselben Wurf. V erklärt zutreffend, er könne zwar einen solchen Hund liefern, sei dazu jedoch auf keinen Fall bereit.

Frage: Hat K ein Rücktrittsrecht ?

Anmerkung: Der Verkäufer ist kein Unternehmer i.S.d. § 14

Fall 14

S hat von seinem Großvater u.a. einige fabrikneue Gummipuppen des Typs „Lalola“ geerbt. Da er selbst keine Verwendung dafür hat, verkauft er eine der Gummipuppen an K. Der Vertrag wird sofort abgewickelt. Bald darauf muss K entsetzt feststellen, dass sich ein Lufteinfüllstutzen nicht ordnungsgemäß verschließen lässt. Die Puppe ist „undicht“. Deshalb verlangt er von S eine neue Gummipuppe. S verweist auf den schriftlichen Kaufvertrag, der auf der Vorderseite den folgenden gut sichtbaren Hinweis enthält: „Hiermit mache ich auf meine auf der Rückseite des Vertrags abgedruckten Allgemeinen Geschäftsbedingungen aufmerksam.“ Derartige Kaufverträge verwendet S immer bei gelegentlichen Privatverkäufen. In den Geschäftsbedingungen findet sich unter § 6 der Passus: „Sämtliche Rechte wegen eines Fehlers der gekauften Sachen sind ausgeschlossen.“ Auf die seitens K zur Nacherfüllung gesetzte Frist von 14 Tagen reagiert S nicht.

Frage: Hat K ein Rücktrittsrecht ?

Fall 15

Im Frühling ruft Hobbybauer B seinen Freund und Leidensgenossen L an und erkundigt sich, ob dieser ihm Sommerroggen verkaufen kann. L erklärt sich mit dem Verkauf eines Sacks einverstanden. Dann sondert er versehentlich einen Sack Winterroggen aus und benachrichtigt B von der Abholmöglichkeit. Nachdem B den Sack abgeholt und den Kaufpreis gezahlt hat, bemerkt er das Versehen des L.

Frage: Hat B ein Rücktrittsrecht ?

Fall 16

K schließt mit dem Künstler O am 14.02. einen Kaufvertrag über eine bestimmte große abstrakte Vase, die die seltsame Bezeichnung „Donald will etwas Großes bauen" trägt. Da O die Vase in einer Ausstellung präsentieren will, erklärt er dem K, dass er die Vase am 21.02. in der Galerie des G abholen könne. K ist mit der Regelung einverstanden. Außerdem vereinbaren die Parteien, dass K den Kaufpreis erst in drei Monaten zahlen soll. Am 22.02. stößt der nächtliche Einbrecher E leicht fahrlässig das in der Galerie stehende Präsentationsregal um. Er kann die Vase zwar gerade noch auffangen, jedoch nicht verhindern, dass nach dem Sturz ein kleiner Sprung zurückbleibt, der den Wert der Vase erheblich mindert. Am 23.02. übereignet O die Vase an K, der geschäftlich im Ausland aufgehalten worden war und deshalb den vereinbarten Termin nicht wahrnehmen konnte. Erst einige Tage später bemerkt K den Sprung. Er erklärt gegenüber O, unter diesen Voraussetzungen sei er nicht mehr an der Vase interessiert.

Frage: Hat K ein Rücktrittsrecht ?

Anmerkung: Der Verkäufer ist kein Unternehmer i.S.d. § 14

Fall 17

K kauft beim Möbelhändler H eine altdeutsche Schrankwand des Typs „Stehfest". Den Kaufpreis von 6.000 € bezahlt er sofort. Die Schrankwand wird geliefert und in seinem Wohnzimmer aufgestellt. Gut zwei Jahre nach Ablieferung bricht sie irreparabel zusammen, weil sie minderwertig verklebt ist. H wusste beim Abschluss des Kaufvertrags nichts von der minderwertigen Verklebung. Auf das Verlangen des K hinsichtlich der Lieferung einer neuen Schrankwand äußert H zutreffend, nach so langer Zeit sei eine Schrankwand dieses Typs nicht mehr lieferbar. Im Übrigen sei ein etwaiger Anspruch auf Nacherfüllung längst verjährt. Auf die seitens K zur Nacherfüllung gesetzte Frist von 14 Tagen reagiert H nicht.

Frage: Hat K ein Rücktrittsrecht ?

Fall 18

K interessiert sich für einen bestimmten Hund des Hundezüchters V, der auf den Namen „Tonzo" hört. Beide schließen einen diesbezüglichen Kaufvertrag, der in derselben Woche abgewickelt wird. Schon bald darauf stellt K fest, dass „Tonzo" beim Spazierengehen immer gegen Mauern und Laternenpfähle rennt. Der konsultierte Tierarzt diagnostiziert eine schon seit der Geburt des Hundes vorhandene extrem starke Fehlsichtigkeit, die nicht korrigiert werden kann. K wendet sich an V und erklärt ihm unter Schilderung des Sachverhalts, er sei nicht mehr an dem Hund interessiert.

Frage: Hat K einen Anspruch auf Rückzahlung des Kaufpreises ?

Anmerkung: Der Verkäufer ist kein Unternehmer i.S.d. § 14

Fall 19

K interessiert sich für Sportwagen des Herstellers H. Aus von H in Printmedien verbreiteten Anzeigen hat er erfahren, dass das neu auf den Markt gekommene Modell „Sucker" lediglich 20 Liter Superplus pro 100 Kilometer im Drittelmix verbrauchen soll. K ist begeistert und begibt sich deshalb direkt zum Autohaus des A, der Modelle des Herstellers H vertreibt. Ohne mit A über den Benzinverbrauch zu sprechen, ordert er eines der neuen Modelle. Als er später den Wagen in Empfang nehmen darf, ist er von den Fahrleistungen begeistert, muss aber feststellen, dass das Auto entgegen der an sich zutreffenden Angabe des H in den Medien durchschnittlich 33 Liter durch die Vergaser jagt. K verlangt daraufhin unter Schilderung der Sachlage von A Lieferung eines Neuwagens mit dem angepriesenen niedrigeren Verbrauch innerhalb von vier Wochen. A reagiert jedoch nicht. Daraufhin erklärt K gegenüber A den Vertragsrücktritt. Auch hiermit ist A nicht einverstanden. Dann fährt K das Auto anlässlich eines privaten Rennens schuldhaft irreparabel zu Schrott.

Frage: Hat K einen Anspruch auf Rückzahlung des Kaufpreises ?

Fall 20

K interessiert sich für einen bestimmten Hund des Hundezüchters V, der auf den Namen „Wonzo" hört. Beide schließen einen diesbezüglichen Kaufvertrag. Während „Wonzo" sofort übereignet wird, soll K den Kaufpreis erst in einem Monat zahlen. Wenige Tage später stellt K fest, dass „Wonzo" beim Spazierengehen immer gegen Mauern und Laternenpfähle rennt. Der konsultierte Tierarzt diagnostiziert eine schon seit der Geburt des Hundes vorhandene extrem starke Fehlsichtigkeit, die nicht korrigiert werden kann. K wendet sich an V und erklärt ihm unter Schilderung des Sachverhalts, er stelle den Hund zur Verfügung. V verlangt seinerseits Zahlung des Kaufpreises.

Frage: Hat V einen Anspruch auf Zahlung des Kaufpreises ?

Anmerkung: Der Verkäufer ist kein Unternehmer i.S.d. § 14

Fall 21

X und Katzenzüchter Z schließen einen Kaufvertrag über einen bestimmten Kater namens „Fritz“. X nimmt das Tier mit und zahlt den geforderten Kaufpreis in Höhe von 500 €. Wenige Tage später stellt X fest, dass „Fritz“ innerhalb des Hauses gegen Mauern und Türen rennt. Nachdem der Tierarzt bei „Fritz“ eine starke Fehlsichtigkeit diagnostiziert hat, die nicht korrigierbar ist, überlegt X, wie er gegen Z vorgehen kann. Er entschließt sich, das Tier zu behalten, möchte aber einen Teil des Kaufpreises zurückerhalten. Der Wert des Katers hätte 400 € betragen, wenn er gesund gewesen wäre. Mit der Augenkrankheit ist „Fritz“ lediglich 100 € wert.

Frage: Hat X ein Minderungsrecht ?

Anmerkung: Der Verkäufer ist kein Unternehmer i.S.d. § 14

Fall 22

K kauft beim Möbelhändler H eine altdeutsche Schrankwand des Typs „Stehgut“. Den Kaufpreis von 6.000 € bezahlt er sofort. Die Schrankwand wird geliefert und in seinem Wohnzimmer aufgestellt. Gut zwei Jahre nach Ablieferung fallen alle Türen ab, weil die verwendeten Scharniere marode sind. H wusste beim Abschluss des Kaufvertrags nichts von der Brüchigkeit der Scharniere. Auf das Verlangen des K, binnen eines Monats einen – grundsätzlich möglichen – Austausch der Scharniere vorzunehmen, äußert H, hierzu sei er auf gar keinen Fall bereit. Im Übrigen sei ein etwaiger Anspruch auf Nacherfüllung nach so langer Zeit längst verjährt.

Frage: Hat K ein Minderungsrecht ?

Fall 23

X und Katzenzüchter Z schließen einen Kaufvertrag über einen bestimmten Kater namens „Fratz“. X nimmt das Tier mit und zahlt den geforderten Kaufpreis in Höhe von 500 €. Wenige Tage später stellt X fest, dass „Fratz“ innerhalb des Hauses gegen Mauern und Türen rennt. Nachdem der Tierarzt bei „Fratz“ eine starke Fehlsichtigkeit diagnostiziert hat, die nicht korrigierbar ist, überlegt X, wie er gegen Z vorgehen kann. Er entschließt sich, das Tier zu behalten, möchte aber einen Teil des Kaufpreises zurückerhalten. Der Wert des Katers hätte 400 € betragen, wenn er gesund gewesen wäre. Mit der Augenkrankheit ist „Fratz“ lediglich 100 € wert. X wendet sich an Z und erklärt ihm unter Schilderung des Sachverhalts, er sei zwar nach wie vor an dem Kater interessiert, verlange aber einen Teil des Kaufpreises zurück.

Frage: Hat X einen Anspruch auf Rückzahlung eines Teils des Kaufpreises ?

Anmerkung: Der Verkäufer ist kein Unternehmer i.S.d. § 14

Fall 24

X und Katzenzüchter Z schließen einen Kaufvertrag über einen bestimmten Kater namens „Frotz“. Während „Frotz“ sofort übereignet wird, soll X den Kaufpreis in Höhe von 500 € erst in einem Monat zahlen. Wenige Tage später stellt X fest, dass „Frotz“ innerhalb des Hauses gegen Mauern und Türen rennt. Nachdem der Tierarzt bei „Frotz“ eine starke Fehlsichtigkeit diagnostiziert hat, die nicht korrigiert werden kann, überlegt X, wie er gegen Z vorgehen kann. Er entschließt sich, das Tier zu behalten, möchte aber den Kaufpreis mindern. Der Wert des Katers hätte 400 € betragen, wenn er gesund gewesen wäre. Mit der Augenkrankheit ist „Frotz“ lediglich 100 € wert. X wendet sich an Z und erklärt ihm unter Schilderung des Sachverhalts, er wolle nur einen Teil des Kaufpreises zahlen. Z verlangt zum vereinbarten Zahlungstermin den gesamten Betrag.

Frage: Hat Z einen Anspruch auf Zahlung des gesamten Kaufpreises ?

Anmerkung: Der Verkäufer ist kein Unternehmer i.S.d. § 14

Fall 25

Am 14.01. schließt K mit seinem Freund F einen Kaufvertrag bezüglich eines nur einmal existierenden Skateboards. Die Parteien vereinbaren, das Board am 21.01. zu übereignen. Den Kaufpreis in Höhe von 500 € soll K erst einen Monat später zahlen. Bereits am 13.01. ist F mit dem Skateboard fahrlässig in voller Fahrt gegen eine Wand gefahren und hat bemerkt, dass das Brett defekt ist. Am 21.01. wird das Board übereignet. Am 22.01. stellt K den Defekt fest. Der konsultierte Skateboard-Spezialist S diagnostiziert die Möglichkeit einer Reparatur. Am 28.01. wendet sich K an F und verlangt, dass dieser das Board reparieren lässt. F entgegnet, dazu sei er nie und nimmer bereit. Daraufhin fordert K unter Zurverfügungstellung des Skateboards von F 100 €. Er hätte dasselbe in unbeschädigtem Zustand für 600 € weiterveräußern können.

Frage: Hat K gegen F einen Schadensersatzanspruch ?

Fall 26

Am 14.01. schließt K mit seinem Freund F einen Kaufvertrag bezüglich eines nur einmal existierenden Skateboards. Die Parteien vereinbaren, das Board am 21.01. zu übereignen. Den Kaufpreis in Höhe von 500 € soll K erst einen Monat später zahlen. Am 17.01. fährt F mit dem Skateboard fahrlässig in voller Fahrt gegen eine Wand und muss sogleich bemerken, dass das Brett defekt ist. Am 21.01. wird das Board übereignet. Am 22.01. stellt K den Defekt fest. Der konsultierte Skateboard-Spezialist S diagnostiziert ein baldiges Ende des guten Stücks. Der Schaden ist nicht zu beheben.

Am 28.01. fordert K von F unter Zurverfügungstellung des Skateboards 100 €. Er hätte das Board in unbeschädigtem Zustand für 600 € weiterveräußern können.

Frage: Hat K gegen F einen Schadensersatzanspruch ?

Fall 27

Am 14.01. schließt K mit seinem Freund F einen Kaufvertrag bezüglich eines nur einmal existierenden Skateboards. Die Parteien vereinbaren, das Board am 21.01. zu übereignen. Den Kaufpreis in Höhe von 500 € soll K erst einen Monat später zahlen. Bereits am 13.01. ist F mit dem Skateboard fahrlässig in voller Fahrt gegen eine Wand gefahren und hat bemerkt, dass das Brett defekt ist. Am 21.01. wird das Board übereignet. Am 22.01. stellt K den Defekt fest. Der konsultierte Skateboard-Spezialist S diagnostiziert ein baldiges Ende des guten Stücks. Der Schaden ist nicht zu beheben. Am 28.01. fordert K von F unter Zurverfügungstellung des Skateboards 100 €. Er hätte das Board in unbeschädigtem Zustand für 600 € weiterveräußern können.

Frage: Hat K gegen F einen Schadensersatzanspruch ?

Fall 28

Am 14.02. kauft K für 500 € vom Hundezüchter V einen bestimmten Hund, der auf den Namen „Zonzo“ hört. Die Parteien vereinbaren, den Hund am 21.02. zu übereignen. Am 17.02. dringt der allseits bekannte Hundehasser H in den Zwinger des V ein, den dieser unachtsam nicht abgeschlossen hat, und schlägt „Zonzo“ kräftig auf den Kopf. V hat den Vorfall wahrgenommen und bemerkt, dass der Hund öfters orientierungslos ist. Am 21.02. wird der Vertrag zwischen V und K tatsächlich abgewickelt. Am 22.02. stellt K fest, dass „Zonzo“ beim Spazierengehen immer gegen Mauern und Laternenpfähle rennt. Der konsultierte Tierarzt diagnostiziert eine extrem starke Fehlsichtigkeit, die auf die Attacke des H zurückzuführen ist, aber durch eine Operation behoben werden kann. Am 28.02. wendet sich K an V und verlangt, dass dieser „Zonzo“ operieren lässt. V entgegnet, dazu sei er nie und nimmer bereit. Daraufhin fordert K unter Zurverfügungstellung von „Zonzo“ von V 100 €. Er hätte das Tier ohne Fehlsichtigkeit für 600 € weiterveräußern können. Natürlich möchte er auch den Kaufpreis zurückerhalten.

Frage: Hat K gegen V einen Anspruch auf Rückzahlung des Kaufpreises und Schadensersatz ?

Anmerkung: Der Verkäufer ist kein Unternehmer i.S.d. § 14

Fall 29

K kauft beim Möbelhändler H eine altdeutsche Schrankwand der Marke „Stehtreu“. Den Kaufpreis bezahlt er sofort. Die Schrankwand wird geliefert und in seinem Wohnzimmer aufgestellt. Nach einigen Wochen brechen drei in das Möbelstück integrierte Regalbretter zusammen, weil der Schrank zum Teil minderwertig verklebt ist. Dabei wird die auf den Regalbrettern untergebrachte Bierkrugsammlung des K zerstört, die einen Wert von 10.000 € hat. H wusste schon vor Abschluss des Kaufvertrags von der minderwertigen Verklebung, hat dem K sein Wissen aber nicht offenbart. Mit dem seitens K geäußerten Reparaturwunsch bezüglich der Regalbretter erklärt sich H einverstanden. Er verweigert jedoch jeglichen Schadensersatz für die Zerstörung der Bierkrugsammlung.

Frage: Hat K gegen H einen diesbezüglichen Schadensersatzanspruch ?

Anmerkung: Deliktische Ansprüche müssen nicht geprüft werden.

Fall 30

K schließt mit dem Künstler O am 21.10. einen Kaufvertrag über eine große abstrakte Vase, die die seltsame Bezeichnung „Donald will immer noch etwas Großes bauen“ trägt. Da O die Vase in einer Ausstellung präsentieren will, erklärt er dem K, dass er die Vase am 11.12. in der Galerie des G abholen könne. K ist mit der Regelung einverstanden. Außerdem vereinbaren die Parteien, dass K den Kaufpreis erst in drei Monaten zahlen soll. Am 10.12. stößt O leicht fahrlässig das in der Galerie stehende Präsentationsregal um. Er kann die Vase zwar gerade noch auffangen, jedoch nicht verhindern, dass nach dem Sturz ein Sprung zurückbleibt, der den Wert der Vase erheblich mindert. Am 11.12. übereignet er die Vase an K. Erst einige Tage später bemerkt K den Sprung. Er macht O darauf aufmerksam, dass er zur heimischen Präsentation der Vase einen Sockel aus Ebenholz gefertigt habe, dessen Materialkosten sich auf 200 € belaufen. Diesen Betrag fordert er von O, weil die Vase so nicht mehr präsentiert werden kann.

Frage: Hat K gegen O einen Anspruch auf Ersatz der Kosten ?

Anmerkung: Deliktische Ansprüche müssen nicht geprüft werden.

Mängel im Werk- und Werklieferungsrecht

Fall 31

Der begeisterte Schrottsammler S findet bei einer Entrümpelung mehrere uralte massive Eichenplanken. Verzückt wendet er sich an den Tischler T und erklärt diesem, er sei am Bau eines extravaganten Schubladenschranks für seine umfangreiche Wundertütensammlung interessiert. Nachdem sich die Parteien über Ausmaß, Form und Preis des Möbelstücks geeinigt haben, begibt sich T ans Werk. Nach Abnahme des Schranks muss S feststellen, dass sich zwei der fünf Schubladen nur mit enormem Kraftaufwand öffnen lassen. S scheut einen Bodybuildingkurs und erklärt gegenüber T, dieser solle den Missstand beheben.

Frage: Hat S den geltend gemachten Anspruch ?

Fall 32

Der junggebliebene Rentner R verbringt seine Tage vornehmlich mit Skaten in einem großen Skate-Park. Zu seinem Entsetzen muss er feststellen, dass ab und an ein Rad an seinem Lieblingsboard wegen eines Kugellagerdefekts blockiert. Deshalb begibt sich R zur Skateboard-Werkstatt des S. Die Parteien vereinbaren, dass S den Defekt gegen Entgelt beseitigen soll. Nachdem S vermeldet hat, dass das Board wieder einsatzbereit ist, nimmt R dieses ab und zahlt das vereinbarte Entgelt. Anschließend unterzieht er das Board einer Prüfung. Dabei stürzt er schwer, weil das fragliche Rad abermals blockiert. Sofort begibt sich der ramponierte R zu S und fordert diesen auf, den Mangel zu beseitigen. S verweist auf einen Passus des zwischen ihm und R geschlossenen Formularvertrags, der folgenden Wortlaut hat: „Eine Haftung für Mängel ist ausgeschlossen.“

Frage: Hat R den geltend gemachten Anspruch ?

Fall 33

Der biedere Beamte B hat sich seinen Lebenstraum erfüllt und am Stadtrand ein kleines Grundstück erworben. Auf diesem errichtet er ein Einfamilienhaus. Hierfür lässt er den Monteur M bereits vorhandene neue Kellerfenster gegen Entgelt einbauen. Einige Monate nach Fertigstellung und Abnahme dringt bei einem starken Regenguss Wasser an der Nahtstelle zwischen Fernstern und Mauerwerk ein und lässt B seine geliebte Spielzeugeisenbahn nur noch mit hohen Gummistiefeln erreichen. In der Folgezeit erleidet der Keller immer neue Wassereinbrüche. Endlich eilt B zu M und fordert ihn auf, für funktionierende Dichtigkeit zu sorgen. Eine seitens B gesetzte zweiwöchige Frist lässt M verstreichen. B führt die erforderliche Reparatur selbst aus und stellt M die Kosten in Rechnung.

Frage: Hat B den geltend gemachten Anspruch ?

Fall 34

Der Neureiche N will protzen und lässt deshalb in seinem kleinen Heimatdorf eine prächtige Villa errichten. Heizungsbauer H baut in das Haus eine Heizungsanlage ein. Nach Abnahme der Anlage und Bezug des Anwesens muss N feststellen, dass die Heizung aus unerfindlichen Gründen ab und an aussetzt. N bewegt sich fortan nur noch im Zobel durch seine Gemächer. Der herbeizitierte H versucht sich mehrfach an der – grundsätzlich möglichen – Reparatur der Heizung, scheitert jedoch.

Frage: Hat N ein Rücktrittsrecht ?

Fall 35

Der Neureiche N will protzen und lässt deshalb in seinem kleinen Heimatdorf eine prächtige Villa errichten. Heizungsbauer H baut in das Haus eine Heizungsanlage ein. Nach Abnahme der Anlage und Bezug des Anwesens muss N feststellen, dass die Heizung aus unerfindlichen Gründen ab und an aussetzt. N bewegt sich fortan nur noch im Zobel durch seine Gemächer. Der herbeizitierte H versucht sich mehrfach an der – grundsätzlich möglichen – Reparatur der Heizung, scheitert jedoch. Daraufhin erklärt N gegenüber H, er sei an der Anlage nicht mehr interessiert.

Frage: Hat N einen Anspruch auf Rückzahlung der bereits gezahlten Vergütung ?

Fall 36

Der ein wenig selbstverliebte K setzt zur Endpflege seiner famosen Lockenpracht nach der Haarwäsche regelmäßig einer Trockenhaube ein. Nachdem das Gerät jeglichen Dienst versagt, beauftragt K den Elektrospezialisten E mit der Reparatur. Nach der Abnahme der Trockenhaube durch K stellt sich heraus, dass die Reparatur nur insofern Erfolg zeigt, als lediglich fünf der an sich zehn ursprünglich vorhandenen Leistungsstufen zur Verfügung stehen. Ein Sachverständiger diagnostiziert, dass eine gänzliche Reparatur der Trockenhaube nicht möglich ist. Da K an dem Gerät hängt, überlegt er, ob er von E einen Teil der bereits gezahlten Vergütung zurückfordern soll.

Frage: Hat K ein Minderungsrecht ?

Fall 37

Der ein wenig selbstverliebte K setzt zur Endpflege seiner famosen Lockenpracht nach der Haarwäsche regelmäßig einer Trockenhaube ein. Nachdem das Gerät jeglichen Dienst versagt, beauftragt K den Elektrospezialisten E mit der Reparatur. Nach der Abnahme der Trockenhaube durch K stellt sich heraus, dass die Reparatur nur insofern Erfolg zeigt, als lediglich fünf der an sich zehn ursprünglich vorhandenen Leistungsstufen zur Verfügung stehen. Ein Sachverständiger diagnostiziert, dass eine gänzliche Reparatur der Trockenhaube nicht möglich ist. E verlangt Zahlung der gesamten Vergütung. K möchte das Gerät behalten, erklärt aber gegenüber E, er sei lediglich bereit, einen Teil der Reparaturkosten zu tragen.

Frage: Hat E einen Anspruch auf Zahlung der gesamten Vergütung ?

Fall 38

Kaffeemaschinensammler S interessiert sich für eine seltene ungarische Kaffeemaschine des E. Schnell bemerkt S, dass die Maschine einen Defekt hat, der nur schwer zu beheben ist. Er bietet deshalb einen geringen Preis für die Maschine. E schlägt vor, den Defekt auf eigene Kosten beseitigen zu lassen, will für das reparierte Stück dann aber mehr Geld haben, um nach Abzug seiner Kosten insgesamt 100 € Gewinn zu erwirtschaften. S ist mit beiden Möglichkeiten einverstanden. E schließt daraufhin mit R, der eine Werkstatt für Kaffeemaschinen betreibt, einen Reparaturvertrag. Nach Abnahme des Werks durch E stellt sich heraus, dass R nicht in der Lage gewesen ist, den Defekt zu beheben. Nachdem eine durch E gegenüber R gesetzte angemessene Frist erfolglos verstrichen ist, möchte E gegen R vorgehen, weil er die Maschine lediglich für den geringen Preis an S veräußern kann.

Frage: Hat E gegen R einen Anspruch auf Schadensersatz ?

Fall 39

Kaffeemaschinensammler S interessiert sich für eine seltene ungarische Kaffeemaschine des E. Schnell bemerkt S, dass die Maschine einen Defekt hat. Er bietet deshalb einen geringen Preis für die Maschine. E schlägt vor, den Defekt auf eigene Kosten beseitigen zu lassen, will für das reparierte Stück dann aber mehr Geld haben, um nach Abzug seiner Kosten insgesamt 100 € Gewinn zu erwirtschaften. S ist mit beiden Möglichkeiten einverstanden. E schließt daraufhin mit R, der eine Werkstatt für Kaffeemaschinen betreibt, einen Reparaturvertrag. Nach Abnahme des Werks durch E stellt sich heraus, dass R nicht in der Lage gewesen ist, den Defekt zu beheben. Tatsächlich ist niemand in der Lage, die Maschine zu reparieren. Dies hat R übersehen. E möchte gegen R vorgehen, weil er die Maschine lediglich für den geringen Preis an S veräußern kann.

Frage: Hat E gegen R einen Anspruch auf Schadensersatz ?

Fall 40

Der ein wenig selbstverliebte K setzt zur Endpflege seiner famosen Lockenpracht nach der Haarwäsche regelmäßig einer Trockenhaube ein. Nachdem das Gerät jeglichen Dienst versagt, beauftragt K den Elektrospezialisten E mit der Reparatur. Als K nach der Abnahme des Werks zum ersten Mal seinen Kopf unter die Haube steckt, bläst ihm plötzlich unerträglich heiße Luft gegen die Stirn, die in diesem Bereich zu erheblichen Verbrennungen führt. Der neuerliche Defekt der Trockenhaube rührt daher, dass E versehentlich zwei Kabel falsch angeschlossen hat. Die Heilbehandlung der Brandverletzung kostet 3.000 €. Diesen Betrag fordert K von E.

Frage: Hat K gegen E einen diesbezüglichen Schadensersatzanspruch ?

Anmerkung: Deliktische Ansprüche müssen nicht geprüft werden.

Mängel im Kaufrecht - Eine kleine Einführung

1. Vorgeplänkel

Seit der nun schon viele Jahre wirkenden sogenannten Schuldrechtsreform (2002) bläst der Wind im Bereich der Kaufmängel ein bisschen schärfer. Das liegt nicht daran, dass unglaublich viele im Gesetz nicht geregelte Sonderfälle existieren, die man sich in den Kopf hämmern muss. Es liegt vielmehr daran, dass es – Gegensatz zu früher – plötzlich ganz viele Normen gibt, die berücksichtigt werden wollen. Wie im Allgemeinen Schuldrecht gilt allerdings eine Basisregel:

Bevor man die Grundlagen nicht beherrscht, läuft gar nix!

Nun denn ...

Lest die folgenden Worte, Sätze, Abschnitte, also ***alles nicht nur einmal, sondern mehrmals***. Es wird euch den Einstieg in die nicht ganz einfache Materie der Mängelhaftung im Kaufvertragsrecht wesentlich erleichtern.

Wenn gleich §§-Angaben auftauchen, solltet ihr euch die entsprechenden Normen nicht nur einprägen, sondern den Gesetzestext aufschlagen und ***die Normen lesen***. Jaja, lesen!! Ich kenne meine Pappenheimer und habe selbst auch einmal – irgendwann in grauer Vorzeit – studiert. Und die Erfahrung lehrt. Gehen wir also in medias res ...

Erst einmal ist es natürlich wichtig zu wissen, wo denn die Kaufmängelhaftung geregelt ist. Da nehmen wir also den Gesetzestext beiseite und blättern, blättern ... aaahhh, da sind sie ja, die ***§§ 434 ff***. Und nun wird's ein kleines bisschen schwieriger. Wenn ihr mit diesem Kapitel Neuland betretet, werdet ihr nach dem ersten Durchlesen möglicherweise die Augen verdrehen und euch fragen, warum der Gesetzgeber die ganze Materie so umfangreich gestalten konnte. Vor der Schuldrechtsreform hatte ich im Übrigen in den damals relevanten Vorauflagen gefragt, ob der Gesetzgeber die ganze Materie nicht übersichtlicher gestalten könnte. Wie dem auch sei ...

2. Die gesetzlichen Regelungen

Doch genug der einleitenden Worte. Was kann der Käufer eigentlich verlangen, wenn die Sache mangelhaft ist? Und wann ist denn eine Sache überhaupt mangelhaft?

Die zweite Frage lässt sich – überwiegend – anhand des Gesetzestextes beantworten. § 434 (und § 435) gibt darüber Auskunft.

§ 434 spricht in seinen einzelnen Absätzen und Sätzen ziemlich viele Arten von Mängeln an. Einen ersten Überblick könnt ihr euch durch mehrmaliges Lesen der gesamten Norm verschaffen.

Und welche Rechte hat der arme Käufer, wenn die Kaufsache mangelhaft ist?

Abermals helfen viele Blicke ins Gesetz, um zumindest eine Ahnung zu bekommen, wie die Frage zu beantworten ist. Ich will einmal versuchen, alle wichtigen Normen herauszupicken. Danach wird dann geordnet. Betrügt euch nicht selbst. Versucht anhand des Gesetzestextes, meinen gedanklichen Ergüssen, die gedruckt vor euch liegen, zu folgen. Versprochen?! Lest zuerst einmal ***§ 437***. Aus dieser Norm ergibt sich, was der Käufer tun kann, wenn ein Mangel vorliegt. Er kann ***Nacherfüllung*** verlangen, es besteht u.U. ein ***Rücktrittsrecht*** oder ein ***Minderungsrecht*** und es besteht die Möglichkeit, einen ***Schadensersatzanspruch*** oder einen ***Aufwendungsersatzanspruch*** geltend machen.

3. Der Nacherfüllungsanspruch

In ***§ 437 Nr. 1*** wird zunächst darauf hingewiesen, dass der Käufer nach ***§ 439 Nacherfüllung*** verlangen kann. Der Nacherfüllungsanspruch ist der Anspruch, den der Käufer – fast immer – geltend machen muss, wenn die Kaufsache mangelhaft ist. ***Erst danach*** kann er mit ***andere***n ***Rechte***n ***oder Ansprüche***n versuchen, ein ihm genehmes Ergebnis zu erreichen. Das ergibt sich nicht direkt aus dem Gesetz, aber indirekt und ist auch nicht bestritten.

Lest doch einmal zum Spaß ***§ 433 I 2***. Danach ist der Verkäufer verpflichtet, dem Käufer die Sache ***frei von Sach- und Rechtsmängeln*** zu verschaffen. Wenn er das nicht tut, muss der Käufer eben erst einmal versuchen, über eine Nacherfüllung den „Optimalzustand" herzustellen. Wenn's mit dem Nacherfüllungsanspruch dann doch nicht klappt, bietet das Gesetz noch andere Rechte und Ansprüche.

Wichtig ist, dass der ***Nacherfüllungsanspruch*** seitens des Käufers in ***zwei Varianten*** geltend gemacht werden kann. Der ***Käufer hat*** insofern ein ***Wahlrecht***. Er kann nach seiner Wahl ***Lieferung einer mangelfreien Sache oder Beseitigung des Mangels*** verlangen. Das hat Konsequenzen für die Klausurprüfung.

In der Klausur gibt es verschiedene Möglichkeiten, auf das Wahlrecht „einzugehen":

Entweder wird gar nicht offenbar, für was sich der Käufer entscheidet. Dann sind beide Möglichkeiten – je nach Konstellation – zusammen oder getrennt zu prüfen.

Oder es ergibt sich aus dem Sachverhalt, wofür sich der Käufer entschieden hat. Dann ist auch nur genau der Nacherfüllungsanspruch zu prüfen, für den sich der Käufer entschieden hat.

Was wie wann und wo bei der Prüfung dieses oder jenes Nacherfüllungsanspruchs zu prüfen ist, werdet ihr in den folgenden Fällen sehen.

4. Der Rücktritt

Wenn die Kaufsache mangelhaft ist, hat der Käufer u.U. ein ***Rücktrittsrecht***. Ohne an dieser Stelle gleich zu tief in die Materie einsteigen zu wollen: Das Rücktrittsrecht ist ein ***Gestaltungsrecht*** des Käufers und kein Anspruch. Wenn die Rücktrittsvoraussetzungen vorliegen, kann der Käufer durch ***einseitige Erklärung*** vom Vertrag zurücktreten.

Wenn der Käufer den ***Rücktritt erklärt*** hat und die Rücktrittsvoraussetzungen vorliegen, entsteht ein ***Rückgewährschuldverhältnis***. Aus dem Rückgewährschuldverhältnis sind die Parteien verpflichtet, das zurückzugewähren, was sie von der jeweils anderen Partei vorher bekommen haben. Der Verkäufer kann die Kaufsache zurückverlangen, der Käufer kann den Kaufpreis zurückverlangen. Achtung: Während der Käufer ***grundsätzlich*** nur ein ***Rücktrittsrecht*** hat (s.o.), kann er ***nach erfolgtem Rücktritt*** (Erklärung!) einen ***Anspruch auf Rückgewähr*** geltend machen. Was ihr wann in einer Klausur prüft, hängt ganz entscheidend von der konkreten Fallfrage ab. Dazu mehr in den Fällen.

Doch zurück zum eigentlichen Rücktrittsrecht: Ein ***gesetzliches Rücktrittsrecht*** eröffnet ***§ 437 Nr. 2 Alt. 1***. Die genannte Norm verweist u.a. auf ***§ 323*** und auf ***§ 326 V***. Ein Rücktritt nach § 323 (allein) ist nur bei erfolgloser Fristbestimmung möglich, während ein Rücktritt unter den Voraussetzungen des § 326 V gerade keine Fristsetzung fordert. Und das hat Konsequenzen für den Einstieg in die Prüfung des Rücktritts. Wann kann man unter welchen Voraussetzungen zurücktreten? § 326 V bestimmt, dass der Gläubiger zurücktreten kann, wenn der Schuldner nach § 275 I bis III nicht zu leisten braucht. Üblicherweise (nicht immer!) kommt eine Leistungsbefreiung des Schuldners gemäß § 275 I, also wegen „echter" Unmöglichkeit in Betracht. Und worauf bezieht sich die Unmöglichkeit? Na klar: Auf den Nacherfüllungsanspruch (= Lieferung einer mangelfreien Sache oder Mangelbeseitigung). Also: Wenn der Nacherfüllungsanspruch nach § 275 I untergeht (oder nach § 275 II oder III nicht durchsetzbar ist), braucht der Schuldner nicht nachzuerfüllen. Wenn er nicht nacherfüllen muss, kann der Gläubiger gemäß § 326 V i.V.m. § 323 zurücktreten. ***§ 326 V ist gegenüber § 323 die speziellere Norm.*** Und wofür gilt dann § 323? Welcher Rücktritt ist da gemeint? Auch klar: Wenn der Nacherfüllungsanspruch nicht deshalb scheitert, weil der Schuldner nach § 275 I bis III nicht zu leisten braucht, kommt § 323 ins Spiel. Details ereilen euch in den Fällen.

5. Die Minderung

Bei der ***Minderung, § 437 Nr. 2 Alt. 2*** verhält es sich wie beim Rücktritt. Wenn die Kaufsache mangelhaft ist, hat der Käufer ein ***Minderungsrecht***, ***wenn*** auch ein ***Rücktritt*** möglich ist (§ 441 I 1: „Statt zurückzutreten ..."). Es gelten die zum Rücktritt gemachten Ausführungen.

Und: ***Wenn*** der Käufer die ***Minderung erklärt*** hat und die Rücktrittsvoraussetzungen vorliegen, kann der Käufer einen Teil des Kaufpreises zurückverlangen. Was ihr in einer Klausur prüft (Minderungsrecht oder Anspruch auf Teil-Rückzahlung des Kaufpreises), hängt ganz entscheidend von der konkreten Fallfrage ab. Dazu mehr in den Fällen.

6. Der Schadensersatzanspruch

Die Möglichkeit, ***Schadensersatz*** zu verlangen (= Anspruch), eröffnet ***§ 437 Nr. 3 Alt. 1***. In diesem Bereich ist noch ein bisschen differenzierter zu arbeiten.

Grundsätzlich bestehen ***drei verschiedene Ansprüche*** auf ***Schadensersatz statt der Leistung***.

Es gibt einen Anspruch auf Schadensersatz ***bei möglicher Nacherfüllung***, einen Schadensersatzanspruch ***bei anfänglich unmöglicher Nacherfüllung*** und einen Schadensersatzanspruch ***bei nachträglich unmöglicher Nacherfüllung***. Wann welcher Anspruch zu prüfen ist und wie ihr zur „richtigen" Anspruchsgrundlage kommt, werdet ihr wiederum in den Fällen sehen.

Außerdem besteht die Möglichkeit, ***Schadensersatz neben der Leistung*** zu verlangen. Auch hierzu später mehr.

7. Der Aufwendungsersatzanspruch

Ein Anspruch auf ***Aufwendungsersatz*** ergibt sich aus ***§ 437 Nr. 3 Alt. 2***. Grundsätzlich gelten die Ausführungen, die ich soeben (siehe 6.) zum Schadensersatzanspruch statt der Leistung gemacht habe.

8. Abschließende Worte

Wenn ihr euch inhaltlich mit dem Nacherfüllungsanspruch beschäftigt und die Problembereiche verinnerlicht habt, die in diesem Bereich lauern, wird es euch leicht fallen, mit dem Rücktritt, mit der Minderung, mit dem Schadensersatz und mit dem Aufwendungsersatz umzugehen. Das ganze BGB ist – heute noch mehr als früher – ein großer „Baukasten". Lasst euch überraschen ...

Und lest ob der Fülle der Informationen bitte noch einmal diese kleine Einführung. Es hilft ungemein.

Fall 1

K interessiert sich für einen bestimmten Hund des Hundezüchters V, der auf den Namen „Bonzo“ hört. Beide schließen einen diesbezüglichen Kaufvertrag, der in derselben Woche abgewickelt wird. Schon bald darauf stellt K fest, dass „Bonzo“ beim Spazierengehen immer gegen Mauern und Laternenpfähle rennt. Der konsultierte Tierarzt diagnostiziert eine schon seit der Geburt des Hundes vorhandene extrem starke Fehlsichtigkeit, die nicht korrigiert werden kann. K wendet sich an V und erklärt ihm unter Schilderung des Sachverhalts, er wolle ein Tier, das keine Sehschwäche aufweist.

Frage: Hat K einen Anspruch auf Lieferung eines Hundes ohne Sehschwäche ?

Anmerkung: Der Verkäufer ist kein Unternehmer i.S.d. § 14

Lösungsskizze Fall 1

- K gegen V Lieferung einer mangelfreien Sache gemäß §§ 437 Nr. 1, 434, 439 ?

I. Anspruch entstanden ?

1. Wirksamer Kaufvertrag, § 433 ?

HIER (+) → zwischen V und K

2. Sachmangel, § 434 ?

→ Tiere sind zwar keine Sachen, auf sie sind jedoch die für Sachen geltenden Vorschriften entsprechend anzuwenden, § 90a

a. Mangel nach § 434 I 1 ?

= Sache weist nicht die vereinbarte Beschaffenheit auf

HIER (–) → keine Vereinbarung

b. Mangel nach § 434 I 2 Nr. 1 ?

= Sache eignet sich nicht für die nach dem Vertrag vorausgesetzte Verwendung

HIER (–) → eine bestimmte Verwendung wurde im Vertrag nicht vorausgesetzt

c. Mangel nach § 434 I 2 Nr. 2 ?

= Sache eignet sich nicht für die gewöhnliche Verwendung oder weist nicht die übliche Beschaffenheit auf, die der Käufer erwarten darf

HIER (+) → der Hund leidet an einer extremen Sehschwäche

***d. <u>also</u>: Sachmangel* (+)**

3. *Vorliegen des Mangels bei Gefahrübergang, § 434 ?*
= insb. bei Übergabe, § 446 oder bei Übergabe an Transportperson, § 447 (beachte aber seit dem 01.01.2018 beim Verbrauchsgüterkauf § 475 II, davor seit dem 12.06.2014 den gleichlautenden § 474 IV)

HIER (+) → bei Übergabe

4. *Kein Ausschluss der Gewährleistung ?*

HIER (+) → Ausschluss nicht ersichtlich

5. *<u>also</u>: Anspruch entstanden* (+)

II. Anspruch untergegangen ?

- **nach § 275 I**
= der Anspruch auf die Leistung (Nacherfüllung) ist ausgeschlossen, wenn diese unmöglich ist

1. *Wirksames Schuldverhältnis ?*

HIER (+) → s.o.; Kaufvertrag, § 433 zwischen V und K

2. *Unmöglichkeit der Nacherfüllung (Lieferung einer mangelfreien Sache) ?*
= niemand kann die Nacherfüllung (Lieferung einer mangelfreien Sache) erbringen (objektive Unmöglichkeit) oder eine dritte Person, nicht aber der Schuldner kann die Nacherfüllung erbringen (subjektive Unmöglichkeit bzw. Unvermögen)

HIER (+) → K hat sich für einen bestimmten Hund entschieden; demnach handelt es sich um eine Stückschuld; niemand kann den bestimmten Hund mangelfrei leisten; insofern ist eine Ersatzlieferung nicht möglich; es handelt sich mithin um eine objektive Unmöglichkeit

3. *<u>also</u>: Anspruch gemäß § 275 I ausgeschlossen* (+)

III. Ergebnis:

**K gegen V Lieferung einer mangelfreien Sache
gemäß §§ 437 Nr. 1, 434, 439 (–)**

Formulierungsvorschlag Fall 1

- K gegen V Lieferung einer mangelfreien Sache gemäß §§ 437 Nr. 1, 434, 439

K könnte gegen V einen Anspruch auf Lieferung einer mangelfreien Sache gemäß §§ 437 Nr. 1, 434, 439 haben.

I. Dann müsste der Anspruch zunächst entstanden sein.

1. V und K haben einen Kaufvertrag (§ 433) über einen bestimmten Hund geschlossen.

2. Die Kaufsache könnte einen Sachmangel aufweisen, § 434. Tiere sind zwar keine Sachen, auf sie sind jedoch die für Sachen geltenden Vorschriften entsprechend anzuwenden, § 90a.

a. Die Parteien haben keine Vereinbarung bezüglich einer bestimmten Beschaffenheit der Kaufsache getroffen. Insofern scheidet ein Mangel nach § 434 I 1 aus.

b. Die Parteien haben im Vertrag auch keine bestimmte Verwendung der Kaufsache vorausgesetzt, für die sich die Kaufsache nicht eignet. Ein Mangel gemäß § 434 I 2 Nr. 1 liegt somit ebenfalls nicht vor.

c. Die Kaufsache könnte jedoch mangelhaft im Sinne des § 434 I 2 Nr. 2 sein. Dann dürfte sich die Sache nicht für die gewöhnliche Verwendung eignen oder nicht die übliche Beschaffenheit aufweisen, die der Käufer erwarten darf. Der Hund leidet an einer extremen Sehschwäche. Demnach weist er zumindest nicht die übliche Beschaffenheit auf, die der Käufer erwarten darf.

d. Mithin weist die Kaufsache einen Sachmangel auf.

3. Der Mangel der Kaufsache lag bei Gefahrübergang, nämlich bei der Übergabe (§ 446) vor.

4. Ein Ausschluss der Gewährleistung ist nicht ersichtlich.

5. Demnach ist der Anspruch entstanden.

II. Der Anspruch des K könnte jedoch gemäß § 275 I ausgeschlossen sein.

1. V und K haben einen Kaufvertrag geschlossen, ein Schuldverhältnis liegt demnach vor.

2. Weiterhin müsste die Nacherfüllung objektiv oder subjektiv unmöglich sein.

K hat von seinem Wahlrecht bezüglich eines etwaig bestehenden Nacherfüllungsanspruchs Gebrauch gemacht und sich für einen Anspruch auf Lieferung einer mangelfreien Sache entschieden. Diese müsste unmöglich sein.

K hat sich für einen bestimmten Hund entschieden. Demnach handelt es sich um eine Stückschuld. Niemand kann den bestimmten Hund mangelfrei leisten. Insofern ist die Nacherfüllung objektiv unmöglich.

3. Der Anspruch des K ist folglich gemäß § 275 I ausgeschlossen.

III. K hat gegen V keinen Anspruch auf Lieferung einer mangelfreien Sache gemäß §§ 437 Nr. 1, 434, 439.

Fazit

1. Das erste Fazit ist – wie jedes erste Fazit eines jeden Buches meiner Reihe – lang und länger. Lest es trotzdem. Es schadet nicht.

   Zunächst etwas Grundsätzliches: Der Schuldner eines Kaufvertrags ist verpflichtet, dem Gläubiger eine mangelfreie Sache zu übereignen (vgl. § 433 I 2). Daraus ergeben sich wichtige Konsequenzen bezüglich der Systematik der Ansprüche und Rechte, die der Gläubiger im Falle eines Mangels der Kaufsache geltend machen kann.

   Zur Einführung in die Problematik solltet ihr zuerst § 437 und dann § 439 (I und IV) und dann § 434 lesen. Ohne in die unwirtlichen Tiefen des Gewährleistungsrechts abtauchen zu wollen: Wenn die Kaufsache mangelhaft ist, kann der Käufer Nacherfüllung verlangen (§ 439), vom Vertrag zurücktreten bzw. den Kaufpreis mindern oder Schadensersatz bzw. Aufwendungsersatz verlangen.

2. Wichtig: Weil der Verkäufer eine mangelfreie Kaufsache schuldet (§ 433 I 2), kann der Käufer an allererster Stelle nur ***Nacherfüllung (§ 439)*** beanspruchen, wenn die Sache mangelhaft ist.

   Erst wenn's mit dem Nacherfüllungsanspruch nicht klappt, ist an Rücktritt, an Minderung, an Schadensersatz und an Aufwendungsersatz zu denken.

   Das hat weiterreichende Auswirkungen für die Klausurprüfung. Solltet ihr (nur) nach einer möglichen Nacherfüllung gefragt werden, müsst ihr (nur) einen Nacherfüllungsanspruch prüfen (das ist klar!). Solltet ihr (nur) nach einem möglichen Rücktritt gefragt werden, beschäftigt ihr euch (nur) mit dem Rücktritt (auch klar). Solltet ihr ... (jetzt reicht's). Und was ist, wenn die Fallfrage etwa „Was kann XY tun?" lautet? Beten? Vielleicht auch das. Früher hätten Juristen – in den meisten Fällen – gleich an Rücktritt (damals „Wandelung") etc. gedacht. Heute nicht mehr. Heute denken Juristen an Nacherfüllung und dann erst ...

   Ich habe mich – wie in den früheren Auflagen der Fallbücher – dazu entschlossen, Fälle zu den einzelnen Rechtsbehelfen (Nacherfüllung, Rücktritt, ...) separiert zu präsentieren und eben nicht allgemein zu fragen: „Welche Ansprüche/Rechte hat XY?" Ich arbeite hier mit einem „Baukastensystem", das sich bewährt hat. Wenn ihr die Finessen des Nacherfüllungsanspruchs kapiert habt, wird es euch recht leicht fallen, im Rücktrittsdschungel zu bestehen, die Minderungsklippen zu umschiffen und auf große Schadens- und Aufwendungsersatzfahrt zu gehen.

3. Zurück zum Nacherfüllungsanspruch. Lest noch einmal § 439. In § 439 I erleuchtet uns der Gesetzgeber mit folgenden Worten: „Der Käufer kann ... nach seiner Wahl die Beseitigung des Mangels oder die Lieferung einer mangelfreien Sache verlangen." Oho: Da hat der Käufer also ein Wahlrecht.

   In der Klausur gibt es verschiedene Möglichkeiten, auf das Wahlrecht „einzugehen". Entweder wird gar nicht offenbar, für was sich der Käufer entscheidet. Dann sind beide Möglichkeiten – je nach Konstellation – zusammen oder getrennt zu prüfen. Oder es ergibt sich aus dem Sachverhalt, wofür sich der Käufer entschieden hat. Dann ist auch nur genau der Nacherfüllungsanspruch zu prüfen, für den sich der Käufer entschieden hat.

In unserem Fall hat sich der Käufer für die Lieferung eines Hundes ohne Sehschwäche, also für die ***Lieferung einer mangelfreien Sache*** entschieden. Also war auch nur der Nacherfüllungsanspruch in der Variante „Lieferung einer mangelfreien Sache" zu prüfen. Um gleich eine mögliche Angst zu nehmen: Beide Varianten des Nacherfüllungsanspruchs unterscheiden sich in der Prüfung so gut wie gar nicht. Aber das werdet ihr noch sehen.

Ganz ganz ganz wichtig: Sollte aus dem Sachverhalt nicht hervorgehen, für welche Variante sich der Käufer entschieden hat, dürft ihr nie und nimmer den Fehler machen, aufgrund irgendwelcher Angaben im Sachverhalt eine der Varianten sofort aus der Prüfung „hinauszukegeln". Beispiel: In diesem Fall offenbart der Sachverhalt, dass eine Korrektur der Sehschwäche nicht möglich ist. Wenn nun die Fallfrage nicht konkret gestellt, sondern ganz allgemein nach der Rechtslage gefragt worden wäre, hättet ihr nicht den Fehler machen dürfen, aus einem zu prüfenden Nacherfüllungsanspruch die Variante „Beseitigung des Mangels" auszuschließen. Sinn eines Gutachtens ist es ja gerade, erst innerhalb der Prüfung herauszufinden, ob irgendein Anspruch oder Recht besteht. Das gilt auch und gerade dann, wenn die Lösung für jeden Deppen klar auf der Hand liegt.

4. Die Systematik der innerhalb des Nacherfüllungsanspruchs vorzunehmenden „Mangelprüfung" dürfte auch klar geworden sein. Zuerst ist – wenn nicht ein ganz spezieller Mangel vorliegt (dazu später) – an den speziellsten aller allgemeinen Mängel, nämlich den Mangel nach § 434 I 1 (Abweichen von der vereinbarten Beschaffenheit) zu denken. Wenn's damit nicht klappt, schnell weiter zum Mangel nach § 434 I 2 Nr. 1 (Abweichen von der nach dem Vertrag vorausgesetzten Verwendung). Die Abgrenzung zwischen diesen Mängeln ist im Übrigen nicht immer leicht. Falls ihr auch hier nicht fündig werdet, kommt ihr vielleicht (und meistens) mit dem allgemeinsten der allgemeinen Mängel, nämlich mit dem des § 434 I 2 Nr. 2 weiter.

5. Innerhalb des Prüfungspunktes „Anspruch untergegangen ?" lauert eine böse Falle. Es ist immer zu überdenken, ob der (Nacherfüllungs-) Anspruch nach § 275 I ausgeschlossen ist. Er ist ausgeschlossen, wenn der Schuldner nicht zu leisten braucht, weil niemand oder zwar eine andere Person, nicht aber der Schuldner die Leistung vornehmen kann. Damit ist die Unmöglichkeit der Leistung gemeint. Tjaja, von Ferne winkt das allgemeine Leistungsstörungsrecht. Und: Die ***Nacherfüllung*** muss unmöglich sein. Wenn – wie hier – nur ein Nacherfüllungsanspruch in der Variante „Lieferung einer mangelfreien Sache" geprüft werden muss (Fragestellung beachten!), ist auch nur zu überdenken, ob der Anspruch auf Lieferung einer mangelfreien Sache unmöglich ist.

6. Das soll für den Anfang reichen. Viele lustige neue Details erwarten euch in den nächsten Fällen.

Fall 2

K erklärt gegenüber dem Hundezüchter V, er wolle ein Tier aus dem jüngsten Wurf kaufen. V ist damit einverstanden. Beide schließen einen diesbezüglichen Vertrag. Den Kaufpreis zahlt K sofort. Nach zwei Wochen sucht K einen Hund aus dem Wurf aus, nimmt ihn mit und gibt ihm den Namen „Fonzo". Schon bald darauf stellt K fest, dass das Tier beim Spazierengehen immer gegen Mauern und Laternenpfähle rennt. Der konsultierte Tierarzt diagnostiziert eine schon seit der Geburt des Hundes vorhandene extrem starke Fehlsichtigkeit, die durch eine Operation korrigiert werden kann. K wendet sich an V und erklärt ihm unter Zurverfügungstellung von „Fonzo", er wolle wegen des „Mangels" ein gesundes Tier aus demselben Wurf. V erklärt zutreffend, er könne zwar einen solchen Hund liefern, sei dazu jedoch nicht bereit.

Frage: Hat K einen Anspruch auf Lieferung eines mangelfreien Hundes ?

Anmerkung: Der Verkäufer ist kein Unternehmer i.S.d. § 14

Lösungsskizze Fall 2

- K gegen V Lieferung einer mangelfreien Sache gemäß §§ 437 Nr. 1, 434, 439 ?

I. Anspruch entstanden ?

1. Wirksamer Kaufvertrag, § 433 ?

HIER (+) → zwischen V und K

2. Sachmangel, § 434 ?

→ Tiere sind zwar keine Sachen, auf sie sind jedoch die für Sachen geltenden Vorschriften entsprechend anzuwenden, § 90a

a. Mangel nach § 434 I 1 ?

= Sache weist nicht die vereinbarte Beschaffenheit auf

HIER (–) → keine Vereinbarung

b. Mangel nach § 434 I 2 Nr. 1 ?

= Sache eignet sich nicht für die nach dem Vertrag vorausgesetzte Verwendung

HIER (–) → eine bestimmte Verwendung wurde im Vertrag nicht vorausgesetzt

c. Mangel nach § 434 I 2 Nr. 2 ?

= Sache eignet sich nicht für die gewöhnliche Verwendung oder weist nicht die übliche Beschaffenheit auf, die der Käufer erwarten darf

HIER (+) → der Hund leidet an einer extremen Sehschwäche

***d. also: Sachmangel* (+)**

3. Vorliegen des Mangels bei Gefahrübergang, § 434 ?
= insb. bei Übergabe, § 446 oder bei Übergabe an Transportperson, § 447 (beachte aber seit dem 01.01.2018 beim Verbrauchsgüterkauf § 475 II, davor seit dem 12.06.2014 den gleichlautenden § 474 IV)

HIER (+) → bei Übergabe

4. Kein Ausschluss der Gewährleistung ?

HIER (+) → Ausschluss nicht ersichtlich

5. <u>also</u>: Anspruch entstanden **(+)**

II. Anspruch untergegangen ?

- **nach § 275 I**
  = der Anspruch auf die Leistung (Nacherfüllung) ist ausgeschlossen, wenn diese unmöglich ist

1. Wirksames Schuldverhältnis ?

HIER (+) → s.o.; Kaufvertrag, § 433 zwischen V und K

2. Unmöglichkeit der Nacherfüllung (Lieferung einer mangelfreien Sache) ?
= niemand kann die Nacherfüllung (Lieferung einer mangelfreien Sache) erbringen (objektive Unmöglichkeit) oder eine dritte Person, nicht aber der Schuldner kann die Nacherfüllung erbringen (subjektive Unmöglichkeit bzw. Unvermögen)

HIER (–) → K hat sich im Vertrag nicht für einen bestimmten Hund entschieden; demnach handelt es sich nicht um eine Stückschuld, die nicht mangelfrei nachgeliefert werden kann, sondern um eine Gattungsschuld; im Übrigen existieren noch mangelfreie Sachen aus der Gattung, die geliefert werden können

3. <u>also</u>: Anspruch gemäß § 275 I ausgeschlossen **(–)**

III. Anspruch durchsetzbar ? (+)

IV. Ergebnis:

K gegen V Lieferung einer mangelfreien Sache
gemäß §§ 437 Nr. 1, 434, 439 (+)

Formulierungsvorschlag Fall 2

- K gegen V Lieferung einer mangelfreien Sache gemäß §§ 437 Nr. 1, 434, 439

K könnte gegen V einen Anspruch auf Lieferung einer mangelfreien Sache gemäß §§ 437 Nr. 1, 434, 439 haben.

I. Dann müsste der Anspruch zunächst entstanden sein.

1. V und K haben einen Kaufvertrag (§ 433) über einen Hund geschlossen.

2. Die Kaufsache könnte einen Sachmangel aufweisen, § 434. Tiere sind zwar keine Sachen, auf sie sind jedoch die für Sachen geltenden Vorschriften entsprechend anzuwenden, § 90a.

a. Die Parteien haben keine Vereinbarung bezüglich einer bestimmten Beschaffenheit der Kaufsache getroffen. Insofern scheidet ein Mangel nach § 434 I 1 aus.

b. Die Parteien haben im Vertrag auch keine bestimmte Verwendung der Kaufsache vorausgesetzt, für die sich die Kaufsache nicht eignet. Ein Mangel gemäß § 434 I 2 Nr. 1 liegt somit ebenfalls nicht vor.

c. Die Kaufsache könnte jedoch mangelhaft im Sinne des § 434 I 2 Nr. 2 sein. Dann dürfte sich die Sache nicht für die gewöhnliche Verwendung eignen oder nicht die übliche Beschaffenheit aufweisen, die der Käufer erwarten darf. Der Hund leidet an einer extremen Sehschwäche. Demnach weist er zumindest nicht die übliche Beschaffenheit auf, die der Käufer erwarten darf.

d. Mithin weist die Kaufsache einen Sachmangel auf.

3. Der Mangel der Kaufsache lag bei Gefahrübergang, nämlich bei der Übergabe (§ 446) vor.

4. Ein Ausschluss der Gewährleistung ist nicht ersichtlich.

5. Demnach ist der Anspruch entstanden.

II. Der Anspruch des K könnte jedoch gemäß § 275 I ausgeschlossen sein.

1. V und K haben einen Kaufvertrag geschlossen, ein Schuldverhältnis liegt demnach vor.

2. Weiterhin müsste die Nacherfüllung objektiv oder subjektiv unmöglich sein.

K hat von seinem Wahlrecht bezüglich eines etwaig bestehenden Nacherfüllungsanspruchs Gebrauch gemacht und sich für einen Anspruch auf Lieferung einer mangelfreien Sache entschieden. Diese müsste unmöglich sein.

K hat sich im Vertrag nicht für einen bestimmten Hund entschieden. Demnach handelt es sich nicht um eine Stückschuld, die nicht mangelfrei nachgeliefert werden kann, sondern um eine Gattungsschuld. Im Übrigen existieren noch mangelfreie Sachen aus der Gattung, die nachgeliefert werden können. Insofern ist die Nacherfüllung nicht unmöglich.

3. Der Anspruch des K ist folglich nicht ausgeschlossen.

III. Er ist auch durchsetzbar.

IV. K hat gegen V einen Anspruch auf Lieferung einer mangelfreien Sache gemäß §§ 437 Nr. 1, 434, 439.

Fazit

1. Lest noch einmal das Fazit zu Fall 1. Das kann nicht schaden. Spätestens dann solltet ihr den Einstieg in die Systematik des Mängelrechts geschafft haben.

2. Bezüglich der Reihenfolge der Prüfung der einzelnen Mängel mag ich ebenfalls ins Fazit zu Fall 1 verweisen. Ein Unterschied zu Fall 1 war nicht zu verorten.

3. Ein kleiner feiner Unterschied fand sich allerdings bereits im Sachverhalt. Der Käufer hat sich hier nicht etwa für einen ganz bestimmten Hund entschieden, sondern für irgendeinen Hund aus dem Wurf. Inhalt des Kaufvertrags war also keine ganz bestimmte Kaufsache, sondern irgendeine Kaufsache aus einer Gattung. Das hat Konsequenzen. Wenn ihr innerhalb des Prüfungspunktes „Anspruch untergegangen ?“ fragt, ob die Nacherfüllung unmöglich ist, spielt dieser Umstand eine Rolle. Hier wollte der Käufer (Wahlrecht!) Lieferung einer mangelfreien Sache. Fraglich war also, ob die Lieferung der mangelfreien Sache unmöglich ist. Ob sie unmöglich ist, hängt davon ab, was möglich ist. Und genau an diesem Punkt ist es wichtig, zwischen ***Stückschuld*** und ***Gattungsschuld*** zu unterscheiden. Das kennt ihr vielleicht schon aus einem anderen Buch der Reihe, nämlich aus ***Die Fälle – BGB Schuldrecht AT*** im Kapitel „Unmöglichkeit“.

Eine mangelhafte Sache, die Stückschuld ist, kann nicht mangelfrei (nach-) geleistet werden. Der Mangel kann allenfalls beseitigt werden. Aber danach war eben nicht gefragt. Eine mangelhafte Sache aus einer (ansonsten mangelfreien) Gattung hingegen kann (nach-) geleistet werden. Deshalb ist die Differenzierung zwischen Stückschuld und Gattungsschuld so wichtig!

4. Jetzt mag ich etwas für die folgenden Fälle vorwegnehmen. Wenn ihr euch bereits intensiv mit der Unmöglichkeit beschäftigt habt, habt ihr vielleicht verinnerlicht, dass an eine Unmöglichkeit (der Leistung) immer dann zu denken ist, wenn es sich bei der geschuldeten Sache um eine Stückschuld oder eine konkretisierte Gattungsschuld handelt. Vorsicht: Diese grundlegende Erkenntnis betrifft Konstellationen, in denen überhaupt nicht geleistet worden ist. Im Bereich der mangelhaften Leistung ist aber geleistet worden, nur leider mangelhaft.

Wenn mangelhaft geleistet wird, ist eine Unmöglichkeit der Lieferung einer mangelfreien Sache einerseits denkbar (und jetzt wiederhole ich mich), wenn es sich bei der gelieferten Kaufsache um eine Stückschuld handelt. Denn eine mangelhafte Sache, die Stückschuld ist, kann nicht mangelfrei (nach-) geliefert werden, weil genau diese Sache geschuldet wird und keine andere Sache. Also ist die Lieferung einer mangelfreien Sache unmöglich.

Andererseits kann eine Sache mangelfrei nachgeliefert werden, wenn die Parteien Leistung aus einer Gattung vereinbart haben, es sei denn, alle Sachen der Gattung sind mangelhaft. Eine ***Konkretisierung einer mangelhaften Gattungssache*** zur Stückschuld ***kommt*** übrigens ***nicht in Betracht***. Geschuldet wird gemäß § 243 I eine Sache mittlerer Art und Güte. Wenn die Sache einen Mangel aufweist, ist sie nicht von mittlerer Art und Güte. Insofern hat der Schuldner nicht das nach § 243 II seinerseits Erforderliche getan. Also hat er nicht konkretisiert.

5. Die Angabe im Sachverhalt, eine Korrektur der Sehschwäche sei möglich, war lediglich eine Finte. Sie hatte auf die Fall-Lösung schon deshalb keinen Einfluss, weil sich der Käufer für einen Nacherfüllungsanspruch in der Variante „Lieferung einer mangelfreien Sache“ entschieden hat. Die mögliche Korrektur der Sehschwäche wäre allerdings nur in einem Anspruch auf Mangelbeseitigung zu berücksichtigen gewesen. Und wo dort genau? Richtig, innerhalb der Prüfung, ob der Nacherfüllungsanspruch (Mangelbeseitigung) unmöglich ist.

Fall 3

Jäger K interessiert sich für einen Jagdhund. Deshalb kauft er vom Hundezüchter V ein Tier aus dem jüngsten Wurf. Den Kaufpreis zahlt K sofort. Nach zwei Wochen sucht K einen der Hunde aus dem Wurf aus, nimmt ihm mit und gibt ihm den Namen „Gonzo“. Schon bald darauf stellt K fest, dass das Tier beim Spazierengehen immer gegen Mauern und Laternenpfähle rennt. Der eiligst konsultierte Tierarzt diagnostiziert eine schon seit der Geburt des Hundes vorhandene erhebliche Fehlsichtigkeit, die operativ behoben werden kann. K erinnert sich daran, dass er beim Verkaufsgespräch ausdrücklich einen Jagdhund erbeten und V darauf die besonderen Jagdfähigkeiten dieser Rasse angepriesen hat, die K nun nicht nutzen kann. K wendet sich an V und fordert ihn zur Mangelbeseitigung auf. V äußert, er sei nicht bereit, die Operationskosten zu tragen, biete aber einen anderen – gesunden – Hund aus dem Wurf.

Frage: Hat K einen Anspruch auf Mangelbeseitigung ?

Anmerkung: Der Verkäufer ist kein Unternehmer i.S.d. § 14

Lösungsskizze Fall 3

- K gegen V Mangelbeseitigung gemäß §§ 437 Nr. 1, 434, 439 ?

I. Anspruch entstanden ?

1. Wirksamer Kaufvertrag, § 433 ?

HIER (+) → zwischen V und K

2. Sachmangel, § 434 ?

→ Tiere sind zwar keine Sachen, auf sie sind jedoch die für Sachen geltenden Vorschriften entsprechend anzuwenden, § 90a

a. Mangel nach § 434 I 1 ?

= Sache weist nicht die vereinbarte Beschaffenheit auf

HIER (+) → die Vereinbarung der Parteien bezieht sich auf die Beschaffenheit „Jagdhund“; diese Beschaffenheit erfüllt der übereignete Hund wegen seiner Fehlsichtigkeit nicht

***b. <u>also</u>: Sachmangel* (+)**

3. Vorliegen des Mangels bei Gefahrübergang, § 434 ?

= insb. bei Übergabe, § 446 oder bei Übergabe an Transportperson, § 447 (beachte aber seit dem 01.01.2018 beim Verbrauchsgüterkauf § 475 II, davor seit dem 12.06.2014 den gleichlautenden § 474 IV)

HIER (+) → bei Übergabe

4. Kein Ausschluss der Gewährleistung ?

HIER (+) → Ausschluss nicht ersichtlich

5. __also__: Anspruch entstanden **(+)**

II. Anspruch untergegangen ?

- **nach § 275 I**
  = der Anspruch auf die Leistung (Nacherfüllung) ist ausgeschlossen, wenn diese unmöglich ist

1. Wirksames Schuldverhältnis ?

HIER (+) → s.o.; Kaufvertrag, § 433 zwischen V und K

2. Unmöglichkeit der Nacherfüllung (Mangelbeseitigung) ?
= niemand kann die Nacherfüllung (Mangelbeseitigung) erbringen (objektive Unmöglichkeit) oder eine dritte Person, nicht aber der Schuldner kann die Mangelbeseitigung erbringen (subjektive Unmöglichkeit bzw. Unvermögen)

HIER (–) → die Beseitigung des Mangels ist durch eine Operation möglich

3. __also__: Anspruch gemäß § 275 I ausgeschlossen **(–)**

III. Anspruch durchsetzbar ?

- ***§ 439 IV* = Einrede wegen unverhältnismäßiger Kosten**

HIER (–) → V hat lediglich die Kostenübernahme verweigert, jedoch nicht mit der Begründung unverhältnismäßiger Kosten; also ist der Anspruch durchsetzbar

__also__: Anspruch durchsetzbar **(+)**

IV. Ergebnis:
K gegen V Mangelbeseitigung gemäß §§ 437 Nr. 1, 434, 439 (+)

Formulierungsvorschlag Fall 3

- K gegen V Mangelbeseitigung gemäß §§ 437 Nr. 1, 434, 439

K könnte gegen V einen Anspruch auf Mangelbeseitigung gemäß §§ 437 Nr. 1, 434, 439 haben.

I. Dann müsste der Anspruch zunächst entstanden sein.

1. V und K haben einen Kaufvertrag (§ 433) über einen Hund geschlossen.

2. Die Kaufsache könnte einen Sachmangel aufweisen, § 434. Tiere sind zwar keine Sachen, auf sie sind jedoch die für Sachen geltenden Vorschriften entsprechend anzuwenden, § 90a.

a. Die Parteien könnten eine Vereinbarung bezüglich einer bestimmten Beschaffenheit der Kaufsache getroffen haben, § 434 I 1. Die Vereinbarung der Parteien bezieht sich auf die Beschaffenheit „Jagdhund“. Diese Beschaffenheit erfüllt der übereignete Hund wegen seiner Fehlsichtigkeit nicht. Insofern liegt ein Mangel im Sinne des § 434 I 1 vor.

b. Mithin weist die Kaufsache einen Sachmangel auf.

3. Der Mangel der Kaufsache lag bei Gefahrübergang, nämlich bei der Übergabe (§ 446) vor.

4. Ein Ausschluss der Gewährleistung ist nicht ersichtlich.

5. Demnach ist der Anspruch entstanden.

II. Der Anspruch des K könnte jedoch gemäß § 275 I ausgeschlossen sein.

1. V und K haben einen Kaufvertrag geschlossen, ein Schuldverhältnis liegt demnach vor.

2. Weiterhin müsste die Nacherfüllung objektiv oder subjektiv unmöglich sein.

K hat von seinem Wahlrecht bezüglich eines etwaig bestehenden Nacherfüllungsanspruchs Gebrauch gemacht und sich für einen Anspruch auf Mangelbeseitigung entschieden. Diese müsste unmöglich sein.

Die Beseitigung des Mangels ist durch eine Operation möglich. Insofern ist die Nacherfüllung nicht unmöglich.

3. Der Anspruch des K ist folglich nicht ausgeschlossen.

III. Fraglich ist, ob der Anspruch durchsetzbar ist.

Zu denken ist an die Einrede des § 439 IV. Hiernach kann der Verkäufer die gewählte Art der Nacherfüllung verweigern, wenn sie nur mit unverhältnismäßigen Kosten möglich ist. V hat aber lediglich die Kostenübernahme verweigert, jedoch nicht mit der Begründung unverhältnismäßiger Kosten. Hierfür bestehen auch keine konkreten Angaben. Also ist der Anspruch mangels wirksamer Einrede des § 439 IV durchsetzbar.

IV. K hat gegen V einen Anspruch auf Mangelbeseitigung gemäß §§ 437 Nr. 1, 434, 439.

Fazit

1. Der Käufer hat sich hier innerhalb des Nacherfüllungsanspruchs aus § 439 nicht für den Anspruch auf Lieferung einer mangelfreien Sache entschieden (Wahlrecht!), sondern für einen Anspruch auf Beseitigung des Mangels.

2. Die Parteien haben eine Vereinbarung bezüglich der Beschaffenheit der Kaufsache getroffen. Deshalb war wegen der Fehlsichtigkeit des Hundes an einen Mangel nach § 434 I 1 zu denken. Bezüglich der Reihenfolge der Prüfung der unterschiedlichen Mängelarten dürft ihr nochmals ins Fazit zu Fall 1 schauen.

3. Weil der Käufer sich für einen Mangelbeseitigungsanspruch entschieden hat, war im Prüfungspunkt „Anspruch untergegangen?“ zu eruieren, ob die Mangelbeseitigung (und nicht etwa die Lieferung einer mangelfreien Sache) unmöglich

ist. Ob die Mangelbeseitigung unmöglich ist, könnt ihr anhand des Sachverhalts üblicherweise ganz leicht ermitteln. Ihr müsst euch nicht – wie bei der Prüfung, ob die Lieferung einer mangelfreien Sache unmöglich ist – fragen, ob eine bestimmte Sache (Stückschuld) oder irgendeine Sache aus einer Gattung (Gattungsschuld) geschuldet wird.

4. An eine etwaige ***Einrede gemäß § 439 IV*** ist im Prüfungspunkt „Anspruch durchsetzbar?“ zu denken. Bitte lest diese Vorschrift ganz, um sie zu verinnerlichen. Wichtig ist aber, dass nicht das bloße Bestehen der Einrede zur Nichtdurchsetzbarkeit des jeweiligen Anspruchs führt. Ihr dürft etwas Derartiges nicht einfach in den Sachverhalt hineinlesen. Der Anspruchsteller muss die Einrede geltend machen. Nicht nur denken, sondern auch sagen, lautet die Devise. Denken kann man viel ...

In unserem Fall hat der Verkäufer lediglich geäußert, er wolle die Operationskosten nicht tragen, also den Mangel nicht beseitigen. Selbst das reicht nicht aus, um die Einrede des § 439 IV zu erheben. Der Anspruchsgegner muss schon sagen, dass er die Mangelbeseitigung ablehnt, weil z.B. die Kosten unverhältnismäßig sind. Macht bitte nicht den Fehler, gar nichts zu dem Problem zu sagen, weil der Verkäufer den Grund für seine Ablehnung nicht geäußert hat. Ein paar Worte, warum ihr § 439 IV ablehnt, können nicht schaden.

Die Einrede des § 439 IV gilt für jede Art der gewählten Nacherfüllung. Wenn der Anspruchsgegner die Einrede wirksam gegen die vom Anspruchsteller gewählte Art der Nacherfüllung geltend macht, bleibt natürlich die andere Art der Nacherfüllung übrig. Wenn das in diesem Fall so gewesen wäre, hättet ihr im Ergebnis einen Satz dazu schreiben müssen. Der Anspruch auf Mangelbeseitigung wäre dann nicht durchsetzbar gewesen. Ihr hättet aber darauf hinweisen sollen, dass ein etwaiger Anspruch auf Lieferung einer mangelfreien Sache – so er denn geltend gemacht wird – durchsetzbar ist.

Fall 4

Der mit Goldketten behängte Gymnastikanzugträger G befindet sich einmal mehr in Geldnot. Deshalb bietet er abends in seiner Stammkneipe „Beim Elfi“ schweren Herzens sein güldenes Panzerarmband für 500 € zum Verkauf an. Der Interessierte K erkundigt sich hierauf bei G nach der Güte des Goldes. G antwortet, es handele sich um 585er-Gold. Der zu Recht misstrauische K schaut sich prüfend das Schmuckstück an und erkennt die deutlich sichtbare Einprägung im Verschluss des Armbands. Hieraus ist ersichtlich, dass das Gold lediglich eine 333er-Qualität hat. K drückt dem G trotzdem das geforderte Geld in die Hand und erhält das Armband. Am nächsten Tag bereut er den Kauf. Der alsbald angesprochene G zeigt sich hinsichtlich der Forderung des K auf Übereignung eines vergleichbaren 585er-Armbands stur.

Frage: Hat K einen Anspruch auf Lieferung eines 585er-Armbands ?

Lösungsskizze Fall 4

- K gegen G Lieferung einer mangelfreien Sache gemäß §§ 437 Nr. 1, 434, 439 ?

I. Anspruch entstanden ?

1. Wirksamer Kaufvertrag, § 433 ?

HIER (+) → zwischen G und K

2. Sachmangel, § 434 ?

a. Mangel nach § 434 I 1 ?
= Sache weist nicht die vereinbarte Beschaffenheit auf

HIER (+) → Vereinbarung bezüglich der Güte des Armbands (585er-Gold)

b. also: Sachmangel (+)

3. Vorliegen des Mangels bei Gefahrübergang, § 434 ?
= insb. bei Übergabe, § 446 oder bei Übergabe an Transportperson, § 447 (beachte aber seit dem 01.01.2018 beim Verbrauchsgüterkauf § 475 II, davor seit dem 12.06.2014 den gleichlautenden § 474 IV)

HIER (+) → bei Übergabe

4. Kein Ausschluss der Gewährleistung ?

a. Ausschluss gemäß § 442 ?
= Käufer kennt den Fehler bei Abschluss des Vertrags (§ 442 I 1) oder Käufer hat den Fehler grob fahrlässig nicht erkannt (§ 442 I 2); Ausnahme bei grober Fahrlässigkeit: arglistiges Verschweigen des Mangels oder Beschaffenheitsgarantie des Verkäufers

aa. Ausschluss der Gewährleistung gemäß § 442 I 1 ?

HIER (+) → K hatte positive Kenntnis bezüglich der Minderwertigkeit des Goldes

***bb. also: Ausschluss der Gewährleistung gemäß § 442 I 1* (+)**

***b. also: kein Ausschluss der Gewährleistung* (–)**

***5. also: Anspruch entstanden* (–)**

II. Ergebnis:

K gegen G Lieferung einer mangelfreien Sache gemäß §§ 437 Nr. 1, 434, 439 (–)

Formulierungsvorschlag Fall 4

- K gegen G Lieferung einer mangelfreien Sache gemäß §§ 437 Nr. 1, 434, 439

K könnte gegen G einen Anspruch auf Lieferung einer mangelfreien Sache gemäß §§ 437 Nr. 1, 434, 439 haben.

I. Dann müsste der Anspruch zunächst entstanden sein.

1. K und G haben einen Kaufvertrag (§ 433) über ein Armband geschlossen.

2. Die Kaufsache könnte einen Sachmangel aufweisen, § 434.

a. Die Parteien könnten eine Vereinbarung bezüglich einer bestimmten Beschaffenheit der Kaufsache getroffen haben, § 434 I 1. Die Vereinbarung der Parteien bezieht sich auf die Güte des Goldes, also eine Beschaffenheit des Armbands. Diese Beschaffenheit erfüllt das übereignete Armband wegen der minderen Güte des Goldes nicht. Insofern liegt ein Mangel im Sinne des § 434 I 1 vor.

b. Mithin weist die Kaufsache einen Sachmangel auf.

3. Der Mangel der Kaufsache lag bei Gefahrübergang, nämlich bei der Übergabe (§ 446) vor.

4. Fraglich ist jedoch, ob ein Ausschluss der Gewährleistung vorliegt. Ein solcher könnte sich aus § 442 ergeben.

a. Hiernach sind Rechte des Käufers wegen eines Mangels ausgeschlossen, wenn er den Fehler bei Abschluss des Vertrags kennt (§ 442 I 1) oder infolge grober Fahrlässigkeit nicht erkannt hat (§ 442 I 2). K hatte positive Kenntnis bezüglich der Minderwertigkeit des Goldes.

b. Also sind Rechte des K wegen des Mangels – und damit der Nacherfüllungsanspruch – nach § 442 I 1 ausgeschlossen.

5. Demnach ist der Anspruch nicht entstanden.

II. K hat gegen G keinen Anspruch auf Lieferung einer mangelfreien Sache gemäß §§ 437 Nr. 1, 434, 439.

Fazit

1. Und wieder lag – wie im vorigen Fall – ein Mangel nach § 434 I 1 vor, der keinerlei Besonderheiten bot.

2. Allerdings war im Prüfungspunkt „Kein Ausschluss der Gewährleistung?“ § 442 zu berücksichtigen. Gemäß § ***442 I 1*** sind die Rechte wegen eines Mangels ausgeschlossen, wenn der Käufer den Mangel bei Vertragsschluss kennt. Damit ist positive ***Kenntnis*** gemeint. Und: Unterstreicht bitte im Gesetzestext die Worte „bei Vertragsschluss“. Es schadet demnach nicht, wenn der Käufer kurz nach Vertragsschluss merkt, dass die Sache mangelhaft ist. Das klingt ganz einfach, wird aber im Eifer des (Klausur-) Gefechts gerne falsch gewertet.

§ 442 I 2 erschließt sich für viele nicht gleich beim ersten Lesen. Gemeint ist: Rechte wegen eines Mangels – und damit auch unser Anspruch auf Nacherfüllung in Form des Mangelbeseitigungsanspruchs – sind ausgeschlossen, wenn der Käufer den Mangel infolge grober Fahrlässigkeit nicht erkannt hat. Das kann sich im Zweifel natürlich auch nur auf den Zeitpunkt des Vertragsschlusses beziehen. Ist es aber doch so, dass der Käufer den Mangel aufgrund grober Fahrlässigkeit nicht erkannt hat, kann er trotzdem Rechte wegen des Mangels – also auch einen Nacherfüllungsanspruch – geltend machen, wenn der Verkäufer den Mangel arglistig verschwiegen hat.

§ 442 I 2 eröffnet eine weitere Ausnahme. Hat der Käufer den Mangel aufgrund grober Fahrlässigkeit nicht erkannt, kann er trotzdem Rechte wegen des Mangels geltend machen, wenn der Verkäufer eine Garantie für die Beschaffenheit der Sache übernommen hat. Lest zur Garantie spaßeshalber auch § 443 und § 444 (und § 445).

3. Der Anspruch ist in unserem Fall erst gar nicht entstanden. Wie wäre es, wenn er entstanden wäre? Der Anspruch wäre wegen Unmöglichkeit der Nacherfüllung gemäß § 275 I ausgeschlossen, d.h. untergegangen. Es handelt sich bei dem Armband um eine bestimmte Sache, also eine Stückschuld, die nicht mangelfrei nachgeliefert werden kann.

Fall 5

Sexshop-Inhaber S (Unternehmer) verkauft dem Kunden K (Verbraucher) eine Gummipuppe des Typs „Lalola“. Der Vertrag wird sofort abgewickelt. Bald darauf muss K entsetzt feststellen, dass sich ein Lufteinfüllstutzen nicht ordnungsgemäß verschließen lässt. Die Puppe ist „undicht“. Deshalb verlangt er von S eine neue Gummipuppe. S verweist auf einen an der Kasse angebrachten, für alle Käufer sichtbaren Zettel, auf dem steht: „Hiermit mache ich auf meine Allgemeinen Geschäftsbedingungen (AGB) aufmerksam.“ In den in der Kassenschublade befindlichen Geschäftsbedingungen findet sich unter § 6 der Passus: „Sämtliche Rechte wegen eines Fehlers der gekauften Sachen sind ausgeschlossen.“

Frage: Hat K einen Anspruch auf Lieferung einer mangelfreien Gummipuppe ?

Lösungsskizze Fall 5

- K gegen S Lieferung einer mangelfreien Sache gemäß §§ 437 Nr. 1, 434, 439 ?

I. Anspruch entstanden ?

1. Wirksamer Kaufvertrag, § 433 ?

HIER (+) → zwischen S und K

2. Sachmangel, § 434 ?

a. Mangel nach § 434 I 1 ?
= Sache weist nicht die vereinbarte Beschaffenheit auf

HIER (–) → keine Vereinbarung

b. Mangel nach § 434 I 2 Nr. 1 ?
= Sache eignet sich nicht für die nach dem Vertrag vorausgesetzte Verwendung

HIER (–) → eine bestimmte Verwendung wurde im Vertrag nicht vorausgesetzt

c. Mangel nach § 434 I 2 Nr. 2 ?
= Sache eignet sich nicht für die gewöhnliche Verwendung oder weist nicht die übliche Beschaffenheit auf, die der Käufer erwarten darf

HIER (+) → die Puppe ist undicht und weist deshalb zumindest nicht die übliche Beschaffenheit auf, die ein Käufer erwarten darf

d. <u>also</u>: Sachmangel **(+)**

3. Vorliegen des Mangels bei Gefahrübergang, § 434 ?
= insb. bei Übergabe, § 446 oder bei Übergabe an Transportperson, § 447 (beachte aber seit dem 01.01.2018 beim Verbrauchsgüterkauf § 475 II, davor seit dem 12.06.2014 den gleichlautenden § 474 IV)

HIER (+) → bei Übergabe

4. Kein Ausschluss der Gewährleistung ?

a. Ausschluss gemäß § 6 der Geschäftsbedingungen des S ?
= Ausschluss sämtlicher Gewährleistungsrechte

aa. Anwendungsbereich der §§ 305 ff eröffnet ?

(1) Anwendungsbereich ausgeschlossen wegen § 476 ?

HIER (+) → Unternehmer S und Verbraucher K haben einen Kaufvertrag geschlossen; es handelt sich mithin um einen Verbrauchsgüterkauf gemäß § 474; nach § 476 I 1 kann sich ein Unternehmer nicht auf eine Vereinbarung berufen, die zum Nachteil des Verbrauchers (u.a.) von den §§ 437 und 439 abweicht; eine Vereinbarung, die Ansprüche wegen eines Mangels – wie hier geschehen – generell ausschließt, weicht zum Nachteil des Verbrauchers K von dessen Rechten aus §§ 437, 439 ab

***(2) also: Anwendungsbereich der §§ 305 ff eröffnet* (–)**

***bb. also: Ausschluss gemäß § 6 der Geschäftsbedingungen des S* (–)**

***b. also: kein Ausschluss der Gewährleistung* (+)**

***5. also: Anspruch entstanden* (+)**

II. Anspruch untergegangen ?

- **nach § 275 I**
  = der Anspruch auf die Leistung (Nacherfüllung) ist ausgeschlossen, wenn diese unmöglich ist

1. Wirksames Schuldverhältnis ?

HIER (+) → s.o.; Kaufvertrag, § 433 zwischen S und K

2. Unmöglichkeit der Nacherfüllung (Lieferung einer mangelfreien Sache) ?
= niemand kann die Nacherfüllung (Lieferung einer mangelfreien Sache) erbringen (objektive Unmöglichkeit) oder eine dritte Person, nicht aber der Schuldner kann die Leistung erbringen (subjektive Unmöglichkeit bzw. Unvermögen)

HIER (–) → K hat sich im Vertrag nicht für eine bestimmte Gummipuppe entschieden, sondern für eine Gummipuppe eines bestimmten Typs; demnach handelt es sich nicht um eine Stückschuld, sondern um eine Gattungsschuld; im Übrigen existieren – mangels entgegenstehender Anhaltspunkte – noch mangelfreie Sachen aus der Gattung

***3. also: Anspruch gemäß § 275 I ausgeschlossen* (–)**

III. Anspruch durchsetzbar ? (+)

IV. Ergebnis:
K gegen S Lieferung einer mangelfreien Sache gemäß §§ 437 Nr. 1, 434, 439 (+)

Formulierungsvorschlag Fall 5

- K gegen S Lieferung einer mangelfreien Sache gemäß §§ 437 Nr. 1, 434, 439

K könnte gegen S einen Anspruch auf Lieferung einer mangelfreien Sache gemäß §§ 437 Nr. 1, 434, 439 haben.

I. Dann müsste der Anspruch zunächst entstanden sein.

1. S und K haben einen Kaufvertrag (§ 433) über eine Gummipuppe geschlossen.

2. Die Kaufsache könnte einen Sachmangel aufweisen, § 434.

a. Die Parteien haben keine Vereinbarung bezüglich einer bestimmten Beschaffenheit der Kaufsache getroffen. Insofern scheidet ein Mangel nach § 434 I 1 aus.

b. Die Parteien haben im Vertrag auch keine bestimmte Verwendung der Kaufsache vorausgesetzt, für die sich die Kaufsache nicht eignet. Ein Mangel gemäß § 434 I 2 Nr. 1 liegt somit ebenfalls nicht vor.

c. Die Kaufsache könnte jedoch mangelhaft im Sinne des § 434 I 2 Nr. 2 sein. Dann dürfte sich die Sache nicht für die gewöhnliche Verwendung eignen oder nicht die übliche Beschaffenheit aufweisen, die der Käufer erwarten darf. Die Puppe ist wegen des defekten Lufteinfüllstutzens „undicht". Demnach weist sie zumindest nicht die übliche Beschaffenheit auf, die der Käufer erwarten darf.

d. Mithin weist die Kaufsache einen Sachmangel auf.

3. Der Mangel der Kaufsache lag bei Gefahrübergang, nämlich bei der Übergabe (§ 446) vor.

4. Fraglich ist jedoch, ob ein Ausschluss der Gewährleistung vorliegt. Ein solcher könnte sich aus den Allgemeinen Geschäftsbedingungen des S ergeben.

a. Gemäß § 6 der Allgemeinen Geschäftsbedingungen des S sind sämtliche Rechte, die sich aus einem Mangel ergeben, ausgeschlossen. Bei einer Wirksamkeit der Klausel wäre somit der Nacherfüllungsanspruch des K ausgeschlossen.

Die Wirksamkeit einer solchen Klausel bestimmt sich grundsätzlich nach den Vorschriften der §§ 305 ff. Fraglich erscheint jedoch, ob deren Anwendungsbereich überhaupt eröffnet ist.

Der Anwendungsbereich der §§ 305 ff könnte wegen § 476 ausgeschlossen sein. Unternehmer S und Verbraucher K haben einen Kaufvertrag geschlossen. Es handelt sich mithin um einen Verbrauchsgüterkauf gemäß § 474. Nach § 476 I 1 kann sich ein Unternehmer nicht auf eine Vereinbarung berufen, die zum Nachteil des Verbrauchers (u.a.) von den §§ 437 und 439 abweicht. Eine Vereinbarung, die Ansprüche wegen eines Mangels – wie hier geschehen – generell ausschließt, weicht zum Nachteil des Verbrauchers K von dessen Rechten aus §§ 437, 439 ab. Also liegen die Voraussetzungen des § 476 I 1 vor.

Mithin ist der Anwendungsbereich der §§ 305 ff nicht eröffnet.

Ein Ausschluss der Gewährleistungsrechte des K durch § 6 der Geschäftsbedingungen des S scheidet aus.

b. Also ist die Gewährleistung nicht ausgeschlossen.

5. Demnach ist der Anspruch entstanden.

II. Der Anspruch des K könnte jedoch gemäß § 275 I ausgeschlossen sein.

1. S und K haben einen Kaufvertrag geschlossen, ein Schuldverhältnis liegt demnach vor.

2. Weiterhin müsste die Nacherfüllung objektiv oder subjektiv unmöglich sein.

K hat von seinem Wahlrecht bezüglich eines etwaig bestehenden Nacherfüllungsanspruchs Gebrauch gemacht und sich für einen Anspruch auf Lieferung einer mangelfreien Sache entschieden. Diese müsste unmöglich sein.

K hat sich im Vertrag nicht für eine bestimmte Puppe, sondern für eine Puppe eines bestimmten Typs entschieden. Demnach handelt es sich nicht um eine Stückschuld, sondern um eine Gattungsschuld. Im Übrigen existieren – mangels entgegenstehender Anhaltspunkte – noch mangelfreie Sachen aus der Gattung. Insofern ist die Nacherfüllung nicht unmöglich.

3. Der Anspruch des K ist folglich nicht ausgeschlossen.

III. Er ist auch durchsetzbar.

IV. K hat gegen S einen Anspruch auf Lieferung einer mangelfreien Sache gemäß §§ 437 Nr. 1, 434, 439.

Fazit

1. Das war der zweite Fall, der sich mit einem möglichen Ausschluss der Gewährleistung beschäftigte. Zugegeben: An die §§ 305 ff hat wahrscheinlich nicht jeder gleich gedacht, aber das ist nicht schlimm. Jetzt kennt ihr diese – bisweilen in Klausuren und Hausarbeiten anzuwendenden – Normen.

2. Unser Verkäufer hat durch ***„Allgemeine Geschäftsbedingungen“ (AGB)*** seine Haftung beschränkt. Wenn euch so etwas in einer Fallbearbeitung über den Weg läuft, könnt ihr anhand der §§ 305 ff überprüfen, ob die Haftungsbeschränkung oder ob der Haftungsausschluss wirksam ist.

Bevor ihr mit der eigentlichen AGB-Prüfung beginnt, solltet ihr an § 476 denken. Wenn ihr es mit einem Verbrauchsgüterkauf (Verbraucher kauft von Unternehmer, § 474) zu tun habt, wird § 476 interessant. Nach § 476 I 1 kann sich ein Unternehmer nicht auf eine Vereinbarung berufen, die zum Nachteil des Verbrauchers (u.a.) von den §§ 437 und 439 abweicht. Eine Vereinbarung, die Ansprüche wegen eines Mangels – wie in unserem Fall – generell ausschließt, weicht zum Nachteil des Verbrauchers K von dessen Rechten aus §§ 437, 439 ab. Also liegen die Voraussetzungen des § 476 I 1 vor. Der Unternehmer kann sich nicht auf die Ausschlussklausel berufen.

Wenn ihr allerdings – in anderen Fall-Konstellationen – zum Ergebnis kommt, dass § 476 nicht einschlägig ist, folgt die von vielen gefürchtete AGB-Prüfung. So schlimm ist die Prüfung aber gar nicht.

Die ***AGB-Prüfung*** beschränkt sich im Regelfall auf ***drei Punkte***:

- Liegen ***Allgemeine Geschäftsbedingungen*** i.S.d. ***§ 305 I*** vor ?

- Sind sie ***wirksam*** in den Vertrag ***einbezogen*** worden, ***§ 305 II*** ?

- Ist/sind die ***Klausel***/n ***unwirksam***, ***§§ 307 bis 309*** ?
(Achtung: Die Prüfungsreihenfolge ist umgekehrt § 309 – § 308 – § 307)

Überdies ist § 310 (vor allem I) zu beachten. Insbesondere die § 305 II, § 308 Nr. 1, 2 bis 8 und § 309 finden keine Anwendung auf Allgemeine Geschäftsbedingungen, die gegenüber einem Unternehmer verwendet werden.

3. Wenn etwa ein Verbraucher einem anderen Verbraucher eine Sache verkauft und Ansprüche wegen eines Mangels – wie in unserem Fall – generell ausschließt, ist gegebenenfalls ***§ 309 Ziffer 8.b)aa)***zu beachten. Nach der genannten Norm ist in Allgemeinen Geschäftsbedingungen eine Klausel unwirksam, die Rechte eines Käufers wegen eines Mangels insgesamt ausschließt.

4. Tut euch spätestens jetzt einen großen Gefallen: Verwöhnt euch mit dem Lesen der §§ 305 bis 310. Dann wisst ihr schon einmal, was euch erwarten kann. Es ist sinnvoll, nicht vollkommen unbeleckt in eine Klausur zu marschieren.

5. Die Prüfung der Unmöglichkeit des Nacherfüllungsanspruchs (im Prüfungspunkt II. Anspruch untergegangen) dürfte euch keine Probleme bereitet haben. Wenn doch, empfehle ich, die Fälle 1 bis 3 nochmals durchzuarbeiten und im jeweiligen Fazit nachzulesen.

Fall 6

K kauft beim windigen Privatmann P einen acht Jahre alten Pkw der Marke Mercedes. Auto und Geld wechseln sofort den Eigentümer. Schon nach einer Woche streikt der Motor. Ein sofort beauftragter Kfz-Sachverständiger führt in seinem Gutachten aus, der jetzige – durch eine Reparatur zu beseitigende – Defekt resultiere aus einem Unfall, in den das Auto vor Kurzem verwickelt gewesen sei. Dieser habe zu kleinen Rissen im Motorblock geführt. Erzürnt fordert K von P, der Wagen solle sofort repariert werden. Der spitzbübisch grinsende P, der im Übrigen den Mangel kannte, verweist den K auf den zwischen den Parteien handschriftlich ausgefertigten Vertrag, in dem sich folgender Passus findet: „Jegliche Gewährleistungsrechte sind ausgeschlossen."

Frage: Hat K einen Anspruch auf Mangelbeseitigung ?

Lösungsskizze Fall 6

- K gegen P Mangelbeseitigung gemäß §§ 437 Nr. 1, 434, 439 ?

I. Anspruch entstanden ?

1. Wirksamer Kaufvertrag, § 433 ?

HIER (+) → zwischen P und K

2. Sachmangel, § 434 ?

a. Mangel nach § 434 I 1 ?
= Sache weist nicht die vereinbarte Beschaffenheit auf

HIER (–) → keine Vereinbarung

b. Mangel nach § 434 I 2 Nr. 1 ?
= Sache eignet sich nicht für die nach dem Vertrag vorausgesetzte Verwendung

HIER (–) → eine bestimmte Verwendung wurde im Vertrag nicht vorausgesetzt

c. Mangel nach § 434 I 2 Nr. 2 ?
= Sache eignet sich nicht für die gewöhnliche Verwendung oder weist nicht die übliche Beschaffenheit auf, die der Käufer erwarten darf

HIER (+) → bei gebrauchten Sachen ist im Einzelfall zu ermitteln, wann eine Abweichung von der gewöhnlichen Verwendungsmöglichkeit bzw. der üblichen Beschaffenheit vorliegt; insofern ist auf vergleichbare gebrauchte Waren abzustellen; acht Jahre alte Autos weisen durchaus Alterungs- und Verschleißerscheinungen auf; bei dem gerügten Mangel handelt es sich aber nicht um Verschleiß oder normale Alterung, sondern um einen Defekt, der aus einem Unfall herrührt; es ist nicht davon auszugehen, dass vergleichbare alte Autos Unfälle aufweisen, die zu einem vergleichbaren Schaden geführt haben

d. also: Sachmangel (+)

3. Vorliegen des Mangels bei Gefahrübergang, § 434 ?
= insb. bei Übergabe, § 446 oder bei Übergabe an Transportperson, § 447 (beachte aber seit dem 01.01.2018 beim Verbrauchsgüterkauf § 475 II, davor seit dem 12.06.2014 den gleichlautenden § 474 IV)

HIER (+) → bei Übergabe

4. Kein Ausschluss der Gewährleistung ?

a. Ausschluss aufgrund der vertraglichen Ausschlussklausel ?
= Ausschluss jeglicher Gewährleistungsrechte

HIER (–) → zwar können in einem individuell ausgehandelten Kaufvertrag zwischen Privatpersonen – im Gegensatz zu „Allgemeinen Geschäftsbedingungen" – alle Rechte wegen eines Mangels ausgeschlossen werden; dann kann der Käufer auch keinen Anspruch auf Mangelbeseitigung geltend machen; der Ausschluss von Gewährleistungsrechten ist jedoch unwirksam, wenn der Verkäufer arglistig handelt, § 444; obwohl P von den gravierenden Mängeln wusste, hat er K nicht darüber informiert; er hat arglistig gehandelt; somit ist der Ausschluss sämtlicher Rechte aus einem Mangel aufgrund der Vertragsklausel unwirksam

b. also: kein Ausschluss der Gewährleistung (+)

5. also: Anspruch entstanden (+)

II. Anspruch untergegangen ?

- **nach § 275 I**
  = der Anspruch auf die Leistung (Nacherfüllung) ist ausgeschlossen, wenn diese unmöglich ist

1. Wirksames Schuldverhältnis ?

HIER (+) → s.o.; Kaufvertrag, § 433 zwischen P und K

2. Unmöglichkeit der Nacherfüllung (Mangelbeseitigung) ?
= niemand kann die Nacherfüllung (Mangelbeseitigung) erbringen (objektive Unmöglichkeit) oder eine dritte Person, nicht aber der Schuldner kann die Nacherfüllung erbringen (subjektive Unmöglichkeit bzw. Unvermögen)

HIER (–) → die Beseitigung des Mangels ist durch eine Reparatur möglich

3. also: Anspruch gemäß § 275 I ausgeschlossen (–)

III. Anspruch durchsetzbar ? (+)

IV. Ergebnis:

K gegen P Mangelbeseitigung gemäß §§ 437 Nr. 1, 434, 439 (+)

Formulierungsvorschlag Fall 6

- K gegen P Mangelbeseitigung gemäß §§ 437 Nr. 1, 434, 439

K könnte gegen P einen Anspruch auf Mangelbeseitigung gemäß §§ 437 Nr. 1, 434, 439 haben.

I. Dann müsste der Anspruch zunächst entstanden sein.

1. P und K haben einen Kaufvertrag (§ 433) über ein gebrauchtes Auto geschlossen.

2. Die Kaufsache könnte einen Sachmangel aufweisen, § 434.

a. Die Parteien haben keine Vereinbarung bezüglich einer bestimmten Beschaffenheit der Kaufsache getroffen. Insofern scheidet ein Mangel nach § 434 I 1 aus.

b. Die Parteien haben im Vertrag auch keine bestimmte Verwendung der Kaufsache vorausgesetzt, für die sich die Kaufsache nicht eignet. Ein Mangel gemäß § 434 I 2 Nr. 1 liegt somit ebenfalls nicht vor.

c. Die Kaufsache könnte jedoch mangelhaft im Sinne des § 434 I 2 Nr. 2 sein. Dann dürfte sich die Sache nicht für die gewöhnliche Verwendung eignen oder nicht die übliche Beschaffenheit aufweisen, die der Käufer erwarten darf. Bei gebrauchten Sachen ist im Einzelfall zu ermitteln, wann eine Abweichung von der gewöhnlichen Verwendungsmöglichkeit bzw. der üblichen Beschaffenheit vorliegt. Insofern ist auf vergleichbare gebrauchte Waren abzustellen. Acht Jahre alte Autos weisen durchaus Alterungs- und Verschleißerscheinungen auf. Bei dem gerügten Mangel handelt es sich aber nicht um Verschleiß oder normale Alterung, sondern um einen Defekt, der aus einem Unfall herrührt. Es ist nicht davon auszugehen, dass vergleichbare alte Autos Unfälle aufweisen, die zu einem vergleichbaren Schaden geführt haben. Demnach weist die Kaufsache zumindest nicht die übliche Beschaffenheit auf, die der Käufer erwarten darf.

d. Mithin weist die Kaufsache einen Sachmangel auf.

3. Der Mangel der Kaufsache lag bei Gefahrübergang, nämlich bei der Übergabe (§ 446) vor.

4. Fraglich ist jedoch, ob ein Ausschluss der Gewährleistung vorliegt. Ein solcher könnte sich aus dem vertraglichen Ausschluss aller Rechte aus einem Mangel ergeben.

a. Zwar können in einem individuell ausgehandelten Kaufvertrag zwischen Privatpersonen – im Gegensatz zu „Allgemeinen Geschäftsbedingungen“ – alle Rechte wegen eines Mangels ausgeschlossen werden. Dann kann der Käufer auch keinen Anspruch auf Mangelbeseitigung geltend machen. Der Ausschluss von Gewährleistungsrechten ist jedoch unwirksam, wenn der Verkäufer arglistig handelt, § 444. Obwohl P von den gravierenden Mängeln wusste, hat er K nicht darüber informiert. Er hat arglistig gehandelt. Somit ist der Ausschluss sämtlicher Rechte aus einem Mangel aufgrund der Vertragsklausel unwirksam.

b. Also ist die Gewährleistung nicht ausgeschlossen.

5. Demnach ist der Anspruch entstanden.

II. Der Anspruch des K könnte jedoch gemäß § 275 I ausgeschlossen sein.

1. P und K haben einen Kaufvertrag geschlossen, ein Schuldverhältnis liegt demnach vor.

2. Weiterhin müsste die Nacherfüllung objektiv oder subjektiv unmöglich sein.

K hat von seinem Wahlrecht bezüglich eines etwaig bestehenden Nacherfüllungsanspruchs Gebrauch gemacht und sich für einen Anspruch auf Mangelbeseitigung entschieden. Diese müsste unmöglich sein.

Die Beseitigung des Mangels ist durch eine Reparatur möglich. Insofern ist die Nacherfüllung nicht unmöglich.

3. Der Anspruch des K ist folglich nicht ausgeschlossen.

III. Er ist auch durchsetzbar.

IV. K hat gegen P einen Anspruch auf Mangelbeseitigung gemäß §§ 437 Nr. 1, 434, 439.

Fazit

1. Ein Ausschluss der Gewährleistung ist auch dann zu bejahen, wenn die Parteien dies privatvertraglich vereinbart haben. Man spricht hierbei von einer ***vertraglichen Ausschlussklausel***. In einem individuell zwischen Privatpersonen ausgehandelten Kaufvertrag können – im Gegensatz zu „Allgemeinen Geschäftsbedingungen" – alle Gewährleistungsrechte ausgeschlossen werden. Um es gleich zu verdeutlichen: Die Parteien können auch den Ausschluss einzelner Gewährleistungsrechte (z.B. nur kein Rücktritt, nur keine Minderung) vereinbaren. Ihr müsst – und das ist wichtig – darauf achten, was der Sachverhalt hergibt. Handelt es sich um einen (privat-) vertraglichen Ausschluss oder um einen Ausschluss durch Verwendung einer „Allgemeinen Geschäftsbedingung"? Die Abgrenzung ergibt sich aus § 305, den ihr euch nochmals zu Gemüte führen solltet. Dort wird erläutert, wann eine Allgemeine Geschäftsbedingung vorliegt.

2. Wenn ihr mit einer normalen vertraglichen Ausschlussklausel konfrontiert werdet, müsst ihr aber zwei ***Ausnahmen*** beherzigen (§ 444). Eine habt ihr in diesem Fall kennengelernt. Der Ausschluss von Gewährleistungsrechten ist dann unwirksam, wenn der Verkäufer ***arglistig*** handelt. Der Ausschluss greift auch dann nicht, wenn der Verkäufer eine ***Garantie*** für die Beschaffenheit der Sache übernommen hat. Lest zur Garantie spaßeshalber auch § 443 und § 444 (und § 445).

Fall 7

K kauft beim Möbelhändler H eine altdeutsche Schrankwand des Typs „Standfest". Den Kaufpreis von 6.000 € bezahlt er sofort. Die Schrankwand wird geliefert und in seinem Wohnzimmer aufgestellt. Nach vier Jahren bricht sie irreparabel zusammen, weil sie minderwertig verklebt ist. H wusste schon vor Abschluss des Kaufvertrags aus anderen Verkäufen von der minderwertigen Verklebung. Da er aber aus jedem Verkauf einen hohen Gewinn erzielt, hat er dem K sein Wissen nicht offenbart. Auf das Verlangen des K hinsichtlich der Lieferung einer – mittlerweile tatsächlich existierenden – ordnungsgemäß verklebten Schrankwand äußert H, nach so langer Zeit sei er nicht dazu bereit.

Frage: Hat K einen Anspruch auf Lieferung einer neuen Schrankwand ?

Lösungsskizze Fall 7

- K gegen H Lieferung einer mangelfreien Sache gemäß §§ 437 Nr. 1, 434, 439 ?

I. Anspruch entstanden ?

1. Wirksamer Kaufvertrag, § 433 ?

HIER (+) → zwischen H und K

2. Sachmangel, § 434 ?

a. Mangel nach § 434 I 1 ?
= Sache weist nicht die vereinbarte Beschaffenheit auf

HIER (–) → keine Vereinbarung

b. Mangel nach § 434 I 2 Nr. 1 ?
= Sache eignet sich nicht für die nach dem Vertrag vorausgesetzte Verwendung

HIER (–) → eine bestimmte Verwendung wurde im Vertrag nicht vorausgesetzt

c. Mangel nach § 434 I 2 Nr. 2 ?
= Sache eignet sich nicht für die gewöhnliche Verwendung oder weist nicht die übliche Beschaffenheit auf, die der Käufer erwarten darf

HIER (+) → die Schrankwand ist minderwertig verklebt und weist deshalb zumindest nicht die übliche Beschaffenheit auf, die ein Käufer erwarten darf

***d. <u>also</u>: Sachmangel* (+)**

3. Vorliegen des Mangels bei Gefahrübergang, § 434 ?
= insb. bei Übergabe, § 446 oder bei Übergabe an Transportperson, § 447 (beachte aber seit dem 01.01.2018 beim Verbrauchsgüterkauf § 475 II, davor seit dem 12.06.2014 den gleichlautenden § 474 IV)

HIER (+) → bei Übergabe

4. Kein Ausschluss der Gewährleistung ?

HIER (+) → Ausschluss nicht ersichtlich

***5. <u>also</u>: Anspruch entstanden* (+)**

II. Anspruch untergegangen ?

- **nach § 275 I**
  = der Anspruch auf die Leistung (Nacherfüllung) ist ausgeschlossen, wenn diese unmöglich ist

1. Wirksames Schuldverhältnis ?

HIER (+) → s.o.; Kaufvertrag, § 433 zwischen H und K

2. Unmöglichkeit der Nacherfüllung (Lieferung einer mangelfreien Sache) ?
= niemand kann die Nacherfüllung (Lieferung einer mangelfreien Sache) erbringen (objektive Unmöglichkeit) oder eine dritte Person, nicht aber der Schuldner kann die Nacherfüllung erbringen (subjektive Unmöglichkeit bzw. Unvermögen)

HIER (–) → K hat sich im Vertrag nicht für eine bestimmte Schrankwand entschieden, sondern für eine Schrankwand eines bestimmten Typs; demnach handelt es sich nicht um eine Stückschuld, sondern um eine Gattungsschuld; im Übrigen existieren mangelfreie Sachen aus der Gattung

***3. <u>also</u>: Anspruch gemäß § 275 I ausgeschlossen* (–)**

III. Anspruch durchsetzbar ?

- ***§ 438 I Nr. 3* = Verjährungseinrede**
  = zwei Jahre ab Ablieferung der Sache (§ 438 II)

HIER (–) → H hat eingewendet, nach so langer Zeit sei er mir der Lieferung einer neuen Schrankwand nicht einverstanden; insofern hat er die Einrede der Verjährung geltend gemacht; der Anspruch des K wäre zwar üblicherweise bereits nach zwei Jahren ab Ablieferung der Sache verjährt (§ 438 I Nr. 3, § 438 II); H hat den Mangel jedoch arglistig verschwiegen (§ 438 III); wegen des arglistigen Verschweigens des Mangels verjährt der Anspruch des K in der regelmäßigen Verjährungsfrist; diese beträgt gemäß § 195 drei Jahre; nach § 199 beginnt die regelmäßige Verjährung u.a. mit dem Schluss des Jahres, in dem der Anspruch entstanden ist und der Gläubiger von den den Anspruch begründenden Umständen und der Person des Schuldners Kenntnis erlangt hat; K hat erst kurz vor der Geltendmachung des Anspruchs mit dem Zusammenbrechen der Schrankwand Kenntnis von den Umständen erlangt; insofern ist der Anspruch nicht verjährt; hiergegen spricht auch nicht die Regelung des § 199 IV; die zehnjährige Frist ist nicht verstrichen; also ist der Anspruch durchsetzbar

also: Anspruch durchsetzbar (+)

IV. Ergebnis:

K gegen H Lieferung einer mangelfreien Sache gemäß §§ 437 Nr. 1, 434, 439 (+)

Formulierungsvorschlag Fall 7

- K gegen H Lieferung einer mangelfreien Sache gemäß §§ 437 Nr. 1, 434, 439

K könnte gegen H einen Anspruch auf Lieferung einer mangelfreien Sache gemäß §§ 437 Nr. 1, 434, 439 haben.

I. Dann müsste der Anspruch zunächst entstanden sein.

1. H und K haben einen Kaufvertrag (§ 433) über eine Schrankwand geschlossen.

2. Die Kaufsache könnte einen Sachmangel aufweisen, § 434.

a. Die Parteien haben keine Vereinbarung bezüglich einer bestimmten Beschaffenheit der Kaufsache getroffen. Insofern scheidet ein Mangel nach § 434 I 1 aus.

b. Die Parteien haben im Vertrag auch keine bestimmte Verwendung der Kaufsache vorausgesetzt, für die sich die Kaufsache nicht eignet. Ein Mangel gemäß § 434 I 2 Nr. 1 liegt somit ebenfalls nicht vor.

c. Die Kaufsache könnte jedoch mangelhaft im Sinne des § 434 I 2 Nr. 2 sein. Dann dürfte sich die Sache nicht für die gewöhnliche Verwendung eignen oder nicht die übliche Beschaffenheit aufweisen, die der Käufer erwarten darf. Die Schrankwand ist minderwertig verklebt. Demnach weist sie zumindest nicht die übliche Beschaffenheit auf, die der Käufer erwarten darf.

d. Mithin weist die Kaufsache einen Sachmangel auf.

3. Der Mangel der Kaufsache lag bei Gefahrübergang, nämlich bei der Übergabe (§ 446) vor.

4. Ein Ausschluss der Gewährleistung ist nicht ersichtlich.

5. Demnach ist der Anspruch entstanden.

II. Der Anspruch des K könnte jedoch gemäß § 275 I ausgeschlossen sein.

1. H und K haben einen Kaufvertrag geschlossen, ein Schuldverhältnis liegt demnach vor.

2. Weiterhin müsste die Nacherfüllung objektiv oder subjektiv unmöglich sein.

K hat von seinem Wahlrecht bezüglich eines etwaig bestehenden Nacherfüllungsanspruchs Gebrauch gemacht und sich für einen Anspruch auf Lieferung einer mangelfreien Sache entschieden. Diese müsste unmöglich sein.

K hat sich im Vertrag nicht für eine bestimmte Schrankwand entschieden, sondern für eine Schrankwand eines bestimmten Typs. Demnach handelt es sich nicht um eine Stückschuld, sondern um eine Gattungsschuld. Im Übrigen existieren mangelfreie Sachen aus der Gattung. Insofern ist die Nacherfüllung nicht unmöglich.

3. Der Anspruch des K ist folglich nicht ausgeschlossen.

III. Fraglich ist, ob der Anspruch durchsetzbar ist.

H hat eingewendet, nach so langer Zeit sei er mir der Lieferung einer neuen Schrankwand nicht einverstanden. Insofern hat er – zumindest konkludent – die Einrede der Verjährung geltend gemacht. Der Anspruch des K ist zwar üblicherweise bereits nach zwei Jahren ab Ablieferung der Sache verjährt (§ 438 I Nr. 3, § 438 II). Fraglich ist jedoch, wie es sich auswirkt, dass H von dem Mangel wusste, ihn aber nicht offenbart hat. Das Nichtoffenbaren trotz Kenntnis des Mangels ist als arglistiges Verschweigen des Mangels zu werten (§ 438 III). Wegen des arglistigen Verschweigens des Mangels verjährt der Anspruch des K jedoch in der regelmäßigen Verjährungsfrist. Diese beträgt gemäß § 195 drei Jahre. Nach § 199 beginnt die regelmäßige Verjährung u.a. mit dem Schluss des Jahres, in dem der Anspruch entstanden ist und der Gläubiger von den den Anspruch begründenden Umständen und der Person des Schuldners Kenntnis erlangt hat. K hat erst kurz vor der Geltendmachung des Anspruchs mit dem Zusammenbrechen der Schrankwand Kenntnis von den Umständen erlangt. Insofern ist der Anspruch nicht verjährt. Hiergegen spricht auch nicht die Regelung des § 199 IV. Die zehnjährige Frist ist nicht verstrichen. Also ist der Anspruch durchsetzbar.

IV. K hat gegen H einen Anspruch auf Lieferung einer mangelfreien Sache gemäß §§ 437 Nr. 1, 434, 439.

Fazit

1. Die „Probleme" im Bereich der Prüfungspunkte „Anspruch entstanden?" und „Anspruch untergegangen?" sollten an dieser Stelle des Buchs an sich keine mehr gewesen sein. Sonst heißt's: Zurückblättern.

2. Im Prüfungspunkt „Anspruch durchsetzbar?" solltet ihr lernen, mit der ***Verjährungseinrede*** des ***§ 438 I*** umzugehen. Der Anspruchsgegner muss die Einrede geltend machen. Die tatsächliche Verjährung allein hindert nicht die Durchsetzbarkeit des Anspruchs. Zur Geltendmachung genügt allerdings die konkludente Berufung auf die Verjährung. Abermals gilt: Mund aufmachen! Oder unter Umkehrung eines Sprichworts: Schweigen ist Silber, Reden ist Gold!

Der Anspruch auf Nacherfüllung verjährt gemäß § 438 I Nr. 3 in zwei Jahren. Die Verjährung beginnt nach § 438 II mit der Ablieferung der Sache.

Aber: Wenn der Verkäufer den Mangel arglistig verschwiegen hat, verjährt der Anspruch auf Nacherfüllung nicht in zwei Jahren ab Ablieferung der Sache, sondern gemäß § 438 III 1 in der regelmäßigen Verjährungsfrist. Die regelmäßige Verjährung ergibt sich aus § 195 (spätestens jetzt lesen) und beträgt drei Jahre. Nach § 199 beginnt die regelmäßige Verjährung u.a. mit dem Schluss des Jahres, in dem der Anspruch entstanden ist und der Gläubiger von den den Anspruch begründenden Umständen und der Person des Schuldners Kenntnis erlangt hat. Insofern unterscheidet sich der Beginn dieser Verjährung von der des § 438 II.

Beachtet zum Schluss die Höchstverjährungsgrenze des § 199 IV. Sie beträgt zehn Jahre.

3. Bitte lest abschließend – noch einmal – den gesamten § 438 und den gesamten § 199.

Fall 8

K kauft beim Möbelhändler H eine altdeutsche Schrankwand des Typs „Standhaft". Den Kaufpreis von 6.000 € bezahlt er sofort. Wie vereinbart wird die Schrankwand vier Wochen nach Vertragsschluss geliefert und von den Arbeitern X und Y des H im Wohnzimmer des K aufgestellt. Genau zwei Jahre nach Vertragsschluss bricht die an sich fehlerfreie Schrankwand irreparabel zusammen, weil X und Y sie unsachgemäß montiert haben. Auf das Verlangen des K hinsichtlich der Lieferung einer neuen Schrankwand äußert H, nach so langer Zeit sei er nicht dazu bereit.

Frage: Hat K einen Anspruch auf Lieferung einer neuen Schrankwand ?

Lösungsskizze Fall 8

- K gegen H Lieferung einer mangelfreien Sache gemäß §§ 437 Nr. 1, 434, 439 ?

I. Anspruch entstanden ?

1. Wirksamer Kaufvertrag, § 433 ?

HIER (+) → zwischen H und K

2. Sachmangel, § 434 ?

a. Mangel nach § 434 I 1 ?
= Sache weist nicht die vereinbarte Beschaffenheit auf

HIER (–) → keine Vereinbarung

b. Mangel nach § 434 I 2 Nr. 1 ?
= Sache eignet sich nicht für die nach dem Vertrag vorausgesetzte Verwendung

HIER (–) → eine bestimmte Verwendung wurde im Vertrag nicht vorausgesetzt

c. Mangel nach § 434 I 2 Nr. 2 ?
= Sache eignet sich nicht für die gewöhnliche Verwendung oder weist nicht die übliche Beschaffenheit auf, die der Käufer erwarten darf

HIER (–) → die Schrankwand ist an sich fehlerfrei

d. Mangel nach § 434 II 1 ?
= vereinbarte Montage ist durch den Verkäufer oder dessen Erfüllungsgehilfen unsachgemäß durchgeführt worden

HIER (+) → die Schrankwand ist aufgrund der Vereinbarung zwischen K und H montiert worden; zwar hat H die Schrankwand nicht selbst aufgestellt; die Montage ist aber durch die Arbeiter X und Y unsachgemäß durchgeführt worden; die unsachgemäße Montage begründet einen Mangel i.S.d. § 434 II 1, wenn X und Y Erfüllungsgehilfen des H sind, § 278; Erfüllungsgehilfe ist, wer mit Wissen und Wollen des Schuldners in dessen Pflichtenkreis tätig wird; X und Y haben mit Wissen und Wollen des H in dessen Pflichtenkreis gearbeitet, als sie die Schrankwand montiert haben; sie sind somit als Erfüllungsgehilfen des H tätig geworden; die unsachgemäße Montage der Erfüllungsgehilfen X und Y des H stellt sich als Mangel nach § 434 II 1 dar

e. also: Sachmangel **(+)**

3. Kein Ausschluss der Gewährleistung ?

HIER (+) → Ausschluss nicht ersichtlich

4. also: Anspruch entstanden **(+)**

II. Anspruch untergegangen ?

- **nach § 275 I**
  = der Anspruch auf die Leistung (Nacherfüllung) ist ausgeschlossen, wenn diese unmöglich ist

1. Wirksames Schuldverhältnis ?

HIER (+) → s.o.; Kaufvertrag, § 433 zwischen H und K

2. Unmöglichkeit der Nacherfüllung (Lieferung einer mangelfreien Sache) ?
= niemand kann die Nacherfüllung (Lieferung einer mangelfreien Sache) erbringen (objektive Unmöglichkeit) oder eine dritte Person, nicht aber der Schuldner kann die Nacherfüllung erbringen (subjektive Unmöglichkeit bzw. Unvermögen)

HIER (–) → K hat sich im Vertrag nicht für eine bestimmte Schrankwand entschieden, sondern für eine Schrankwand eines bestimmten Typs; demnach handelt es sich nicht um eine Stückschuld, sondern um eine Gattungsschuld; im Übrigen existieren – mangels entgegenstehender Anhaltspunkte – noch mangelfreie Sachen aus der Gattung

3. also: Anspruch gemäß § 275 I ausgeschlossen **(–)**

III. Anspruch durchsetzbar ?

- ***§ 438 I Nr. 3*** **= Verjährungseinrede**
  = zwei Jahre ab Ablieferung der Sache (§ 438 II)

HIER (–) → H hat zwar eingewendet, nach so langer Zeit sei er mir der Lieferung einer neuen Schrankwand nicht einverstanden; insofern hat er die Einrede der Verjährung geltend gemacht; der Anspruch des K verjährt aber erst nach zwei Jahren ab Ablieferung (§ 438 I Nr. 3, § 438 II); die Schrankwand ist genau zwei Jahre nach Vertragsschluss zusammengebrochen; die Montage und damit auch die Ablieferung ist erst vier Wochen nach Vertragsschluss durchgeführt worden; insofern hat die zweijährige Frist auch erst mit der Montage begonnen und ist deshalb noch nicht verstrichen; also ist der Anspruch durchsetzbar

also: Anspruch durchsetzbar **(+)**

IV. Ergebnis:
K gegen H Lieferung einer mangelfreien Sache gemäß §§ 437 Nr. 1, 434, 439 (+)

Formulierungsvorschlag Fall 8

- K gegen H Lieferung einer mangelfreien Sache gemäß §§ 437 Nr. 1, 434, 439

K könnte gegen H einen Anspruch auf Lieferung einer mangelfreien Sache gemäß §§ 437 Nr. 1, 434, 439 haben.

I. Dann müsste der Anspruch zunächst entstanden sein.

1. H und K haben einen Kaufvertrag (§ 433) über eine Schrankwand geschlossen.

2. Die Kaufsache könnte einen Sachmangel aufweisen, § 434.

a. Die Parteien haben keine Vereinbarung bezüglich einer bestimmten Beschaffenheit der Kaufsache getroffen. Insofern scheidet ein Mangel nach § 434 I 1 aus.

b. Die Parteien haben im Vertrag auch keine bestimmte Verwendung der Kaufsache vorausgesetzt, für die sich die Kaufsache nicht eignet. Ein Mangel gemäß § 434 I 2 Nr. 1 liegt somit ebenfalls nicht vor.

c. Die Schrankwand ist an sich fehlerfrei. Deshalb ist die Kaufsache auch nicht mangelhaft im Sinne des § 434 I 2 Nr. 2.

d. Fraglich ist, ob die Kaufsache mangelhaft im Sinne des § 434 II 1 ist. Dann müsste die vereinbarte Montage durch den Verkäufer oder dessen Erfüllungsgehilfen unsachgemäß durchgeführt worden sein. Die Schrankwand ist aufgrund der Vereinbarung zwischen K und H montiert worden. Zwar hat H die Schrankwand nicht selbst aufgestellt. Die Montage ist aber durch die Arbeiter X und Y unsachgemäß durchgeführt worden. Die unsachgemäße Montage begründet einen Mangel im Sinne des § 434 II 1, wenn X und Y Erfüllungsgehilfen des H sind, § 278. Erfüllungsgehilfe ist, wer mit Wissen und Wollen des Schuldners in dessen Pflichtenkreis tätig wird. X und Y haben mit Wissen und Wollen des H in dessen Pflichtenkreis gearbeitet, als sie die Schrankwand montiert haben. Sie sind somit als Erfüllungsgehilfen des H tätig geworden. Die unsachgemäße Montage der Erfüllungsgehilfen X und Y des H stellt sich als Mangel nach § 434 II 1 dar.

e. Mithin weist die Kaufsache einen Sachmangel auf.

3. Ein Ausschluss der Gewährleistung ist nicht ersichtlich.

4. Demnach ist der Anspruch entstanden.

II. Der Anspruch des K könnte jedoch gemäß § 275 I ausgeschlossen sein.

1. H und K haben einen Kaufvertrag geschlossen, ein Schuldverhältnis liegt demnach vor.

2. Weiterhin müsste die Nacherfüllung objektiv oder subjektiv unmöglich sein.

K hat von seinem Wahlrecht bezüglich eines etwaig bestehenden Nacherfüllungsanspruchs Gebrauch gemacht und sich für einen Anspruch auf Lieferung einer mangelfreien Sache entschieden. Diese müsste unmöglich sein.

K hat sich im Vertrag nicht für eine bestimmte Schrankwand entschieden, sondern für eine Schrankwand eines bestimmten Typs. Demnach handelt es sich nicht um eine Stückschuld, sondern um eine Gattungsschuld. Im Übrigen existieren – mangels entgegenstehender Anhaltspunkte – noch mangelfreie Sachen aus der Gattung. Insofern ist die Nacherfüllung nicht unmöglich.

3. Der Anspruch des K ist folglich nicht ausgeschlossen.

III. Fraglich ist, ob der Anspruch durchsetzbar ist.

H könnte die Einrede der Verjährung geltend gemacht haben, § 438 I Nr. 3. Er hat zwar geäußert, nach so langer Zeit sei er mir der Lieferung einer neuen Schrankwand nicht einverstanden. Insofern hat er – zumindest konkludent – die Einrede der Verjährung geltend gemacht. Der Anspruch des K verjährt aber erst nach zwei Jahren ab Ablieferung der Sache (§ 438 I Nr. 3, § 438 II). Die Schrankwand ist genau zwei Jahre nach Vertragsschluss zusammengebrochen. Die Montage und damit auch die Ablieferung ist aber erst vier Wochen nach Vertragsschluss durchgeführt worden. Insofern hat die zweijährige Frist auch erst mit der Montage begonnen und ist deshalb noch nicht verstrichen. Also ist der Anspruch durchsetzbar.

IV. K hat gegen H einen Anspruch auf Lieferung einer mangelfreien Sache gemäß §§ 437 Nr. 1, 434, 439.

Fazit

1. Wenn ihr es in der Klausur eilig habt, darf in solchen Konstellationen innerhalb des Punktes „Anspruch entstanden?“ die Prüfung des Mangels nach § 434 I 1, nach § 434 I 2 Nr. 1 und nach § 434 I 2 Nr. 2 kurz ausfallen oder sogar ganz fehlen.

Zu beachten war jedoch auf jeden Fall der Mangel des ***§ 434 II 1***. Seit 2002 hat der Gesetzgeber den Mangelbegriff gerade in diesem Bereich erweitert.

Im Rahmen der Prüfung des § 434 II 1 müssen die Parteien die Montage der Kaufsache vereinbart haben. Zudem muss die Montage durch den Verkäufer selbst oder durch seine(n) Erfüllungsgehilfen unsachgemäß durchgeführt worden sein. Wer Erfüllungsgehilfe ist, ergibt sich im Übrigen auch aus § 278. Aber nicht so ganz. Ihr wisst jedoch, wie es funktioniert ...

2. Abermals war eine Auseinandersetzung mit der ***Verjährungseinrede*** des § 438 I Nr. 3 unvermeidlich. Im Rahmen dieser Prüfung ist es immer wichtig, sich nicht nur zu merken, dass der Anspruch üblicherweise in zwei Jahren verjährt. Ebenso wichtig ist es, auf § 438 II zu achten oder zumindest zu wissen, wann die Verjährung üblicherweise beginnt. Sie beginnt mit der Ablieferung der Kaufsache beim Gläubiger. Könnt ihr euch an einen Fall erinnern, in dem die Verjährung nicht mit der Ablieferung der Sache beginnt? Nein? Marschmarsch zurück zum vorigen Fall. Und keine Müdigkeit vortäuschen.

Fall 9

Medizinstudent K kauft im Baumarkt des B ein Kieferregal des Typs „Pilli“ zur Selbstmontage. Den Kaufpreis von 60 € bezahlt er sofort. Beim Zusammenbau muss K bemerken, dass die Montage nach der den Einzelteilen beigefügten Aufbauanleitung nicht zu bewerkstelligen ist. Trotzdem schafft er es auf unerklärliche Weise, das Regal ordnungsgemäß zu erstellen. Sein wohlmeinender WG-Mitbewohner und Jurastudent J erklärt, das Regal sei alleine deshalb mangelhaft, weil es an einer fehlerfreien Aufbauanleitung fehle und rät K, gegenüber B einen Anspruch auf Mangelbeseitigung geltend zu machen. K solle dem B durch Forderung einer fehlerfreien Aufbauanleitung „Dampf machen“. K tut, wie ihm geheißen.

Frage: Hat K einen Anspruch auf Lieferung einer fehlerfreien Aufbauanleitung ?

Lösungsskizze Fall 9

- K gegen B Lieferung der Anleitung = Mangelbeseitigung gemäß §§ 437 Nr. 1, 434, 439 ?

I. Anspruch entstanden ?

1. Wirksamer Kaufvertrag, § 433 ?

HIER (+) → zwischen B und K

2. Sachmangel, § 434 ?

a. Mangel nach § 434 I 1 ?
= Sache weist nicht die vereinbarte Beschaffenheit auf

HIER (–) → keine Vereinbarung

b. Mangel nach § 434 I 2 Nr. 1 ?
= Sache eignet sich nicht für die nach dem Vertrag vorausgesetzte Verwendung

HIER (–) → eine bestimmte Verwendung wurde im Vertrag nicht vorausgesetzt

c. Mangel nach § 434 I 2 Nr. 2 ?
= Sache eignet sich nicht für die gewöhnliche Verwendung oder weist nicht die übliche Beschaffenheit auf, die der Käufer erwarten darf

HIER (–) → das Regal eignet sich für die gewöhnliche Verwendung und weist auch – als Regal selbst – die übliche Beschaffenheit auf

d. Mangel nach § 434 II 2 ?
= bei mangelhafter Montageanleitung

HIER (–) → bei dem Regal handelt es sich um einen zur Montage bestimmten Gegenstand; zwar stellt die fehlerhafte Aufbauanleitung grundsätzlich einen Mangel dar; ein Mangel i.S.d. Norm liegt aber regelmäßig nicht vor, wenn die Kaufsache fehlerfrei montiert worden ist; K hat das Regal fehlerfrei montiert; ein Mangel wegen fehlerhafter Montageanleitung scheidet folglich aus

e. also: Sachmangel (–)

3. also: Anspruch entstanden (–)

II. Ergebnis:
K gegen B Lieferung einer fehlerfreien Aufbauanleitung gemäß §§ 437 Nr. 1, 434, 439 (–)

Formulierungsvorschlag Fall 9

- K gegen B Lieferung der Anleitung = Mangelbeseitigung gemäß §§ 437 Nr. 1, 434, 439

K könnte gegen B einen Anspruch auf Lieferung einer fehlerfreien Montageanleitung gemäß §§ 437 Nr. 1, 434, 439 haben.

I. Dann müsste der Anspruch zunächst entstanden sein.

1. B und K haben einen Kaufvertrag (§ 433) über ein Regal geschlossen.

2. Die Kaufsache könnte einen Sachmangel aufweisen, § 434.

a. Die Parteien haben keine Vereinbarung bezüglich einer bestimmten Beschaffenheit der Kaufsache getroffen. Insofern scheidet ein Mangel nach § 434 I 1 aus.

b. Die Parteien haben im Vertrag auch keine bestimmte Verwendung der Kaufsache vorausgesetzt, für die sich die Kaufsache nicht eignet. Ein Mangel gemäß § 434 I 2 Nr. 1 liegt somit ebenfalls nicht vor.

c. Die Kaufsache könnte jedoch mangelhaft im Sinne des § 434 I 2 Nr. 2 sein. Dann dürfte sich die Sache nicht für die gewöhnliche Verwendung eignen oder nicht die übliche Beschaffenheit aufweisen, die der Käufer erwarten darf. Das Regal eignet sich aber für die gewöhnliche Verwendung und weist auch – als Regal selbst – die übliche Beschaffenheit auf. Also scheidet auch ein Mangel nach § 434 I 2 Nr. 2 aus.

d. Fraglich ist, ob die Sache mangelhaft im Sinne des § 434 II 2 ist. Bei dem Regal handelt es sich um einen zur Montage bestimmten Gegenstand. Zwar stellt die fehlerhafte Aufbauanleitung grundsätzlich einen Mangel dar. Ein Mangel im Sinne der Norm liegt aber regelmäßig nicht vor, wenn die Kaufsache fehlerfrei montiert worden ist. K hat das Regal fehlerfrei montiert. Ein Mangel wegen fehlerhafter Montageanleitung scheidet folglich ebenfalls aus.

e. Mithin weist die Kaufsache keinen Mangel auf.

3. Demnach ist der Anspruch nicht entstanden.

II. K hat gegen B keinen Anspruch auf Lieferung einer fehlerfreien Montageanleitung gemäß §§ 437 Nr. 1, 434, 439.

Fazit

1. In Fällen wie diesen kann wohl auch vertreten werden, dass es sich bei dem Anspruch um einen solchen auf Lieferung einer mangelfreien Sache handelt. Das Ergebnis ist dasselbe.

2. Wichtig war das Erkennen des Mangels nach ***§ 434 II 2***. Ein Mangel im Sinne des § 434 II 2 scheidet aber dann aus, wenn die Sache fehlerfrei montiert worden ist. § 434 II 2 betrifft – wie § 434 II 1 – Kaufsachen, die montiert werden sollen. Gemeint sind in § 434 II 2 jedoch Sachen, die zur ***Selbstmontage*** bestimmt sind.

Mängel im Kaufrecht

Fall 10

Der durch einen Semesterjob zu Geld gekommene Jurastudent K kauft im Fachgeschäft des F einen neuen TV-Recorder. Zu Hause muss er feststellen, dass bereits der Anschluss des Geräts an die vorhandene Heimkinoanlage arge Probleme bereitet, weil die mitgelieferte Anleitung nur in koreanischer Sprache zur Verfügung steht. Der ein wenig versierte K schafft es trotzdem, den TV-Recorder in Gang zu setzen. Allerdings entdeckt er mit Schrecken, dass auch die beigefügte Bedienungsanleitung nicht in deutscher Sprache abgefasst ist. K, der des Koreanischen nicht allzu mächtig ist, wendet sich flugs an F und verlangt Lieferung sowohl einer Anschlussanleitung als auch einer Bedienungsanleitung in deutscher Sprache.

Frage: Hat K einen Anspruch auf Lieferung der geforderten Anleitungen ?

Lösungsskizze Fall 10

- K gegen F Lieferung der Anleitungen = Mangelbeseitigung gemäß §§ 437 Nr. 1, 434, 439 ?

I. Anspruch entstanden ?

1. Wirksamer Kaufvertrag, § 433 ?

HIER (+) → zwischen F und K

2. Sachmangel, § 434 ?

a. Mangel nach § 434 I 1 ?

= Sache weist nicht die vereinbarte Beschaffenheit auf

HIER (–) → keine Vereinbarung

b. Mangel nach § 434 I 2 Nr. 1 ?

= Sache eignet sich nicht für die nach dem Vertrag vorausgesetzte Verwendung

HIER (–) → eine bestimmte Verwendung wurde im Vertrag nicht vorausgesetzt

c. Mangel nach § 434 I 2 Nr. 2 ?

= Sache eignet sich nicht für die gewöhnliche Verwendung oder weist nicht die übliche Beschaffenheit auf, die der Käufer erwarten darf

HIER (+) → der TV-Recorder ist zwar selbst nicht mangelhaft; technische Geräte sind jedoch nur dann nutzbar, wenn die mitgelieferten Anleitungen den Käufer in die Lage versetzen, das Gerät auch bestimmungsgemäß zu nutzen; die Anleitungen sind nicht in deutscher Sprache verfasst; insofern eignet sich das gesamte Gerät nicht zu gewöhnlichen Verwendung; bezüglich der fehlerhaften Anschlussanleitung trifft der Gesetzgeber keine spezielle Regelung; es handelt sich bei dieser Anleitung nicht um eine Montageanleitung i.S.d. § 434 II 2; da die Sache selbst, also der TV-Recorder als solcher, nicht zur Montage bestimmt ist; er muss nicht erst zusammengebaut werden; trotzdem wird man in analoger Anwendung des § 434 II 2 annehmen müssen, dass der Mangel der Anschlussanleitung deshalb irrelevant ist, weil K das Gerät bereits fehlerfrei an die heimische Anlage angeschlossen hat; mithin liegt nur ein Mangel bezüglich der Bedienungsanleitung vor

d. also: Sachmangel **(+)**

3. Vorliegen des Mangels bei Gefahrübergang, § 434 ?
= insb. bei Übergabe, § 446 oder bei Übergabe an Transportperson, § 447 (beachte aber seit dem 01.01.2018 beim Verbrauchsgüterkauf § 475 II, davor seit dem 12.06.2014 den gleichlautenden § 474 IV)

HIER (+) → bei Übergabe

4. Kein Ausschluss der Gewährleistung ?

HIER (+) → Ausschluss nicht ersichtlich

5. also: Anspruch entstanden **(+)**

II. Anspruch untergegangen ?

- **nach § 275 I**
= der Anspruch auf die Leistung (Nacherfüllung) ist ausgeschlossen, wenn diese unmöglich ist

1. Wirksames Schuldverhältnis ?

HIER (+) → s.o.; Kaufvertrag, § 433 zwischen F und K

2. Unmöglichkeit der Nacherfüllung (Lieferung einer mangelfreien Sache) ?
= niemand kann die Nacherfüllung (Lieferung einer mangelfreien Sache) erbringen (objektive Unmöglichkeit) oder eine dritte Person, nicht aber der Schuldner kann die Nacherfüllung erbringen (subjektive Unmöglichkeit bzw. Unvermögen)

HIER (−) → die Beseitigung des Mangels ist möglich

3. also: Anspruch gemäß § 275 I ausgeschlossen **(−)**

III. Anspruch durchsetzbar ? (+)

IV. Ergebnis:

K gegen F Lieferung einer mangelfreien Bedienungsanleitung
gemäß §§ 437 Nr. 1, 434, 439 (+)

Formulierungsvorschlag Fall 10

- K gegen F Lieferung der Anleitungen = Mangelbeseitigung gemäß §§ 437 Nr. 1, 434, 439 ?

K könnte gegen F einen Anspruch auf Lieferung einer fehlerfreien Anschlussanleitung und einer fehlerfreien Bedienungsanleitung gemäß §§ 437 Nr. 1, 434, 439 haben.

I. Dann müsste der Anspruch zunächst entstanden sein.

1. F und K haben einen Kaufvertrag (§ 433) über einen TV-Recorder geschlossen.

2. Die Kaufsache könnte einen Sachmangel aufweisen, § 434.

a. Die Parteien haben keine Vereinbarung bezüglich einer bestimmten Beschaffenheit der Kaufsache getroffen. Insofern scheidet ein Mangel nach § 434 I 1 aus.

b. Die Parteien haben im Vertrag auch keine bestimmte Verwendung der Kaufsache vorausgesetzt, für die sich die Kaufsache nicht eignet. Ein Mangel gemäß § 434 I 2 Nr. 1 liegt somit ebenfalls nicht vor.

c. Die Kaufsache könnte jedoch mangelhaft im Sinne des § 434 I 2 Nr. 2 sein. Dann dürfte sich die Sache nicht für die gewöhnliche Verwendung eignen oder nicht die übliche Beschaffenheit aufweisen, die der Käufer erwarten darf. Der TV-Recorder ist zwar selbst nicht mangelhaft. Technische Geräte sind jedoch nur dann nutzbar, wenn die mitgelieferten Anleitungen den Käufer in die Lage versetzen, das Gerät auch bestimmungsgemäß zu nutzen. Die Anleitungen sind nicht in deutscher Sprache verfasst. Insofern eignet sich das gesamte Gerät nicht zu gewöhnlichen Verwendung. Bezüglich der fehlerhaften Anschlussanleitung trifft der Gesetzgeber keine spezielle Regelung. Es handelt sich bei dieser Anleitung nicht um eine Montageanleitung im Sinne des § 434 II 2. Da die Sache selbst, also der TV-Recorder als solcher, nicht zur Montage bestimmt ist. Er muss nicht erst zusammengebaut werden. Trotzdem wird man in analoger Anwendung des § 434 II 2 annehmen müssen, dass der Mangel der Anschlussanleitung deshalb irrelevant ist, weil K das Gerät bereits fehlerfrei an die heimische Anlage angeschlossen hat. Mithin liegt nur ein Mangel bezüglich der Bedienungsanleitung vor.

d. Mithin weist die Kaufsache einen Mangel auf.

3. Der Mangel der Kaufsache lag bei Gefahrübergang, nämlich bei der Übergabe (§ 446) vor.

4. Ein Ausschluss der Gewährleistung ist nicht ersichtlich.

5. Demnach ist der Anspruch entstanden.

II. Der Anspruch des K könnte jedoch gemäß § 275 I ausgeschlossen sein.

1. F und K haben einen Kaufvertrag geschlossen, ein Schuldverhältnis liegt demnach vor.

2. Weiterhin müsste die Nacherfüllung objektiv oder subjektiv unmöglich sein.

K hat von seinem Wahlrecht bezüglich eines etwaig bestehenden Nacherfüllungsanspruchs Gebrauch gemacht und sich für einen Anspruch auf Mangelbeseitigung entschieden. Diese müsste unmöglich sein.

Die Beseitigung des Mangels ist durch die Lieferung einer fehlerfreien Bedienungsanleitung möglich. Insofern ist die Nacherfüllung nicht unmöglich.

3. Der Anspruch des K ist folglich nicht ausgeschlossen.

III. Er ist auch durchsetzbar.

IV. K hat gegen F einen Anspruch auf Lieferung einer fehlerfreien Bedienungsanleitung gemäß §§ 437 Nr. 1, 434, 439.

Fazit

1. Der Fall war insofern tückisch, als er zunächst dazu verführt haben könnte, einen Mangel im Sinne des § 434 II 2 anzunehmen. Bis zu diesem Mangel kam man jedoch in der Prüfung erst gar nicht. Weder die Anschlussanleitung noch die Bedienungsanleitung ist eine Montageanleitung im Sinne des § 434 II 2.

   Doch zunächst zur eigentlichen Kaufsache: Sie selbst war und ist nicht zur Montage bestimmt, sondern „fertig“. Anders verhält es sich etwa dann, wenn ein Gerät in Einzelteilen gekauft wird und anhand einer Montageanleitung erst zusammengebaut werden muss. So etwas habe ich allerdings noch nicht gesehen. Sachverhalte können aber derart „gestrickt“ sein.

   Nun war aber der TV-Recorder als solcher nicht mangelhaft. Nichtsdestotrotz sind die Aufbauanleitung und insbesondere die Bedienungsanleitung zusammen mit dem dazugehörigen Gerät als Einheit zu sehen. Denn: Mit dem Gerät allein kann man herzlich wenig anfangen, wenn es aufgrund einer nicht lesbaren oder ungenauen Bedienungsanleitung nicht genutzt werden kann. Der Mangel der Bedienungsanleitung erstreckt sich auf die gesamte Kaufsache. In Deutschland sollte die Bedienungsanleitung in deutscher Sprache abgefasst sein. Vom Normalkäufer wird man auch heute wohl kaum erwarten können, dass er etwa der englischen Sprache mächtig ist. Es hapert ja schon mit der deutschen Sprache. Problematisch erscheinen deshalb jetzt Produkte, zu deren Nutzung nur ein englischsprachiges Bedienerhandbuch beigefügt ist. Etwas anderes wird aber dann gelten müssen, wenn der Käufer bei Abschluss des Vertrags weiß, was er erwirbt. Und wenn er es dann trotzdem tut, lacht ihm § 442 ins Gesicht.

2. Solltet ihr an dieser Stelle des Buchs bemerken, dass ihr noch nicht kapiert habt, wann der Anspruch wegen Unmöglichkeit des Nachlieferungsanspruchs untergegangen sein kann, arbeitet bitte nochmals die Fälle 1 bis 3 durch.

Fall 11

K interessiert sich für Sportwagen des Herstellers H. Aus von H in Printmedien verbreiteten Anzeigen hat er erfahren, dass das neu auf den Markt gekommene Modell „Sucker" lediglich 20 Liter Superplus pro 100 Kilometer im Drittelmix verbrauchen soll. K ist begeistert und begibt sich deshalb direkt zum Autohaus des A, der Modelle des Herstellers H vertreibt. Ohne mit A über den Benzinverbrauch zu sprechen, ordert er eines der neuen Modelle. Als er später den Wagen in Empfang nehmen darf, ist er von den Fahrleistungen begeistert, muss aber feststellen, dass das Auto entgegen der an sich zutreffenden Angabe des H in den Medien durchschnittlich 33 Liter durch die Vergaser jagt. K verlangt daraufhin unter Schilderung der Sachlage von A Lieferung eines Neuwagens mit dem angepriesenen niedrigeren Verbrauch.

Frage: Hat K einen Anspruch auf Lieferung eines neuen Sportwagens ?

Lösungsskizze Fall 11

- K gegen A Lieferung einer mangelfreien Sache gemäß §§ 437 Nr. 1, 434, 439 ?

I. Anspruch entstanden ?

1. Wirksamer Kaufvertrag, § 433 ?

HIER (+) → zwischen A und K

2. Sachmangel, § 434 ?

a. Mangel nach § 434 I 1 ?
= Sache weist nicht die vereinbarte Beschaffenheit auf

HIER (−) → keine Vereinbarung zwischen K und A

b. Mangel nach § 434 I 2 Nr. 1 ?
= Sache eignet sich nicht für die nach dem Vertrag vorausgesetzte Verwendung

HIER (−) → eine bestimmte Verwendung wurde im Vertrag nicht vorausgesetzt

c. Mangel nach § 434 I 2 Nr. 2 ?
= Sache eignet sich nicht für die gewöhnliche Verwendung oder weist nicht die übliche Beschaffenheit auf, die der Käufer erwarten darf

HIER (+) → nach § 434 I 3, der die allgemeine Regelung des § 434 I 2 Nr. 2 ausfüllt und erweitert, gehören zur Beschaffenheit u.a. auch Eigenschaften, die der Käufer nach öffentlichen Äußerungen des Herstellers in der Werbung über bestimmte Eigenschaften der Sache erwarten darf; H ist Hersteller i.S.d. Norm; er hat in Printmedien öffentlich geäußert, dieses Automodell verbrauche lediglich 20 Liter Treibstoff; insofern stellt die Äußerung auf eine übliche Beschaffenheit des Autos ab, die das Exemplar des K allerdings nicht erfüllt; im Übrigen greift keiner der Ausschlusstatbestände des § 434 I 3: es ist nicht ersichtlich, dass der Verkäufer A die Werbung des H nicht kannte; eine Berichtigung der Aussage liegt ebenfalls nicht vor; K hätte den Wagen nicht gekauft, wenn er von dem Mehrverbrauch gewusst hätte

d. also: Sachmangel **(+)**

3. Vorliegen des Mangels bei Gefahrübergang, § 434 ?
= insb. bei Übergabe, § 446 oder bei Übergabe an Transportperson, § 447 (beachte aber seit dem 01.01.2018 beim Verbrauchsgüterkauf § 475 II, davor seit dem 12.06.2014 den gleichlautenden § 474 IV)

HIER (+) → bei Übergabe

4. Kein Ausschluss der Gewährleistung ?

HIER (+) → Ausschluss nicht ersichtlich

5. also: Anspruch entstanden **(+)**

II. Anspruch untergegangen ?

- **nach § 275 I**
= der Anspruch auf die Leistung (Nacherfüllung) ist ausgeschlossen, wenn diese unmöglich ist

1. Wirksames Schuldverhältnis ?

HIER (+) → s.o.; Kaufvertrag, § 433 zwischen A und K

2. Unmöglichkeit der Nacherfüllung (Lieferung einer mangelfreien Sache) ?
= niemand kann die Nacherfüllung (Lieferung einer mangelfreien Sache) erbringen (objektive Unmöglichkeit) oder eine dritte Person, nicht aber der Schuldner kann die Nacherfüllung erbringen (subjektive Unmöglichkeit bzw. Unvermögen)

HIER (–) → K hat sich im Vertrag nicht für ein bestimmtes Auto entschieden, sondern für ein Auto eines bestimmten Typs; demnach handelt es sich nicht um eine Stückschuld, sondern um eine Gattungsschuld; im Übrigen existieren tatsächlich mangelfreie Sachen aus der Gattung

3. also: Anspruch gemäß § 275 I ausgeschlossen **(–)**

III. Anspruch durchsetzbar ? (+)

IV. Ergebnis:

K gegen A Lieferung einer mangelfreien Sache
gemäß §§ 437 Nr. 1, 434, 439 (+)

Formulierungsvorschlag Fall 11

- K gegen A Lieferung einer mangelfreien Sache gemäß §§ 437 Nr. 1, 434, 439

K könnte gegen A einen Anspruch auf Lieferung einer mangelfreien Sache gemäß §§ 437 Nr. 1, 434, 439 haben.

I. Dann müsste der Anspruch zunächst entstanden sein.

1. A und K haben einen Kaufvertrag (§ 433) über ein Auto geschlossen.

2. Die Kaufsache könnte einen Sachmangel aufweisen, § 434.

a. Die Parteien haben keine Vereinbarung bezüglich einer bestimmten Beschaffenheit der Kaufsache getroffen. Insofern scheidet ein Mangel nach § 434 I 1 aus.

b. Die Parteien haben im Vertrag auch keine bestimmte Verwendung der Kaufsache vorausgesetzt, für die sich die Kaufsache nicht eignet. Ein Mangel gemäß § 434 I 2 Nr. 1 liegt somit ebenfalls nicht vor.

c. Die Kaufsache könnte jedoch mangelhaft im Sinne des § 434 I 2 Nr. 2 sein. Dann dürfte sich die Sache nicht für die gewöhnliche Verwendung eignen oder nicht die übliche Beschaffenheit aufweisen, die der Käufer erwarten darf. Nach § 434 I 3, der die allgemeine Regelung des § 434 I 2 Nr. 2 ausfüllt und erweitert, gehören zur Beschaffenheit u.a. auch Eigenschaften, die der Käufer nach öffentlichen Äußerungen des Herstellers in der Werbung über bestimmte Eigenschaften der Sache erwarten darf. H ist Hersteller im Sinne der Norm. Er hat in Printmedien öffentlich geäußert, dieses Automodell verbrauche lediglich 20 Liter Treibstoff. Insofern stellt die Äußerung auf eine übliche Beschaffenheit des Autos ab, die das Exemplar des K allerdings nicht erfüllt. Im Übrigen greift keiner der Ausschlusstatbestände des § 434 I 3. Es ist nicht ersichtlich, dass der Verkäufer A die Werbung des H nicht kannte. Eine Berichtigung der Aussage liegt ebenfalls nicht vor. K hätte den Wagen nicht gekauft, wenn er von dem Mehrverbrauch gewusst hätte.

d. Mithin weist die Kaufsache einen Sachmangel auf.

3. Der Mangel der Kaufsache lag bei Gefahrübergang, nämlich bei der Übergabe (§ 446) vor.

4. Ein Ausschluss der Gewährleistung ist nicht ersichtlich.

5. Demnach ist der Anspruch entstanden.

II. Der Anspruch des K könnte jedoch gemäß § 275 I ausgeschlossen sein.

1. A und K haben einen Kaufvertrag geschlossen, ein Schuldverhältnis liegt demnach vor.

2. Weiterhin müsste die Nacherfüllung objektiv oder subjektiv unmöglich sein.

K hat von seinem Wahlrecht bezüglich eines etwaig bestehenden Nacherfüllungsanspruchs Gebrauch gemacht und sich für einen Anspruch auf Lieferung einer mangelfreien Sache entschieden. Diese müsste unmöglich sein.

K hat sich im Vertrag nicht für ein bestimmtes Auto, sondern für ein Auto eines bestimmten Typs entschieden. Demnach handelt es sich nicht um eine Stückschuld, sondern um eine Gattungsschuld. Im Übrigen existieren tatsächlich mangelfreie Sachen aus der Gattung. Insofern ist die Nacherfüllung nicht unmöglich.

3. Der Anspruch des K ist folglich nicht ausgeschlossen.

III. Er ist auch durchsetzbar.

IV. K hat gegen A einen Anspruch auf Lieferung einer mangelfreien Sache gemäß §§ 437 Nr. 1, 434, 439.

Fazit

1. Innerhalb des Prüfungspunktes „Anspruch entstanden?" seid ihr mit einem weiteren Mangel konfrontiert worden. Nach ***§ 434 I 3***, der die allgemeine Regelung des § 434 I 2 Nr. 2 ausfüllt und erweitert, gehören zur Beschaffenheit u.a. auch Eigenschaften, die der Käufer nach ***öffentlichen Äußerungen*** des Herstellers in der ***Werbung*** über bestimmte Eigenschaften der Sache erwarten darf. Lest § 434 I 3 bitte noch einmal und prägt euch die verschiedenen Konstellationen ein. Dann seid ihr in der Klausur ein bisschen schlauer und müsst nicht erst alle Möglichkeiten durchdenken.

2. ***§ 439 IV*** spielte im Rahmen des Prüfungspunktes „Anspruch durchsetzbar?" abermals keine Rolle. Ich habe das Problem schon einmal aufgegriffen. Wichtig ist, dass nicht das bloße Bestehen der Einrede zur Nichtdurchsetzbarkeit des jeweiligen Anspruchs führt. Ihr dürft etwas Derartiges nicht einfach in den Sachverhalt hineinlesen. Der Anspruchsteller muss die Einrede geltend machen. Nicht nur denken, sondern auch sagen. Schaut noch einmal ins Fazit zu Fall 3.

3. Es gibt außerdem noch andere Mängel, die in anderen Fallgestaltungen zu prüfen sind. Dazu jedoch später. Das war es jedenfalls erst einmal mit den Fällen zum Nacherfüllungsanspruch. Ich denke, dass das System klar geworden ist. Ein umfangreiches Aufbauschema zum Nacherfüllungsanspruch findet ihr ziemlich am Ende des Buchs. Innerhalb des Schemas taucht zusätzlich die eine oder andere kleine Schweinerei auf, die ihr noch nicht in den ersten Fällen dieses Buchs bearbeiten durftet. Auf dieses oder jenes Schmankerl werdet ihr allerdings in den folgenden Fällen stoßen.

   Und: Ihr werdet sehen, dass sich innerhalb der nächsten Fälle viele Problempunkte aufgreifen lassen, mit denen ihr in diesem Kapitel bereits konfrontiert worden seid. Das ganze Schuldrecht ist ein großer „Baukasten". Allerdings mit vielen Besonderheiten.

Fall 12

K interessiert sich für einen bestimmten Hund des Hundezüchters V, der auf den Namen „Lonzo“ hört. Beide schließen einen diesbezüglichen Kaufvertrag, der in derselben Woche abgewickelt wird. Schon bald darauf stellt K fest, dass „Lonzo“ beim Spazierengehen immer gegen Mauern und Laternenpfähle rennt. Der konsultierte Tierarzt diagnostiziert eine schon seit der Geburt des Hundes vorhandene extrem starke Fehlsichtigkeit, die nicht korrigiert werden kann. K wendet sich an V und erklärt ihm unter Schilderung des Sachverhalts, er sei nicht mehr an dem Hund interessiert.

Frage: Hat K ein Rücktrittsrecht ?

Anmerkung: Der Verkäufer ist kein Unternehmer i.S.d. § 14

Lösungsskizze Fall 12

- Rücktrittsrecht des K wegen mangelhafter Kaufsache ?

Vorüberlegung (gehört nicht in die Formulierung)*:*
K kann den Vertrag mit V nur lösen, wenn ihm ein vertragliches oder gesetzliches Rücktrittsrecht zusteht. Da die Parteien nichts dergleichen im Vertrag vereinbart haben, kommt nur ein gesetzlicher Rücktritt in Betracht.

Wenn die Kaufsache mangelhaft ist, eröffnet sich für K ein ***gesetzlicher Vertragsrücktritt gemäß § 437 Nr. 2 Alt. 1***. Nun verweist die genannte Norm aber u.a. auf ***§ 323*** und auf ***§ 326 V***. Ein Rücktritt nach § 323 (allein) ist nur bei erfolgloser Fristbestimmung möglich, während ein Rücktritt unter den Voraussetzungen des § 326 V gerade keine Fristsetzung fordert. Und das hat Konsequenzen für den Einstieg in die Prüfung des Rücktritts. Wann kann man unter welchen Voraussetzungen zurücktreten? § 326 V bestimmt, dass der Gläubiger zurücktreten kann, wenn der Schuldner nach § 275 I bis III nicht zu leisten braucht. Üblicherweise (nicht immer!) kommt eine Leistungsbefreiung des Schuldners gemäß § 275 I, also wegen „echter“ Unmöglichkeit in Betracht. Und worauf bezieht sich die Unmöglichkeit? Na klar: Auf den Nacherfüllungsanspruch (= Lieferung einer mangelfreien Sache oder Mangelbeseitigung). Also: Wenn der Nacherfüllungsanspruch nach § 275 I untergeht (oder nach § 275 II oder III nicht durchsetzbar ist), braucht der Schuldner nicht nachzuerfüllen. Wenn er nicht nacherfüllen muss, kann der Gläubiger gemäß § 326 V i.V.m. § 323 zurücktreten. ***§ 326 V ist gegenüber § 323 die speziellere Norm.*** Und wofür gilt dann § 323? Welcher Rücktritt ist da gemeint? Auch klar: Wenn der Nacherfüllungsanspruch nicht deshalb scheitert, weil der Schuldner nach § 275 I bis III nicht zu leisten braucht, kommt § 323 ins Spiel.

Ihr müsst also – so ihr das bei anderer Fragestellung nicht schon vorher in der Klausur ihm Rahmen eines Nacherfüllungsanspruchs geprüft habt – gedanklich im Vorfeld ermitteln, ob der Gläubiger zurücktreten will, weil der Nacherfüllungsanspruch wegen § 275 „scheitert“.

Und was bedeutet das für die Klausur? Wenn ihr in einer Vorüberlegung ermittelt habt, ob ein Mangel vorliegt, und das bejahen könnt, stellt ihr euch eine Hilfsfrage, mit deren Beantwortung ihr immer zum „richtigen“ Rücktrittsrecht kommt. Die ***Hilfsfrage*** lautet: ***Ist die Nacherfüllung (i.S.d. § 275 I bis III) unmöglich ?***

wenn ***ja***	→	ist ***§ 326 V***	anwendbar
wenn ***nein***	→	ist ***§ 323***	anwendbar

HIER schuldet V dem K einen ganz bestimmten Hund (Stückschuld). Genau dieser Hund kann nicht neu und mangelfrei (nach-) geliefert werden. Eine Mangelbeseitigung ist mangels Korrekturfähigkeit der Sehschwäche auch nicht möglich. Also ist die Nacherfüllung unmöglich.

Ergebnis der Vorüberlegung:
Ein Rücktrittsrecht ergibt sich (u.U.) aus ***§§ 437 Nr. 2 Alt. 1, 434, 326 V i.V.m. § 323.***

- Rücktrittsrecht des K *(bei Unmöglichkeit der Nacherfüllung)* gemäß §§ 437 Nr. 2 Alt. 1, 434, 326 V i.V.m. § 323 ?

(Achtung: Ihr dürft euch in vielen Prüfungspunkten ganz kurz fassen und nach oben verweisen, wenn ihr in der Klausur vorher einen Anspruch auf Nacherfüllung geprüft habt. Ob ihr ihn geprüft habt, hängt von der jeweiligen Fragestellung ab.***)***

I. Voraussetzungen des Rücktrittsrechts ?

1. Wirksamer Kaufvertrag, § 433 ?

HIER (+) → zwischen V und K

2. Sachmangel, § 434 ?

→ Tiere sind zwar keine Sachen, auf sie sind jedoch die für Sachen geltenden Vorschriften entsprechend anzuwenden, § 90a

a. Mangel nach § 434 I 1 ?
= Sache weist nicht die vereinbarte Beschaffenheit auf

HIER (–) → keine Vereinbarung

b. Mangel nach § 434 I 2 Nr. 1 ?
= Sache eignet sich nicht für die nach dem Vertrag vorausgesetzte Verwendung

HIER (–) → eine bestimmte Verwendung wurde im Vertrag nicht vorausgesetzt

c. Mangel nach § 434 I 2 Nr. 2 ?
= Sache eignet sich nicht für die gewöhnliche Verwendung oder weist nicht die übliche Beschaffenheit auf, die der Käufer erwarten darf

HIER (+) → der Hund leidet an einer extremen Sehschwäche

d. also: Sachmangel **(+)**

3. ***Vorliegen des Mangels bei Gefahrübergang, § 434 ?***
= insb. bei Übergabe, § 446 oder bei Übergabe an Transportperson, § 447 (beachte aber seit dem 01.01.2018 beim Verbrauchsgüterkauf § 475 II, davor seit dem 12.06.2014 den gleichlautenden § 474 IV)

HIER (+) → bei Übergabe

4. ***Kein Ausschluss der Gewährleistung ?***

HIER (+) → Ausschluss nicht ersichtlich

5. ***Entbehrlichkeit der Fristsetzung gemäß § 326 V i.V.m. § 275 I bis III ?***
= bei Leistungsbefreiung des Schuldners gemäß § 275 I bis III

- ***Leistungsbefreiung nach § 275 I***
= der Anspruch auf die Leistung (Nacherfüllung) ist ausgeschlossen, wenn diese unmöglich ist

a. ***Wirksames Schuldverhältnis ?***

HIER (+) → s.o.; Kaufvertrag, § 433 zwischen V und K

b. ***Unmöglichkeit der Leistung (Nacherfüllung) ?***

HIER (+) → V schuldet dem K einen ganz bestimmten Hund (Stückschuld); genau dieser Hund kann nicht neu und mangelfrei (nach-) geliefert werden; eine Mangelbeseitigung ist mangels Korrekturfähigkeit der Sehschwäche auch nicht möglich; also ist die Nacherfüllung objektiv unmöglich

c. ***<u>also</u>: Leistungsbefreiung nach § 275 I (+)***
→ ***Entbehrlichkeit der Fristsetzung gemäß § 326 V (+)***

6. ***Kein Ausschluss des Rücktritts ?***

HIER (+) → keine Anhaltspunkte

7. ***Keine Unwirksamkeit des Rücktritts, § 218 ?***

HIER (+) → keine Anhaltspunkte

8. ***<u>also</u>: Voraussetzungen des Rücktrittsrechts (+)***

II. Ergebnis:

Rücktrittsrecht des K gemäß §§ 437 Nr. 2 Alt. 1, 434, 326 V i.V.m. § 323 (+); K muss gegenüber V den Rücktritt erklären (§ 349), um wirksam zurückzutreten; dann kann er gemäß § 346 I Rückzahlung des Kaufpreises verlangen

Formulierungsvorschlag Fall 12

- Rücktrittsrecht des K *(bei Unmöglichkeit der Nacherfüllung)* gemäß §§ 437 Nr. 2 Alt. 1, 434, 326 V i.V.m. § 323

K könnte ein Rücktrittsrecht zustehen.

I. Dann müssten die Voraussetzungen der §§ 437 Nr. 2 Alt. 1, 434, 326 V i.V.m. § 323 vorliegen.

1. V und K haben einen Kaufvertrag (§ 433) über einen Hund geschlossen.

2. Die Kaufsache könnte einen Sachmangel aufweisen, § 434. Tiere sind zwar keine Sachen, auf sie sind jedoch die für Sachen geltenden Vorschriften entsprechend anzuwenden, § 90a.

a. Die Parteien haben keine Vereinbarung bezüglich einer bestimmten Beschaffenheit der Kaufsache getroffen. Insofern scheidet ein Mangel nach § 434 I 1 aus.

b. Die Parteien haben im Vertrag auch keine bestimmte Verwendung der Kaufsache vorausgesetzt, für die sich die Kaufsache nicht eignet. Ein Mangel gemäß § 434 I 2 Nr. 1 liegt somit ebenfalls nicht vor.

c. Die Kaufsache könnte jedoch mangelhaft im Sinne des § 434 I 2 Nr. 2 sein. Dann dürfte sich die Sache nicht für die gewöhnliche Verwendung eignen oder nicht die übliche Beschaffenheit aufweisen, die der Käufer erwarten darf. Der Hund leidet an einer extremen Sehschwäche. Demnach weist er zumindest nicht die übliche Beschaffenheit auf, die der Käufer erwarten darf.

d. Mithin weist die Kaufsache einen Sachmangel auf.

3. Der Mangel der Kaufsache lag bei Gefahrübergang, nämlich bei der Übergabe (§ 446) vor.

4. Ein Ausschluss der Gewährleistung ist nicht ersichtlich.

5. Die gemäß § 323 grundsätzlich erforderliche Fristbestimmung könnte nach § 326 V entbehrlich sein. Sie ist entbehrlich, wenn der Schuldner nach § 275 I bis III nicht zu leisten braucht, d.h. die Nacherfüllung nicht erbringen muss.

In Betracht kommt eine Befreiung von der Nacherfüllung gemäß § 275 I.

a. V und K haben einen Kaufvertrag geschlossen, ein Schuldverhältnis liegt demnach vor.

b. Weiterhin müsste die Nacherfüllung objektiv oder subjektiv unmöglich sein.

V schuldet dem K einen ganz bestimmten Hund (Stückschuld). Genau dieser Hund kann nicht neu und mangelfrei (nach-) geliefert werden. Eine Mangelbeseitigung ist mangels Korrekturfähigkeit der Sehschwäche auch nicht möglich. Demnach ist die Nacherfüllung objektiv unmöglich.

c. Also ist die Nacherfüllung nach § 275 I wegen Unmöglichkeit ausgeschlossen. Somit ist eine Fristbestimmung gemäß § 326 V entbehrlich.

6. Ein Ausschluss des Rücktritts ist nicht ersichtlich.

7. Für eine Unwirksamkeit des Rücktritts nach § 218 bestehen keine Anhaltspunkte.

8. Somit liegen alle Voraussetzungen für einen Rücktritt vor.

II. K hat ein Rücktrittsrecht gemäß §§ 437 Nr. 2 Alt. 1, 434, 326 V i.V.m. § 323. Um sein Rücktrittsrecht auszuüben, muss er gegenüber V den Rücktritt erklären (§ 349). Dann kann er gemäß § 346 I Rückzahlung des Kaufpreises verlangen.

Fazit

1. Ein an sich problemloser und nichtsdestotrotz wichtiger ***Einstiegsfall*** aus dem Bereich des ***Rücktritts***. Ihr solltet lediglich erkennen, wie eine solche Rücktrittsprüfung aufzubauen ist und mit welchen Tücken ihr zu kämpfen habt.

2. Schaut euch zur Abrundung noch einmal die ***Vorüberlegung*** an. Sie enthält den existenziellen Schlüssel zum richtigen Lösungseinstieg.

3. Ihr habt sicherlich bemerkt, dass ihr bezüglich vieler Prüfungspunkte auf das zurückgreifen könnt, was ihr bereits im Rahmen der Prüfung des Nacherfüllungsanspruchs kennengelernt habt.

4. Zumindest für Anfänger liegt das Problem nicht etwa in den einzelnen Prüfungspunkten selbst, sondern im Aufbau einer solchen Fall-Lösung. Und das wiederum liegt vor allem daran, dass der Gesetzgeber zwischen Rechten (einerseits) und Ansprüchen (andererseits) unterscheidet. Der in den vorigen Fällen zu prüfende Nacherfüllungsanspruch ist ein Anspruch. Das verrät schon der Name. Beim Rücktritt sieht das ganz anders aus. Der Rücktritt ist ein Gestaltungsrecht, also ein Recht und eben kein Anspruch. Es ist deshalb falsch, zu fragen, ob der Käufer einen Rücktrittsanspruch hat. Denn den gibt es nicht. Ebenso falsch ist es zu fragen, ob der Anspruchsteller ein Recht auf Rücktritt hat. Gemerkt? Im Eifer des Gefechts passiert das schnell einmal. Ein Rücktrittsrecht kann nicht einem Anspruchsteller zustehen, denn es ist ja kein Anspruch.

5. Und weil es so ist, wie es ist, hängt der Aufbau einer Prüfung in der Klausur von der konkreten Fragestellung ab.

   Oft werdet ihr gefragt werden, was der Käufer tun kann. Dann dürft ihr aus der Palette der in § 437 genannten Rechtsbehelfe schöpfen und einen Nacherfüllungsanspruch, ein Rücktrittsrecht, ... prüfen.

   Dasselbe gilt, wenn ihr gefragt werdet, welche Rechte der Käufer hat. Das ist zwar – streng genommen – nicht ganz sauber gefragt, geht aber gerade noch so durch.

   Anders sieht es aus, wenn ihr gefragt werdet, welche Ansprüche der Käufer hat. Dann könnt ihr zuerst einen Nacherfüllungsanspruch prüfen, müsst aber beim Rücktritt aufpassen. Das alleinige Rücktrittsrecht ist ein Recht und gibt keinen Anspruch.

Erst wenn der Rücktritt wirksam geltend gemacht worden ist, entsteht ein Rückgewährschuldverhältnis. Die Vertragsparteien müssen der jeweils anderen Partei das zurückgewähren, was sie schon bekommen haben. Dann besteht auch – weil ein Rückgewährschuldverhältnis vorliegt – ein Anspruch auf Rückgewähr, z.B. ein Anspruch auf Rückzahlung des Kaufpreises.

Das war jetzt aber schon fast zu viel des Guten. Wenn ihr euch eine Freude machen wollt, solltet ihr die vorigen Absätze noch einmal und noch einmal lesen.

Vorerst werdet ihr mit Fällen traktiert, in denen es (nur) darum geht, zu ergründen, ob der Käufer ein Rücktrittsrecht hat. Im Ergebnis – und erst dort – dürft ihr – wie in der Lösung dieses Falls (lesen!) – kurz sagen, dass der Käufer das Recht geltend machen muss, um wirksam zurückzutreten. Und was dann passiert.

6. Zurück zum Fall: Bevor ihr in die Prüfung des Rücktrittsrechts einsteigt, ist immer eine ***Vorüberlegung*** angesagt. Denn das Rücktrittsrecht kann sich aus § 323 oder aus § 326 V ergeben. Und weil § 326 V die speziellere Norm ist, ist es unsinnig, erst innerhalb der Prüfung zu entscheiden, welche der Normen einschlägig ist. Bestenfalls gehört die richtige Norm schon in den Obersatz.

Wie ihr zum richtigen Rücktrittsrecht kommt, habe ich am Anfang der Lösungsskizze zu diesem Fall aufgezeigt. Es gibt eine Hilfsfrage, mit deren Beantwortung ihr immer zum richtigen Rücktritt kommt. Sie lautet:

Ist die Nacherfüllung (i.S.d. § 275 I bis III) unmöglich ?

wenn ***ja***	→	ist ***§ 326 V***	anwendbar
wenn ***nein***	→	ist ***§ 323***	anwendbar

Lest insofern abermals die Ausführungen am Anfang der Lösungsskizze zu diesem Fall. Noch Fragen bitte? Auf zum nächsten Fall.

Fall 13

K erklärt gegenüber seinem Nachbarn V, er wolle ein Tier aus dessen jüngstem Hunde-Wurf kaufen. V ist damit einverstanden. Beide schließen einen diesbezüglichen Vertrag. Den Kaufpreis zahlt K sofort. Nach zwei Wochen sucht K einen Hund aus dem Wurf aus, nimmt ihn mit und gibt ihm den Namen „Ronzo". Schon bald darauf stellt K fest, dass das Tier beim Spazierengehen immer gegen Mauern und Laternenpfähle rennt. Der konsultierte Tierarzt diagnostiziert eine schon seit der Geburt des Hundes vorhandene extrem starke Fehlsichtigkeit, die durch eine Operation korrigiert werden kann. K wendet sich an V und erklärt ihm unter Zurverfügungstellung von „Ronzo", er wolle wegen des „Mangels" ein gesundes Tier aus demselben Wurf. V erklärt zutreffend, er könne zwar einen solchen Hund liefern, sei dazu jedoch auf keinen Fall bereit.

Frage: Hat K ein Rücktrittsrecht ?

Anmerkung: Der Verkäufer ist kein Unternehmer i.S.d. § 14

Lösungsskizze Fall 13

- Rücktrittsrecht des K wegen mangelhafter Kaufsache ?

Vorüberlegung (gehört nicht in die Formulierung)*:*
Da die Parteien kein vertragliches Rücktrittsrecht vereinbart haben, kommt nur ein gesetzlicher Rücktritt in Betracht. Das Rücktrittsrecht kann sich aus

- **§§ 437 Nr. 2 Alt. 1, 434, 326 V i.V.m. § 323** oder aus
- **§§ 437 Nr. 2 Alt. 1, 434, 323** ergeben.

Welches das „richtige" Rücktrittsrecht ist, hängt davon ab, ob der Nacherfüllungsanspruch nach § 275 „scheitert" (dann § 326 V) oder nicht (dann § 323).

Mit der folgenden ***Hilfsfrage*** kommt ihr zum „richtigen" Rücktrittsrecht:

Ist die Nacherfüllung (i.S.d. § 275 I bis III) unmöglich ?

wenn ***ja*** → ist ***§ 326 V*** anwendbar
wenn ***nein*** → ist ***§ 323*** anwendbar

HIER schuldet V dem K nicht einen ganz bestimmten Hund (Stückschuld), sondern irgendeinen Hund aus dem Wurf (Gattungsschuld). Da es Hunde des Wurfs gibt, die keinen Sehfehler haben, ist die Nacherfüllung nicht unmöglich.

Ergebnis der Vorüberlegung:
Ein Rücktrittsrecht ergibt sich (u.U.) aus ***§§ 437 Nr. 2 Alt. 1, 434, 323***.

- Rücktrittsrecht des K *(bei möglicher Nacherfüllung)* gemäß §§ 437 Nr. 2 Alt. 1, 434, 323 ?

(Achtung: Ihr dürft euch in vielen Prüfungspunkten ganz kurz fassen und nach oben verweisen, wenn ihr in der Klausur vorher einen Anspruch auf Nacherfüllung geprüft habt. Ob ihr ihn geprüft habt, hängt von der jeweiligen Fragestellung ab.*)*

I. Voraussetzungen des Rücktrittsrechts ?

1. Wirksamer Kaufvertrag, § 433 ?

HIER (+) → zwischen V und K

2. Sachmangel, § 434 ?

→ Tiere sind zwar keine Sachen, auf sie sind jedoch die für Sachen geltenden Vorschriften entsprechend anzuwenden, § 90a

a. Mangel nach § 434 I 1 ?

= Sache weist nicht die vereinbarte Beschaffenheit auf

HIER (–) → keine Vereinbarung

b. Mangel nach § 434 I 2 Nr. 1 ?

= Sache eignet sich nicht für die nach dem Vertrag vorausgesetzte Verwendung

HIER (–) → eine bestimmte Verwendung wurde im Vertrag nicht vorausgesetzt

c. Mangel nach § 434 I 2 Nr. 2 ?

= Sache eignet sich nicht für die gewöhnliche Verwendung oder weist nicht die übliche Beschaffenheit auf, die der Käufer erwarten darf

HIER (+) → der Hund leidet an einer extremen Sehschwäche

d. also: Sachmangel (+)

3. Vorliegen des Mangels bei Gefahrübergang, § 434 ?

= insb. bei Übergabe, § 446 oder bei Übergabe an Transportperson, § 447 (beachte aber seit dem 01.01.2018 beim Verbrauchsgüterkauf § 475 II, davor seit dem 12.06.2014 den gleichlautenden § 474 IV)

HIER (+) → bei Übergabe

4. Kein Ausschluss der Gewährleistung ?

HIER (+) → Ausschluss nicht ersichtlich

5. Angemessene Fristbestimmung und Erfolglosigkeit, § 323 I oder Entbehrlichkeit der Fristsetzung, § 323 II bzw. § 440 ?

a. Angemessene Fristbestimmung, § 323 I ?

HIER (–) → K hat V zwar zur Nacherfüllung aufgefordert, jedoch keine Frist bestimmt

b. Entbehrlichkeit der Fristsetzung, § 323 II ?

HIER (+) → § 323 II Nr. 1: V hat erklärt, er sei zur Lieferung eines anderen Hundes auf keinen Fall bereit

c. also: Fristsetzung gemäß § 323 II Nr. 1 entbehrlich

6. Kein Ausschluss des Rücktritts ?

HIER (+) → keine Anhaltspunkte

7. Keine Unwirksamkeit des Rücktritts, § 218 ?

HIER (+) → keine Anhaltspunkte

8. also: Voraussetzungen des Rücktrittsrechts (+)

II. Ergebnis:

Rücktrittsrecht des K gemäß §§ 437 Nr. 2 Alt. 1, 434, 323 (+); K muss gegenüber V den Rücktritt erklären (§ 349), um wirksam zurückzutreten; dann kann er gemäß § 346 I Rückzahlung des Kaufpreises verlangen

Formulierungsvorschlag Fall 13

- Rücktrittsrecht des K *(bei möglicher Nacherfüllung)* gemäß §§ 437 Nr. 2 Alt. 1, 434, 323

K könnte ein Rücktrittsrecht zustehen.

I. Dann müssten die Voraussetzungen der §§ 437 Nr. 2 Alt. 1, 434, 323 vorliegen.

1. V und K haben einen Kaufvertrag (§ 433) über einen Hund geschlossen.

2. Die Kaufsache könnte einen Sachmangel aufweisen, § 434. Tiere sind zwar keine Sachen, auf sie sind jedoch die für Sachen geltenden Vorschriften entsprechend anzuwenden, § 90a.

a. Die Parteien haben keine Vereinbarung bezüglich einer bestimmten Beschaffenheit der Kaufsache getroffen. Insofern scheidet ein Mangel nach § 434 I 1 aus.

b. Die Parteien haben im Vertrag auch keine bestimmte Verwendung der Kaufsache vorausgesetzt, für die sich die Kaufsache nicht eignet. Ein Mangel gemäß § 434 I 2 Nr. 1 liegt somit ebenfalls nicht vor.

c. Die Kaufsache könnte jedoch mangelhaft im Sinne des § 434 I 2 Nr. 2 sein. Dann dürfte sich die Sache nicht für die gewöhnliche Verwendung eignen oder nicht die übliche Beschaffenheit aufweisen, die der Käufer erwarten darf. Der Hund leidet an einer extremen Sehschwäche. Demnach weist er zumindest nicht die übliche Beschaffenheit auf, die der Käufer erwarten darf.

d. Mithin weist die Kaufsache einen Sachmangel auf.

3. Der Mangel der Kaufsache lag bei Gefahrübergang, nämlich bei der Übergabe (§ 446) vor.

4. Ein Ausschluss der Gewährleistung ist nicht ersichtlich.

5. Zusätzlich müsste der Gläubiger dem Schuldner eine angemessene Frist zur Nacherfüllung bestimmt haben und die Frist müsste erfolglos abgelaufen sein, § 323 I. K hat V zwar zur Nacherfüllung aufgefordert, jedoch keine Frist bestimmt. Eine Fristsetzung könnte jedoch gemäß § 323 II Nr. 1 entbehrlich sein. Dann müsste der Schuldner die Leistung ernsthaft und endgültig verweigert haben. V hat erklärt, er sei zur Lieferung eines anderen Hundes auf keinen Fall bereit. Insofern war die Fristbestimmung gemäß § 323 II Nr. 1 entbehrlich.

6. Ein Ausschluss des Rücktritts ist nicht ersichtlich.

7. Für eine Unwirksamkeit des Rücktritts nach § 218 bestehen keine Anhaltspunkte.

8. Somit liegen alle Voraussetzungen für einen Rücktritt vor.

II. K hat ein Rücktrittsrecht gemäß §§ 437 Nr. 2 Alt. 1, 434, 323. Um sein Rücktrittsrecht auszuüben, muss er gegenüber V den Rücktritt erklären (§ 349). Dann kann er gemäß § 346 I Rückzahlung des Kaufpreises verlangen.

Fazit

1. Nahezu the same procedure wie im vorigen Fall. Nur war diesmal die Nacherfüllung nicht unmöglich, sondern möglich. Wenn die ***Nacherfüllung möglich*** ist, kommt nicht § 326 V ins Spiel, sondern ***§ 323***. Und das bedeutet, dass eine ***Fristbestimmung nicht von vornherein entbehrlich*** ist. Vielmehr muss der Käufer grundsätzlich erfolglos eine Frist bestimmen, bevor er zurücktreten kann. Die Fristsetzung kann allerdings unter den Voraussetzungen des § 323 II entbehrlich sein.

2. Ich mag nochmals auf diesen und den vorigen Fall 12 eingehen. Wahrscheinlich habt ihr bemerkt, dass außer dem Prüfungspunkt, der sich mit der Entbehrlichkeit der Fristsetzung gemäß § 326 V (im vorigen Fall) bzw. der Prüfung der Fristbestimmung (in diesem Fall) beschäftigt, hier wie dort zwei weitere Prüfungspunkte „eingeschoben" worden sind, die ihr aus den Fällen zum Nacherfüllungsanspruch noch nicht kanntet. Es handelt sich um die Prüfungspunkte „Kein Ausschluss des Rücktritts?" und „Keine Unwirksamkeit des Rücktritts, § 218 ?" Dazu später mehr.

3. Lest zur existenziellen Wichtigkeit der konkreten Fragestellung abermals das Fazit zum vorigen Fall 12.

4. Und: Wenn sich beim Kaufvertrag Unternehmer und Verbraucher gegenüberstehen, handelt es sich um einen Verbrauchsgüterkauf (vgl. § 474). Die Frage, ob § 323 mit der Verbrauchsgüterkauf-Richtlinie (EU-Recht) vereinbar ist (nach § 323 Fristsetzung erforderlich, nach EU-Recht nicht, sondern nur Abwarten einer angemessenen Frist), muss meist nicht beantwortet werden. Der BGH fordert hier wenig: Bereits die dringende Aufforderung zur Nacherfüllung („sofort", „umgehend" o.ä.) ist als Fristsetzung zu werten.

Fall 14

S hat von seinem Großvater u.a. einige fabrikneue Gummipuppen des Typs „Lalola" geerbt. Da er selbst keine Verwendung dafür hat, verkauft er eine der Gummipuppen an K. Der Vertrag wird sofort abgewickelt. Bald darauf muss K entsetzt feststellen, dass sich ein Lufteinfüllstutzen nicht ordnungsgemäß verschließen lässt. Die Puppe ist „undicht". Deshalb verlangt er von S eine neue Gummipuppe. S verweist auf den schriftlichen Kaufvertrag, der auf der Vorderseite den folgenden gut sichtbaren Hinweis enthält: „Hiermit mache ich auf meine auf der Rückseite des Vertrags abgedruckten Allgemeinen Geschäftsbedingungen aufmerksam." Derartige Kaufverträge verwendet S immer bei gelegentlichen Privatverkäufen. In den Geschäftsbedingungen findet sich unter § 6 der Passus: „Sämtliche Rechte wegen eines Fehlers der gekauften Sachen sind ausgeschlossen." Auf die seitens K zur Nacherfüllung gesetzte Frist von 14 Tagen reagiert S nicht.

Frage: Hat K ein Rücktrittsrecht ?

Lösungsskizze Fall 14

- Rücktrittsrecht des K wegen mangelhafter Kaufsache ?

Vorüberlegung (gehört nicht in die Formulierung)*:*
Da die Parteien kein vertragliches Rücktrittsrecht vereinbart haben, kommt nur ein gesetzlicher Rücktritt in Betracht. Das Rücktrittsrecht kann sich aus

- §§ 437 Nr. 2 Alt. 1, 434, 326 V i.V.m. § 323 oder aus
- §§ 437 Nr. 2 Alt. 1, 434, 323 ergeben.

Welches das „richtige" Rücktrittsrecht ist, hängt davon ab, ob der Nacherfüllungsanspruch nach § 275 „scheitert" (dann § 326 V) oder nicht (dann § 323).

Mit der folgenden ***Hilfsfrage*** kommt ihr zum „richtigen" Rücktrittsrecht:

Ist die Nacherfüllung (i.S.d. § 275 I bis III) unmöglich ?

wenn ***ja*** → ist ***§ 326 V*** anwendbar
wenn ***nein*** → ist ***§ 323*** anwendbar

HIER schuldet S dem K nicht eine ganz bestimmte Puppe (Stückschuld), sondern irgendeine Puppe eines bestimmten Typs (Gattungsschuld). Da es – mangels entgegenstehender Anhaltspunkte – Puppen dieses Typs gibt, deren Einfüllstutzen dicht sind, ist die Nacherfüllung nicht unmöglich.

Ergebnis der Vorüberlegung:
Ein Rücktrittsrecht ergibt sich (u.U.) aus ***§§ 437 Nr. 2 Alt. 1, 434, 323***.

- Rücktrittsrecht des K ***(bei möglicher Nacherfüllung)***
gemäß §§ 437 Nr. 2 Alt. 1, 434, 323 ?

(Achtung: Ihr dürft euch in vielen Prüfungspunkten ganz kurz fassen und nach oben verweisen, wenn ihr in der Klausur vorher einen Anspruch auf Nacherfüllung geprüft habt. Ob ihr ihn geprüft habt, hängt von der jeweiligen Fragestellung ab.***)***

I. Voraussetzungen des Rücktrittsrechts ?

1. Wirksamer Kaufvertrag, § 433 ?

HIER (+) → zwischen S und K

2. Sachmangel, § 434 ?

a. Mangel nach § 434 I 1 ?
= Sache weist nicht die vereinbarte Beschaffenheit auf

HIER (−) → keine Vereinbarung

b. Mangel nach § 434 I 2 Nr. 1 ?
= Sache eignet sich nicht für die nach dem Vertrag vorausgesetzte Verwendung

HIER (−) → eine bestimmte Verwendung wurde im Vertrag nicht vorausgesetzt

c. Mangel nach § 434 I 2 Nr. 2 ?
= Sache eignet sich nicht für die gewöhnliche Verwendung oder weist nicht die übliche Beschaffenheit auf, die der Käufer erwarten darf

HIER (+) → die Puppe ist undicht und weist deshalb zumindest nicht die übliche Beschaffenheit auf, die ein Käufer erwarten darf

d. also: Sachmangel **(+)**

3. Vorliegen des Mangels bei Gefahrübergang, § 434 ?
= insb. bei Übergabe, § 446 oder bei Übergabe an Transportperson, § 447 (beachte aber seit dem 01.01.2018 beim Verbrauchsgüterkauf § 475 II, davor seit dem 12.06.2014 den gleichlautenden § 474 IV)

HIER (+) → bei Übergabe

4. Kein Ausschluss der Gewährleistung ?

a. Ausschluss gemäß § 6 der Geschäftsbedingungen des S ?
= Ausschluss sämtlicher Gewährleistungsrechte

aa. Anwendungsbereich der §§ 305 ff eröffnet ?

HIER (+) → es handelt sich um einen Privatverkauf und deshalb insbesondere nicht um einen Verbrauchsgüterkauf, bei dem § 476 zu berücksichtigen wäre

bb. Wirksamkeit der Klausel ?
= bei Übereinstimmung mit §§ 305 ff

(1) Allgemeine Geschäftsbedingung i.S.d. § 305 I ?

HIER (+) → sie ist für eine Vielzahl von Verträgen vorformuliert

(2) Wirksame Einbeziehung der Klausel in den Vertrag, § 305 II ?

HIER (+) → ein deutlich sichtbarer Hinweis auf die AGB auf der Vorderseite des Vertrags reicht aus; K hatte zudem die Möglichkeit, in zumutbarer Weise bei Vertragsschluss vom Inhalt der AGB Kenntnis zu nehmen (die AGB waren auf der Rückseite des Vertrags abgedruckt)

(3) Unwirksamkeit der Klausel nach §§ 307 bis 309 ?
(Prüfungsreihenfolge immer: § 309 – § 308 – § 307 I, II)

HIER (+) → § 309 Ziffer 8.b)aa); in Allgemeinen Geschäftsbedingungen ist eine Klausel unwirksam, die Ansprüche gegen den Verwender wegen eines Mangels insgesamt ausschließt

***(4) also: Wirksamkeit der Klausel* (–)**

***cc. also: Ausschluss gemäß § 6 der Geschäftsbedingungen des S* (–)**

***b. also: kein Ausschluss der Gewährleistung* (+)**

5. Angemessene Fristbestimmung und Erfolglosigkeit, § 323 I oder Entbehrlichkeit der Fristsetzung, § 323 II bzw. § 440 ?

a. Angemessene Fristbestimmung, § 323 I ?

HIER (+) → K hat S zur Nacherfüllung aufgefordert; die Frist von 14 Tagen ist angemessen

b. Erfolglosigkeit der Fristsetzung, § 323 I ?

HIER (+) → S hat innerhalb der Frist nicht geleistet

***c. also: erfolglose Fristbestimmung* (+)**

6. Kein Ausschluss des Rücktritts ?

HIER (+) → keine Anhaltspunkte

7. Keine Unwirksamkeit des Rücktritts, § 218 ?

HIER (+) → keine Anhaltspunkte

***8. also: Voraussetzungen des Rücktrittsrechts* (+)**

II. Ergebnis:

**Rücktrittsrecht des K gemäß §§ 437 Nr. 2 Alt. 1, 434, 323 (+);
K muss gegenüber S den Rücktritt erklären (§ 349), um wirksam zurückzutreten; dann kann er gemäß § 346 I Rückzahlung des Kaufpreises verlangen**

Formulierungsvorschlag Fall 14

- Rücktrittsrecht des K *(bei möglicher Nacherfüllung)* gemäß §§ 437 Nr. 2 Alt. 1, 434, 323

K könnte ein Rücktrittsrecht zustehen.

I. Dann müssten die Voraussetzungen der §§ 437 Nr. 2 Alt. 1, 434, 323 vorliegen.

1. S und K haben einen Kaufvertrag (§ 433) über eine Gummipuppe geschlossen.

2. Die Kaufsache könnte einen Sachmangel aufweisen, § 434.

a. Die Parteien haben keine Vereinbarung bezüglich einer bestimmten Beschaffenheit der Kaufsache getroffen. Insofern scheidet ein Mangel nach § 434 I 1 aus.

b. Die Parteien haben im Vertrag auch keine bestimmte Verwendung der Kaufsache vorausgesetzt, für die sich die Kaufsache nicht eignet. Ein Mangel gemäß § 434 I 2 Nr. 1 liegt somit ebenfalls nicht vor.

c. Die Kaufsache könnte jedoch mangelhaft im Sinne des § 434 I 2 Nr. 2 sein. Dann dürfte sich die Sache nicht für die gewöhnliche Verwendung eignen oder nicht die übliche Beschaffenheit aufweisen, die der Käufer erwarten darf. Die Puppe ist wegen des defekten Lufteinfüllstutzens „undicht". Demnach weist sie zumindest nicht die übliche Beschaffenheit auf, die der Käufer erwarten darf.

d. Mithin weist die Kaufsache einen Sachmangel auf.

3. Der Mangel der Kaufsache lag bei Gefahrübergang, nämlich bei der Übergabe (§ 446) vor.

4. Fraglich ist jedoch, ob ein Ausschluss der Gewährleistung vorliegt. Ein solcher könnte sich aus den Allgemeinen Geschäftsbedingungen des S ergeben.

a. Gemäß § 6 der Allgemeinen Geschäftsbedingungen des S sind sämtliche Rechte, die sich aus einem Mangel ergeben, ausgeschlossen. Bei einer Wirksamkeit der Klausel wäre somit ein Rücktrittsrecht des K ausgeschlossen.

Der Anwendungsbereich der §§ 305 ff ist grundsätzlich eröffnet. Es handelt sich um einen Privatverkauf und deshalb insbesondere nicht um einen Verbrauchsgüterkauf, bei dem § 476 zu berücksichtigen wäre.

Fraglich ist, ob die Klausel wirksam ist. Die Wirksamkeit bestimmt sich nach den Vorschriften der §§ 305 ff, wenn die Geschäftsbedingungen des S – und damit auch der infrage stehende § 6 – Allgemeine Geschäftsbedingungen im Sinne dieser Normen sind.

Dann müsste die Klausel zunächst den Voraussetzungen des § 305 I genügen. Die Bedingungen müssen für eine Vielzahl von Verträgen vorformuliert sein. Mangels entgegenstehender Anhaltspunkte ist hiervon auszugehen. Die Bedingungen sind Allgemeine Geschäftsbedingungen im Sinne des § 305 I.

Fraglich ist, ob die Bedingungen wirksam in den Vertrag einbezogen worden sind, § 305 II. In diesem Zusammenhang reicht ein deutlich sichtbarer Hinweis auf die AGB auf der Vorderseite des Vertrags aus. K hatte zudem die Möglichkeit, in zumutbarer Weise bei Vertragsschluss vom Inhalt der AGB Kenntnis zu nehmen, da die AGB auf der Rückseite des Vertrags abgedruckt waren. Eine wirksame Einbeziehung gemäß § 305 II liegt somit vor.

Möglicherweise ist § 6 der Geschäftsbedingungen des S jedoch gemäß § 309 Ziffer 8.b)aa) unwirksam. Nach der genannten Norm ist in Allgemeinen Geschäftsbedingungen eine Klausel unwirksam, die Ansprüche wegen eines Mangels insgesamt ausschließt. S hat dem K in § 6 seiner Geschäftsbedingungen sämtliche Rechte wegen eines Mangels verwehrt. Die von S verwendete Klausel ist demnach gemäß § 309 Ziffer 8.b)aa) unwirksam.

Ein Ausschluss der Gewährleistungsrechte des K durch § 6 der Geschäftsbedingungen des S scheidet aus.

b. Also ist die Gewährleistung nicht ausgeschlossen.

5. Zusätzlich müsste der Gläubiger dem Schuldner eine angemessene Frist zur Nacherfüllung bestimmt haben und die Frist müsste erfolglos abgelaufen sein, § 323 I. K hat S eine angemessene Frist von 14 Tagen zur Nacherfüllung gesetzt. S hat innerhalb der Frist nicht geleistet. Demnach ist diese Voraussetzung erfüllt.

6. Ein Ausschluss des Rücktritts ist nicht ersichtlich.

7. Für eine Unwirksamkeit des Rücktritts nach § 218 bestehen keine Anhaltspunkte.

8. Somit liegen alle Voraussetzungen für einen Rücktritt vor.

II. K hat ein Rücktrittsrecht gemäß §§ 437 Nr. 2 Alt. 1, 434, 323. Um sein Rücktrittsrecht auszuüben, muss er gegenüber S den Rücktritt erklären (§ 349). Dann kann er gemäß § 346 I Rückzahlung des Kaufpreises verlangen.

Fazit

1. Unser Verkäufer hat durch ***„Allgemeine Geschäftsbedingungen“*** seine Haftung beschränkt. Wenn euch so etwas in einer Fallbearbeitung über den Weg läuft, könnt ihr anhand der ***§§ 305 ff*** überprüfen, ob die Haftungsbeschränkung oder der Haftungsausschluss wirksam ist.

   Bevor ihr mit der eigentlichen AGB-Prüfung beginnt, solltet ihr an § 476 denken. Der war hier nicht relevant, weil es sich um einen Privatverkauf handelt. § 476 wird aber interessant, wenn ihr es mit einem Verbrauchsgüterkauf zu tun habt (Verbraucher kauft von Unternehmer, § 474). Nach § 476 I 1 kann sich ein Unternehmer nämlich nicht auf eine Vereinbarung berufen, die zum Nachteil des Verbrauchers (u.a.) von den §§ 437 und 439 abweicht. Eine Vereinbarung, die Ansprüche wegen eines Mangels generell ausschließt, weicht zum Nachteil des Verbrauchers K von dessen Rechten aus §§ 437, 439 ab.

Wenn ihr allerdings – wie in diesem Fall – zum Ergebnis kommt, dass § 476 nicht einschlägig ist, folgt die dann übliche AGB-Prüfung.

Die ***AGB-Prüfung*** beschränkt sich im Regelfall auf ***drei Punkte***:

- Liegen ***Allgemeine Geschäftsbedingungen*** i.S.d. ***§ 305 I*** vor ?

- Sind sie ***wirksam*** in den Vertrag ***einbezogen*** worden, ***§ 305 II*** ?

- Ist/sind die ***Klausel***/n ***unwirksam***, ***§§ 307 bis 309*** ?
(Achtung: Die Prüfungsreihenfolge ist umgekehrt § 309 – § 308 – § 307)

Überdies ist § 310 (vor allem I) zu beachten. Insbesondere die §§ 305 II, 308 und 309 finden keine Anwendung auf Allgemeine Geschäftsbedingungen, die gegenüber einem Unternehmer verwendet werden.

2. Zu beachten war in unserem Fall ***§ 309 Ziffer 8.b)aa)***. Nach der genannten Norm ist in Allgemeinen Geschäftsbedingungen eine Klausel unwirksam, die Ansprüche gegen den Verwender wegen eines Mangels insgesamt ausschließt.

3. Bitte verwöhnt euch abermals mit dem Lesen der §§ 305 bis 310. Dann wisst ihr schon einmal, was euch erwarten kann. Es ist sinnvoll, nicht vollkommen unbeleckt in eine Klausur zu marschieren.

4. Und: Solltet ihr es mit einem Verbrauchsgüterkauf zu tun haben (vgl. hierzu Fazit 1.), gilt das bereits im Fazit 4. zum vorigen Fall 13 Gesagte. Die Frage, ob § 323 mit der Verbrauchsgüterkauf-Richtlinie (EU-Recht) vereinbar ist (nach § 323 Fristsetzung erforderlich, nach EU-Recht nicht, sondern nur Abwarten einer angemessenen Frist), muss meist nicht beantwortet werden. Der BGH fordert hier wenig: Bereits die dringende Aufforderung zur Nacherfüllung („sofort“, „umgehend“ o.ä.) ist als Fristsetzung zu werten.

5. Außerdem empfehle einen Vergleich mit Fall 5. Tut euch diesen abschließenden Gefallen ...

Fall 15

Im Frühling ruft Hobbybauer B seinen Freund und Leidensgenossen L an und erkundigt sich, ob dieser ihm Sommerroggen verkaufen kann. L erklärt sich mit dem Verkauf eines Sacks einverstanden. Dann sondert er versehentlich einen Sack Winterroggen aus und benachrichtigt B von der Abholmöglichkeit. Nachdem B den Sack abgeholt und den Kaufpreis gezahlt hat, bemerkt er das Versehen des L.

Frage: Hat B ein Rücktrittsrecht ?

Lösungsskizze Fall 15

- Rücktrittsrecht des B wegen mangelhafter Kaufsache ?

Vorüberlegung (gehört nicht in die Formulierung)*:*
Da die Parteien kein vertragliches Rücktrittsrecht vereinbart haben, kommt nur ein gesetzlicher Rücktritt in Betracht. Das Rücktrittsrecht kann sich aus

- **§§ 437 Nr. 2 Alt. 1, 434, 326 V i.V.m. § 323** oder aus
- **§§ 437 Nr. 2 Alt. 1, 434, 323** ergeben.

Welches das „richtige" Rücktrittsrecht ist, hängt davon ab, ob der Nacherfüllungsanspruch nach § 275 „scheitert" (dann § 326 V) oder nicht (dann § 323).

Mit der folgenden ***Hilfsfrage*** kommt ihr zum „richtigen" Rücktrittsrecht:

Ist die Nacherfüllung (i.S.d. § 275 I bis III) unmöglich ?

wenn ***ja***	→	ist ***§ 326 V***	anwendbar
wenn ***nein***	→	ist ***§ 323***	anwendbar

HIER schuldet L dem B nicht einen ganz bestimmten Sack Sommerroggen (Stückschuld), sondern irgendeinen Sack Sommerroggen (Gattungsschuld). Da es noch Sommerroggen gibt, ist die Nacherfüllung nicht unmöglich.

Ergebnis der Vorüberlegung:
Ein Rücktrittsrecht ergibt sich (u.U.) aus ***§§ 437 Nr. 2 Alt. 1, 434, 323***.

- Rücktrittsrecht des B *(bei möglicher Nacherfüllung)* gemäß §§ 437 Nr. 2 Alt. 1, 434, 323 ?

(Achtung: Ihr dürft euch in vielen Prüfungspunkten ganz kurz fassen und nach oben verweisen, wenn ihr in der Klausur vorher einen Anspruch auf Nacherfüllung geprüft habt. Ob ihr ihn geprüft habt, hängt von der jeweiligen Fragestellung ab.*)*

I. Voraussetzungen des Rücktrittsrechts ?

1. Wirksamer Kaufvertrag, § 433 ?

HIER (+) → zwischen L und B

2. Sachmangel, § 434 ?

a. Mangel nach § 434 III ?
= statt der geschuldeten Sache wird eine andere Sache geleistet

HIER (+) → L hat Winterroggen statt Sommerroggen geleistet

b. also: Sachmangel **(+)**

3. Vorliegen des Mangels bei Gefahrübergang, § 434 ?
= insb. bei Übergabe, § 446 oder bei Übergabe an Transportperson, § 447 (beachte aber seit dem 01.01.2018 beim Verbrauchsgüterkauf § 475 II, davor seit dem 12.06.2014 den gleichlautenden § 474 IV)

HIER (+) → bei Übergabe

4. Kein Ausschluss der Gewährleistung ?

HIER (+) → Ausschluss nicht ersichtlich

5. Angemessene Fristbestimmung und Erfolglosigkeit, § 323 I oder Entbehrlichkeit der Fristsetzung, § 323 II bzw. § 440 ?

a. Angemessene Fristbestimmung, § 323 I ?

HIER (–) → B hat L nicht zur Nacherfüllung aufgefordert

b. Entbehrlichkeit der Fristsetzung ?

HIER (–) → kein Entbehrlichkeitsgrund ersichtlich

c. also: Fristbestimmung oder Entbehrlichkeit **(–)**

6. also: Voraussetzungen des Rücktrittsrechts **(–)**

II. Ergebnis:
Rücktrittsrecht des B gemäß §§ 437 Nr. 2 Alt. 1, 434, 323 (–)

Formulierungsvorschlag Fall 15

- Rücktrittsrecht des B *(bei möglicher Nacherfüllung)* gemäß §§ 437 Nr. 2 Alt. 1, 434, 323

B könnte ein Rücktrittsrecht zustehen.

I. Dann müssten die Voraussetzungen der §§ 437 Nr. 2 Alt. 1, 434, 323 vorliegen.

1. L und B haben einen Kaufvertrag (§ 433) über Roggen geschlossen.

2. Die Kaufsache könnte einen Sachmangel aufweisen, § 434.

a. Die Kaufsache könnte mangelhaft im Sinne des § 434 III sein. Dann müsste der Verkäufer eine andere Sache oder eine zu geringe Menge geleistet haben. Die Parteien haben einen Kaufvertrag bezüglich Sommerroggen geschlossen. L hat aber statt Sommerroggen Winterroggen geleistet. Demnach hat er eine andere Sache als die im Kaufvertrag vereinbarte geleistet. Die Sache ist mangelhaft im Sinne des § 434 III.

b. Mithin weist die Kaufsache einen Sachmangel auf.

3. Der Mangel der Kaufsache lag bei Gefahrübergang, nämlich bei der Übergabe (§ 446) vor.

4. Ein Ausschluss der Gewährleistung ist nicht ersichtlich.

5. Zusätzlich müsste der Gläubiger dem Schuldner eine angemessene Frist zur Nacherfüllung bestimmt haben und die Frist müsste erfolglos abgelaufen sein, § 323 I. B hat dem L keine angemessene Frist zur Nacherfüllung gesetzt. Eine Fristsetzung war auch nicht entbehrlich. Demnach ist diese Voraussetzung nicht erfüllt.

6. Somit liegen nicht alle Voraussetzungen für einen Rücktritt vor.

II. B hat kein Rücktrittsrecht gemäß §§ 437 Nr. 2 Alt. 1, 434, 323.

Fazit

1. Ob es Winter- oder Sommerroggen gibt, weiß ich nicht. Das ist auch ziemlich irrelevant. Ein Landwirt mag mich eines Besseren belehren. Ich wollte nur von der in Lehrbüchern üblichen Abgrenzung Sommerweizen / Winterweizen abrücken. Das sich aus der Fallgestaltung ergebende Problem ist natürlich dasselbe.

2. Der Fall ist bereits seit 2002 (Schuldrechtsreform) ein sehr einfach zu lösender Fall geworden. Es ergibt sich direkt aus dem Gesetz, dass auch die Lieferung einer anderen Sache als der, die vereinbart ist, als Lieferung einer mangelhaften Sache zu werten ist, ***§ 434 III***. Das war nicht immer so. Lest die Norm noch einmal. Sie beinhaltet einen weiteren „Mangel“.

Fall 16

K schließt mit dem Künstler O am 14.02. einen Kaufvertrag über eine bestimmte große abstrakte Vase, die die seltsame Bezeichnung „Donald will etwas Großes bauen" trägt. Da O die Vase in einer Ausstellung präsentieren will, erklärt er dem K, dass er die Vase am 21.02. in der Galerie des G abholen könne. K ist mit der Regelung einverstanden. Außerdem vereinbaren die Parteien, dass K den Kaufpreis erst in drei Monaten zahlen soll. Am 22.02. stößt der nächtliche Einbrecher E leicht fahrlässig das in der Galerie stehende Präsentationsregal um. Er kann die Vase zwar gerade noch auffangen, jedoch nicht verhindern, dass nach dem Sturz ein kleiner Sprung zurückbleibt, der den Wert der Vase erheblich mindert. Am 23.02. übereignet O die Vase an K, der geschäftlich im Ausland aufgehalten worden war und deshalb den vereinbarten Termin nicht wahrnehmen konnte. Erst einige Tage später bemerkt K den Sprung. Er erklärt gegenüber O, unter diesen Voraussetzungen sei er nicht mehr an der Vase interessiert.

Frage: Hat K ein Rücktrittsrecht ?

Anmerkung: Der Verkäufer ist kein Unternehmer i.S.d. § 14

Lösungsskizze Fall 16

- Rücktrittsrecht des K wegen mangelhafter Kaufsache ?

Vorüberlegung (gehört nicht in die Formulierung)*:*
Da die Parteien kein vertragliches Rücktrittsrecht vereinbart haben, kommt nur ein gesetzlicher Rücktritt in Betracht. Das Rücktrittsrecht kann sich aus

- **§§ 437 Nr. 2 Alt. 1, 434, <u>326 V</u> i.V.m. § 323** oder aus
- **§§ 437 Nr. 2 Alt. 1, 434, <u>323</u>** ergeben.

Welches das „richtige" Rücktrittsrecht ist, hängt davon ab, ob der Nacherfüllungsanspruch nach § 275 „scheitert" (dann § 326 V) oder nicht (dann § 323).

Mit der folgenden ***Hilfsfrage*** kommt ihr zum „richtigen" Rücktrittsrecht:

Ist die Nacherfüllung (i.S.d. § 275 I bis III) unmöglich ?

wenn ***ja***	→	ist ***§ 326 V***	anwendbar
wenn ***nein***	→	ist ***§ 323***	anwendbar

HIER schuldet O dem K eine ganz bestimmte Vase (Stückschuld). Genau diese Vase kann nicht neu und mangelfrei (nach-) geliefert werden. Eine Mangelbeseitigung ist mangels Reparaturmöglichkeit eines Sprungs auch nicht möglich. Also ist die Nacherfüllung unmöglich.

Ergebnis der Vorüberlegung:
Ein Rücktrittsrecht ergibt sich (u.U.) aus ***§§ 437 Nr. 2 Alt. 1, 434, <u>326</u> V i.V.m. § 323***.

- Rücktrittsrecht des K *(bei Unmöglichkeit der Nacherfüllung)* gemäß §§ 437 Nr. 2 Alt. 1, 434, 326 V i.V.m. § 323 ?

(Achtung: Ihr dürft euch in vielen Prüfungspunkten ganz kurz fassen und nach oben verweisen, wenn ihr in der Klausur vorher einen Anspruch auf Nacherfüllung geprüft habt. Ob ihr ihn geprüft habt, hängt von der jeweiligen Fragestellung ab.*)*

I. Voraussetzungen des Rücktrittsrechts ?

1. Wirksamer Kaufvertrag, § 433 ?

HIER (+) → zwischen O und K

2. Sachmangel, § 434 ?

a. Mangel nach § 434 I 1 ?
= Sache weist nicht die vereinbarte Beschaffenheit auf

HIER (–) → keine Vereinbarung

b. Mangel nach § 434 I 2 Nr. 1 ?
= Sache eignet sich nicht für die nach dem Vertrag vorausgesetzte Verwendung

HIER (–) → eine bestimmte Verwendung wurde im Vertrag nicht vorausgesetzt

c. Mangel nach § 434 I 2 Nr. 2 ?
= Sache eignet sich nicht für die gewöhnliche Verwendung oder weist nicht die übliche Beschaffenheit auf, die der Käufer erwarten darf

HIER (+) → die Vase hat einen Sprung

d. <u>also</u>: Sachmangel (+)

3. Vorliegen des Mangels bei Gefahrübergang, § 434 ?
= insb. bei Übergabe, § 446 oder bei Übergabe an Transportperson, § 447 (beachte aber seit dem 01.01.2018 beim Verbrauchsgüterkauf § 475 II, davor seit dem 12.06.2014 den gleichlautenden § 474 IV)

HIER (–) → nach § 446 S. 3 i.V.m. 1 geht die Gefahr der zufälligen Verschlechterung über, wenn der Käufer im Annahmeverzug ist; Käufer K befand sich im Annahmeverzug (bestimmt sich nach §§ 293 ff); zwar hat der Schuldner die Leistung nicht – wie gemäß § 294 grundsätzlich erforderlich – angeboten; das Angebot war jedoch gemäß § 296 S. 1 entbehrlich; für die Leistung (Übereignung) war eine Zeit nach dem Kalender bestimmt; der Vertrag sollte am 21.02. abgewickelt werden, also die Vase an diesem Tag auch abgeholt werden; das hat K nicht getan; mit Ablauf des genannten Tages befand er sich also im Annahmeverzug; erst danach, nämlich am 22.02., und damit nach Gefahrübergang, ist die Kaufsache durch das alleinige Verschulden des Dritten E verschlechtert worden

4. <u>also</u>: Voraussetzungen des Rücktrittsrechts (–)

II. Ergebnis:
Rücktrittsrecht des K gemäß §§ 437 Nr. 2 Alt. 1, 434, 326 V i.V.m. § 323 (–)

Formulierungsvorschlag Fall 16

- Rücktrittsrecht des K ***(bei Unmöglichkeit der Nacherfüllung)***
gemäß §§ 437 Nr. 2 Alt. 1, 434, 326 V i.V.m. § 323

K könnte ein Rücktrittsrecht zustehen.

I. Dann müssten die Voraussetzungen der §§ 437 Nr. 2 Alt. 1, 434, 326 V i.V.m. § 323 vorliegen.

1. O und K haben einen Kaufvertrag (§ 433) über eine Vase geschlossen.

2. Die Kaufsache könnte einen Sachmangel aufweisen, § 434.

a. Die Parteien haben keine Vereinbarung bezüglich einer bestimmten Beschaffenheit der Kaufsache getroffen. Insofern scheidet ein Mangel nach § 434 I 1 aus.

b. Die Parteien haben im Vertrag auch keine bestimmte Verwendung der Kaufsache vorausgesetzt, für die sich die Kaufsache nicht eignet. Ein Mangel gemäß § 434 I 2 Nr. 1 liegt somit ebenfalls nicht vor.

c. Die Kaufsache könnte jedoch mangelhaft im Sinne des § 434 I 2 Nr. 2 sein. Dann dürfte sich die Sache nicht für die gewöhnliche Verwendung eignen oder nicht die übliche Beschaffenheit aufweisen, die der Käufer erwarten darf. Die Vase hat einen Sprung. Demnach weist sie zumindest nicht die übliche Beschaffenheit auf, die der Käufer erwarten darf.

d. Mithin weist die Kaufsache einen Sachmangel auf.

3. Fraglich ist jedoch, ob der Mangel der Kaufsache bei Gefahrübergang vorlag. Nach § 446 S. 3 i.V.m. 1 geht die Gefahr der zufälligen Verschlechterung bereits über, wenn der Käufer im Annahmeverzug ist. Ob sich der Käufer im Annahmeverzug befindet, bestimmt sich nach §§ 293 ff. Zwar hat der Schuldner die Leistung nicht – wie gemäß § 294 grundsätzlich erforderlich – angeboten. Das Angebot war aber gemäß § 296 S. 1 entbehrlich. Für die Leistung (Übereignung) war eine Zeit nach dem Kalender bestimmt. Der Vertrag sollte am 21.02. abgewickelt werden, also die Vase an diesem Tag auch abgeholt werden. Das hat K nicht getan. Mit Ablauf des genannten Tages befand er sich also im Annahmeverzug. Erst danach, nämlich am 22.02., und damit nach Gefahrübergang, ist die Kaufsache durch das alleinige Verschulden des Dritten E verschlechtert worden. Der Mangel der Kaufsache lag mithin nicht bei Gefahrübergang vor.

4. Somit liegen nicht alle Voraussetzungen für einen Rücktritt vor.

II. K hat kein Rücktrittsrecht gemäß §§ 437 Nr. 2 Alt. 1, 434, 326 V i.V.m. § 323.

Fazit

1. Das Rücktrittsrecht scheiterte bereits im Prüfungspunkt ***„Vorliegen des Mangels bei Gefahrübergang, § 434“***. Üblicherweise – und das kanntet ihr aus den vorangegangenen Fällen – ist der Gefahrübergang bei der Übergabe der Kaufsache an den Käufer zu verorten. Das ergibt sich aus § 446 S. 1.

   Zu beachten war hier jedoch ***§ 446 S. 3***. Nach § 446 S. 3 i.V.m. 1 geht die Gefahr der zufälligen Verschlechterung (und des zufälligen Untergangs) über, wenn der Käufer im Annahmeverzug ist. Wann sich der Käufer im Annahmeverzug befindet, bestimmt sich nach §§ 293 ff.

   An sich muss dem Käufer die Leistung tatsächlich angeboten werden, § 294. Nach § 295 genügt u.U. ein wörtliches Angebot oder die Aufforderung an den Gläubiger, die erforderliche Handlung vorzunehmen. Nach § 296 ist das Angebot in bestimmten Fällen sogar ganz entbehrlich.

   Käufer K befand sich im Annahmeverzug. Zwar hat der Schuldner die Leistung nicht – wie gemäß § 294 grundsätzlich erforderlich – angeboten. Das Angebot war aber gemäß § 296 S. 1 entbehrlich. Für die Leistung, nämlich die Übereignung der Kaufsache, war eine Zeit nach dem Kalender bestimmt. Der Vertrag sollte am 21.02. abgewickelt werden. Also sollte die Vase an diesem Tag abgeholt werden. K hat die Vase nicht abgeholt. Mit Ablauf des genannten Tages befand er sich also im Annahmeverzug. Erst am 22.02. und damit nach Gefahrübergang, ist die Kaufsache durch das alleinige Verschulden des Dritten E verschlechtert worden.

2. Die zentrale gesetzliche Regelung des Gläubiger- oder Annahmeverzugs findet ihr – wie gesagt – in §§ 293 ff.

   Allerdings erscheint ein Hinweis auf § 323 VI angezeigt. Nach § 323 VI Alt. 2 ist der Rücktritt ausgeschlossen, wenn der vom Schuldner nicht zu vertretende Umstand zu einer Zeit eintritt, zu der der Gläubiger im Annahmeverzug ist.

   Selbst wenn ihr auf den Gedanken gekommen sein solltet, dass § 323 VI Alt. 2 grundsätzlich auf diesen Fall passt, kommt ihr in der gutachterlichen Prüfung gar nicht bis zum betreffenden Prüfungspunkt. Und warum? Weil das Rücktrittsrecht – wie aufgezeigt – bereits unter „I. 3. Vorliegen des Mangels bei Gefahrübergang, § 434?“ scheitert. § 323 VI Alt. 2 wäre aber erst unter „I. 6. Kein Ausschluss des Rücktritts?“ zu prüfen.

3. Lest bitte abschließend – so ihr das nicht schon getan habt – die §§ 293 ff im Kontext. Dann schwirren sie irgendwo im Hinterkopf herum und sind bei Bedarf (vielleicht) abrufbar.

4. Wenn ihr euch bereits mit dem Allgemeinen Teil des Schuldrechts – und dort insbesondere mit der Unmöglichkeit der Leistung – beschäftigt habt, sind euch die §§ 293 ff bereits einmal über den Weg gelaufen. Der Annahmeverzug des Gläubigers kann im Rahmen der Prüfung des Anspruchs auf die Gegenleistung (das ist ganz oft ein Zahlungsanspruch aus § 433 II) interessant werden. Lest hierzu spaßeshalber § 326 II 1 Alt. 2. Einen Fall zur Problematik findet ihr im Buch ***Die Fälle – BGB Schuldrecht AT***.

Fall 17

K kauft beim Möbelhändler H eine altdeutsche Schrankwand des Typs „Stehfest". Den Kaufpreis von 6.000 € bezahlt er sofort. Die Schrankwand wird geliefert und in seinem Wohnzimmer aufgestellt. Gut zwei Jahre nach Ablieferung bricht sie irreparabel zusammen, weil sie minderwertig verklebt ist. H wusste beim Abschluss des Kaufvertrags nichts von der minderwertigen Verklebung. Auf das Verlangen des K hinsichtlich der Lieferung einer neuen Schrankwand äußert H zutreffend, nach so langer Zeit sei eine Schrankwand dieses Typs nicht mehr lieferbar. Im Übrigen sei ein etwaiger Anspruch auf Nacherfüllung längst verjährt. Auf die seitens K zur Nacherfüllung gesetzte Frist von 14 Tagen reagiert H nicht.

Frage: Hat K ein Rücktrittsrecht ?

Lösungsskizze Fall 17

- Rücktrittsrecht des K wegen mangelhafter Kaufsache ?

Vorüberlegung (gehört nicht in die Formulierung)*:*
Da die Parteien kein vertragliches Rücktrittsrecht vereinbart haben, kommt nur ein gesetzlicher Rücktritt in Betracht. Das Rücktrittsrecht kann sich aus

- **§§ 437 Nr. 2 Alt. 1, 434, 326 V i.V.m. § 323** oder aus
- **§§ 437 Nr. 2 Alt. 1, 434, 323** ergeben.

Welches das „richtige" Rücktrittsrecht ist, hängt davon ab, ob der Nacherfüllungsanspruch nach § 275 „scheitert" (dann § 326 V) oder nicht (dann § 323).

Mit der folgenden ***Hilfsfrage*** kommt ihr zum „richtigen" Rücktrittsrecht:

Ist die Nacherfüllung (i.S.d. § 275 I bis III) unmöglich ?

wenn ***ja*** → ist ***§ 326 V*** anwendbar
wenn ***nein*** → ist ***§ 323*** anwendbar

HIER schuldet H dem K nicht eine ganz bestimmte Schrankwand (Stückschuld), sondern irgendeine Schrankwand eines bestimmten Typs (Gattungsschuld). Eine Schrankwand dieses Typs kann aber nicht neu und mangelfrei (nach-) geliefert werden, weil der Typ nicht mehr lieferbar ist. Eine Mangelbeseitigung ist auch nicht möglich, da die Schrankwand irreparabel zusammengebrochen ist. Also ist die Nacherfüllung unmöglich.

Ergebnis der Vorüberlegung:
Ein Rücktrittsrecht ergibt sich (u.U.) aus ***§§ 437 Nr. 2 Alt. 1, 434, 326 V i.V.m. § 323***.

- Rücktrittsrecht des K *(bei Unmöglichkeit der Nacherfüllung)* gemäß §§ 437 Nr. 2 Alt. 1, 434, 326 V i.V.m. § 323 ?

(Achtung: Ihr dürft euch in vielen Prüfungspunkten ganz kurz fassen und nach oben verweisen, wenn ihr in der Klausur vorher einen Anspruch auf Nacherfüllung geprüft habt. Ob ihr ihn geprüft habt, hängt von der jeweiligen Fragestellung ab.*)*

I. Voraussetzungen des Rücktrittsrechts ?

1. Wirksamer Kaufvertrag, § 433 ?

HIER (+) → zwischen H und K

2. Sachmangel, § 434 ?

a. Mangel nach § 434 I 1 ?
= Sache weist nicht die vereinbarte Beschaffenheit auf

HIER (–) → keine Vereinbarung

b. Mangel nach § 434 I 2 Nr. 1 ?
= Sache eignet sich nicht für die nach dem Vertrag vorausgesetzte Verwendung

HIER (–) → eine bestimmte Verwendung wurde im Vertrag nicht vorausgesetzt

c. Mangel nach § 434 I 2 Nr. 2 ?
= Sache eignet sich nicht für die gewöhnliche Verwendung oder weist nicht die übliche Beschaffenheit auf, die der Käufer erwarten darf

HIER (+) → die Schrankwand ist minderwertig verklebt und weist deshalb zumindest nicht die übliche Beschaffenheit auf, die ein Käufer erwarten darf

d. <u>also</u>: Sachmangel (+)

3. Vorliegen des Mangels bei Gefahrübergang, § 434 ?
= insb. bei Übergabe, § 446 oder bei Übergabe an Transportperson, § 447 (beachte aber seit dem 01.01.2018 beim Verbrauchsgüterkauf § 475 II, davor seit dem 12.06.2014 den gleichlautenden § 474 IV)

HIER (+) → bei Übergabe

4. Kein Ausschluss der Gewährleistung ?

HIER (+) → Ausschluss nicht ersichtlich

5. Entbehrlichkeit der Fristsetzung gemäß § 326 V i.V.m. § 275 I bis III ?
= bei Leistungsbefreiung des Schuldners gemäß § 275 I bis III

HIER unerheblich ***!!!*** → K hat eine angemessene Frist von 14 Tagen zur Nacherfüllung bestimmt, die erfolglos verstrichen ist ***!!!***

6. Kein Ausschluss des Rücktritts ?

HIER (+) → keine Anhaltspunkte

7. Keine Unwirksamkeit des Rücktritts, § 218 ?

HIER (–) → § 218 I 1 und 2: der Rücktritt ist unwirksam, wenn der Schuldner zwar nach § 275 I bis III nicht nacherfüllen muss, der ansonsten bestehende Nacherfüllungsanspruch aber verjährt wäre; außerdem muss sich der Schuldner auf die Verjährung berufen;

H hat sich auf die Verjährung berufen; der Anspruch auf Nacherfüllung verjährt gemäß § 438 I Nr. 3, II in zwei Jahren ab Ablieferung; diese Frist ist zugrunde zu legen, wenn und obwohl der Anspruch gemäß § 275 I bis III untergegangen oder nicht durchsetzbar ist;

in Betracht kommt ein Untergang des Nacherfüllungsanspruchs nach § 275 I; dann müsste die Nacherfüllung unmöglich sein; H schuldet dem K nicht eine ganz bestimmte Schrankwand (Stückschuld), sondern irgendeine Schrankwand eines bestimmten Typs (Gattungsschuld); eine Schrankwand dieses Typs kann aber nicht neu und mangelfrei (nach-) geliefert werden, weil der Typ nicht mehr lieferbar ist; eine Mangelbeseitigung ist auch nicht möglich, da die Schrankwand irreparabel zusammengebrochen ist; also ist die Nacherfüllung unmöglich; der Nacherfüllungsanspruch ist gemäß § 275 I untergegangen;

demnach wäre der Nacherfüllungsanspruch – so er bestünde – in der Frist des § 438 I Nr. 3, II, also in zwei Jahren ab Ablieferung verjährt; mittlerweile sind gut zwei Jahre seit der Ablieferung vergangen; also wäre ein angenommener Nacherfüllungsanspruch verjährt; deshalb ist ein Rücktritt des K gemäß § 218 unwirksam

8. also: Voraussetzungen des Rücktrittsrechts **(–)**

II. Ergebnis:
Rücktrittsrecht des K gemäß §§ 437 Nr. 2 Alt. 1, 434, 326 V i.V.m. § 323 (–)

Formulierungsvorschlag Fall 17

- Rücktrittsrecht des K *(bei Unmöglichkeit der Nacherfüllung)* gemäß §§ 437 Nr. 2 Alt. 1, 434, 326 V i.V.m. § 323

K könnte ein Rücktrittsrecht zustehen.

I. Dann müssten die Voraussetzungen der §§ 437 Nr. 2 Alt. 1, 434, 326 V i.V.m. § 323 vorliegen.

1. H und K haben einen Kaufvertrag (§ 433) über eine Schrankwand geschlossen.

2. Die Kaufsache könnte einen Sachmangel aufweisen, § 434.

a. Die Parteien haben keine Vereinbarung bezüglich einer bestimmten Beschaffenheit der Kaufsache getroffen. Insofern scheidet ein Mangel nach § 434 I 1 aus.

b. Die Parteien haben im Vertrag auch keine bestimmte Verwendung der Kaufsache vorausgesetzt, für die sich die Kaufsache nicht eignet. Ein Mangel gemäß § 434 I 2 Nr. 1 liegt somit ebenfalls nicht vor.

c. Die Kaufsache könnte jedoch mangelhaft im Sinne des § 434 I 2 Nr. 2 sein. Dann dürfte sich die Sache nicht für die gewöhnliche Verwendung eignen oder nicht die übliche Beschaffenheit aufweisen, die der Käufer erwarten darf. Die Schrankwand ist minderwertig verklebt. Demnach weist sie zumindest nicht die übliche Beschaffenheit auf, die der Käufer erwarten darf.

d. Mithin weist die Kaufsache einen Sachmangel auf.

3. Der Mangel der Kaufsache lag bei Gefahrübergang, nämlich bei der Übergabe (§ 446) vor.

4. Ein Ausschluss der Gewährleistung ist nicht ersichtlich.

5. Die im Rahmen des § 323 grundsätzlich erforderliche Fristbestimmung ist nach § 326 V entbehrlich, wenn der Schuldner nach § 275 I bis III nicht zu leisten braucht, d.h. die Nacherfüllung nicht erbringen muss.

Auf die Entbehrlichkeit der Fristbestimmung kommt es aber gar nicht an, wenn der Gläubiger erfolglos eine Frist bestimmt hat. K hat dem H eine angemessene Frist von 14 Tagen zur Nacherfüllung bestimmt, die erfolglos verstrichen ist.

6. Ein Ausschluss des Rücktritts ist nicht ersichtlich.

7. Fraglich ist, ob ein Rücktritt nach § 218 unwirksam ist. Nach § 218 I 1 und 2 ist der Rücktritt unwirksam, wenn der Schuldner zwar nach § 275 I bis III nicht nacherfüllen muss, der ansonsten bestehende Nacherfüllungsanspruch aber verjährt wäre. Außerdem muss sich der Schuldner auf die Verjährung berufen.

H hat sich auf die Verjährung berufen. Der Anspruch auf Nacherfüllung verjährt gemäß § 438 I Nr. 3, II in zwei Jahren ab Ablieferung. Diese Frist ist zugrunde zu legen, wenn und obwohl der Nacherfüllungsanspruch gemäß § 275 I bis III untergegangen oder nicht durchsetzbar ist.

In Betracht kommt ein Untergang des Nacherfüllungsanspruchs nach § 275 I. Dann müsste die Nacherfüllung unmöglich sein. H schuldet dem K nicht eine ganz bestimmte Schrankwand (Stückschuld), sondern irgendeine Schrankwand eines bestimmten Typs (Gattungsschuld). Eine Schrankwand dieses Typs kann aber nicht neu und mangelfrei (nach-) geliefert werden, weil der Typ nicht mehr lieferbar ist. Eine Mangelbeseitigung ist auch nicht möglich, da die Schrankwand irreparabel zusammengebrochen ist. Also ist die Nacherfüllung unmöglich. Der Nacherfüllungsanspruch ist gemäß § 275 I untergegangen.

Demnach wäre der Nacherfüllungsanspruch – so er bestünde – in der Frist des § 438 I Nr. 3, II, also in zwei Jahren ab Ablieferung verjährt. Mittlerweile sind über zwei Jahre seit der Ablieferung vergangen. Also wäre ein angenommener Nacherfüllungsanspruch verjährt. Deshalb ist ein Rücktritt des K gemäß § 218 unwirksam.

8. Somit liegen nicht alle Voraussetzungen für einen Rücktritt vor.

II. K hat kein Rücktrittsrecht gemäß §§ 437 Nr. 2 Alt. 1, 434, 326 V i.V.m. § 323.

Fazit

1. Hier spielte die Entbehrlichkeit der Fristsetzung in der Prüfung selbst tatsächlich insofern keine Rolle, weil K eine Frist bestimmt hatte. Trotzdem ist die Vorüberlegung nicht sinnlos, weil sich das Rücktrittsrecht wegen der grundsätzlichen Unmöglichkeit der Nacherfüllung allenfalls aus ***§ 326 V*** ergeben kann.

Wenn K keine Frist bestimmt hätte, wäre § 326 V – wie im „Normalfall" – natürlich relevant gewesen. Ihr hättet prüfen müssen, ob die Nacherfüllung unmöglich ist. Wäre die Nacherfüllung denn unmöglich gewesen? H schuldet dem K nicht eine ganz bestimmte Schrankwand (Stückschuld), sondern irgendeine Schrankwand eines bestimmten Typs (Gattungsschuld). Eine Schrankwand dieses Typs kann aber nicht neu und mangelfrei (nach-) geliefert werden, weil der Typ nicht mehr lieferbar ist. Eine Mangelbeseitigung ist auch nicht möglich, da die Schrankwand irreparabel zusammengebrochen ist. Also ist die Nacherfüllung unmöglich. Damit wären die Voraussetzungen des § 326 V gegeben. Ihr seht: So oder so geht die Prüfung weiter.

2. Spannend wurde es im Prüfungspunkt ***„Keine Unwirksamkeit des Rücktritts, § 218 ?"*** Nach ***§ 218 I 1 und 2*** ist der Rücktritt unwirksam, wenn der Schuldner zwar nach § 275 I bis III nicht nacherfüllen muss, der ansonsten bestehende Nacherfüllungsanspruch aber verjährt wäre. Außerdem muss sich der Schuldner auf die Verjährung berufen.

Die Konstruktion des ***§ 218*** ist ins Gesetz eingefügt worden, um der Tatsache Rechnung zu tragen, dass es sich beim Rücktrittsrecht um ein Recht und eben nicht um einen Anspruch handelt. Nun können zwar Ansprüche verjähren, Rechte – und damit auch das Rücktrittsrecht – aber nicht. Um trotzdem zu einem gerechten Ergebnis zu gelangen, ist die Konstruktion des § 218 eminent wichtig. Apropos Gerechtigkeit: Warum sollte der Rücktrittswillige zurücktreten dürfen, wenn schon der Nacherfüllungsanspruch verjährt ist? Dasselbe muss gelten, wenn der Nacherfüllungsanspruch gemäß § 275 I untergegangen oder nach § 275 II oder III nicht durchsetzbar ist. In § 218 ist demnach de facto eine ***„indirekte" bzw. „mittelbare" Verjährung*** geregelt. Schreibt das allerdings bitte so nicht in die Klausur. Die verwendeten Termini sollen lediglich als Gedankenstütze dienen.

Fall 18

K interessiert sich für einen bestimmten Hund des Hundezüchters V, der auf den Namen „Tonzo“ hört. Beide schließen einen diesbezüglichen Kaufvertrag, der in derselben Woche abgewickelt wird. Schon bald darauf stellt K fest, dass „Tonzo“ beim Spazierengehen immer gegen Mauern und Laternenpfähle rennt. Der konsultierte Tierarzt diagnostiziert eine schon seit der Geburt des Hundes vorhandene extrem starke Fehlsichtigkeit, die nicht korrigiert werden kann. K wendet sich an V und erklärt ihm unter Schilderung des Sachverhalts, er sei nicht mehr an dem Hund interessiert.

Frage: Hat K einen Anspruch auf Rückzahlung des Kaufpreises ?

Anmerkung: Der Verkäufer ist kein Unternehmer i.S.d. § 14

Lösungsskizze Fall 18

- K gegen V Rückzahlungsanspruch ?

Vorüberlegung (gehört nicht in die Formulierung)*:*
K hat gegen V gemäß ***§ 346 I*** einen ***Rückzahlungsanspruch***, ***wenn*** er ***wirksam vom Vertrag zurückgetreten*** ist. Dann besteht nämlich ein Rückgewährschuldverhältnis. Er ist wirksam zurückgetreten, wenn ein ***Rücktrittsrecht*** besteht ***und*** er den ***Rücktritt erklärt*** hat. Da die Parteien kein vertragliches Rücktrittsrecht vereinbart haben, kommt nur ein gesetzlicher Rücktritt in Betracht.

Wenn die Kaufsache mangelhaft ist, eröffnet sich für K ein ***gesetzlicher Vertragsrücktritt gemäß § 437 Nr. 2 Alt. 1***. Nun verweist die genannte Norm aber u.a. auf ***§ 323*** und auf ***§ 326 V***. Ein Rücktritt nach § 323 (allein) ist nur bei erfolgloser Fristbestimmung möglich, während ein Rücktritt unter den Voraussetzungen des § 326 V gerade keine Fristsetzung fordert. ***§ 326 V ist gegenüber § 323 die speziellere Norm.*** Ihr müsst – so ihr das bei anderer Fragestellung nicht schon vorher in der Klausur ihm Rahmen eines Nacherfüllungsanspruchs geprüft habt – bereits gedanklich im Vorfeld ermitteln, ob der Gläubiger zurücktreten will, weil der Nacherfüllungsanspruch wegen § 275 „scheitert“ oder nicht. Mit der folgenden ***Hilfsfrage*** kommt ihr zur „richtigen“ Rücktrittsnorm:

Ist die Nacherfüllung (i.S.d. § 275 I bis III) unmöglich ?

wenn ***ja***	→	ist ***§ 326 V***	anwendbar
wenn ***nein***	→	ist ***§ 323***	anwendbar

HIER schuldet V dem K einen ganz bestimmten Hund (Stückschuld). Genau dieser Hund kann nicht neu und mangelfrei (nach-) geliefert werden. Eine Mangelbeseitigung ist mangels Korrekturfähigkeit der Sehschwäche auch nicht möglich. Also ist die Nacherfüllung unmöglich.

Ergebnis der Vorüberlegung: Ein Anspruch auf Rückzahlung des Kaufpreises ergibt sich (u.U.) aus ***§§ 346 I, 437 Nr. 2 Alt. 1, 434, 326 V i.V.m. § 323***.

- K gegen V Rückzahlungsanspruch gemäß §§ 346 I, 437 Nr. 2 Alt. 1, 434, 326 V i.V.m. § 323 ?

*(**Achtung:** Ihr dürft euch in vielen Prüfungspunkten ganz kurz fassen und nach oben verweisen, wenn ihr in der Klausur vorher einen Anspruch auf Nacherfüllung geprüft habt. Ob ihr ihn geprüft habt, hängt von der jeweiligen Fragestellung ab.)*

I. Anspruch entstanden ?

= bei wirksamem Rücktritt vom Vertrag = bei Vorliegen der Voraussetzungen eines Rücktrittsrechts und Rücktrittserklärung

1. Wirksamer Kaufvertrag, § 433 ?

HIER (+) → zwischen V und K

2. Sachmangel, § 434 ?

→ Tiere sind zwar keine Sachen, auf sie sind jedoch die für Sachen geltenden Vorschriften entsprechend anzuwenden, § 90a

a. Mangel nach § 434 I 1 ?

= Sache weist nicht die vereinbarte Beschaffenheit auf

HIER (−) → keine Vereinbarung

b. Mangel nach § 434 I 2 Nr. 1 ?

= Sache eignet sich nicht für die nach dem Vertrag vorausgesetzte Verwendung

HIER (−) → eine bestimmte Verwendung wurde im Vertrag nicht vorausgesetzt

c. Mangel nach § 434 I 2 Nr. 2 ?

= Sache eignet sich nicht für die gewöhnliche Verwendung oder weist nicht die übliche Beschaffenheit auf, die der Käufer erwarten darf

HIER (+) → der Hund leidet an einer extremen Sehschwäche

d. also: Sachmangel (+)

3. Vorliegen des Mangels bei Gefahrübergang, § 434 ?

= insb. bei Übergabe, § 446 oder bei Übergabe an Transportperson, § 447 (beachte aber seit dem 01.01.2018 beim Verbrauchsgüterkauf § 475 II, davor seit dem 12.06.2014 den gleichlautenden § 474 IV)

HIER (+) → bei Übergabe

4. Kein Ausschluss der Gewährleistung ?

HIER (+) → Ausschluss nicht ersichtlich

5. Entbehrlichkeit der Fristsetzung gemäß § 326 V i.V.m. § 275 I bis III ?

= bei Leistungsbefreiung des Schuldners gemäß § 275 I bis III

- ***Leistungsbefreiung nach § 275 I***

= der Anspruch auf die Leistung (Nacherfüllung) ist ausgeschlossen, wenn diese unmöglich ist

a. Wirksames Schuldverhältnis ?

HIER (+) → s.o.; Kaufvertrag, § 433 zwischen V und K

b. Unmöglichkeit der Leistung (Nacherfüllung) ?

HIER (+) → V schuldet dem K einen ganz bestimmten Hund (Stückschuld); genau dieser Hund kann nicht neu und mangelfrei (nach-) geliefert werden; eine Mangelbeseitigung ist mangels Korrekturfähigkeit der Sehschwäche auch nicht möglich; also ist die Nacherfüllung unmöglich

c. also: Leistungsbefreiung nach § 275 I (+)
→ Entbehrlichkeit der Fristsetzung gemäß § 326 V (+)

6. Kein Ausschluss des Rücktritts ?

HIER (+) → nicht ersichtlich

7. Keine Unwirksamkeit des Rücktritts, § 218 ?

HIER (+) → nicht ersichtlich

8. Rücktrittserklärung, § 349 ?

HIER (+) → K hat erklärt, er sei an dem Hund nicht mehr interessiert

9. also: wirksamer Rücktritt (+) → Anspruch entstanden (+)

II. Anspruch untergegangen ? (–)

III. Anspruch durchsetzbar ?

- **§ 348 i.V.m. § 320 = Einrede der Zug-um-Zug-Erfüllung**
  = der Anspruchsgegner kann die Rückzahlung verweigern, bis der Anspruchsteller seinerseits die Kaufsache zurückgewährt (§ 346 I)

HIER (–) → V muss die Einrede geltend machen; dies hat er jedoch nicht getan; das bloße Bestehen der Einrede hindert nicht die Durchsetzbarkeit des Anspruchs; der Rückzahlungsanspruch ist durchsetzbar

also: Anspruch durchsetzbar (+)

IV. Ergebnis:
K gegen V Rückzahlungsanspruch
gemäß §§ 346 I, 437 Nr. 2 Alt. 1, 434, 326 V i.V.m. § 323 (+)

Formulierungsvorschlag Fall 18

- K gegen V Rückzahlungsanspruch gemäß §§ 346 I, 437 Nr. 2 Alt. 1, 434, 326 V i.V.m. § 323

K könnte gegen V einen Anspruch auf Rückzahlung des Kaufpreises gemäß §§ 346 I, 437 Nr. 2 Alt. 1, 434, 326 V i.V.m. § 323 haben.

I. Dann müsste der Anspruch zunächst entstanden sein. Er ist entstanden, wenn K wirksam vom Vertrag zurückgetreten ist. Dafür müssen die Rücktrittsvoraussetzungen vorliegen und der Rücktritt muss erklärt worden sein.

1. V und K haben einen Kaufvertrag (§ 433) über einen Hund geschlossen.

2. Die Kaufsache könnte einen Sachmangel aufweisen, § 434. Tiere sind zwar keine Sachen, auf sie sind jedoch die für Sachen geltenden Vorschriften entsprechend anzuwenden, § 90a.

a. Die Parteien haben keine Vereinbarung bezüglich einer bestimmten Beschaffenheit der Kaufsache getroffen. Insofern scheidet ein Mangel nach § 434 I 1 aus.

b. Die Parteien haben im Vertrag auch keine bestimmte Verwendung der Kaufsache vorausgesetzt, für die sich die Kaufsache nicht eignet. Ein Mangel gemäß § 434 I 2 Nr. 1 liegt somit ebenfalls nicht vor.

c. Die Kaufsache könnte jedoch mangelhaft im Sinne des § 434 I 2 Nr. 2 sein. Dann dürfte sich die Sache nicht für die gewöhnliche Verwendung eignen oder nicht die übliche Beschaffenheit aufweisen, die der Käufer erwarten darf. Der Hund leidet an einer extremen Sehschwäche. Demnach weist er zumindest nicht die übliche Beschaffenheit auf, die der Käufer erwarten darf.

d. Mithin weist die Kaufsache einen Sachmangel auf.

3. Der Mangel der Kaufsache lag bei Gefahrübergang, nämlich bei der Übergabe (§ 446) vor.

4. Ein Ausschluss der Gewährleistung ist nicht ersichtlich.

5. Die gemäß § 323 grundsätzlich erforderliche Fristbestimmung könnte nach § 326 V entbehrlich sein. Sie ist entbehrlich, wenn der Schuldner nach § 275 I bis III nicht zu leisten braucht, d.h. die Nacherfüllung nicht erbringen muss.

In Betracht kommt eine Befreiung von der Nacherfüllung gemäß § 275 I.

a. V und K haben einen Kaufvertrag geschlossen, ein Schuldverhältnis liegt demnach vor.

b. Weiterhin müsste die Nacherfüllung objektiv oder subjektiv unmöglich sein.

V schuldet dem K einen ganz bestimmten Hund (Stückschuld). Genau dieser Hund kann nicht neu und mangelfrei (nach-) geliefert werden. Eine Mangelbeseitigung ist mangels Korrekturfähigkeit der Sehschwäche auch nicht möglich. Demnach ist die Nacherfüllung objektiv unmöglich.

c. Also ist die Nacherfüllung nach § 275 I wegen Unmöglichkeit ausgeschlossen. Somit ist eine Fristbestimmung gemäß § 326 V entbehrlich.

6. Ein Ausschluss des Rücktritts ist nicht ersichtlich.

7. Für eine Unwirksamkeit des Rücktritts nach § 218 bestehen keine Anhaltspunkte.

8. Zur wirksamen Ausübung des Rücktrittsrechts müsste der Rücktrittsberechtigte den Rücktritt erklärt haben, § 349. K hat gegenüber V den Vertragsrücktritt erklärt. Zur Wirksamkeit des Rücktritts reicht eine einseitige Erklärung (Gestaltungsrecht). Der Vertragspartner muss mit dem Rücktritt nicht einverstanden sein.

9. Somit liegen alle Voraussetzungen für einen wirksamen Rücktritt vor. Mithin ist der Anspruch entstanden.

II. Der Anspruch ist nicht untergegangen.

III. Fraglich ist aber, ob der Anspruch durchsetzbar ist. In Betracht kommt eine Einrede des Anspruchsgegners gemäß § 348 i.V.m. § 320. Hiernach kann der Anspruchsgegner die Rückzahlung verweigern, bis der Anspruchsteller seinerseits die Kaufsache zurückgewährt (§ 346 I). Der Anspruchsgegner muss die Einrede geltend machen. Dies hat V jedoch nicht getan. Das bloße Bestehen der Einrede hindert nicht die Durchsetzbarkeit des Anspruchs. Der Rückzahlungsanspruch ist mithin durchsetzbar.

IV. K hat gegen V einen Anspruch auf Kaufpreisrückzahlung gemäß §§ 346 I, 437 Nr. 2 Alt. 1, 434, 326 V i.V.m. § 323.

Fazit

1. Ich hatte es euch bereits in der ***„Einführung“*** (vor Fall 1) angedroht. Der Rücktritt ist nicht nur als Rücktrittsrecht relevant, sondern auch innerhalb eines Anspruchs auf Rückzahlung des Kaufpreises wegen eines erfolgten Rücktritts. Wichtig und für die eigentliche Fallprüfung entscheidend ist die konkrete Fragestellung in der Klausur. Wenn nach „Rechten“ des Käufers oder nach der Rechtslage gefragt wird, prüft ihr ein ***Rücktrittsrecht*** und erwähnt im Ergebnis, dass der Rücktrittsberechtigte den Rücktritt erklären muss, um dann Rückzahlung des Kaufpreises verlangen zu können. Nicht mehr und nicht weniger. Wenn allerdings konkret nach einem ***Anspruch auf Rückzahlung*** oder allgemein nach ***Ansprüche***n gefragt wird, ist die Prüfung so vorzunehmen, wie in diesem Fall.

   Ihr habt gesehen, wie das funktioniert. Zuerst ist klarzustellen, dass der Anspruchsteller die Rückzahlung nur fordern kann, wenn er wirksam vom Vertrag zurückgetreten ist. Er ist wirksam zurückgetreten, wenn er ein Rücktrittsrecht hat und den Rücktritt gegenüber dem Rücktrittsgegner erklärt hat. Dann ist zu prüfen, ob ein Rücktrittsrecht besteht und ob die Erklärung erfolgt ist. Inhaltlich dürft ihr – wie so oft – auf alle kleinen Schweinereien zurückgreifen, die ihr in diesem Kapitel bereits gelernt und verinnerlicht habt.

2. Da es sich beim Rückzahlungsanspruch um einen Anspruch handelt, lohnt es sich abermals zu hinterfragen, ob der Anspruch entstanden, (nicht) untergegangen und durchsetzbar ist.

   Im Prüfungspunkt ***„Anspruch durchsetzbar ?“*** ist an die ***Einrede nach § 348 i.V.m. § 320*** zu denken. Hiernach kann der Anspruchsgegner die Rückzahlung verweigern, bis der Anspruchsteller seinerseits die Kaufsache zurückgewährt (§ 346 I). Die Einrede muss jedoch geltend gemacht werden. Das bloße Bestehen der Einrede hindert nicht die Durchsetzbarkeit des Anspruchs.

Fall 19

K interessiert sich für Sportwagen des Herstellers H. Aus von H in Printmedien verbreiteten Anzeigen hat er erfahren, dass das neu auf den Markt gekommene Modell „Sucker" lediglich 20 Liter Superplus pro 100 Kilometer im Drittelmix verbrauchen soll. K ist begeistert und begibt sich deshalb direkt zum Autohaus des A, der Modelle des Herstellers H vertreibt. Ohne mit A über den Benzinverbrauch zu sprechen, ordert er eines der neuen Modelle. Als er später den Wagen in Empfang nehmen darf, ist er von den Fahrleistungen begeistert, muss aber feststellen, dass das Auto entgegen der an sich zutreffenden Angabe des H in den Medien durchschnittlich 33 Liter durch die Vergaser jagt. K verlangt daraufhin unter Schilderung der Sachlage von A Lieferung eines Neuwagens mit dem angepriesenen niedrigeren Verbrauch innerhalb von vier Wochen. A reagiert jedoch nicht. Daraufhin erklärt K gegenüber A den Vertragsrücktritt. Auch hiermit ist A nicht einverstanden. Dann fährt K das Auto anlässlich eines privaten Rennens schuldhaft irreparabel zu Schrott.

Frage: Hat K einen Anspruch auf Rückzahlung des Kaufpreises ?

Lösungsskizze Fall 19

- K gegen A Rückzahlungsanspruch ?

Vorüberlegung (gehört nicht in die Formulierung)***:***
K hat gegen A gemäß ***§ 346 I*** einen ***Rückzahlungsanspruch***, ***wenn*** er ***wirksam vom Vertrag zurückgetreten*** ist. Dann besteht nämlich ein Rückgewährschuldverhältnis. Er ist wirksam zurückgetreten, wenn ein ***Rücktrittsrecht*** besteht ***und*** er den ***Rücktritt erklärt*** hat. Da die Parteien kein vertragliches Rücktrittsrecht vereinbart haben, kommt nur ein gesetzlicher Rücktritt in Betracht. Er kann sich aus

- **§§ 437 Nr. 2 Alt. 1, 434, <u>326 V</u> i.V.m. § 323** oder aus
- **§§ 437 Nr. 2 Alt. 1, 434, <u>323</u>** ergeben.

Welches das „richtige" Rücktrittsrecht ist, hängt davon ab, ob der Nacherfüllungsanspruch nach § 275 „scheitert" (dann § 326 V) oder nicht (dann § 323).

Mit der folgenden ***Hilfsfrage*** kommt ihr zum „richtigen" Rücktrittsrecht:

Ist die Nacherfüllung (i.S.d. § 275 I bis III) unmöglich ?

wenn ***ja*** → ist ***§ 326 V*** anwendbar
wenn ***nein*** → ist ***§ 323*** anwendbar

HIER schuldet A dem K nicht einen ganz bestimmtes Auto (Stückschuld), sondern irgendein Auto eines bestimmten Typs (Gattungsschuld). Da es noch Autos dieses Typs gibt (Neuwagen), die lediglich 20 Liter verbrauchen, ist die Nacherfüllung nicht unmöglich.

Ergebnis der Vorüberlegung: Ein Anspruch auf Rückzahlung des Kaufpreises ergibt sich (u.U.) aus ***§§ 346 I, 437 Nr. 2 Alt. 1, 434, <u>323</u>***.

- K gegen A Rückzahlungsanspruch gemäß §§ 346 I, 437 Nr. 2 Alt. 1, 434, 323 ?

(Achtung: Ihr dürft euch in vielen Prüfungspunkten ganz kurz fassen und nach oben verweisen, wenn ihr in der Klausur vorher einen Anspruch auf Nacherfüllung geprüft habt. Ob ihr ihn geprüft habt, hängt von der jeweiligen Fragestellung ab.***)***

I. Anspruch entstanden ?

= bei wirksamem Rücktritt vom Vertrag = bei Vorliegen der Voraussetzungen eines Rücktrittsrechts und Rücktrittserklärung

1. Wirksamer Kaufvertrag, § 433 ?

HIER (+) → zwischen A und K

2. Sachmangel, § 434 ?

a. Mangel nach § 434 I 1 ?

= Sache weist nicht die vereinbarte Beschaffenheit auf

HIER (−) → keine Vereinbarung zwischen K und A

b. Mangel nach § 434 I 2 Nr. 1 ?

= Sache eignet sich nicht für die nach dem Vertrag vorausgesetzte Verwendung

HIER (−) → eine bestimmte Verwendung wurde im Vertrag nicht vorausgesetzt

c. Mangel nach § 434 I 2 Nr. 2 ?

= Sache eignet sich nicht für die gewöhnliche Verwendung oder weist nicht die übliche Beschaffenheit auf, die der Käufer erwarten darf

HIER (+) → nach § 434 I 3, der die allgemeine Regelung des § 434 I 2 Nr. 2 ausfüllt und erweitert, gehören zur Beschaffenheit u.a. auch Eigenschaften, die der Käufer nach öffentlichen Äußerungen des Herstellers in der Werbung über bestimmte Eigenschaften der Sache erwarten darf; H ist Hersteller i.S.d. Norm; er hat in Printmedien öffentlich geäußert, dieses Automodell verbrauche lediglich 20 Liter Treibstoff; insofern stellt die Äußerung auf eine übliche Beschaffenheit des Autos ab, die das Exemplar des K allerdings nicht erfüllt; im Übrigen greift keiner der Ausschlusstatbestände des § 434 I 3: es ist nicht ersichtlich, dass der Verkäufer A die Werbung des H nicht kannte; eine Berichtigung der Aussage liegt ebenfalls nicht vor; K hätte den Wagen nicht gekauft, wenn er von dem Mehrverbrauch gewusst hätte

d. also: Sachmangel (+)

3. Vorliegen des Mangels bei Gefahrübergang, § 434 ?

= insb. bei Übergabe, § 446 oder bei Übergabe an Transportperson, § 447 (beachte aber seit dem 01.01.2018 beim Verbrauchsgüterkauf § 475 II, davor seit dem 12.06.2014 den gleichlautenden § 474 IV)

HIER (+) → bei Übergabe

4. Kein Ausschluss der Gewährleistung ?

HIER (+) → Ausschluss nicht ersichtlich

5. Angemessene Fristbestimmung und Erfolglosigkeit, § 323 I oder Entbehrlichkeit der Fristsetzung, § 323 II bzw. § 440 ?

HIER (+) → K hat A zur Nacherfüllung innerhalb von vier Wochen aufgefordert und die angemessene Frist ist auch abgelaufen

6. Kein Ausschluss des Rücktritts ?

HIER (+) → nicht ersichtlich

7. Keine Unwirksamkeit des Rücktritts, § 218 ?

HIER (+) → nicht ersichtlich

8. Rücktrittserklärung, § 349 ?

HIER (+) → K hat gegenüber A den Rücktritt erklärt

***9. also: wirksamer Rücktritt* (+) → *Anspruch entstanden* (+)**

II. Anspruch untergegangen ?

- **nach §§ 389, 387, 388 S. 1, 346 II**
  = der Rückzahlungsanspruch erlischt, wenn der Anspruchsgegner wirksam mit einer Gegenforderung aufrechnet

HIER (–) → unabhängig davon, ob A gegen K wegen der Zerstörung des Autos einen Wertersatzanspruch gemäß § 346 II hat, scheitert eine wirksame Aufrechnung daran, dass A die Aufrechnung nicht erklärt hat; dies ist aber nach § 388 S. 1 erforderlich; also ist der Rückzahlungsanspruch nicht untergegangen

III. Anspruch durchsetzbar ?

- **§ 348 i.V.m. § 320 = Einrede der Zug-um-Zug-Erfüllung**
  = der Anspruchsgegner kann die Rückzahlung verweigern, bis der Anspruchsteller seinerseits die Kaufsache zurückgewährt

HIER (–) → unabhängig davon, ob K gemäß § 346 II zum Wertersatz verpflichtet ist, muss A den Gegenanspruch geltend machen; macht er ihn wirksam geltend, hat er aber bereits aufgerechnet, d.h. der Anspruch geht unter; eine Einrede, die die Durchsetzbarkeit hindert, liegt dann gar nicht vor

***also: Anspruch durchsetzbar* (+)**

IV. Ergebnis:

K gegen A Rückzahlungsanspruch
gemäß §§ 346 I, 437 Nr. 2 Alt. 1, 434, 323 (+)

Formulierungsvorschlag Fall 19

- K gegen A Rückzahlungsanspruch gemäß §§ 346 I, 437 Nr. 2 Alt. 1, 434, 323

K könnte gegen A einen Anspruch auf Rückzahlung des Kaufpreises gemäß §§ 346 I, 437 Nr. 2 Alt. 1, 434, 323 haben.

I. Dann müsste der Anspruch zunächst entstanden sein. Er ist entstanden, wenn K wirksam vom Vertrag zurückgetreten ist. Dafür müssen die Rücktrittsvoraussetzungen vorliegen und der Rücktritt muss erklärt worden sein.

1. A und K haben einen Kaufvertrag (§ 433) über ein Auto geschlossen.

2. Die Kaufsache könnte einen Sachmangel aufweisen, § 434.

a. Die Parteien haben keine Vereinbarung bezüglich einer bestimmten Beschaffenheit der Kaufsache getroffen. Insofern scheidet ein Mangel nach § 434 I 1 aus.

b. Die Parteien haben im Vertrag auch keine bestimmte Verwendung der Kaufsache vorausgesetzt, für die sich die Kaufsache nicht eignet. Ein Mangel gemäß § 434 I 2 Nr. 1 liegt somit ebenfalls nicht vor.

c. Die Kaufsache könnte jedoch mangelhaft im Sinne des § 434 I 2 Nr. 2 sein. Dann dürfte sich die Sache nicht für die gewöhnliche Verwendung eignen oder nicht die übliche Beschaffenheit aufweisen, die der Käufer erwarten darf. Nach § 434 I 3, der die allgemeine Regelung des § 434 I 2 Nr. 2 ausfüllt und erweitert, gehören zur Beschaffenheit u.a. auch Eigenschaften, die der Käufer nach öffentlichen Äußerungen des Herstellers in der Werbung über bestimmte Eigenschaften der Sache erwarten darf. H ist Hersteller im Sinne der Norm. Er hat in Printmedien öffentlich geäußert, dieses Automodell verbrauche lediglich 20 Liter Treibstoff. Insofern stellt die Äußerung auf eine übliche Beschaffenheit des Autos ab, die das Exemplar des K allerdings nicht erfüllt. Im Übrigen greift keiner der Ausschlusstatbestände des § 434 I 3. Es ist nicht ersichtlich, dass der Verkäufer A die Werbung des H nicht kannte. Eine Berichtigung der Aussage liegt ebenfalls nicht vor. K hätte den Wagen nicht gekauft, wenn er von dem Mehrverbrauch gewusst hätte.

d. Mithin weist die Kaufsache einen Sachmangel auf.

3. Der Mangel der Kaufsache lag bei Gefahrübergang, nämlich bei der Übergabe (§ 446) vor.

4. Ein Ausschluss der Gewährleistung ist nicht ersichtlich.

5. Zusätzlich müsste der Gläubiger dem Schuldner eine angemessene Frist zur Nacherfüllung bestimmt haben und die Frist müsste erfolglos abgelaufen sein, § 323 I. K hat A zur Nacherfüllung innerhalb von vier Wochen aufgefordert und die angemessene Frist ist auch abgelaufen.

6. Ein Ausschluss des Rücktritts ist nicht ersichtlich.

7. Für eine Unwirksamkeit des Rücktritts nach § 218 bestehen keine Anhaltspunkte.

8. Zur wirksamen Ausübung des Rücktrittsrechts müsste der Rücktrittsberechtigte den Rücktritt erklärt haben, § 349. K hat gegenüber A den Vertragsrücktritt erklärt. Zur Wirksamkeit des Rücktritts reicht eine einseitige Erklärung (Gestaltungsrecht). Der Vertragspartner muss mit dem Rücktritt nicht einverstanden sein.

9. Somit liegen alle Voraussetzungen für einen wirksamen Rücktritt vor. Mithin ist der Anspruch entstanden.

II. Möglicherweise ist der Anspruch untergegangen. Gemäß §§ 389, 387, 388 S. 1, 346 II erlischt der Rückzahlungsanspruch, wenn der Anspruchsgegner wirksam mit einer Gegenforderung aufrechnet. Unabhängig davon, ob A gegen K wegen der Zerstörung des Autos einen Wertersatzanspruch gemäß § 346 II hat, scheitert eine wirksame Aufrechnung daran, dass A die Aufrechnung nicht erklärt hat. Dies ist aber nach § 388 S. 1 erforderlich. Also ist der Rückzahlungsanspruch nicht untergegangen.

III. Fraglich ist aber, ob der Anspruch durchsetzbar ist. In Betracht kommt eine Einrede des Anspruchsgegners gemäß § 348 i.V.m. § 320. Hiernach kann der Anspruchsgegner die Rückzahlung verweigern, bis der Anspruchsteller seinerseits die Kaufsache zurückgewährt. Der Anspruchsgegner muss die Einrede geltend machen. Unabhängig davon, ob K gemäß § 346 II zum Wertersatz verpflichtet ist, muss A den Gegenanspruch geltend machen. Dies hat er nicht getan. Macht er ihn wirksam geltend, hat er aber bereits aufgerechnet, d.h. der Anspruch geht unter. Eine Einrede, die die Durchsetzbarkeit hindert, liegt dann gar nicht vor. Der Rückzahlungsanspruch ist mithin durchsetzbar.

IV. K hat gegen A einen Anspruch auf Kaufpreisrückzahlung gemäß §§ 346 I, 437 Nr. 2 Alt. 1, 434, 323.

Fazit

1. Lest noch einmal das Fazit zum vorigen Fall 18 bezüglich des Aufbaus eines Rückzahlungsanspruchs und den Einstieg in die Prüfung.

2. Der Fall sollte und soll zeigen, dass sich prinzipiell alle Probleme, die ihr jemals in diesem Buch kennenlernen durftet, in jeder „Kategorie" wiederholen. Diesmal war es das Problem der Werbung des Herstellers innerhalb des ***Mangel**s* ***nach § 434 I 2 Nr. 2***. Damit habt ihr euch bereits in einem Fall zum Nacherfüllungsanspruch befassen dürfen. Das Stichwort lautet: „Baukastenprinzip". Nun ist ein Baukasten aber kein Baukasten, wenn nicht ab und an ein neues Klötzchen hinzukommt. Das Klötzchen habt ihr vielleicht als Klotz empfunden. Es tauchte im Prüfungspunkt „Anspruch untergegangen?" und im Prüfungspunkt „Anspruch durchsetzbar?" auf.

3. Das angesprochene Problem stellt sich wie folgt dar: Geht gedanklich noch einmal zurück in den vorigen Fall 18. Dort war die Frage zu stellen, ob der Rückzahlungsanspruch nicht durchsetzbar ist, weil der Anspruchsgegner die ***Einrede gemäß § 348 i.V.m. § 320*** geltend gemacht hat. Denn der Anspruchsgegner kann die Rückzahlung verweigern, bis der Anspruchsteller seinerseits die Kaufsache zurückgewährt (§ 346 I).

Das Problem dieses Falls geht lediglich ein bisschen weiter. Es beleuchtet die Frage, was passiert oder passieren kann, wenn die Kaufsache nicht mehr zurückgegeben werden kann, weil sie zerstört ist. ***§ 346 II*** bietet für diesen Fall einen ***Wertersatzanspruch***. Weil der Wertersatzanspruch aber ein Anspruch ist, der auf Geldzahlung gerichtet ist, stehen sich jetzt plötzlich zwei Geldforderungen – nämlich der Rückzahlungsanspruch einerseits und der Wertersatzanspruch andererseits – gegenüber. Und welche Möglichkeit eröffnet sich, wenn sich zwei Zahlungsansprüche gegenüberstehen? Genau: Es kann und darf aufgerechnet werden. Lest dazu die §§ 387 ff.

Noch einmal: Der ***Rückzahlungsanspruch*** erlischt, wenn der Anspruchsgegner wirksam mit einer Gegenforderung aufrechnet. Hier kam der Anspruch auf Wertersatz in Betracht. Aber: Unabhängig davon, ob der Wertersatzanspruch besteht oder nicht, scheidet eine ***Aufrechnung*** dann aus, wenn sie nicht erklärt wird. Das ergibt sich aus § 388 S. 1. Weil nicht aufgerechnet worden ist, geht der Rückzahlungsanspruch nicht unter.

Und weiter: Findige Zeitgenossen können in Fällen wie diesen auf den Gedanken kommen, dass der Rückzahlungsanspruch nicht durchsetzbar ist, weil ja ein Gegenanspruch in Form des Wertersatzanspruchs existiert. Der Ansatz ist richtig, aber nicht konsequent. Die ***Einrede nach § 348 i.V.m. § 320*** muss geltend gemacht werden, um zu greifen. Das habt ihr bereits in Fall 18 gesehen. Dort ging es aber um ***Geld gegen Sache*** und nicht um ***Geld gegen Geld***. Wenn es wie hier um Geld gegen Geld geht, dreht sich der Spieß dann um, wenn der Anspruchsgegner sagt, er wolle nur leisten, wenn auch der andere leistet. Dann rechnet er nämlich – zumindest konkludent – auf.

4. Und noch ein kleines Problem: Wie ihr gesehen habt, muss der Gläubiger dem Schuldner eine angemessene Frist zur Nacherfüllung bestimmt haben und die Frist müsste erfolglos abgelaufen sein, § 323 I. Das war in diesem Fall unproblematisch zu bejahen. Aber: Was ist, wenn es sich – wie hier – um einen Verbrauchsgüterkauf handelt (vgl. § 474) und keine Frist gesetzt wurde? Die Frage, ob § 323 mit der Verbrauchsgüterkauf-Richtlinie (EU-Recht) vereinbar ist (nach § 323 Fristsetzung erforderlich, nach EU-Recht nicht, sondern nur Abwarten einer angemessenen Frist), muss meist nicht beantwortet werden. Der BGH fordert hier wenig: Bereits die dringende Aufforderung zur Nacherfüllung („sofort", „umgehend" o.ä.) ist als Fristsetzung zu werten.

Fall 20

K interessiert sich für einen bestimmten Hund des Hundezüchters V, der auf den Namen „Wonzo" hört. Beide schließen einen diesbezüglichen Kaufvertrag. Während „Wonzo" sofort übereignet wird, soll K den Kaufpreis erst in einem Monat zahlen. Wenige Tage später stellt K fest, dass „Wonzo" beim Spazierengehen immer gegen Mauern und Laternenpfähle rennt. Der konsultierte Tierarzt diagnostiziert eine schon seit der Geburt des Hundes vorhandene extrem starke Fehlsichtigkeit, die nicht korrigiert werden kann. K wendet sich an V und erklärt ihm unter Schilderung des Sachverhalts, er stelle den Hund zur Verfügung. V verlangt seinerseits Zahlung des Kaufpreises.

Frage: Hat V einen Anspruch auf Zahlung des Kaufpreises ?

Anmerkung: Der Verkäufer ist kein Unternehmer i.S.d. § 14

Lösungsskizze Fall 20

- V gegen K Kaufpreiszahlung gemäß § 433 II ?

Vorüberlegung (gehört nicht in die Formulierung)*:*
V hat gegen K einen ***Anspruch auf Kaufpreiszahlung***, wenn der Anspruch nicht ***durch wirksamen Rücktritt*** des K ***untergegangen*** ist. K ist wirksam zurückgetreten, ***wenn*** ein ***Rücktrittsrecht*** besteht ***und*** er den ***Rücktritt erklärt*** hat. Da die Parteien kein vertragliches Rücktrittsrecht vereinbart haben, kommt nur ein gesetzlicher Rücktritt in Betracht.

Wenn die Kaufsache mangelhaft ist, eröffnet sich für K ein ***gesetzlicher Vertragsrücktritt gemäß § 437 Nr. 2 Alt. 1***. Nun verweist die genannte Norm aber u.a. auf ***§ 323*** und auf ***§ 326 V***. Ein Rücktritt nach § 323 (allein) ist nur bei erfolgloser Fristbestimmung möglich, während ein Rücktritt unter den Voraussetzungen des § 326 V gerade keine Fristsetzung fordert. ***§ 326 V ist gegenüber § 323 die speziellere Norm.*** Ihr müsst bereits gedanklich im Vorfeld ermitteln, ob der Gläubiger zurücktreten will, weil der Nacherfüllungsanspruch wegen § 275 „scheitert" oder nicht. Mit der folgenden ***Hilfsfrage*** kommt ihr zur „richtigen" Rücktrittsnorm:

Ist die Nacherfüllung (i.S.d. § 275 I bis III) unmöglich ?

wenn ***ja***	→	ist ***§ 326 V***	anwendbar
wenn ***nein***	→	ist ***§ 323***	anwendbar

HIER schuldet V dem K einen ganz bestimmten Hund (Stückschuld). Genau dieser Hund kann nicht neu und mangelfrei (nach-) geliefert werden. Eine Mangelbeseitigung ist mangels Korrekturfähigkeit der Sehschwäche auch nicht möglich. Also ist die Nacherfüllung unmöglich.

Ergebnis der Vorüberlegung: Ein Anspruch auf Zahlung des Kaufpreises kann nach ***§§ 346 I, 437 Nr. 2 Alt. 1, 434, 326 V i.V.m. § 323*** untergegangen sein.

- V gegen K Kaufpreiszahlung gemäß § 433 II ?

I. Anspruch entstanden ?

1. Wirksamer Kaufvertrag, § 433 ?

HIER (+) → zwischen V und K

***2. also: Anspruch entstanden* (+)**

II. Anspruch untergegangen ?

- **durch Rücktritt gemäß §§ 346 I, 437 Nr. 2 Alt. 1, 434, 326 V i.V.m. § 323**
  = der Anspruch auf die Gegenleistung entfällt, wenn der Anspruchsgegner wirksam vom Vertrag zurückgetreten ist; er ist wirksam zurückgetreten, wenn die Voraussetzungen eines Rücktrittsrechts vorliegen und eine Rücktrittserklärung erfolgt ist

1. Wirksamer Kaufvertrag, § 433 ?

HIER (+) → zwischen V und K

2. Sachmangel, § 434 ?

→ Tiere sind zwar keine Sachen, auf sie sind jedoch die für Sachen geltenden Vorschriften entsprechend anzuwenden, § 90a

a. Mangel nach § 434 I 1 ?

= Sache weist nicht die vereinbarte Beschaffenheit auf

HIER (–) → keine Vereinbarung

b. Mangel nach § 434 I 2 Nr. 1 ?

= Sache eignet sich nicht für die nach dem Vertrag vorausgesetzte Verwendung

HIER (–) → eine bestimmte Verwendung wurde im Vertrag nicht vorausgesetzt

c. Mangel nach § 434 I 2 Nr. 2 ?

= Sache eignet sich nicht für die gewöhnliche Verwendung oder weist nicht die übliche Beschaffenheit auf, die der Käufer erwarten darf

HIER (+) → der Hund leidet an einer extremen Sehschwäche

***d. also: Sachmangel* (+)**

3. Vorliegen des Mangels bei Gefahrübergang, § 434 ?

= insb. bei Übergabe, § 446 oder bei Übergabe an Transportperson, § 447 (beachte aber seit dem 01.01.2018 beim Verbrauchsgüterkauf § 475 II, davor seit dem 12.06.2014 den gleichlautenden § 474 IV)

HIER (+) → bei Übergabe

4. Kein Ausschluss der Gewährleistung ?

HIER (+) → Ausschluss nicht ersichtlich

5. Entbehrlichkeit der Fristsetzung gemäß § 326 V i.V.m. § 275 I bis III ?
= bei Leistungsbefreiung des Schuldners gemäß § 275 I bis III

- **_Leistungsbefreiung nach § 275 I_**
  = der Anspruch auf die Leistung (Nacherfüllung) ist ausgeschlossen, wenn diese unmöglich ist

a. Wirksames Schuldverhältnis ?

HIER (+) → s.o.; Kaufvertrag, § 433 zwischen V und K

b. Unmöglichkeit der Leistung (Nacherfüllung) ?

HIER (+) → V schuldet dem K einen ganz bestimmten Hund (Stückschuld); genau dieser Hund kann nicht neu und mangelfrei (nach-) geliefert werden; eine Mangelbeseitigung ist mangels Korrekturfähigkeit der Sehschwäche auch nicht möglich; also ist die Nacherfüllung unmöglich

c. also: Leistungsbefreiung nach § 275 I (+)
→ Entbehrlichkeit der Fristsetzung gemäß § 326 V (+)

6. Kein Ausschluss des Rücktritts ?

HIER (+) → nicht ersichtlich

7. Keine Unwirksamkeit des Rücktritts, § 218 ?

HIER (+) → nicht ersichtlich

8. Rücktrittserklärung, § 349 ?

HIER (+) → K hat erklärt, er sei an dem Hund nicht mehr interessiert

9. also: wirksamer Rücktritt (+) → Anspruch untergegangen (+)

III. Ergebnis:
V gegen K Kaufpreiszahlung gemäß § 433 II (–)

Formulierungsvorschlag Fall 20

- V gegen K Kaufpreiszahlung gemäß § 433 II

V könnte gegen K einen Anspruch auf Kaufpreiszahlung gemäß § 433 II haben.

I. Dann müsste der Anspruch zunächst entstanden sein.

1. V und K haben einen Kaufvertrag (§ 433) über einen Hund geschlossen.

2. Demnach ist der Anspruch entstanden.

II. Der Anspruch des V könnte jedoch gemäß §§ 346 I, 437 Nr. 2 Alt. 1, 434, 326 V i.V.m. § 323 untergegangen sein. Der Anspruch auf die Gegenleistung entfällt, wenn der Anspruchsgegner (K) wirksam vom Vertrag zurückgetreten ist. Er ist wirksam zurückgetreten, wenn die Voraussetzungen eines Rücktrittsrechts vorliegen und eine Rücktrittserklärung erfolgt ist.

1. V und K haben einen Kaufvertrag (§ 433) über einen Hund geschlossen.

2. Die Kaufsache könnte einen Sachmangel aufweisen, § 434. Tiere sind zwar keine Sachen, auf sie sind jedoch die für Sachen geltenden Vorschriften entsprechend anzuwenden, § 90a.

a. Die Parteien haben keine Vereinbarung bezüglich einer bestimmten Beschaffenheit der Kaufsache getroffen. Insofern scheidet ein Mangel nach § 434 I 1 aus.

b. Die Parteien haben im Vertrag auch keine bestimmte Verwendung der Kaufsache vorausgesetzt, für die sich die Kaufsache nicht eignet. Ein Mangel gemäß § 434 I 2 Nr. 1 liegt somit ebenfalls nicht vor.

c. Die Kaufsache könnte jedoch mangelhaft im Sinne des § 434 I 2 Nr. 2 sein. Dann dürfte sich die Sache nicht für die gewöhnliche Verwendung eignen oder nicht die übliche Beschaffenheit aufweisen, die der Käufer erwarten darf. Der Hund leidet an einer extremen Sehschwäche. Demnach weist er zumindest nicht die übliche Beschaffenheit auf, die der Käufer erwarten darf.

d. Mithin weist die Kaufsache einen Sachmangel auf.

3. Der Mangel der Kaufsache lag bei Gefahrübergang, nämlich bei der Übergabe (§ 446) vor.

4. Ein Ausschluss der Gewährleistung ist nicht ersichtlich.

5. Die gemäß § 323 grundsätzlich erforderliche Fristbestimmung könnte nach § 326 V entbehrlich sein. Sie ist entbehrlich, wenn der Schuldner nach § 275 I bis III nicht zu leisten braucht, d.h. die Nacherfüllung nicht erbringen muss.

In Betracht kommt eine Befreiung von der Nacherfüllung gemäß § 275 I.

a. V und K haben einen Kaufvertrag geschlossen, ein Schuldverhältnis liegt demnach vor.

b. Weiterhin müsste die Nacherfüllung objektiv oder subjektiv unmöglich sein.

V schuldet dem K einen ganz bestimmten Hund (Stückschuld). Genau dieser Hund kann nicht neu und mangelfrei (nach-) geliefert werden. Eine Mangelbeseitigung ist mangels Korrekturfähigkeit der Sehschwäche auch nicht möglich. Demnach ist die Nacherfüllung objektiv unmöglich.

c. Also ist die Nacherfüllung nach § 275 I wegen Unmöglichkeit ausgeschlossen. Somit ist eine Fristbestimmung gemäß § 326 V entbehrlich.

6. Ein Ausschluss des Rücktritts ist nicht ersichtlich.

7. Für eine Unwirksamkeit des Rücktritts nach § 218 bestehen keine Anhaltspunkte.

8. Zur wirksamen Ausübung des Rücktrittsrechts müsste der Rücktrittsberechtigte den Rücktritt erklärt haben, § 349. K hat gegenüber V den Vertragsrücktritt erklärt. Zur Wirksamkeit des Rücktritts reicht eine einseitige Erklärung (Gestaltungsrecht). Der Vertragspartner muss mit dem Rücktritt nicht einverstanden sein.

9. Somit liegen alle Voraussetzungen für einen wirksamen Rücktritt vor. Mithin ist der Anspruch auf Kaufpreiszahlung untergegangen.

III. V hat gegen K keinen Anspruch auf Kaufpreiszahlung gemäß § 433 II.

Fazit

1. Das Leiden hat kein Ende. Der Rücktritt ist also auch im ***Zahlungsanspruch nach § 433 II*** zu berücksichtigen.

   Die Einstiegsüberlegung lautet wie folgt: Der Verkäufer hat gegen den Käufer einen ***Anspruch auf Kaufpreiszahlung***, wenn der Anspruch nicht ***durch wirksamen Rücktritt*** des Käufers ***untergegangen*** ist. Der Käufer ist wirksam zurückgetreten, ***wenn*** ein ***Rücktrittsrecht*** besteht ***und*** er den ***Rücktritt erklärt*** hat.

   Dann geht es weiter wie gehabt.

2. Wenn die Parteien kein vertragliches Rücktrittsrecht vereinbart haben, kommt nur ein gesetzlicher Rücktritt in Betracht. Falls die Kaufsache mangelhaft ist, eröffnet sich für den Käufer ein ***gesetzlicher Vertragsrücktritt gemäß § 437 Nr. 2 Alt. 1***.

   Den Rest kennt ihr bereits aus den Fällen zum Rücktrittsrecht.

   Auch in dieser Konstellation könnt ihr regelmäßig auf Altbekanntes zurückgreifen. Fast alle Probleme, die sich bereits in den vorangegangenen Fällen gestellt haben, können auch hier auftauchen.

Fall 21

X und Katzenzüchter Z schließen einen Kaufvertrag über einen bestimmten Kater namens „Fritz". X nimmt das Tier mit und zahlt den geforderten Kaufpreis in Höhe von 500 €. Wenige Tage später stellt X fest, dass „Fritz" innerhalb des Hauses gegen Mauern und Türen rennt. Nachdem der Tierarzt bei „Fritz" eine starke Fehlsichtigkeit diagnostiziert hat, die nicht korrigierbar ist, überlegt X, wie er gegen Z vorgehen kann. Er entschließt sich, das Tier zu behalten, möchte aber einen Teil des Kaufpreises zurückerhalten. Der Wert des Katers hätte 400 € betragen, wenn er gesund gewesen wäre. Mit der Augenkrankheit ist „Fritz" lediglich 100 € wert.

Frage: Hat X ein Minderungsrecht ?

Anmerkung: Der Verkäufer ist kein Unternehmer i.S.d. § 14

Lösungsskizze Fall 21

- Minderungsrecht des X wegen mangelhafter Kaufsache ?

Vorüberlegung (gehört nicht in die Formulierung)*:*
X hat ein ***Minderungsrecht***, ***wenn*** auch ein ***Rücktritt*** möglich ist (§ 441 I 1: „Statt zurückzutreten ..."). In Betracht kommt nur ein gesetzlicher Rücktritt.

Wenn die Kaufsache mangelhaft ist, eröffnet sich für X ein ***gesetzlicher Vertragsrücktritt gemäß § 437 Nr. 2 Alt. 1***. Nun verweist die genannte Norm aber u.a. auf ***§ 323*** und auf ***§ 326 V***. Ein Rücktritt nach § 323 (allein) ist nur bei erfolgloser Fristbestimmung möglich, während ein Rücktritt unter den Voraussetzungen des § 326 V gerade keine Fristsetzung fordert. ***§ 326 V ist gegenüber § 323 die speziellere Norm.*** Ihr müsst – so ihr das bei anderer Fragestellung nicht schon vorher in der Klausur ihm Rahmen eines Nacherfüllungsanspruchs geprüft habt – bereits gedanklich im Vorfeld ermitteln, ob der Gläubiger mindern bzw. zurücktreten will, weil der Nacherfüllungsanspruch wegen § 275 „scheitert" oder nicht. Mit der folgenden ***Hilfsfrage*** kommt ihr zur „richtigen" Rücktrittsnorm und damit auch zur „richtigen" Minderungsnorm:

Ist die Nacherfüllung (i.S.d. § 275 I bis III) unmöglich ?

wenn ***ja***	→	ist ***§ 326 V***	anwendbar
wenn ***nein***	→	ist ***§ 323***	anwendbar

HIER schuldet Z dem X einen ganz bestimmten Kater (Stückschuld). Genau dieser Kater kann nicht neu und mangelfrei (nach-) geliefert werden. Eine Mangelbeseitigung ist mangels Korrekturfähigkeit der Sehschwäche auch nicht möglich. Also ist die Nacherfüllung unmöglich.

Ergebnis der Vorüberlegung:
Ein Minderungsrecht ergibt sich (u.U.) aus ***§§ 437 Nr. 2 Alt. 2, 441, 434, 326 V i.V.m. § 323***.

- Minderungsrecht des X *(bei Unmöglichkeit der Nacherfüllung)* gemäß §§ 437 Nr. 2 Alt. 2, 441, 434, 326 V i.V.m. § 323 ?

I. Voraussetzungen des Minderungsrechts ?

X kann nach § 441 I 1 ein Minderungsrecht geltend machen, wenn er ein Rücktrittsrecht hat. Also müssen grundsätzlich die Voraussetzungen für ein Rücktrittsrecht vorliegen.

1. Wirksamer Kaufvertrag, § 433 ?

HIER (+) → zwischen Z und X

2. Sachmangel, § 434 ?

→ Tiere sind zwar keine Sachen, auf sie sind jedoch die für Sachen geltenden Vorschriften entsprechend anzuwenden, § 90a

a. Mangel nach § 434 I 1 ?

= Sache weist nicht die vereinbarte Beschaffenheit auf

HIER (–) → keine Vereinbarung

b. Mangel nach § 434 I 2 Nr. 1 ?

= Sache eignet sich nicht für die nach dem Vertrag vorausgesetzte Verwendung

HIER (–) → eine bestimmte Verwendung wurde im Vertrag nicht vorausgesetzt

c. Mangel nach § 434 I 2 Nr. 2 ?

= Sache eignet sich nicht für die gewöhnliche Verwendung oder weist nicht die übliche Beschaffenheit auf, die der Käufer erwarten darf

HIER (+) → der Kater leidet an einer extremen Sehschwäche

d. also: Sachmangel (+)

3. Vorliegen des Mangels bei Gefahrübergang, § 434 ?

= insb. bei Übergabe, § 446 oder bei Übergabe an Transportperson, § 447 (beachte aber seit dem 01.01.2018 beim Verbrauchsgüterkauf § 475 II, davor seit dem 12.06.2014 den gleichlautenden § 474 IV)

HIER (+) → bei Übergabe

4. Kein Ausschluss der Gewährleistung ?

HIER (+) → Ausschluss nicht ersichtlich

5. Entbehrlichkeit der Fristsetzung gemäß § 326 V i.V.m. § 275 I bis III ?

= bei Leistungsbefreiung des Schuldners gemäß § 275 I bis III

- ***Leistungsbefreiung nach § 275 I***

  = der Anspruch auf die Leistung (Nacherfüllung) ist ausgeschlossen, wenn diese unmöglich ist

a. Wirksames Schuldverhältnis ?

HIER (+) → s.o.; Kaufvertrag, § 433 zwischen Z und X

b. Unmöglichkeit der Leistung (Nacherfüllung) ?

HIER (+) → Z schuldet dem X einen ganz bestimmten Kater (Stückschuld); genau dieser Kater kann nicht neu und mangelfrei (nach-) geliefert werden; eine Mangelbeseitigung ist mangels Korrekturfähigkeit der Sehschwäche auch nicht möglich; also ist die Nacherfüllung unmöglich

c. <u>also</u>: Leistungsbefreiung nach § 275 I (+)
→ Entbehrlichkeit der Fristsetzung gemäß § 326 V (+)

6. Kein Ausschluss der Minderung ?

HIER (+) → nicht ersichtlich

7. Keine Unwirksamkeit der Minderung, § 218 ?

HIER (+) → nicht ersichtlich

8. Umfang der Minderung

→ § 441 III 1 → Berechnung:

$$\text{geminderter Kaufpreis} = \frac{\text{Wert der Sache mit Mangel} \times \text{vereinbarter Kaufpreis}}{\text{Wert der Sache ohne Mangel}}$$

also:

$$\text{geminderter Kaufpreis} = \frac{100 \times 500}{400}$$

= 125 €

9. <u>also</u>: Voraussetzungen des Minderungsrechts (+)

II. Ergebnis:

Minderungsrecht des X gemäß §§ 437 Nr. 2 Alt. 2, 441, 434, 326 V i.V.m. § 323 (+); X muss gemäß § 441 I 1 die Minderung erklären, um wirksam zu mindern; dann kann er gemäß § 441 IV 1 Rückzahlung des zu viel gezahlten Kaufpreises verlangen

Formulierungsvorschlag Fall 21

- Minderungsrecht des X *(bei Unmöglichkeit der Nacherfüllung)* gemäß §§ 437 Nr. 2 Alt. 2, 441, 434, 326 V i.V.m. § 323

X könnte ein Minderungsrecht zustehen. Er kann nach § 441 I 1 ein Minderungsrecht geltend machen, wenn er ein Rücktrittsrecht hat.

I. Dann müssten die Voraussetzungen der §§ 437 Nr. 2 Alt. 2, 441, 434, 326 V i.V.m. § 323 vorliegen.

1. Z und X haben einen Kaufvertrag (§ 433) über einen Kater geschlossen.

2. Die Kaufsache könnte einen Sachmangel aufweisen, § 434. Tiere sind zwar keine Sachen, auf sie sind jedoch die für Sachen geltenden Vorschriften entsprechend anzuwenden, § 90a.

a. Die Parteien haben keine Vereinbarung bezüglich einer bestimmten Beschaffenheit der Kaufsache getroffen. Insofern scheidet ein Mangel nach § 434 I 1 aus.

b. Die Parteien haben im Vertrag auch keine bestimmte Verwendung der Kaufsache vorausgesetzt, für die sich die Kaufsache nicht eignet. Ein Mangel gemäß § 434 I 2 Nr. 1 liegt somit ebenfalls nicht vor.

c. Die Kaufsache könnte jedoch mangelhaft im Sinne des § 434 I 2 Nr. 2 sein. Dann dürfte sich die Sache nicht für die gewöhnliche Verwendung eignen oder nicht die übliche Beschaffenheit aufweisen, die der Käufer erwarten darf. Der Kater leidet an einer extremen Sehschwäche. Demnach weist er zumindest nicht die übliche Beschaffenheit auf, die der Käufer erwarten darf.

d. Mithin weist die Kaufsache einen Sachmangel auf.

3. Der Mangel der Kaufsache lag bei Gefahrübergang, nämlich bei der Übergabe (§ 446) vor.

4. Ein Ausschluss der Gewährleistung ist nicht ersichtlich.

5. Die gemäß § 323 grundsätzlich erforderliche Fristbestimmung könnte nach § 326 V entbehrlich sein. Sie ist entbehrlich, wenn der Schuldner nach § 275 I bis III nicht zu leisten braucht, d.h. die Nacherfüllung nicht erbringen muss.

In Betracht kommt eine Befreiung von der Nacherfüllung gemäß § 275 I.

a. Z und X haben einen Kaufvertrag geschlossen, ein Schuldverhältnis liegt demnach vor.

b. Weiterhin müsste die Nacherfüllung objektiv oder subjektiv unmöglich sein.

Z schuldet dem X einen ganz bestimmten Kater (Stückschuld). Genau dieser Kater kann nicht neu und mangelfrei (nach-) geliefert werden. Eine Mangelbeseitigung ist mangels Korrekturfähigkeit der Sehschwäche auch nicht möglich. Demnach ist die Nacherfüllung objektiv unmöglich.

c. Also ist die Nacherfüllung nach § 275 I wegen Unmöglichkeit ausgeschlossen. Somit ist eine Fristbestimmung gemäß § 326 V entbehrlich.

6. Ein Ausschluss der Minderung ist nicht ersichtlich.

7. Für eine Unwirksamkeit der Minderung nach § 218 bestehen keine Anhaltspunkte.

8. Der Umfang der Minderung bestimmt sich nach § 441 III. Der geminderte Kaufpreis berechnet sich nach der Formel „Geminderter Kaufpreis = (Wert der Sache mit Mangel x vereinbarter Kaufpreis) geteilt durch den Wert der Sache ohne Mangel“. Demnach beträgt der geminderte Kaufpreis (100 x 500) geteilt durch 400 = 125 €.

9. Somit liegen alle Voraussetzungen für eine Minderung vor.

II. X hat ein Minderungsrecht gemäß §§ 437 Nr. 2 Alt. 2, 441, 434, 326 V i.V.m. § 323. Um sein Minderungsrecht auszuüben, muss er gegenüber Z die Minderung erklären (§ 441 I 1). Dann kann er gemäß § 441 IV 1 Rückzahlung des zu viel gezahlten Kaufpreises verlangen.

Fazit

1. Ein an sich problemloser und nichtsdestotrotz wichtiger ***Einstiegsfall*** aus dem Bereich der ***Minderung***. Ihr solltet lediglich erkennen, wie eine solche Minderungsprüfung aufzubauen ist und mit welchen Tücken ihr zu kämpfen habt.

2. Schaut euch zur Abrundung unbedingt noch einmal die ***Vorüberlegung*** am Anfang der Lösungsskizze zu diesem Fall an. Sie enthält den existenziellen Schlüssel zum richtigen Lösungseinstieg.

3. Lest abermals das Fazit zu Fall 12. Und vergleicht Fall 12 mit diesem Fall.

4. Ihr habt sicherlich bemerkt, dass ihr bezüglich vieler Prüfungspunkte auf das zurückgreifen könnt, was ihr bereits im Rahmen der Prüfung des Rücktrittsrechts kennengelernt habt.

5. Ich möchte ob der Parallele zum Rücktrittsbereich nur kurz ausholen: Das Problem liegt weniger in den einzelnen Prüfungspunkten, sondern im Aufbau einer solchen Fall-Lösung. Und das wiederum liegt vor allem daran, dass der Gesetzgeber zwischen Rechten (einerseits) und Ansprüchen (andererseits) unterscheidet. Während es sich beim Nacherfüllungsanspruch um einen Anspruch handelt, sieht das bei der Minderung ganz anders aus. Sie ist – wie der Rücktritt – ein Gestaltungsrecht, also ein Recht und eben kein Anspruch. Es gibt keinen Minderungsanspruch, sondern nur ein Minderungsrecht.

   Der Prüfungsaufbau in der Klausur hängt von der konkreten Fragestellung ab. Oft werdet ihr gefragt werden, was der Käufer tun kann. Wenn lediglich „allgemein" gefragt wird, ist ein Minderungsrecht zu prüfen. Erst wenn die Minderung wirksam geltend gemacht worden ist, besteht ein Anspruch auf teilweise Rückzahlung des Kaufpreises.

6. Natürlich muss es ***„Kein Ausschluss der <u>Minderung</u>"*** bzw. ***„Keine Unwirksamkeit der <u>Minderung</u>"*** (siehe unter Punkt ***I. 6.*** und ***7.***) heißen.

7. Die Berechnung der Minderung (unter Punkt ***I. 8.***) wird gemäß § 441 III 1 vorgenommen und zwar nach der Formel:

$$\text{geminderter Kaufpreis} = \frac{\text{Wert der Sache mit Mangel} \times \text{vereinbarter Kaufpreis}}{\text{Wert der Sache ohne Mangel}}$$

Was der Gesetzgeber recht unklar entäußert, kann so einfach sein …

Fall 22

K kauft beim Möbelhändler H eine altdeutsche Schrankwand des Typs „Stehgut". Den Kaufpreis von 6.000 € bezahlt er sofort. Die Schrankwand wird geliefert und in seinem Wohnzimmer aufgestellt. Gut zwei Jahre nach Ablieferung fallen alle Türen ab, weil die verwendeten Scharniere marode sind. H wusste beim Abschluss des Kaufvertrags nichts von der Brüchigkeit der Scharniere. Auf das Verlangen des K, binnen eines Monats einen – grundsätzlich möglichen – Austausch der Scharniere vorzunehmen, äußert H, hierzu sei er auf gar keinen Fall bereit. Im Übrigen sei ein etwaiger Anspruch auf Nacherfüllung nach so langer Zeit längst verjährt.

Frage: Hat K ein Minderungsrecht ?

Lösungsskizze Fall 22

- Minderungsrecht des K wegen mangelhafter Kaufsache ?

Vorüberlegung (gehört nicht in die Formulierung)*:*
K hat ein ***Minderungsrecht***, ***wenn*** auch ein ***Rücktritt*** möglich ist (§ 441 I 1: „Statt zurückzutreten ..."). In Betracht kommt nur ein gesetzlicher Rücktritt.

Wenn die Kaufsache mangelhaft ist, eröffnet sich für K ein ***gesetzlicher Vertragsrücktritt gemäß § 437 Nr. 2 Alt. 1***. Nun verweist die genannte Norm aber u.a. auf ***§ 323*** und auf ***§ 326 V***. Ein Rücktritt nach § 323 (allein) ist nur bei erfolgloser Fristbestimmung möglich, während ein Rücktritt unter den Voraussetzungen des § 326 V gerade keine Fristsetzung fordert. ***§ 326 V ist gegenüber § 323 die speziellere Norm.*** Ihr müsst – so ihr das bei anderer Fragestellung nicht schon vorher in der Klausur ihm Rahmen eines Nacherfüllungsanspruchs geprüft habt – bereits gedanklich im Vorfeld ermitteln, ob der Gläubiger mindern bzw. zurücktreten will, weil der Nacherfüllungsanspruch wegen § 275 „scheitert" oder nicht. Mit der folgenden ***Hilfsfrage*** kommt ihr zur „richtigen" Rücktrittsnorm und damit auch zur „richtigen" Minderungsnorm:

Ist die Nacherfüllung (i.S.d. § 275 I bis III) unmöglich ?

wenn ***ja***	→	ist ***§ 326 V***	anwendbar
wenn ***nein***	→	ist ***§ 323***	anwendbar

HIER schuldet H dem K nicht eine ganz bestimmte Schrankwand (Stückschuld), sondern irgendeine Schrankwand eines bestimmten Typs (Gattungsschuld). Eine Schrankwand dieses Typs kann mangels entgegenstehender Anhaltspunkte mangelfrei (nach-) geliefert werden. Eine Mangelbeseitigung ist auch möglich, da die Scharniere ausgetauscht werden können. Also ist die Nacherfüllung nicht unmöglich.

Ergebnis der Vorüberlegung:
Ein Minderungsrecht ergibt sich (u.U.) aus ***§§ 437 Nr. 2 Alt. 2, 441, 434, 323***.

- Minderungsrecht des K *(bei möglicher Nacherfüllung)* gemäß §§ 437 Nr. 2 Alt. 2, 441, 434, 323 ?

I. Voraussetzungen des Minderungsrechts ?

K kann nach § 441 I 1 ein Minderungsrecht geltend machen, wenn er ein Rücktrittsrecht hat. Also müssen grundsätzlich die Voraussetzungen für ein Rücktrittsrecht vorliegen.

1. Wirksamer Kaufvertrag, § 433 ?

HIER (+) → zwischen H und K

2. Sachmangel, § 434 ?

a. Mangel nach § 434 I 1 ?
= Sache weist nicht die vereinbarte Beschaffenheit auf

HIER (–) → keine Vereinbarung

b. Mangel nach § 434 I 2 Nr. 1 ?
= Sache eignet sich nicht für die nach dem Vertrag vorausgesetzte Verwendung

HIER (–) → eine bestimmte Verwendung wurde im Vertrag nicht vorausgesetzt

c. Mangel nach § 434 I 2 Nr. 2 ?
= Sache eignet sich nicht für die gewöhnliche Verwendung oder weist nicht die übliche Beschaffenheit auf, die der Käufer erwarten darf

HIER (+) → die Türscharniere sind brüchig; der Schrank weist deshalb zumindest nicht die übliche Beschaffenheit auf, die ein Käufer erwarten darf

d. also: Sachmangel **(+)**

3. Vorliegen des Mangels bei Gefahrübergang, § 434 ?
= insb. bei Übergabe, § 446 oder bei Übergabe an Transportperson, § 447 (beachte aber seit dem 01.01.2018 beim Verbrauchsgüterkauf § 475 II, davor seit dem 12.06.2014 den gleichlautenden § 474 IV)

HIER (+) → bei Übergabe

4. Kein Ausschluss der Gewährleistung ?

HIER (+) → Ausschluss nicht ersichtlich

5. Angemessene Fristbestimmung und Erfolglosigkeit, § 323 I oder Entbehrlichkeit der Fristsetzung, § 323 II bzw. § 440 ?

HIER (+) → K hat H zur Nacherfüllung innerhalb von einem Monat aufgefordert und die angemessene Frist ist auch abgelaufen

6. Kein Ausschluss der Minderung ?

HIER (+) → keine Anhaltspunkte

7. Keine Unwirksamkeit der Minderung, § 218 ?

HIER (–) → § 218 I 1: der Rücktritt – und damit auch die Minderung – ist unwirksam, wenn der Nacherfüllungsanspruch verjährt ist; außerdem muss sich der Schuldner auf die Verjährung berufen; H hat sich auf die Verjährung berufen; der Anspruch auf Nacherfüllung verjährt gemäß § 438 I Nr. 3, II in zwei Jahren ab Ablieferung; mittlerweile sind gut zwei Jahre seit der Ablieferung vergangen; also ist der Nacherfüllungsanspruch verjährt; deshalb ist ein Rücktritt und somit auch die Minderung des K unwirksam

***8. also: Voraussetzungen des Minderungsrechts* (–)**

II. Ergebnis:
Minderungsrecht des K gemäß §§ 437 Nr. 2 Alt. 2, 441, 434, 323 (–)

Formulierungsvorschlag Fall 22

- Minderungsrecht des K *(bei möglicher Nacherfüllung)* gemäß §§ 437 Nr. 2 Alt. 2, 441, 434, 323

K könnte ein Minderungsrecht zustehen. Er kann nach § 441 I 1 ein Minderungsrecht geltend machen, wenn er ein Rücktrittsrecht hat.

I. Dann müssten die Voraussetzungen der §§ 437 Nr. 2 Alt. 2, 441, 434, 323 vorliegen.

1. H und K haben einen Kaufvertrag (§ 433) über eine Schrankwand geschlossen.

2. Die Kaufsache könnte einen Sachmangel aufweisen, § 434.

a. Die Parteien haben keine Vereinbarung bezüglich einer bestimmten Beschaffenheit der Kaufsache getroffen. Insofern scheidet ein Mangel nach § 434 I 1 aus.

b. Die Parteien haben im Vertrag auch keine bestimmte Verwendung der Kaufsache vorausgesetzt, für die sich die Kaufsache nicht eignet. Ein Mangel gemäß § 434 I 2 Nr. 1 liegt somit ebenfalls nicht vor.

c. Die Kaufsache könnte jedoch mangelhaft im Sinne des § 434 I 2 Nr. 2 sein. Dann dürfte sich die Sache nicht für die gewöhnliche Verwendung eignen oder nicht die übliche Beschaffenheit aufweisen, die der Käufer erwarten darf. Die Türscharniere sind brüchig. Demnach weist der Schrank zumindest nicht die übliche Beschaffenheit auf, die der Käufer erwarten darf.

d. Mithin weist die Kaufsache einen Sachmangel auf.

3. Der Mangel der Kaufsache lag bei Gefahrübergang, nämlich bei der Übergabe (§ 446) vor.

4. Ein Ausschluss der Gewährleistung ist nicht ersichtlich.

5. Zusätzlich müsste der Gläubiger dem Schuldner eine angemessene Frist zur Nacherfüllung bestimmt haben und die Frist müsste erfolglos abgelaufen sein, § 323 I. K hat H zur Nacherfüllung innerhalb von einem Monat aufgefordert und die angemessene Frist ist auch abgelaufen.

6. Ein Ausschluss der Minderung ist nicht ersichtlich.

7. Fraglich ist, ob ein Rücktritt nach § 218 unwirksam ist. Nach § 218 I 1 ist der Rücktritt und damit auch die Minderung unwirksam, wenn der Nacherfüllungsanspruch verjährt ist. Außerdem muss sich der Schuldner auf die Verjährung berufen. H hat sich auf die Verjährung berufen. Der Anspruch auf Nacherfüllung verjährt gemäß § 438 I Nr. 3, II in zwei Jahren ab Ablieferung. Mittlerweile sind gut zwei Jahre seit der Ablieferung vergangen. Also ist der Nacherfüllungsanspruch verjährt. Deshalb ist ein Rücktritt und damit auch eine Minderung des K gemäß § 218 unwirksam.

8. Somit liegen nicht alle Voraussetzungen für eine Minderung vor.

II. K hat kein Minderungsrecht gemäß §§ 437 Nr. 2 Alt. 2, 441, 434, 323.

Fazit

1. Der Fall sollte aufzeigen, dass ihr tatsächlich auf Altbekanntes zurückgreifen könnt und dürft. Im Gegensatz zum vorigen Fall 21 ging es hier um ein ***Minderungsrecht bei möglicher Nacherfüllung***. Der Einstieg war – wie im vorigen Fall 21 – über eine Vorüberlegung zu bewerkstelligen. Die Vorüberlegung entspricht im Kern den Vorüberlegungen, die ihr bereits vor der Lösung der Fälle zum Rücktrittsrecht angestellt habt.

2. Zum Knackpunkt des Falls: Nach ***§ 218 I 1*** ist der Rücktritt – und damit auch die Minderung – unwirksam, wenn der Nacherfüllungsanspruch verjährt ist. Außerdem muss sich der Schuldner auf die Verjährung berufen.

   Mit diesem Problem seid ihr bereits in Fall 17 konfrontiert worden, allerdings in einer etwas anderen Konstellation. Dort ging es nicht um den Ausschluss des Rücktritts bei möglicher Nacherfüllung, sondern um den Ausschluss des Rücktritts bei unmöglicher Nacherfüllung. Das Problem kann euch bei der Minderung ebenso ereilen.

3. Und noch ein kleines Problem: Wie ihr gesehen habt, muss der Gläubiger dem Schuldner eine angemessene Frist zur Nacherfüllung bestimmt haben und die Frist müsste erfolglos abgelaufen sein, § 323 I. Das war in diesem Fall unproblematisch zu bejahen. Aber: Was ist, wenn es sich – wie hier – um einen Verbrauchsgüterkauf handelt (vgl. § 474) und keine Frist gesetzt wurde? Die Frage, ob § 323 mit der Verbrauchsgüterkauf-Richtlinie (EU-Recht) vereinbar ist (nach § 323 Fristsetzung erforderlich, nach EU-Recht nicht, sondern nur Abwarten einer angemessenen Frist), muss meist nicht beantwortet werden. Der BGH fordert hier wenig: Bereits die dringende Aufforderung zur Nacherfüllung („sofort", „umgehend" o.ä.) ist als Fristsetzung zu werten.

Fall 23

X und Katzenzüchter Z schließen einen Kaufvertrag über einen bestimmten Kater namens „Fratz". X nimmt das Tier mit und zahlt den geforderten Kaufpreis in Höhe von 500 €. Wenige Tage später stellt X fest, dass „Fratz" innerhalb des Hauses gegen Mauern und Türen rennt. Nachdem der Tierarzt bei „Fratz" eine starke Fehlsichtigkeit diagnostiziert hat, die nicht korrigierbar ist, überlegt X, wie er gegen Z vorgehen kann. Er entschließt sich, das Tier zu behalten, möchte aber einen Teil des Kaufpreises zurückerhalten. Der Wert des Katers hätte 400 € betragen, wenn er gesund gewesen wäre. Mit der Augenkrankheit ist „Fratz" lediglich 100 € wert. X wendet sich an Z und erklärt ihm unter Schilderung des Sachverhalts, er sei zwar nach wie vor an dem Kater interessiert, verlange aber einen Teil des Kaufpreises zurück.

Frage: Hat X einen Anspruch auf Rückzahlung eines Teils des Kaufpreises ?

Anmerkung: Der Verkäufer ist kein Unternehmer i.S.d. § 14

Lösungsskizze Fall 23

- X gegen Z Teil-Rückzahlungsanspruch ?

Vorüberlegung (gehört nicht in die Formulierung)*:*
X hat einen Anspruch auf ***Rückzahlung eines Teils des Kaufpreises***, ***wenn*** er ***wirksam gemindert*** hat. Er hat wirksam gemindert, wenn ein ***Minderungsrecht*** besteht ***und*** er die ***Minderung erklärt*** hat. X hat ein ***Minderungsrecht***, ***wenn*** ihm ein vertragliches oder gesetzliches ***Rücktrittsrecht*** zusteht (§ 441 I 1: „Statt zurückzutreten ..."). In Betracht kommt nur ein gesetzlicher Rücktritt.

Wenn die Kaufsache mangelhaft ist, eröffnet sich für X ein ***gesetzlicher Vertragsrücktritt gemäß § 437 Nr. 2 Alt. 1***. Nun verweist die genannte Norm aber u.a. auf ***§ 323*** und auf ***§ 326 V***. Ein Rücktritt nach § 323 (allein) ist nur bei erfolgloser Fristbestimmung möglich, während ein Rücktritt unter den Voraussetzungen des § 326 V gerade keine Fristsetzung fordert. ***§ 326 V ist gegenüber § 323 die speziellere Norm.*** Ihr müsst – so ihr das bei anderer Fragestellung nicht schon vorher in der Klausur ihm Rahmen eines Nacherfüllungsanspruchs geprüft habt – bereits gedanklich im Vorfeld ermitteln, ob der Gläubiger zurücktreten will, weil der Nacherfüllungsanspruch wegen § 275 „scheitert" oder nicht. Mit der folgenden ***Hilfsfrage*** kommt ihr zur „richtigen" Rücktrittsnorm und damit auch zur „richtigen" Minderungsnorm:

Ist die Nacherfüllung (i.S.d. § 275 I bis III) unmöglich ?

wenn ***ja***	→	ist ***§ 326 V***	anwendbar
wenn ***nein***	→	ist ***§ 323***	anwendbar

HIER schuldet Z dem X einen ganz bestimmten Kater (Stückschuld). Genau dieser Kater kann nicht neu und mangelfrei (nach-) geliefert werden. Eine Mangelbeseitigung ist mangels Korrekturfähigkeit der Sehschwäche auch nicht möglich. Also ist die Nacherfüllung unmöglich.

Ergebnis der Vorüberlegung: Ein Anspruch auf Teil-Rückzahlung des Kaufpreises ergibt sich (u.U.) aus ***§§ 441 IV 1, 437 Nr. 2 Alt. 2, 441 I, III, 434, 326 V i.V.m. § 323***.

- X gegen Z Teil-Rückzahlungsanspruch gemäß §§ 441 IV 1, 437 Nr. 2 Alt. 2, 441 I, III, 434, 326 V i.V.m. § 323 ?

I. Anspruch entstanden ?

= bei wirksamer Minderung = bei Vorliegen der Voraussetzungen eines Minderungsrechts (wie Rücktrittsrecht) und Minderungserklärung

1. Wirksamer Kaufvertrag, § 433 ?

HIER (+) → zwischen Z und X

2. Sachmangel, § 434 ?

→ Tiere sind zwar keine Sachen, auf sie sind jedoch die für Sachen geltenden Vorschriften entsprechend anzuwenden, § 90a

a. Mangel nach § 434 I 1 ?

= Sache weist nicht die vereinbarte Beschaffenheit auf

HIER (−) → keine Vereinbarung

b. Mangel nach § 434 I 2 Nr. 1 ?

= Sache eignet sich nicht für die nach dem Vertrag vorausgesetzte Verwendung

HIER (−) → eine bestimmte Verwendung wurde im Vertrag nicht vorausgesetzt

c. Mangel nach § 434 I 2 Nr. 2 ?

= Sache eignet sich nicht für die gewöhnliche Verwendung oder weist nicht die übliche Beschaffenheit auf, die der Käufer erwarten darf

HIER (+) → der Kater leidet an einer extremen Sehschwäche

d. also: Sachmangel (+)

3. Vorliegen des Mangels bei Gefahrübergang, § 434 ?

= insb. bei Übergabe, § 446 oder bei Übergabe an Transportperson, § 447 (beachte aber seit dem 01.01.2018 beim Verbrauchsgüterkauf § 475 II, davor seit dem 12.06.2014 den gleichlautenden § 474 IV)

HIER (+) → bei Übergabe

4. Kein Ausschluss der Gewährleistung ?

HIER (+) → Ausschluss nicht ersichtlich

5. Entbehrlichkeit der Fristsetzung gemäß § 326 V i.V.m. § 275 I bis III ?

= bei Leistungsbefreiung des Schuldners gemäß § 275 I bis III

- ***Leistungsbefreiung nach § 275 I***
  = der Anspruch auf die Leistung (Nacherfüllung) ist ausgeschlossen, wenn diese unmöglich ist

  a. Wirksames Schuldverhältnis ?

  HIER (+) → s.o.; Kaufvertrag, § 433 zwischen Z und X

  b. Unmöglichkeit der Leistung (Nacherfüllung) ?

  HIER (+) → Z schuldet dem X einen ganz bestimmten Kater (Stückschuld); genau dieser Kater kann nicht neu und mangelfrei (nach-) geliefert werden; eine Mangelbeseitigung ist mangels Korrekturfähigkeit der Sehschwäche auch nicht möglich; also ist die Nacherfüllung unmöglich

  c. also: Leistungsbefreiung nach § 275 I (+)
  → Entbehrlichkeit der Fristsetzung gemäß § 326 V (+)

6. Kein Ausschluss der Minderung ?

HIER (+) → nicht ersichtlich

7. Keine Unwirksamkeit der Minderung, § 218 ?

HIER (+) → nicht ersichtlich

8. Minderungserklärung, § 441 I 1 ?

HIER (+) → X hat erklärt, er wolle einen Teil des Kaufpreises zurückerhalten

9. Umfang der Minderung

→ § 441 III 1 → Berechnung:

$$\text{geminderter Kaufpreis} = \frac{\text{Wert der Sache mit Mangel} \times \text{vereinbarter Kaufpreis}}{\text{Wert der Sache ohne Mangel}}$$

also:

$$\text{geminderter Kaufpreis} = \frac{100 \times 500}{400}$$

= 125 €

→ der geminderte Kaufpreis beträgt 125 €;
→ die Teil-Rückzahlung beläuft sich auf (500 € – 125 € =) **375 €**

10. also: wirksame Minderung (+) → Anspruch entstanden (+)

II. Anspruch untergegangen ? (–)

III. Anspruch durchsetzbar ? (+)

IV. Ergebnis:

X gegen Z Teil-Rückzahlungsanspruch (375 €)
gemäß §§ 441 IV 1, 437 Nr. 2 Alt. 2, 441 I, III, 434, 326 V i.V.m. § 323 (+)

Formulierungsvorschlag Fall 23

- X gegen Z Teil-Rückzahlungsanspruch gemäß §§ 441 IV 1, 437 Nr. 2 Alt. 2, 441 I, III, 434, 326 V i.V.m. § 323

X könnte gegen Z einen Anspruch auf Rückzahlung eines Teils des Kaufpreises gemäß §§ 441 IV 1, 437 Nr. 2 Alt. 2, 441 I, III, 434, 326 V i.V.m. § 323 haben.

I. Dann müsste der Anspruch entstanden sein. Er ist entstanden, wenn X wirksam gemindert hat. Voraussetzung für die Minderung ist die Möglichkeit, vom Vertrag zurückzutreten. Außerdem muss die Minderung erklärt worden sein.

1. Z und X haben einen Kaufvertrag (§ 433) über einen Kater geschlossen.

2. Die Kaufsache könnte einen Sachmangel aufweisen, § 434. Tiere sind zwar keine Sachen, auf sie sind jedoch die für Sachen geltenden Vorschriften entsprechend anzuwenden, § 90a.

a. Die Parteien haben keine Vereinbarung bezüglich einer bestimmten Beschaffenheit der Kaufsache getroffen. Insofern scheidet ein Mangel nach § 434 I 1 aus.

b. Die Parteien haben im Vertrag auch keine bestimmte Verwendung der Kaufsache vorausgesetzt, für die sich die Kaufsache nicht eignet. Ein Mangel gemäß § 434 I 2 Nr. 1 liegt somit ebenfalls nicht vor.

c. Die Kaufsache könnte jedoch mangelhaft im Sinne des § 434 I 2 Nr. 2 sein. Dann dürfte sich die Sache nicht für die gewöhnliche Verwendung eignen oder nicht die übliche Beschaffenheit aufweisen, die der Käufer erwarten darf. Der Kater leidet an einer extremen Sehschwäche. Demnach weist er zumindest nicht die übliche Beschaffenheit auf, die der Käufer erwarten darf.

d. Mithin weist die Kaufsache einen Sachmangel auf.

3. Der Mangel der Kaufsache lag bei Gefahrübergang, nämlich bei der Übergabe (§ 446) vor.

4. Ein Ausschluss der Gewährleistung ist nicht ersichtlich.

5. Die gemäß § 323 grundsätzlich erforderliche Fristbestimmung könnte nach § 326 V entbehrlich sein. Sie ist entbehrlich, wenn der Schuldner nach § 275 I bis III nicht zu leisten braucht, d.h. die Nacherfüllung nicht erbringen muss.

In Betracht kommt eine Befreiung von der Nacherfüllung gemäß § 275 I.

a. Z und X haben einen Kaufvertrag geschlossen, ein Schuldverhältnis liegt demnach vor.

b. Weiterhin müsste die Nacherfüllung objektiv oder subjektiv unmöglich sein.

Z schuldet dem X einen ganz bestimmten Kater (Stückschuld). Genau dieser Kater kann nicht neu und mangelfrei (nach-) geliefert werden. Eine Mangelbeseitigung ist mangels Korrekturfähigkeit der Sehschwäche auch nicht möglich. Demnach ist die Nacherfüllung objektiv unmöglich.

c. Also ist die Nacherfüllung nach § 275 I wegen Unmöglichkeit ausgeschlossen. Somit ist eine Fristbestimmung gemäß § 326 V entbehrlich.

6. Ein Ausschluss der Minderung ist nicht ersichtlich.

7. Für eine Unwirksamkeit der Minderung nach § 218 bestehen keine Anhaltspunkte.

8. Zur wirksamen Ausübung des Minderungsrechts müsste der Gläubiger die Minderung erklärt haben, § 441 I 1. X hat gegenüber Z die Minderung erklärt. Zur Wirksamkeit der Minderung reicht eine einseitige Erklärung (Gestaltungsrecht). Der Vertragspartner muss mit der Minderung nicht einverstanden sein.

9. Der Umfang der Minderung bestimmt sich nach § 441 III. Der geminderte Kaufpreis berechnet sich nach der Formel „Geminderter Kaufpreis = (Wert der Sache mit Mangel x vereinbarter Kaufpreis) geteilt durch den Wert der Sache ohne Mangel". Demnach beträgt der geminderte Kaufpreis (100 x 500) geteilt durch 400 = 125 €. Die Teil-Rückzahlung beläuft sich also auf (500 € – 125 € =) 375 €.

10. Somit liegen alle Voraussetzungen für eine wirksame Minderung vor. Mithin ist der Anspruch entstanden.

II. Der Anspruch ist nicht untergegangen.

III. Er ist auch durchsetzbar.

IV. X hat gegen Z einen Anspruch auf teilweise Kaufpreisrückzahlung (375 €) gemäß §§ 441 IV 1, 437 Nr. 2 Alt. 2, 441 I, III, 434, 326 V i.V.m. § 323.

Fazit

1. Die Minderung ist nicht nur als Minderungsrecht relevant, sondern auch innerhalb eines Anspruchs auf (Teil-) Rückzahlung des Kaufpreises wegen einer erfolgten Minderung. Wichtig und für die eigentliche Fallprüfung entscheidend ist die konkrete Fragestellung in der Klausur. Wenn nach „Rechten" des Käufers oder nach der Rechtslage gefragt wird, prüft ihr ein ***Minderungsrecht*** und erwähnt im Ergebnis, dass der Minderungsberechtigte die Minderung erklären muss, um dann Teil-Rückzahlung des Kaufpreises verlangen zu können. Nicht mehr und nicht weniger. Wenn allerdings konkret nach einem ***Anspruch auf (Teil-) Rückzahlung*** gefragt wird, ist die Prüfung so vorzunehmen, wie in diesem Fall. Ihr habt gesehen, wie das funktioniert. Zuerst ist klarzustellen, dass der Anspruchsteller die (Teil-) Rückzahlung nur fordern kann, wenn er wirksam gemindert hat. Das setzt die Möglichkeit eines Rücktritts und die Erklärung der Minderung voraus. Inhaltlich dürft ihr – wie so oft – auf viele kleine Schweinereien zurückgreifen, die ihr in diesem Kapitel bereits gelernt und verinnerlicht habt. Schaut noch einmal in Fall 18. „Baukasten" ...
2. Da es sich beim Rückzahlungsanspruch um einen Anspruch handelt, lohnt es sich abermals zu hinterfragen, ob der Anspruch entstanden, (nicht) untergegangen und durchsetzbar ist.

Fall 24

X und Katzenzüchter Z schließen einen Kaufvertrag über einen bestimmten Kater namens „Frotz". Während „Frotz" sofort übereignet wird, soll X den Kaufpreis in Höhe von 500 € erst in einem Monat zahlen. Wenige Tage später stellt X fest, dass „Frotz" innerhalb des Hauses gegen Mauern und Türen rennt. Nachdem der Tierarzt bei „Frotz" eine starke Fehlsichtigkeit diagnostiziert hat, die nicht korrigiert werden kann, überlegt X, wie er gegen Z vorgehen kann. Er entschließt sich, das Tier zu behalten, möchte aber den Kaufpreis mindern. Der Wert des Katers hätte 400 € betragen, wenn er gesund gewesen wäre. Mit der Augenkrankheit ist „Frotz" lediglich 100 € wert. X wendet sich an Z und erklärt ihm unter Schilderung des Sachverhalts, er wolle nur einen Teil des Kaufpreises zahlen. Z verlangt zum vereinbarten Zahlungstermin den gesamten Betrag.

Frage: Hat Z einen Anspruch auf Zahlung des gesamten Kaufpreises ?

Anmerkung: Der Verkäufer ist kein Unternehmer i.S.d. § 14

Lösungsskizze Fall 24

- Z gegen X Kaufpreiszahlung gemäß § 433 II ?

Vorüberlegung (gehört nicht in die Formulierung)*:*
Z hat gegen X einen ***Anspruch auf die gesamte Kaufpreiszahlung***, wenn der Anspruch nicht ***teilweise durch wirksame Minderung*** des X ***untergegangen*** ist. X hat wirksam gemindert, wenn ein ***Minderungsrecht*** besteht ***und*** er die ***Minderung erklärt*** hat. X hat ein ***Minderungsrecht***, ***wenn*** ihm ein vertragliches oder gesetzliches ***Rücktrittsrecht*** zusteht (§ 441 I 1: „Statt zurückzutreten ..."). In Betracht kommt nur ein gesetzlicher Rücktritt.

Wenn die Kaufsache mangelhaft ist, eröffnet sich für X ein ***gesetzlicher Vertragsrücktritt gemäß § 437 Nr. 2 Alt. 1***. Nun verweist die genannte Norm aber u.a. auf ***§ 323*** und auf ***§ 326 V***. Ein Rücktritt nach § 323 (allein) ist nur bei erfolgloser Fristbestimmung möglich, während ein Rücktritt unter den Voraussetzungen des § 326 V gerade keine Fristsetzung fordert. ***§ 326 V ist gegenüber § 323 die speziellere Norm.*** Ihr müsst bereits gedanklich im Vorfeld ermitteln, ob der Gläubiger zurücktreten will, weil der Nacherfüllungsanspruch wegen § 275 „scheitert" oder nicht. Mit der folgenden ***Hilfsfrage*** kommt ihr zur „richtigen" Rücktrittsnorm:

Ist die Nacherfüllung (i.S.d. § 275 I bis III) unmöglich ?

wenn ***ja***	→	ist ***§ 326 V***	anwendbar
wenn ***nein***	→	ist ***§ 323***	anwendbar

HIER schuldet Z dem X einen ganz bestimmten Kater (Stückschuld). Genau dieser Kater kann nicht neu und mangelfrei (nach-) geliefert werden. Eine Mangelbeseitigung ist mangels Korrekturfähigkeit der Sehschwäche auch nicht möglich. Also ist die Nacherfüllung unmöglich.

Ergebnis der Vorüberlegung: Ein Anspruch auf Zahlung des gesamten Kaufpreises kann zum Teil nach ***§§ 441 IV 1, 437 Nr. 2 Alt. 2, 441 I, III, 434, 326 V i.V.m. § 323*** untergegangen sein.

- Z gegen X Kaufpreiszahlung gemäß § 433 II ?

I. Anspruch entstanden ?

1. Wirksamer Kaufvertrag, § 433 ?

HIER (+) → zwischen Z und X

2. also: Anspruch entstanden **(+)**

II. Anspruch (teilweise) untergegangen ?

- **durch Minderung gemäß**
  §§ 441 IV 1, 437 Nr. 2 Alt. 2, 441 I, III, 434, 326 V i.V.m. § 323

= der Anspruch auf die Gegenleistung entfällt zum Teil, wenn der Anspruchsgegner wirksam gemindert hat

1. Wirksamer Kaufvertrag, § 433 ?

HIER (+) → zwischen Z und X

2. Sachmangel, § 434 ?

→ Tiere sind zwar keine Sachen, auf sie sind jedoch die für Sachen geltenden Vorschriften entsprechend anzuwenden, § 90a

a. Mangel nach § 434 I 1 ?

= Sache weist nicht die vereinbarte Beschaffenheit auf

HIER (–) → keine Vereinbarung

b. Mangel nach § 434 I 2 Nr. 1 ?

= Sache eignet sich nicht für die nach dem Vertrag vorausgesetzte Verwendung

HIER (–) → eine bestimmte Verwendung wurde im Vertrag nicht vorausgesetzt

c. Mangel nach § 434 I 2 Nr. 2 ?

= Sache eignet sich nicht für die gewöhnliche Verwendung oder weist nicht die übliche Beschaffenheit auf, die der Käufer erwarten darf

HIER (+) → der Kater leidet an einer extremen Sehschwäche

d. also: Sachmangel **(+)**

3. Vorliegen des Mangels bei Gefahrübergang, § 434 ?

= insb. bei Übergabe, § 446 oder bei Übergabe an Transportperson, § 447 (beachte aber seit dem 01.01.2018 beim Verbrauchsgüterkauf § 475 II, davor seit dem 12.06.2014 den gleichlautenden § 474 IV)

HIER (+) → bei Übergabe

4. Kein Ausschluss der Gewährleistung ?

HIER (+) → Ausschluss nicht ersichtlich

5. Entbehrlichkeit der Fristsetzung gemäß § 326 V i.V.m. § 275 I bis III ?
= bei Leistungsbefreiung des Schuldners gemäß § 275 I bis III

- ***Leistungsbefreiung nach § 275 I***
  = der Anspruch auf die Leistung (Nacherfüllung) ist ausgeschlossen, wenn diese unmöglich ist

  a. Wirksames Schuldverhältnis ?

  HIER (+) → s.o.; Kaufvertrag, § 433 zwischen Z und X

  b. Unmöglichkeit der Leistung (Nacherfüllung) ?

  HIER (+) → Z schuldet dem X einen ganz bestimmten Kater (Stückschuld); genau dieser Kater kann nicht neu und mangelfrei (nach-) geliefert werden; eine Mangelbeseitigung ist mangels Korrekturfähigkeit der Sehschwäche auch nicht möglich; also ist die Nacherfüllung unmöglich

  c. also: Leistungsbefreiung nach § 275 I (+)
  → Entbehrlichkeit der Fristsetzung gemäß § 326 V (+)

6. Kein Ausschluss der Minderung ?

HIER (+) → nicht ersichtlich

7. Keine Unwirksamkeit der Minderung, § 218 ?

HIER (+) → nicht ersichtlich

8. Minderungserklärung, § 441 I 1 ?

HIER (+) → X hat erklärt, er wolle einen Teil des Kaufpreises nicht zahlen

9. Umfang der Minderung

→ § 441 III 1 → Berechnung:

$$\text{geminderter Kaufpreis} = \frac{\text{Wert der Sache mit Mangel} \times \text{vereinbarter Kaufpreis}}{\text{Wert der Sache ohne Mangel}}$$

also:

$$\text{geminderter Kaufpreis} = \frac{100 \times 500}{400}$$

= 125 €

→ der geminderte Kaufpreis beträgt 125 €

10. also: wirksame Minderung (+) → Anspruch zum Teil untergegangen (+)

III. (Rest-) Anspruch durchsetzbar ? (+)

IV. Ergebnis:

Z gegen X Kaufpreiszahlung gemäß § 433 II (+), aber nur in Höhe von 125 €; also Z gegen X Zahlung des gesamten Kaufpreises (–)

Formulierungsvorschlag Fall 24

- Z gegen X Kaufpreiszahlung gemäß § 433 II

Z könnte gegen X einen Anspruch auf Zahlung des gesamten Kaufpreises gemäß § 433 II haben.

I. Dann müsste der Anspruch zunächst entstanden sein.

1. Z und X haben einen Kaufvertrag (§ 433) über einen Kater geschlossen.

2. Demnach ist der Anspruch entstanden.

II. Der Anspruch des Z könnte jedoch gemäß §§ 441 IV 1, 437 Nr. 2 Alt. 2, 441 I, III, 434, 326 V i.V.m. § 323 teilweise untergegangen sein. Der Anspruch auf die Gegenleistung entfällt teilweise, wenn der Anspruchsgegner (X) wirksam gemindert hat. Er hat wirksam gemindert, wenn auch die Voraussetzungen für einen Rücktritt vorliegen und er die Minderung erklärt hat.

1. Z und X haben einen Kaufvertrag (§ 433) über einen Kater geschlossen.

2. Die Kaufsache könnte einen Sachmangel aufweisen, § 434. Tiere sind zwar keine Sachen, auf sie sind jedoch die für Sachen geltenden Vorschriften entsprechend anzuwenden, § 90a.

a. Die Parteien haben keine Vereinbarung bezüglich einer bestimmten Beschaffenheit der Kaufsache getroffen. Insofern scheidet ein Mangel nach § 434 I 1 aus.

b. Die Parteien haben im Vertrag auch keine bestimmte Verwendung der Kaufsache vorausgesetzt, für die sich die Kaufsache nicht eignet. Ein Mangel gemäß § 434 I 2 Nr. 1 liegt somit ebenfalls nicht vor.

c. Die Kaufsache könnte jedoch mangelhaft im Sinne des § 434 I 2 Nr. 2 sein. Dann dürfte sich die Sache nicht für die gewöhnliche Verwendung eignen oder nicht die übliche Beschaffenheit aufweisen, die der Käufer erwarten darf. Der Kater leidet an einer extremen Sehschwäche. Demnach weist er zumindest nicht die übliche Beschaffenheit auf, die der Käufer erwarten darf.

d. Mithin weist die Kaufsache einen Sachmangel auf.

3. Der Mangel der Kaufsache lag bei Gefahrübergang, nämlich bei der Übergabe (§ 446) vor.

4. Ein Ausschluss der Gewährleistung ist nicht ersichtlich.

5. Die gemäß § 323 grundsätzlich erforderliche Fristbestimmung könnte nach § 326 V entbehrlich sein. Sie ist entbehrlich, wenn der Schuldner nach § 275 I bis III nicht zu leisten braucht, d.h. die Nacherfüllung nicht erbringen muss.

In Betracht kommt eine Befreiung von der Nacherfüllung gemäß § 275 I.

a. Z und X haben einen Kaufvertrag geschlossen, ein Schuldverhältnis liegt demnach vor.

b. Weiterhin müsste die Nacherfüllung objektiv oder subjektiv unmöglich sein.

Z schuldet dem X einen ganz bestimmten Kater (Stückschuld). Genau dieser Kater kann nicht neu und mangelfrei (nach-) geliefert werden. Eine Mangelbeseitigung ist mangels Korrekturfähigkeit der Sehschwäche auch nicht möglich. Demnach ist die Nacherfüllung objektiv unmöglich.

c. Also ist die Nacherfüllung nach § 275 I wegen Unmöglichkeit ausgeschlossen. Somit ist eine Fristbestimmung gemäß § 326 V entbehrlich.

6. Ein Ausschluss der Minderung ist nicht ersichtlich.

7. Für eine Unwirksamkeit der Minderung nach § 218 bestehen keine Anhaltspunkte.

8. Zur wirksamen Ausübung des Minderungsrechts müsste der Gläubiger die Minderung erklärt haben, § 441 I 1. X hat gegenüber Z die Minderung erklärt. Zur Wirksamkeit der Minderung reicht eine einseitige Erklärung (Gestaltungsrecht). Der Vertragspartner muss mit der Minderung nicht einverstanden sein.

9. Der Umfang der Minderung bestimmt sich nach § 441 III. Der geminderte Kaufpreis berechnet sich nach der Formel „Geminderter Kaufpreis = (Wert der Sache mit Mangel x vereinbarter Kaufpreis) geteilt durch den Wert der Sache ohne Mangel“. Demnach beträgt der geminderte Kaufpreis (100 x 500) geteilt durch 400 = 125 €.

10. Somit liegen alle Voraussetzungen für eine wirksame Minderung vor. Mithin ist der Anspruch auf Kaufpreiszahlung zum Teil untergegangen.

III. Der nunmehr verbleibende (Rest-) Anspruch in Höhe von 125 € ist durchsetzbar.

IV. Z hat gegen X einen Anspruch auf Kaufpreiszahlung gemäß § 433 II, jedoch nur in Höhe von 125 €. Also hat Z gegen X keinen Anspruch auf Zahlung des gesamten Kaufpreises.

Fazit

1. Das Leiden hat immer noch kein Ende. Die Minderung ist also auch im ***Zahlungsanspruch nach § 433 II*** zu berücksichtigen.

   Die Einstiegsüberlegung lautet wie folgt: Der Verkäufer hat gegen den Käufer einen ***Anspruch auf Kaufpreiszahlung***, wenn der Anspruch nicht ***durch wirksame Minderung*** des Käufers ***teilweise untergegangen*** ist. Der Käufer hat wirksam gemindert, ***wenn*** ein ***Rücktrittsrecht*** besteht ***und*** er die ***Minderung erklärt*** hat. Dann geht es weiter wie gehabt.

2. Auch in dieser Konstellation könnt ihr auf Altbekanntes zurückgreifen. Fast alle Probleme, die sich bereits gestellt haben, können auch hier auftauchen. Spaßeshalber solltet ihr diesen Fall mit Fall 20 vergleichen.

3. Denkt daran, dass der (Rest-) Anspruch durchsetzbar sein muss.

EXKURS – PRÜFUNGSAUFBAU
eines Schadensersatzanspruchs statt der Leistung

Gleich werdet ihr mit Fällen traktiert werden, in denen es darum geht, zu ergründen, ob eine Person gegen eine andere Person einen Schadensersatzanspruch hat, wenn die Leistung mangelhaft ist. Problematisch erscheint in diesem Bereich der ***Prüfungsaufbau***.

Ein ***Schadensersatzanspruch statt der Leistung*** kann sich im Bereich der Lieferung einer mangelhaften Sache entweder aus ***§§ 437 Nr. 3, 440, 280 I, III, 281 I 1 Alt. 2*** (Schadensersatz bei möglicher Nacherfüllung) oder aus ***§§ 437 Nr. 3, 280 I, III, 283 S. 1*** (Schadensersatz bei nachträglich unmöglicher Nacherfüllung) oder aber aus ***§§ 437 Nr. 3, 311a II 1*** (Schadensersatz bei anfänglich unmöglicher Nacherfüllung) ergeben. Im Folgenden will ich die beiden ersten Ansprüche beleuchten.

Grundsätzlich: Einigkeit besteht insofern, als ***§ 280 I*** die ***zentrale Norm*** des vertraglichen Schadensersatzes sein soll. Und § 280 I 1 fordert unmissverständlich die Verletzung einer Pflicht aus einem Schuldverhältnis. So weit, so gut. Heißt das, dass die Prüfung auch mit § 280 I 1 – also mit der Prüfung, ob eine Pflichtverletzung vorliegt – beginnen muss? Oder nicht? Oder kann man die Voraussetzung der Pflichtverletzung durch eine andere, besondere Voraussetzung ersetzen? Tja, der Fragen gibt es viele. Und sie werden in der Literatur unterschiedlich beantwortet. Daraus ergeben sich denn auch unterschiedliche Aufbaumöglichkeiten.

Einige Aufbauvarianten, die von Vertretern der schreibenden Jurazunft propagiert werden, mag ich kurz darstellen. Aus der Darstellung ergeben sich automatisch die Tücken, die ihr beachten müsst, wenn ihr dieser oder jener Aufbauvariante folgen wollt. Zur Beruhigung: Ganz falsch machen könnt ihr nichts ...

Aufbauvariante 1: Der „angepasste“ Aufbau.

Ausgehend von der Annahme, dass § 280 I die grundsätzliche Anspruchsgrundlage für (nahezu) alle vertraglichen Leistungsstörungen ist, werden auch die Voraussetzungen des ***§ 280 I zuerst*** geprüft. Erforderlich sind – vereinfacht dargestellt – eine ***Pflichtverletzung***, ein ***Vertretenmüssen*** und ein daraus resultierender ***Schaden***. Die Pflichtverletzung wird – richtigerweise – schon dann angenommen, wenn der Schuldner nicht nacherfüllt (nachträgliche Unmöglichkeit der Nacherfüllung) oder nicht mangelfrei leistet (Möglichkeit der Nacherfüllung). Soll heißen: Auf die Frage, ob denn überhaupt eine Unmöglichkeit der Nacherfüllung bzw. ein Mangel der Kaufsache vorliegt, darf an dieser Stelle überhaupt nicht eingegangen werden. Erst nach der Prüfung der Voraussetzungen des § 280 I wendet man sich ***dann*** den „zusätzlichen“ Voraussetzungen der ***§§ 280 III, 281 I 1 Alt. 2*** bzw. der ***§§ 280 III, 283 S. 1*** zu.

Aufbauvariante 2: Der „umgekehrte“ Aufbau.

Zuerst werden die „zusätzlichen“ Voraussetzungen der ***§§ 280 III, 281 I 1 Alt. 2*** bzw. der ***§§ 280 III, 283 S. 1*** geprüft. Im Rahmen dieser Prüfung ist zu fragen, ob ein Mangel vorliegt bzw. der Nacherfüllungsanspruch gegen den Schuldner gemäß § 275 I bis III ausgeschlossen ist, also ob ein Fall der Unmöglichkeit der Nacherfüllung vorliegt. Erst ***dann*** wendet man sich der Frage zu, ob auch die Voraussetzungen des ***§ 280 I*** gegeben sind (Pflichtverletzung = mangelhafte Leistung bzw. Nichtleisten, Vertretenmüssen, Schaden).

Aufbauvariante 3: Die „Mischtechnik“.

Ausgehend von der Wertung des Gesetzgebers, dass § 280 I die zentrale vertragliche Schadensersatznorm darstellt, sind die „spezielleren“ Voraussetzungen etwa des § 281 (bei Nichtleistung trotz Fälligkeit oder bei nicht mangelfreier Leistung), des § 282 (bei Nebenpflichtverletzungen), des § 283 S. 1 (bei nachträglicher Unmöglichkeit der Leistung) und des § 286 (bei Verzögerungsschaden wegen Verzugs) dort ins Spiel zu bringen (in die Prüfung einzubauen), wo es sinnvoll erscheint, die allgemeinen Voraussetzungen des § 280 I durch besondere Voraussetzungen zu ersetzen.

Kritische Gedanken: Welche Variante birgt welche Tücken?

Die ***Aufbauvariante 1*** halte ich grundsätzlich für nicht falsch. Die Variante folgt nämlich der Intention des Gesetzgebers, mit § 280 I eine zentrale vertragliche Schadensersatznorm ins Gesetz einzufügen. Die Aufbauvariante 1 beinhaltet aber auch aufbautechnische Tücken. Allzu oft sind besondere Probleme erst bei der Prüfung der „besonderen Voraussetzungen“ zu prüfen. Und wenn der Anspruchsgegner nun das Leistungshindernis gar nicht zu vertreten hat? Dann ist ziemlich schnell Schluss mit lustig bzw. der Prüfung. Die Verfechter der Variante 1 kommen erst gar nicht bis zur Prüfung der eigentlichen Probleme. Sie bejahen in der Prüfung des § 280 I – die ja ganz am Anfang erfolgt – in kurzen Worten die „Pflichtverletzung“, und müssen gleich anschließend feststellen, dass der Schadensersatzanspruch ausscheidet, weil der Schuldner die Pflichtverletzung nicht zu vertreten hat.

Die ***Aufbauvariante 2*** hat einiges für sich. Dieser Aufbau ist prüfungstechnisch durchaus nachvollziehbar, hat aber einen Haken. Er ignoriert – zumindest vordergründig – die Intention des Gesetzgebers, § 280 I zur zentralen Norm des Leistungsstörungsrechts zu erheben.

Die ***Aufbauvariante 3*** erscheint – oberflächlich betrachtet – sehr logisch. Beim Nichtleisten trotz Fälligkeit (Verzug) kann die in § 280 I 1 geforderte allgemeine Voraussetzung „Pflichtverletzung“ durch die „zusätzliche“ Voraussetzung „Nichtleistung bei Fälligkeit“ (§ 281 I 1) ersetzt werden, um so direkt zu prüfen, ob ein „Verzug“ vorliegt. Im Falle der mangelhaften Leistung kann anstatt der allgemeinen Voraussetzung gleich geprüft werden, ob der Schuldner die fällige Leistung nicht wie geschuldet erbracht hat (§ 281 I 1), also ob die Leistung mangelhaft ist.

Aber: Durch welche „zusätzliche" Voraussetzung des § 283 S. 1 (bei der nachträglichen Unmöglichkeit) soll die innerhalb des § 280 I zu prüfende „Pflichtverletzung" ersetzt werden? Durch das im Schrifttum immer wieder angeführte Nichtleistenmüssen nach § 275 I bis III? Dann wird ja gar nicht deutlich, worin die Pflichtverletzung liegt. Außer ihr verbiegt euch sprachlich bis zur Schmerzgrenze. Da klappt der „Austausch" plötzlich gar nicht mehr.

Abschließende Stellungnahme: Wie baue ich auf?

Für Studenten und alle anderen, die ein Gutachten erstellen müssen, birgt das Schuldrecht (nicht nur) im Bereich einiger Schadensersatzansprüche prüfungstechnische Schwierigkeiten. Das juckt den Praktiker weniger. In einer Urteilsbegründung geht er vom Ergebnis aus und begründet, warum es so und nicht anders ausfallen muss.

Keine aufbautechnischen Probleme ergeben sich, wenn man in der gutachterlichen Prüfung der ***Aufbauvariante 2*** folgt. Die oben aufgeführten Bedenken lassen sich relativieren.

Zum einen halte ich es für durchaus legitim, diese Aufbaumöglichkeit aus dem Wortlaut des § 281 I 1 und des § 283 S. 1 zu folgern. Denn § 283 S. 1 sagt wörtlich: „Braucht der Schuldner nach § 275 I bis III nicht zu leisten, kann der Gläubiger unter den Voraussetzungen des § 280 I Schadensersatz statt der Leistung verlangen." Gerade diese Formulierung lässt es zu, zuerst die mögliche Leistungsbefreiung des Schuldners (etwa: Ist die Leistung unmöglich?) und dann die allgemeinen Voraussetzungen des § 280 I (Pflichtverletzung = reines Nichtleisten, Vertretenmüssen, Schaden) zu prüfen. Im Rahmen der Prüfung eines Schadensersatzanspruchs wegen nicht wie geschuldet erbrachter Leistung (Mangel) gilt dasselbe. § 281 I 1 bestimmt: „Soweit ..., kann der Gläubiger unter den Voraussetzungen des § 280 I Schadensersatz statt der Leistung verlangen. ..."

Zum anderen werte ich die „Umkehrung" der Prüfung deshalb nicht als Systembruch, weil – im Gegensatz zur Aufbauvariante 3 – ganz ausdrücklich und gesondert die Voraussetzungen des § 280 I und damit eben auch die unerlässliche Voraussetzung „Pflichtverletzung" geprüft wird. Diesen Grundsatz verletzt ihr, wenn ihr nach der Aufbauvariante 3 prüft. Wenn ihr die Aufbauvariante 1 bevorzugt, kommt ihr hie und da auch ins Schleudern.

Und nun stelle ich eine Frage in den Raum: Warum sollen die Voraussetzungen des § 280 I – den ich tatsächlich als Anspruchsgrundlage werte – am Anfang geprüft werden und nicht erst nach den Voraussetzungen der §§ 280 III, 281 I 1 Alt. 2 bzw. der §§ 280 III, 283 S. 1? Wer schreibt das vor? Mir fällt da spontan niemand ein.

Schlusstipp:
Führt lustige Diskussionen mit euren Dozenten, wenn sie eine euch nicht genehme Aufbauvariante bevorzugen. Es hilft.

Und jetzt folgen die Fälle ...

Fall 25

Am 14.01. schließt K mit seinem Freund F einen Kaufvertrag bezüglich eines nur einmal existierenden Skateboards. Die Parteien vereinbaren, das Board am 21.01. zu übereignen. Den Kaufpreis in Höhe von 500 € soll K erst einen Monat später zahlen. Bereits am 13.01. ist F mit dem Skateboard fahrlässig in voller Fahrt gegen eine Wand gefahren und hat bemerkt, dass das Brett defekt ist. Am 21.01. wird das Board übereignet. Am 22.01. stellt K den Defekt fest. Der konsultierte Skateboard-Spezialist S diagnostiziert die Möglichkeit einer Reparatur. Am 28.01. wendet sich K an F und verlangt, dass dieser das Board reparieren lässt. F entgegnet, dazu sei er nie und nimmer bereit. Daraufhin fordert K unter Zurverfügungstellung des Skateboards von F 100 €. Er hätte dasselbe in unbeschädigtem Zustand für 600 € weiterveräußern können.

Frage: Hat K gegen F einen Schadensersatzanspruch ?

Lösungsskizze 25

- K gegen F Schadensersatz ?

Vorüberlegung (gehört nicht in die Formulierung)*:*

Gefragt ist nach einem möglichen Schadensersatzanspruch des K gegen F. Einsichtig dürfte sein, dass sich der Fall im Bereich der ***Mängel = Schlechtleistung*** abspielt. Der Anspruchsgegner hat eine Reparatur der Kaufsache verweigert. Der Anspruchsteller verlangt also ***Schadensersatz statt der Leistung***.

In diesem Bereich stehen aber grundsätzlich ***drei Anspruchsgrundlagen*** zur Verfügung. Ein Schadensersatzanspruch kann sich aus

- **§§ 437 Nr. 3, 440, 280 I, III, 281 I 1 Alt. 2** oder aus
- **§§ 437 Nr. 3, 280 I, III, 283 S. 1** oder aus
- **§§ 437 Nr. 3, 311a II 1** ergeben.

Die Frage lautet also immer: Welche Anspruchsgrundlage ist denn nun einschlägig? Die folgende ***Hilfsfrage*** (einprägen!) führt vielleicht schon zur richtigen Anspruchsgrundlage:

Ist die Nacherfüllung (i.S.d. § 275 I bis III) unmöglich ?

wenn ***ja*** → sind ***§§ 437 Nr. 3, 280 I, III, 283 S. 1***
oder §§ 437 Nr. 3, 311a II 1 die Anspruchsgrundlage

wenn ***nein*** → sind ***§§ 437 Nr. 3, 440, 280 I, III, 281 I 1 Alt. 2***
die Anspruchsgrundlage

HIER schuldet F dem K ein ganz bestimmtes Skateboard. Genau dieses Board kann zwar nicht neu und mangelfrei (nach-) geleistet werden, jedoch kann der Defekt durch eine Reparatur behoben werden. Insofern ist die Nacherfüllung möglich.

Ergebnis der Vorüberlegung:
Anspruchsgrundlage sind die ***§§ 437 Nr. 3, 440, 280 I, III, 281 I 1 Alt. 2***

- K gegen F Schadensersatz gemäß §§ 437 Nr. 3, 440, 280 I, III, 281 I 1 Alt. 2 ?

I. Anspruch entstanden ?

1. Wirksamer Kaufvertrag, § 433 ?

HIER (+) → zwischen F und K

2. Voraussetzungen der §§ 280 III, 281 I 1 Alt. 2 ?
= nicht wie geschuldet erbrachte Leistung (= mangelhafte Leistung) und erfolglose Fristbestimmung oder Entbehrlichkeit der Fristsetzung

a. Sachmangel, § 434 ?

aa. Mangel nach § 434 I 1 ?
= Sache weist nicht die vereinbarte Beschaffenheit auf

HIER (–) → keine Vereinbarung

bb. Mangel nach § 434 I 2 Nr. 1 ?
= Sache eignet sich nicht für die nach dem Vertrag vorausgesetzte Verwendung

HIER (–) → eine bestimmte Verwendung wurde im Vertrag nicht vorausgesetzt

cc. Mangel nach § 434 I 2 Nr. 2 ?
= Sache eignet sich nicht für die gewöhnliche Verwendung oder weist nicht die übliche Beschaffenheit auf, die der Käufer erwarten darf

HIER (+) → das Skateboard ist defekt

dd. also: Sachmangel (+)

b. Vorliegen des Mangels bei Gefahrübergang, § 434 ?
= insb. bei Übergabe, § 446 oder bei Übergabe an Transportperson, § 447 (beachte aber seit dem 01.01.2018 beim Verbrauchsgüterkauf § 475 II, davor seit dem 12.06.2014 den gleichlautenden § 474 IV)

HIER (+) → bei Übergabe

c. Kein Ausschluss der Gewährleistung ?

HIER (+) → Ausschluss nicht ersichtlich

d. Angemessene Fristbestimmung und Erfolglosigkeit, § 281 I 1 oder Entbehrlichkeit der Fristsetzung, § 281 II bzw. § 440 ?

aa. Angemessene Fristbestimmung, § 281 I 1 ?

HIER (–) → K hat F zwar aufgefordert, den Mangel zu beseitigen, jedoch keine Frist bestimmt

bb. Entbehrlichkeit der Fristsetzung, § 281 II ?

HIER (+) → § 281 II Alt. 1: F hat erklärt, er sei zur Mangelbeseitigung auf keinen Fall bereit

cc. also: Fristsetzung gemäß § 281 II Alt. 1 entbehrlich

e. also: Voraussetzungen der §§ 280 III, 281 I 1 Alt. 2 (+)

3. Voraussetzungen des § 280 I ?

a. Verletzung einer Pflicht aus einem Schuldverhältnis, § 280 I 1 ?

HIER (+) → Leistung einer nicht mangelfreien Sache (s.o.)

b. Vertretenmüssen des Schuldners, § 280 I 2 ?
= wird angenommen, wenn sich der Schuldner nicht exkulpieren kann

HIER (+) → keine Anhaltspunkte für eine Exkulpation

c. (auf der Pflichtverletzung beruhender) Schaden ?

HIER (+) → entgangener Gewinn (600 € – 500 €) =100 € aufgrund der nicht mangelfreien Leistung

d. also: Voraussetzungen des § 280 I (+)

4. also: Anspruch entstanden (+)

II. Anspruch untergegangen ? (–)

III. Anspruch durchsetzbar ? (+)

IV. Ergebnis:
K gegen F Schadensersatz (100 €)
gemäß §§ 437 Nr. 3, 440, 280 I, III, 281 I 1 Alt. 2 (+)

Formulierungsvorschlag Fall 25

- K gegen F Schadensersatz gemäß §§ 437 Nr. 3, 440, 280 I, III, 281 I 1 Alt. 2

K könnte gegen F einen Anspruch auf Schadensersatz statt der Leistung gemäß §§ 437 Nr. 3, 440, 280 I, III, 281 I 1 Alt. 2 haben.

I. Dann müsste der Anspruch entstanden sein.

1. F und K haben einen Kaufvertrag (§ 433) über ein Skateboard geschlossen.

2. Für einen Anspruch auf Schadensersatz statt der Leistung müssten gemäß § 280 III die Voraussetzungen des § 281 I 1 Alt. 2 vorliegen.

Fraglich ist zunächst, ob der Anspruchsgegner die Leistung nicht wie geschuldet erbracht hat, also ob die Leistung mangelhaft ist.

a. Die Kaufsache könnte einen Sachmangel aufweisen, § 434.

Die Parteien haben keine Vereinbarung bezüglich einer bestimmten Beschaffenheit der Kaufsache getroffen. Insofern scheidet ein Mangel nach § 434 I 1 aus.

Die Parteien haben im Vertrag auch keine bestimmte Verwendung der Kaufsache vorausgesetzt, für die sich die Kaufsache nicht eignet. Ein Mangel gemäß § 434 I 2 Nr. 1 liegt somit ebenfalls nicht vor.

Die Kaufsache könnte jedoch mangelhaft im Sinne des § 434 I 2 Nr. 2 sein. Dann dürfte sich die Sache nicht für die gewöhnliche Verwendung eignen oder nicht die übliche Beschaffenheit aufweisen, die der Käufer erwarten darf. Das Skateboard ist defekt. Demnach weist es zumindest nicht die übliche Beschaffenheit auf, die der Käufer erwarten darf.

Mithin weist die Kaufsache einen Sachmangel auf.

b. Der Mangel der Kaufsache lag bei Gefahrübergang, nämlich bei der Übergabe (§ 446) vor.

c. Ein Ausschluss der Gewährleistung ist nicht ersichtlich.

d. Zusätzlich müsste der Gläubiger dem Schuldner eine angemessene Frist zur Nacherfüllung bestimmt haben und die Frist müsste erfolglos abgelaufen sein, § 281 I 1. K hat F zwar zur Nacherfüllung aufgefordert, jedoch keine Frist bestimmt. Eine Fristsetzung könnte jedoch gemäß § 281 II Nr. 1 entbehrlich sein. Dann müsste der Schuldner die Leistung ernsthaft und endgültig verweigert haben. F hat erklärt, er sei zur Reparatur auf keinen Fall bereit. Insofern war die Fristbestimmung gemäß § 281 II Nr. 1 entbehrlich.

e. Die Voraussetzungen der §§ 280 III, 281 I 1 Alt. 2 liegen mithin vor.

3. Zudem müssten die Voraussetzungen des § 280 I erfüllt sein.

a. Der Anspruchsgegner müsste eine Pflicht aus einem Schuldverhältnis verletzt haben, § 280 I 1. Aus dem Kaufvertrag resultiert die Pflicht des Schuldners F, die Kaufsache mangelfrei zu übereignen. Der Schuldner F hat das Skateboard aber nicht mangelfrei übereignet. Die Pflichtverletzung liegt in der nicht mangelfreien Leistung. Also hat der Schuldner eine Pflicht aus dem Schuldverhältnis verletzt.

b. Ein Vertretenmüssen des Schuldners wird angenommen, wenn er sich nicht exkulpieren kann, § 280 I 2. Es gibt keine Anhaltspunkte für eine Exkulpation. Also hat F die Pflichtverletzung zu vertreten.

c. Der Gläubiger müsste durch die Pflichtverletzung einen Schaden erlitten haben. Bei einer erfolgten Leistung, nämlich der Übereignung einer mangelfreien Sache, hätte K das Skateboard für 600 € weiterveräußern können, aber nur einen Kaufpreis von 500 € gezahlt. Der entgangene Gewinn beträgt (600 € – 500 € =) 100 €. K hat durch die Pflichtverletzung einen Schaden in dieser Höhe erlitten.

d. Somit liegen die Voraussetzungen des § 280 I vor.

4. Also sind alle Voraussetzungen des Schadensersatzanspruchs statt der Leistung erfüllt. Der Anspruch aus §§ 437 Nr. 3, 440, 280 I, III, 281 I 1 Alt. 2 ist folglich entstanden.

II. Der Anspruch ist nicht untergegangen.

III. Er ist auch durchsetzbar.

IV. K hat gegen F einen Anspruch auf Schadensersatz statt der Leistung in Höhe von 100 € gemäß §§ 437 Nr. 3, 440, 280 I, III, 281 I 1 Alt. 2.

Fazit

1. Wenn im Bereich der mangelhaften Kaufsache nach Schadensersatz statt der Leistung gefragt ist, stehen grundsätzlich ***drei Anspruchsgrundlagen*** zur Verfügung, nämlich entweder ***§§ 437 Nr. 3, 440, 280 I, III, 281 I 1 Alt. 2*** oder ***§§ 437 Nr. 3, 280 I, III, 283 S. 1*** oder ***§§ 437 Nr. 3, 311a II 1***.

   Die folgende ***Hilfsfrage*** (einprägen!) führt vielleicht schon zur richtigen Anspruchsgrundlage: ***Ist die Nacherfüllung (i.S.d. § 275 I bis III) unmöglich ?***

   wenn ***ja*** → sind ***§§ 437 Nr. 3, 280 I, III, 283 S. 1***
   <u>oder</u> §§ 437 Nr. 3, 311a II 1 die Anspruchsgrundlage

   wenn ***nein*** → sind ***§§ 437 Nr. 3, 440, 280 I, III, 281 I 1 Alt. 2***
   die Anspruchsgrundlage

   Hier seid ihr schon bei der einzig richtigen Anspruchsgrundlage gelandet, weil die Nacherfüllung möglich – und nicht etwa unmöglich – war. Sie lautet: ***§§ 437 Nr. 3, 440, 280 I, III, 281 I 1 Alt. 2***.

2. Während ihr bei der Prüfung des Nacherfüllungsanspruchs, im Bereich des Rücktritts und im Bereich der Minderung nur unterscheiden musstet, ob eine Nacherfüllung möglich oder unmöglich ist, geht die Differenzierung im Bereich des Schadensersatzanspruchs statt der Leistung ein bisschen weiter. Um die richtige Anspruchsgrundlage zu ermitteln, ist wiederum zu unterscheiden, ob die Nacherfüllung möglich oder unmöglich ist. Wenn die Nacherfüllung unmöglich ist, ist zu hinterfragen, ob sie erst nach Vertragsschluss (= nachträglich) unmöglich geworden ist oder ob die Unmöglichkeit bereits bei Vertragsschluss (= anfänglich) bestand. Aber das werdet ihr in den nächsten Fällen sehen.

3. Lest zu den ***Möglichkeiten des Prüfungsaufbaus*** eines Schadensersatzanspruchs bitte (noch einmal) den diesem Fall vorangestellten EXKURS.

4. Doch nun zurück zum Fall. Ihr habt sicherlich bemerkt, dass ihr auf viele Details zurückgreifen könnt, die ihr euch bereits in den Fällen 1 bis 24 aneignen durftet.

5. Beim Schadensersatzanspruch statt der Leistung sind allerdings ***drei Besonderheiten*** zu beachten.

Die erste Besonderheit: Im Rahmen der Prüfung der Voraussetzungen des § 280 I liegt eine ***Pflichtverletzung*** schon dann vor, wenn der Schuldner nicht mangelfrei leistet. Achtung: Die Beantwortung der Frage, ob eine Pflichtverletzung vorliegt, darf und muss in aller Kürze beantwortet werden! Gänzlich falsch wäre es, wenn ihr an dieser Stelle der Prüfung weit ausholt.

Die zweite Besonderheit: Ein ***Vertretenmüssen*** des Schuldners wird angenommen, wenn er sich nicht exkulpieren kann, § 280 I 2.

Die dritte Besonderheit: Der Gläubiger muss durch die Pflichtverletzung einen ***Schaden*** erlitten haben. Denn es handelt sich ja um einen Schadensersatzanspruch.

6. Und: Wenn ihr einen Schadensersatzanspruch prüft, prüft ihr einen Anspruch. Ihr müsst also nicht wie beim Rücktritt oder bei der Minderung überlegen, ob ihr „nur" ein Rücktrittsrecht bzw. Minderungsrecht prüfen sollt oder ob die konkrete Fallfrage auf einen aus dem Recht erwachsenden Anspruch gerichtet ist (s.o.)

Weil der Schadensersatzanspruch ein Anspruch ist, lohnt es sich durchaus, nach dem bewährten Aufbau „Anspruch entstanden?", „Anspruch (nicht) untergegangen?", „Anspruch durchsetzbar?" zu prüfen.

Fall 26

Am 14.01. schließt K mit seinem Freund F einen Kaufvertrag bezüglich eines nur einmal existierenden Skateboards. Die Parteien vereinbaren, das Board am 21.01. zu übereignen. Den Kaufpreis in Höhe von 500 € soll K erst einen Monat später zahlen. Am 17.01. fährt F mit dem Skateboard fahrlässig in voller Fahrt gegen eine Wand und muss sogleich bemerken, dass das Brett defekt ist. Am 21.01. wird das Board übereignet. Am 22.01. stellt K den Defekt fest. Der konsultierte Skateboard-Spezialist S diagnostiziert ein baldiges Ende des guten Stücks. Der Schaden ist nicht zu beheben. Am 28.01. fordert K von F unter Zurverfügungstellung des Skateboards 100 €. Er hätte das Board in unbeschädigtem Zustand für 600 € weiterveräußern können.

Frage: Hat K gegen F einen Schadensersatzanspruch ?

Lösungsskizze 26

- K gegen F Schadensersatz ?

Vorüberlegung (gehört nicht in die Formulierung)*:*
Gefragt ist nach einem möglichen Schadensersatzanspruch des K gegen F. Einsichtig dürfte sein, dass sich der Fall im Bereich der ***Mängel = Schlechtleistung*** abspielt. Der Schaden am Kaufgegenstand ist nicht zu beheben. Der Anspruchsteller verlangt also ***Schadensersatz <u>statt</u> der Leistung***.

In diesem Bereich stehen aber grundsätzlich ***drei denkbare Anspruchsgrundlagen*** zur Verfügung. Ein Schadensersatzanspruch kann sich aus

- **§§ 437 Nr. 3, 440, 280 I, III, 281 I 1 Alt. 2** oder aus
- **§§ 437 Nr. 3, 280 I, III, 283 S. 1** oder aus
- **§§ 437 Nr. 3, 311a II 1** ergeben.

Die Frage lautet also immer: Welche Anspruchsgrundlage ist denn nun einschlägig? Die folgende ***Hilfsfrage*** (einprägen!) führt vielleicht schon zur richtigen Anspruchsgrundlage:

Ist die Nacherfüllung (i.S.d. § 275 I bis III) unmöglich ?

wenn ***ja*** → sind ***§§ 437 Nr. 3, 280 I, III, 283 S. 1***
<u>oder</u> §§ 437 Nr. 3, 311a II 1 die Anspruchsgrundlage

wenn ***nein*** → sind ***§§ 437 Nr. 3, 440, 280 I, III, 281 I 1 Alt. 2***
die Anspruchsgrundlage

HIER schuldet F dem K ein ganz bestimmtes Skateboard. Genau dieses Board kann aber nicht neu und mangelfrei (nach-) geleistet werden. Insofern ist die Nacherfüllung unmöglich. Eine Mangelbeseitigung scheidet ebenfalls aus. Auch insofern ist die Nacherfüllung unmöglich.

Wegen der Unmöglichkeit der Nacherfüllung bleiben zwei Anspruchsgrundlagen „im Rennen“. Mit der ***nächsten*** ***Hilfsfrage*** kommt ihr zur richtigen Anspruchsgrundlage:

Bestand die Unmöglichkeit schon bei oder erst nach dem Vertragsschluss?

wenn erst ***nach Vertragsschluss*** → ***§§ 437 Nr. 3, 280 I, III, 283 S. 1***
wenn schon ***bei Vertragsschluss*** → ***§§ 437 Nr. 3, 311a II 1***

HIER ist der Defekt des Skateboards erst nach Vertragsschluss eingetreten. Insofern bestand die Unmöglichkeit der Nacherfüllung auch erst nach Vertragsschluss.

Ergebnis der Vorüberlegung:
Anspruchsgrundlage sind die ***§§ 437 Nr. 3, 280 I, III, 283 S. 1***.

- K gegen F Schadensersatz gemäß §§ 437 Nr. 3, 280 I, III, 283 S. 1 ?

I. Anspruch entstanden ?

1. Wirksamer Kaufvertrag, § 433 ?

HIER (+) → zwischen F und K

2. Sachmangel, § 434 ?

a. Mangel nach § 434 I 1 ?
= Sache weist nicht die vereinbarte Beschaffenheit auf

HIER (–) → keine Vereinbarung

b. Mangel nach § 434 I 2 Nr. 1 ?
= Sache eignet sich nicht für die nach dem Vertrag vorausgesetzte Verwendung

HIER (–) → eine bestimmte Verwendung wurde im Vertrag nicht vorausgesetzt

c. Mangel nach § 434 I 2 Nr. 2 ?
= Sache eignet sich nicht für die gewöhnliche Verwendung oder weist nicht die übliche Beschaffenheit auf, die der Käufer erwarten darf

HIER (+) → das Skateboard ist defekt

d. <u>also</u>: Sachmangel **(+)**

3. Vorliegen des Mangels bei Gefahrübergang, § 434 ?
= insb. bei Übergabe, § 446 oder bei Übergabe an Transportperson, § 447 (beachte aber seit dem 01.01.2018 beim Verbrauchsgüterkauf § 475 II, davor seit dem 12.06.2014 den gleichlautenden § 474 IV)

HIER (+) → bei Übergabe

4. Kein Ausschluss der Gewährleistung ?

HIER (+) → Ausschluss nicht ersichtlich

5. Voraussetzungen der §§ 280 III, 283 S. 1 i.V.m. § 275 I bis III ?

- ***Leistungsbefreiung nach § 275 I***
  = der Anspruch auf die Leistung (Nacherfüllung) ist ausgeschlossen, wenn diese unmöglich ist

  a. Unmöglichkeit der Nacherfüllung ?

  HIER (+) → F schuldet K ein ganz bestimmtes Skateboard; niemand kann das ganz bestimmte Board mangelfrei leisten; insofern ist eine Ersatzlieferung nicht möglich; der Defekt kann nicht behoben werden; insofern ist auch eine Mangelbeseitigung nicht möglich; es handelt sich mithin um eine objektive Unmöglichkeit

  b. Nachträgliche Unmöglichkeit ?

  HIER (+) → die Unmöglichkeit ist nach Vertragsschluss eingetreten

  c. <u>also</u>: Leistungsbefreiung nach § 275 I (+)
  → Voraussetzungen der §§ 280 III, 283 S. 1 (+)

6. Voraussetzungen des § 280 I ?

a. Verletzung einer Pflicht aus einem Schuldverhältnis, § 280 I 1 ?

HIER (+) → Leistung einer nicht mangelfreien Sache (s.o.)

b. Vertretenmüssen des Schuldners, § 280 I 2 ?
= wird angenommen, wenn sich der Schuldner nicht exkulpieren kann

HIER (+) → keine Anhaltspunkte für eine Exkulpation

c. (auf der Pflichtverletzung beruhender) Schaden ?

HIER (+) → entgangener Gewinn (600 € – 500 €) = 100 € aufgrund der nicht mangelfreien Leistung

d. <u>also</u>: Voraussetzungen des § 280 I (+)

7. <u>also</u>: Anspruch entstanden (+)

II. Anspruch untergegangen ? (–)

III. Anspruch durchsetzbar ? (+)

IV. Ergebnis:

K gegen F Schadensersatz (100 €)
gemäß §§ 437 Nr. 3, 280 I, III, 283 S. 1 (+)

Formulierungsvorschlag Fall 26

- K gegen F Schadensersatz gemäß §§ 437 Nr. 3, 280 I, III, 283 S. 1

K könnte gegen F einen Anspruch auf Schadensersatz statt der Leistung gemäß §§ 437 Nr. 3, 280 I, III, 283 S. 1 haben.

I. Dann müsste der Anspruch entstanden sein.

1. F und K haben einen Kaufvertrag (§ 433) über ein Skateboard geschlossen.

2. Die Kaufsache könnte einen Sachmangel aufweisen, § 434.

a. Die Parteien haben keine Vereinbarung bezüglich einer bestimmten Beschaffenheit der Kaufsache getroffen. Insofern scheidet ein Mangel nach § 434 I 1 aus.

b. Die Parteien haben im Vertrag auch keine bestimmte Verwendung der Kaufsache vorausgesetzt, für die sich die Kaufsache nicht eignet. Ein Mangel gemäß § 434 I 2 Nr. 1 liegt somit ebenfalls nicht vor.

c. Die Kaufsache könnte jedoch mangelhaft im Sinne des § 434 I 2 Nr. 2 sein. Dann dürfte sich die Sache nicht für die gewöhnliche Verwendung eignen oder nicht die übliche Beschaffenheit aufweisen, die der Käufer erwarten darf. Das Skateboard ist defekt. Demnach weist es zumindest nicht die übliche Beschaffenheit auf, die der Käufer erwarten darf.

d. Mithin weist die Kaufsache einen Sachmangel auf.

3. Der Mangel der Kaufsache lag bei Gefahrübergang, nämlich bei der Übergabe (§ 446) vor.

4. Ein Ausschluss der Gewährleistung ist nicht ersichtlich.

5. Für einen Anspruch auf Schadensersatz statt der Leistung müssten gemäß § 280 III die Voraussetzungen des § 283 S. 1 vorliegen. Fraglich ist, ob der Schuldner nach § 275 I bis III nicht zu leisten braucht, d.h. die Nacherfüllung nicht erbringen muss.

In Betracht kommt eine Befreiung von der Nacherfüllung gemäß § 275 I.

a. Die Nacherfüllung müsste objektiv oder subjektiv unmöglich sein. F schuldet dem K ein ganz bestimmtes Skateboard (Stückschuld). Genau dieser Board kann nicht neu und mangelfrei (nach-) geliefert werden. Eine Mangelbeseitigung ist auch nicht möglich, weil der Defekt nicht behoben werden kann. Also ist die Nacherfüllung objektiv unmöglich.

b. Außerdem müsste die Unmöglichkeit nachträglich sein. Diese Voraussetzung ergibt sich aus einem Rückschluss aus § 311a II i.V.m. I. Die Unmöglichkeit ist nachträglich, wenn sie erst nach Vertragsschluss entsteht. Das Skateboard hat erst nach Vertragsschluss einen unbehebbaren Defekt erlitten. Damit ist die Nacherfüllung nachträglich unmöglich geworden.

c. Also ist die Nacherfüllung nach § 275 I wegen Unmöglichkeit ausgeschlossen. F braucht nicht zu leisten. Die Voraussetzungen der §§ 280 III, 283 S. 1 liegen mithin vor.

6. Zudem müssten die Voraussetzungen des § 280 I erfüllt sein.

a. Der Anspruchsgegner müsste eine Pflicht aus einem Schuldverhältnis verletzt haben, § 280 I 1. Aus dem Kaufvertrag resultiert die Pflicht des Schuldners F, die Kaufsache mangelfrei zu übereignen. Der Schuldner F hat das Skateboard aber nicht mangelfrei übereignet. Die Pflichtverletzung liegt in der nicht mangelfreien Leistung. Also hat der Schuldner eine Pflicht aus dem Schuldverhältnis verletzt.

b. Ein Vertretenmüssen des Schuldners wird angenommen, wenn er sich nicht exkulpieren kann, § 280 I 2. Es gibt keine Anhaltspunkte für eine Exkulpation. Also hat F die Pflichtverletzung zu vertreten.

c. Der Gläubiger müsste durch die Pflichtverletzung einen Schaden erlitten haben. Bei einer erfolgten Leistung, nämlich der Übereignung einer mangelfreien Sache, hätte K das Skateboard für 600 € weiterveräußern können, aber nur einen Kaufpreis von 500 € gezahlt. Der entgangene Gewinn beträgt (600 € – 500 € =) 100 €. K hat durch die Pflichtverletzung einen Schaden in dieser Höhe erlitten.

d. Somit liegen die Voraussetzungen des § 280 I vor.

7. Also sind alle Voraussetzungen des Schadensersatzanspruchs statt der Leistung erfüllt. Der Anspruch aus §§ 437 Nr. 3, 280 I, III, 283 S. 1 ist folglich entstanden.

II. Der Anspruch ist nicht untergegangen.

III. Er ist auch durchsetzbar.

IV. K hat gegen F einen Anspruch auf Schadensersatz statt der Leistung in Höhe von 100 € gemäß §§ 437 Nr. 3, 280 I, III, 283 S. 1.

Fazit

1. Die ***Vorüberlegung*** im Bereich des Schadensersatzanspruchs statt der Leistung geht ein bisschen weiter. Um zur richtigen Anspruchsgrundlage zu kommen, ist zunächst zu unterscheiden, ob die Nacherfüllung möglich oder unmöglich ist. Wenn die Nacherfüllung unmöglich ist, ist zu hinterfragen, ob sie erst nach Vertragsschluss (= nachträglich) unmöglich geworden ist oder ob die Unmöglichkeit bereits bei Vertragsschluss (= anfänglich) bestand. Über die mittlerweile hoffentlich verinnerlichten Hilfsfragen erreicht ihr sicheres Fahrwasser.

2. Hier war die ***Nacherfüllung unmöglich***, aber erst ***nach Vertragsschluss***. Bei der nachträglichen Unmöglichkeit der Nacherfüllung ergibt sich ein Schadensersatzanspruch statt der Leistung aus ***§§ 437 Nr. 3, 280 I, III, 283 S. 1***.

3. Mit üblen Problempunkten innerhalb der Lösung seid ihr nicht konfrontiert worden. Lediglich der Aufbau eines solchen Anspruchs erscheint interessant. Natürlich werdet ihr in der Praxis vor allem mit Fällen traktiert werden, die nicht so einfach sind. Aber was soll's: Ihr könnt euch im großen „Baukasten“ bedienen und auf das zurückgreifen, was ihr schon kennengelernt habt.

Fall 27

Am 14.01. schließt K mit seinem Freund F einen Kaufvertrag bezüglich eines nur einmal existierenden Skateboards. Die Parteien vereinbaren, das Board am 21.01. zu übereignen. Den Kaufpreis in Höhe von 500 € soll K erst einen Monat später zahlen. Bereits am 13.01. ist F mit dem Skateboard fahrlässig in voller Fahrt gegen eine Wand gefahren und hat bemerkt, dass das Brett defekt ist. Am 21.01. wird das Board übereignet. Am 22.01. stellt K den Defekt fest. Der konsultierte Skateboard-Spezialist S diagnostiziert ein baldiges Ende des guten Stücks. Der Schaden ist nicht zu beheben. Am 28.01. fordert K von F unter Zurverfügungstellung des Skateboards 100 €. Er hätte das Board in unbeschädigtem Zustand für 600 € weiterveräußern können.

Frage: Hat K gegen F einen Schadensersatzanspruch ?

Lösungsskizze 27

- K gegen F Schadensersatz ?

Vorüberlegung (gehört nicht in die Formulierung)*:*
Gefragt ist nach einem möglichen Schadensersatzanspruch des K gegen F. Der Fall spielt sich im Bereich der ***Mängel = Schlechtleistung*** ab. Der Schaden am Kaufgegenstand ist nicht zu beheben. Der Anspruchsteller verlangt also ***Schadensersatz statt der Leistung***.

In diesem Bereich stehen aber grundsätzlich ***drei denkbare Anspruchsgrundlagen*** zur Verfügung. Ein Schadensersatzanspruch kann sich aus

- **§§ 437 Nr. 3, 440, 280 I, III, 281 I 1 Alt. 2** oder aus
- **§§ 437 Nr. 3, 280 I, III, 283 S. 1** oder aus
- **§§ 437 Nr. 3, 311a II 1** ergeben.

Die Frage lautet also immer: Welche Anspruchsgrundlage ist denn nun einschlägig? Die folgende ***Hilfsfrage*** (einprägen!) führt vielleicht schon zur richtigen Anspruchsgrundlage:

Ist die Nacherfüllung (i.S.d. § 275 I bis III) unmöglich ?

wenn ***ja*** → sind ***§§ 437 Nr. 3, 280 I, III, 283 S. 1***
oder §§ 437 Nr. 3, 311a II 1 die Anspruchsgrundlage

wenn ***nein*** → sind ***§§ 437 Nr. 3, 440, 280 I, III, 281 I 1 Alt. 2***
die Anspruchsgrundlage

HIER schuldet F dem K ein ganz bestimmtes Skateboard. Genau dieses Board kann aber nicht neu und mangelfrei (nach-) geleistet werden. Insofern ist die Nacherfüllung unmöglich. Eine Mangelbeseitigung scheidet ebenfalls aus. Auch insofern ist die Nacherfüllung unmöglich.

Wegen der Unmöglichkeit der Nacherfüllung bleiben zwei Anspruchsgrundlagen „im Rennen". Mit der ***nächste***n ***Hilfsfrage*** kommt ihr zur richtigen Anspruchsgrundlage:

Bestand die Unmöglichkeit schon bei oder erst nach dem Vertragsschluss?

wenn erst ***nach Vertragsschluss*** → ***§§ 437 Nr. 3, 280 I, III, 283 S. 1***
wenn schon ***bei Vertragsschluss*** → ***§§ 437 Nr. 3, 311a II 1***

HIER ist der Defekt des Skateboards schon vor Vertragsschluss eingetreten. Insofern bestand die Unmöglichkeit der Nacherfüllung bei Vertragsschluss.

Ergebnis der Vorüberlegung:
Anspruchsgrundlage sind die ***§§ 437 Nr. 3, 311a II 1***.

- K gegen F Schadensersatz gemäß §§ 437 Nr. 3, 311a II 1 ?

I. Anspruch entstanden ?

1. Wirksamer Kaufvertrag, § 433 ?

HIER (+) → § 433 zwischen F und G; ein etwaiges Leistungshindernis, das schon bei Vertragsschluss vorgelegen hat, steht gemäß § 311a I der Wirksamkeit des Vertrags nicht entgegen

2. Sachmangel, § 434 ?

a. Mangel nach § 434 I 1 ?
= Sache weist nicht die vereinbarte Beschaffenheit auf

HIER (–) → keine Vereinbarung

b. Mangel nach § 434 I 2 Nr. 1 ?
= Sache eignet sich nicht für die nach dem Vertrag vorausgesetzte Verwendung

HIER (–) → eine bestimmte Verwendung wurde im Vertrag nicht vorausgesetzt

c. Mangel nach § 434 I 2 Nr. 2 ?
= Sache eignet sich nicht für die gewöhnliche Verwendung oder weist nicht die übliche Beschaffenheit auf, die der Käufer erwarten darf

HIER (+) → das Skateboard ist defekt

d. <u>also</u>: Sachmangel (+)

3. Vorliegen des Mangels bei Gefahrübergang, § 434 ?
= insb. bei Übergabe, § 446 oder bei Übergabe an Transportperson, § 447 (beachte aber seit dem 01.01.2018 beim Verbrauchsgüterkauf § 475 II, davor seit dem 12.06.2014 den gleichlautenden § 474 IV)

HIER (+) → bei Übergabe

4. Kein Ausschluss der Gewährleistung ?

HIER (+) → Ausschluss nicht ersichtlich

5. Leistungsbefreiung des Schuldners, § 311a I i.V.m. § 275 I bis III ?

- ***Leistungsbefreiung nach § 275 I***
  = der Anspruch auf die Leistung (Nacherfüllung) ist ausgeschlossen, wenn diese unmöglich ist

  a. Unmöglichkeit der Nacherfüllung ?

  HIER (+) → F schuldet K ein ganz bestimmtes Skateboard; niemand kann das ganz bestimmte Board mangelfrei leisten; insofern ist eine Ersatzlieferung nicht möglich; der Defekt kann nicht behoben werden; insofern ist auch eine Mangelbeseitigung nicht möglich; es handelt sich mithin um eine objektive Unmöglichkeit

  b. Anfängliche Unmöglichkeit, § 311a I ?

  HIER (+) → die Unmöglichkeit ist schon vor Vertragsschluss eingetreten

  c. also: Leistungsbefreiung nach § 275 I (+)

6. Kenntnis des Leistungshindernisses bei Vertragsschluss oder Vertretenmüssen der Unkenntnis, § 311a II 2 ?
= wird angenommen, wenn sich der Schuldner nicht exkulpieren kann

HIER (+) → keine Anhaltspunkte für eine Exkulpation

7. Schaden ?

HIER (+) → entgangener Gewinn (600 € – 500 €) = 100 € aufgrund der nicht mangelfreien Leistung

8. also: Anspruch entstanden (+)

II. Anspruch untergegangen ? (–)

III. Anspruch durchsetzbar ? (+)

IV. Ergebnis:
K gegen F Schadensersatz (100 €) gemäß §§ 437 Nr. 3, 311a II 1 (+)

Formulierungsvorschlag Fall 27

- K gegen F Schadensersatz gemäß §§ 437 Nr. 3, 311a II 1

K könnte gegen F einen Anspruch auf Schadensersatz statt der Leistung gemäß §§ 437 Nr. 3, 311a II 1 haben.

I. Dann müsste der Anspruch zunächst entstanden sein.

1. F und K haben einen Kaufvertrag (§ 433) über ein Skateboard geschlossen. Ein etwaiges Leistungshindernis, das bereits bei Vertragsschluss vorgelegen hat, steht gemäß § 311a I der Wirksamkeit des Vertrags nicht entgegen.

2. Die Kaufsache könnte einen Sachmangel aufweisen, § 434.

a. Die Parteien haben keine Vereinbarung bezüglich einer bestimmten Beschaffenheit der Kaufsache getroffen. Insofern scheidet ein Mangel nach § 434 I 1 aus.

b. Die Parteien haben im Vertrag auch keine bestimmte Verwendung der Kaufsache vorausgesetzt, für die sich die Kaufsache nicht eignet. Ein Mangel gemäß § 434 I 2 Nr. 1 liegt somit ebenfalls nicht vor.

c. Die Kaufsache könnte jedoch mangelhaft im Sinne des § 434 I 2 Nr. 2 sein. Dann dürfte sich die Sache nicht für die gewöhnliche Verwendung eignen oder nicht die übliche Beschaffenheit aufweisen, die der Käufer erwarten darf. Das Skateboard ist defekt. Demnach weist es zumindest nicht die übliche Beschaffenheit auf, die der Käufer erwarten darf.

d. Mithin weist die Kaufsache einen Sachmangel auf.

3. Der Mangel der Kaufsache lag bei Gefahrübergang, nämlich bei der Übergabe (§ 446) vor.

4. Ein Ausschluss der Gewährleistung ist nicht ersichtlich.

5. Für einen Anspruch auf Schadensersatz statt der Leistung (§ 311a II 1) müssten die Voraussetzungen des § 311a I vorliegen. Fraglich ist, ob der Schuldner nach § 275 I bis III nicht zu leisten braucht, d.h. die Nacherfüllung nicht erbringen muss.

In Betracht kommt eine Befreiung von der Nacherfüllung gemäß § 275 I.

a. Die Nacherfüllung müsste objektiv oder subjektiv unmöglich sein. F schuldet dem K ein ganz bestimmtes Skateboard (Stückschuld). Genau dieser Board kann nicht neu und mangelfrei (nach-) geliefert werden. Eine Mangelbeseitigung ist auch nicht möglich, weil der Defekt nicht behoben werden kann. Also ist die Nacherfüllung objektiv unmöglich.

b. Außerdem müsste die Unmöglichkeit anfänglich sein, § 311a I. Die Unmöglichkeit ist anfänglich, wenn sie bereits bei Vertragsschluss vorgelegen hat. Das Skateboard ist bereits vor Vertragsschluss beschädigt worden. Damit ist die Leistung anfänglich unmöglich.

c. Somit braucht der Schuldner gemäß § 311a I i.V.m. § 275 I nicht nachzuerfüllen.

6. Eine Kenntnis des Schuldners hinsichtlich des Leistungshindernisses bei Vertragsschluss bzw. ein Vertretenmüssen des Schuldners hinsichtlich seiner Unkenntnis wird angenommen, wenn er sich nicht exkulpieren kann, § 311a II 2. Es gibt keine Anhaltspunkte für eine Exkulpation. Also ist von der Kenntnis bzw. dem Vertretenmüssen der Unkenntnis seitens F auszugehen.

7. Fraglich ist, ob K einen Schaden erlitten hat. Bei einer erfolgten Leistung, nämlich der Übereignung einer mangelfreien Sache, hätte K das Skateboard für 600 € weiterveräußern können, aber nur einen Kaufpreis von 500 € gezahlt. Der entgangene Gewinn beträgt (600 € – 500 € =) 100 €. K hat einen Schaden in dieser Höhe erlitten.

8. Also sind alle Voraussetzungen des Schadensersatzanspruchs statt der Leistung erfüllt. Der Anspruch aus §§ 437 Nr. 3, 311a II ist folglich entstanden.

II. Der Anspruch ist nicht untergegangen.

III. Er ist auch durchsetzbar.

IV. K hat gegen F einen Anspruch auf Schadensersatz in Höhe von 100 € gemäß §§ 437 Nr. 3, 311a II.

Fazit

1. Konsequenterweise musste an dieser Stelle ein „Grund-“ Fall zum Schadensersatz statt der Leistung im Bereich der ***anfänglichen*** **Unmöglichkeit der Nacherfüllung** folgen. Auch hier ging es nicht um die Lösung besonders böser Probleme, sondern um den Aufbau eines solchen Anspruchs.

2. ***Zum Mitdenken:*** Der Schuldner schuldet dem Gläubiger gemäß § 433 I 2 eine mangelfreie Sache. Der Nacherfüllungsanspruch ist eine zwingende Variante des eigentlichen Erfüllungsanspruchs, wenn der Schuldner zwar geleistet hat, aber eben nicht mangelfrei, sondern mangelhaft. Wenn sich dann aber herausstellt, dass die Nacherfüllung und damit natürlich auch die eigentliche Erfüllung schon anfänglich (= bei Vertragsschluss) unmöglich war, fängt der Spaß erst richtig an. Findige Grübler könnten auf den – berechtigten – Gedanken kommen, dass die vertragliche Vereinbarung von Anfang an auf eine unmögliche Leistung gerichtet war. Hat das vielleicht schon Auswirkungen auf die Wirksamkeit des Vertrags? Ist der Vertrag im schlimmsten Fall nichtig? So war das jedenfalls vor der Reform des Schuldrechts bei der anfänglichen objektiven Unmöglichkeit (vgl. § 306 alter Fassung; bis Ende 2001). Der Gesetzgeber stellt in § 311a I klar, dass die Wirksamkeit des Vertrags in solchen Konstellationen nicht berührt ist.

3. ***Aber:*** Zwar gibt § 311a II in solchen Fällen einen Anspruch auf Schadensersatz statt der Leistung, verweist jedoch nicht auf § 280 I. Das ist ganz wichtig. § 311a II präsentiert sich also als ein Schadensersatzanspruch, der außerhalb der zentralen Schadensersatznorm des § 280 I steht. ***§ 311a II ist etwas Besonderes***. Wie ein Anspruch aus § 311a II zu prüfen ist, habt ihr gesehen.

   Beachtet, dass die in § 280 I vorzunehmende Unterteilung in „Pflichtverletzung“, „Vertretenmüssen“ und „Schaden“ entfällt. Im Rahmen der Prüfung des § 311a II geht es „nur“ um ***„Kenntnis oder Vertretenmüssen der Unkenntnis des Leistungshindernisses“*** und um das Vorliegen eines ***„Schadens“***. Vergleicht bitte diesen Fall mit dem vorigen Fall 26. Dann dürfte vieles klarer sein.

Fall 28

Am 14.02. kauft K für 500 € vom Hundezüchter V einen bestimmten Hund, der auf den Namen „Zonzo“ hört. Die Parteien vereinbaren, den Hund am 21.02. zu übereignen. Am 17.02. dringt der allseits bekannte Hundehasser H in den Zwinger des V ein, den dieser unachtsam nicht abgeschlossen hat, und schlägt „Zonzo“ kräftig auf den Kopf. V hat den Vorfall wahrgenommen und bemerkt, dass der Hund öfters orientierungslos ist. Am 21.02. wird der Vertrag zwischen V und K tatsächlich abgewickelt. Am 22.02. stellt K fest, dass „Zonzo“ beim Spazierengehen immer gegen Mauern und Laternenpfähle rennt. Der konsultierte Tierarzt diagnostiziert eine extrem starke Fehlsichtigkeit, die auf die Attacke des H zurückzuführen ist, aber durch eine Operation behoben werden kann. Am 28.02. wendet sich K an V und verlangt, dass dieser „Zonzo“ operieren lässt. V entgegnet, dazu sei er nie und nimmer bereit. Daraufhin fordert K unter Zurverfügungstellung von „Zonzo“ von V 100 €. Er hätte das Tier ohne Fehlsichtigkeit für 600 € weiterveräußern können. Natürlich möchte er auch den Kaufpreis zurückerhalten.

Frage: Hat K gegen V einen Anspruch auf Rückzahlung des Kaufpreises und Schadensersatz ?

Anmerkung: Der Verkäufer ist kein Unternehmer i.S.d. § 14

Lösungsskizze 28

- K gegen V Kaufpreisrückzahlung <u>und</u> Schadensersatz ?

Vorüberlegung (gehört nicht in die Formulierung):
Der Fall spielt sich im Bereich der ***Mängel = Schlechtleistung*** ab. Der Anspruchsteller K verlangt ***Rückzahlung des Kaufpreises <u>und</u> Schadensersatz***, also ***Schadensersatz <u>statt der ganzen</u> Leistung*** (sog. großer Schadensersatzanspruch).

In diesem Bereich stehen aber grundsätzlich ***drei denkbare Anspruchsgrundlagen*** zur Verfügung. Ein Schadensersatzanspruch kann sich aus

- **§§ 437 Nr. 3, 440, 280 I, III, 281 I 1 Alt. 2, <u>3</u>** oder aus
- **§§ 437 Nr. 3, 280 I, III, 283 S. 1, 2, 281 I <u>3</u>** oder aus
- **§§ 437 Nr. 3, 311a II 1, 3, 281 I <u>3</u>** ergeben.

Die Frage lautet also immer: Welche Anspruchsgrundlage ist denn nun einschlägig? Die folgende ***Hilfsfrage*** (einprägen!) führt vielleicht schon zur richtigen Anspruchsgrundlage:

Ist die Nacherfüllung (i.S.d. § 275 I bis III) unmöglich ?

wenn ***ja*** → sind ***§§ 437 Nr. 3, 280 I, III, 283 S. 1, 2, 281 I <u>3</u>***
<u>oder</u> §§ 437 Nr. 3, 311a II 1, 3, 281 I <u>3</u>
die Anspruchsgrundlage

wenn ***nein*** → sind ***§§ 437 Nr. 3, 440, 280 I, III, 281 I 1 Alt. 2, 3*** die Anspruchsgrundlage

HIER schuldet V dem K ein ganz bestimmtes Tier. Genau dieses Tier kann zwar nicht neu und mangelfrei (nach-) geleistet werden, jedoch kann die Fehlsichtigkeit durch eine Operation behoben werden. Insofern ist die Nacherfüllung möglich.

Ergebnis der Vorüberlegung:
Anspruchsgrundlage sind die ***§§ 437 Nr. 3, 440, 280 I, III, 281 I 1 Alt. 2, 3***.

- K gegen V Schadensersatz *(Rückzahlung / entgangener Gewinn)* gemäß §§ 437 Nr. 3, 440, 280 I, III, 281 I 1 Alt. 2, 3 ?

I. Anspruch entstanden ?

1. Wirksamer Kaufvertrag, § 433 ?

HIER (+) → zwischen V und K

2. Voraussetzungen der §§ 280 III, 281 I 1 Alt. 2 ?
= nicht wie geschuldet erbrachte Leistung (= mangelhafte Leistung) und erfolglose Fristbestimmung oder Entbehrlichkeit der Fristsetzung

a. Sachmangel, § 434 ?
→ Tiere sind zwar keine Sachen, auf sie sind jedoch die für Sachen geltenden Vorschriften entsprechend anzuwenden, § 90a

aa. Mangel nach § 434 I 1 ?
= Sache weist nicht die vereinbarte Beschaffenheit auf

HIER (–) → keine Vereinbarung

bb. Mangel nach § 434 I 2 Nr. 1 ?
= Sache eignet sich nicht für die nach dem Vertrag vorausgesetzte Verwendung

HIER (–) → eine bestimmte Verwendung wurde im Vertrag nicht vorausgesetzt

cc. Mangel nach § 434 I 2 Nr. 2 ?
= Sache eignet sich nicht für die gewöhnliche Verwendung oder weist nicht die übliche Beschaffenheit auf, die der Käufer erwarten darf

HIER (+) → der Hund leidet an einer extremen Sehschwäche

dd. also: Sachmangel (+)

b. Vorliegen des Mangels bei Gefahrübergang, § 434 ?
= insb. bei Übergabe, § 446 oder bei Übergabe an Transportperson, § 447 (beachte aber seit dem 01.01.2018 beim Verbrauchsgüterkauf § 475 II, davor seit dem 12.06.2014 den gleichlautenden § 474 IV)

HIER (+) → bei Übergabe

c. Kein Ausschluss der Gewährleistung ?

HIER (+) → Ausschluss nicht ersichtlich

d. Angemessene Fristbestimmung und Erfolglosigkeit, § 281 I 1 oder Entbehrlichkeit der Fristsetzung, § 281 II bzw. § 440 ?

aa. Angemessene Fristbestimmung, § 281 I 1 ?

HIER (–) → K hat V zwar aufgefordert, den Mangel zu beseitigen, jedoch keine Frist bestimmt

bb. Entbehrlichkeit der Fristsetzung, § 281 II ?

HIER (+) → § 281 II Alt. 1: V hat erklärt, er sei zur Mangelbeseitigung auf keinen Fall bereit

cc. also: Fristsetzung gemäß § 281 II Alt. 1 entbehrlich

e. also: Voraussetzungen der §§ 280 III, 281 I 1 Alt. 2 (+)

3. Voraussetzungen des § 280 I ?

a. Verletzung einer Pflicht aus einem Schuldverhältnis, § 280 I 1 ?

HIER (+) → Leistung einer nicht mangelfreien Sache (s.o.)

b. Vertretenmüssen des Schuldners, § 280 I 2 ?
= wird angenommen, wenn sich der Schuldner nicht exkulpieren kann

HIER (+) → keine Anhaltspunkte für eine Exkulpation

c. (auf der Pflichtverletzung beruhender) Schaden ?

HIER (+) → entgangener Gewinn (600 € – 500 €) = 100 € aufgrund der nicht mangelfreien Leistung

d. also: Voraussetzungen des § 280 I (+)

4. Erheblichkeit der Pflichtverletzung, § 281 I 3 ?
= zusätzliche Voraussetzung, wenn auch Rückzahlung des Kaufpreises (großer Schadensersatzanspruch) verlangt wird

HIER (+) → nicht unerheblich

5. also: Anspruch entstanden (+)

II. Anspruch untergegangen ? (–)

III. Anspruch durchsetzbar ? (+)

IV. Ergebnis:

K gegen V Schadensersatz (Rückzahlung des Kaufpreises 500 € und entgangener Gewinn 100 € gemäß §§ 437 Nr. 3, 440, 280 I, III, 281 I 1 Alt. 2, 3 (+)

Formulierungsvorschlag Fall 28

- K gegen V Schadensersatz gemäß §§ 437 Nr. 3, 440, 280 I, III, 281 I 1 Alt. 2, 3

K könnte gegen V einen Anspruch auf Schadensersatz statt der ganzen Leistung (Rückzahlung des Kaupreises und entgangener Gewinn) gemäß §§ 437 Nr. 3, 440, 280 I, III, 281 I 1 Alt. 2, 3 haben.

I. Dann müsste der Anspruch entstanden sein.

1. V und K haben einen Kaufvertrag (§ 433) über einen Hund geschlossen.

2. Für einen Anspruch auf Schadensersatz statt der Leistung müssten gemäß § 280 III die Voraussetzungen des § 281 I 1 Alt. 2 vorliegen.

Fraglich ist zunächst, ob der Anspruchsgegner die Leistung nicht wie geschuldet erbracht hat, also ob die Leistung mangelhaft ist.

a. Die Kaufsache könnte einen Sachmangel aufweisen, § 434. Tiere sind zwar keine Sachen, auf sie sind jedoch die für Sachen geltenden Vorschriften entsprechend anzuwenden, § 90a.

Die Parteien haben keine Vereinbarung bezüglich einer bestimmten Beschaffenheit der Kaufsache getroffen. Insofern scheidet ein Mangel nach § 434 I 1 aus.

Die Parteien haben im Vertrag auch keine bestimmte Verwendung der Kaufsache vorausgesetzt, für die sich die Kaufsache nicht eignet. Ein Mangel gemäß § 434 I 2 Nr. 1 liegt somit ebenfalls nicht vor.

Die Kaufsache könnte jedoch mangelhaft im Sinne des § 434 I 2 Nr. 2 sein. Dann dürfte sich die Sache nicht für die gewöhnliche Verwendung eignen oder nicht die übliche Beschaffenheit aufweisen, die der Käufer erwarten darf. Der Hund leidet an einer extremen Sehschwäche. Demnach weist er zumindest nicht die übliche Beschaffenheit auf, die der Käufer erwarten darf.

Mithin weist die Kaufsache einen Sachmangel auf.

b. Der Mangel der Kaufsache lag bei Gefahrübergang, nämlich bei der Übergabe (§ 446) vor.

c. Ein Ausschluss der Gewährleistung ist nicht ersichtlich.

d. Zusätzlich müsste der Gläubiger dem Schuldner eine angemessene Frist zur Nacherfüllung bestimmt haben und die Frist müsste erfolglos abgelaufen sein, § 281 I 1. K hat V zwar zur Nacherfüllung aufgefordert, jedoch keine Frist bestimmt. Eine Fristsetzung könnte jedoch gemäß § 281 II Nr. 1 entbehrlich sein. Dann müsste der Schuldner die Leistung ernsthaft und endgültig verweigert haben. V hat erklärt, er sei auf keinen Fall bereit, „Zonzo" operieren zu lassen. Insofern war die Fristbestimmung gemäß § 281 II Nr. 1 entbehrlich.

e. Die Voraussetzungen der §§ 280 III, 281 I 1 Alt. 2 liegen mithin vor.

3. Zudem müssten die Voraussetzungen des § 280 I erfüllt sein.

a. Der Anspruchsgegner müsste eine Pflicht aus einem Schuldverhältnis verletzt haben, § 280 I 1. Aus dem Kaufvertrag resultiert die Pflicht des Schuldners V, die Kaufsache mangelfrei zu übereignen. Der Schuldner V hat den Hund aber nicht mangelfrei übereignet. Die Pflichtverletzung liegt in der nicht mangelfreien Leistung. Also hat der Schuldner eine Pflicht aus dem Schuldverhältnis verletzt.

b. Ein Vertretenmüssen des Schuldners wird angenommen, wenn er sich nicht exkulpieren kann, § 280 I 2. Es gibt keine Anhaltspunkte für eine Exkulpation. Also hat V die Pflichtverletzung zu vertreten.

c. Der Gläubiger müsste durch die Pflichtverletzung einen Schaden erlitten haben. Bei einer erfolgten Leistung, also der Übereignung eines mangelfreien Tiers, hätte K den Hund für 600 € weiterveräußern können, aber nur einen Kaufpreis von 500 € gezahlt. Der entgangene Gewinn beträgt also (600 € – 500 € =) 100 €. K hat durch die Pflichtverletzung einen Schaden in dieser Höhe erlitten.

d. Somit liegen die Voraussetzungen des § 280 I vor.

4. Da K Schadensersatz statt der ganzen Leistung, also den sogenannten „großen Schadensersatz" verlangt (entgangenen Gewinn und Rückzahlung des Kaufpreises), muss die Pflichtverletzung erheblich sein, § 281 I 3. Sie ist nicht nur unerheblich. Somit ist auch § 281 I 3 erfüllt.

5. Also sind alle Voraussetzungen des Schadensersatzanspruchs statt der Leistung erfüllt. Der Anspruch aus §§ 437 Nr. 3, 440, 280 I, III, 281 I 1 Alt. 2, 3 ist folglich entstanden.

II. Der Anspruch ist nicht untergegangen.

III. Er ist auch durchsetzbar.

IV. K hat gegen V einen Anspruch auf Schadensersatz statt der ganzen Leistung in Höhe von 100 € (entgangener Gewinn) und in Höhe von 500 € (Rückzahlung des Kaufpreises) gemäß §§ 437 Nr. 3, 440, 280 I, III, 281 I 1 Alt. 2, 3.

Fazit

1. Wenn der Anspruchsteller Schadensersatz verlangt, aber vorher schon den Kaufpreis gezahlt hat, schaut er ganz schön dumm aus der Wäsche. Weil es sich ja um Schadensersatz statt der Leistung handelt, will er natürlich auch den Kaufpreis zurückerhalten. Diesen „Doppelanspruch" kann er mit dem ***Schadensersatzanspruch statt der ganzen Leistung*** geltend machen Er verlangt dann Rückzahlung des Kaufpreises und Schadensersatz in einem.

2. Hier kamt ihr über die übliche Vorüberlegung zu einem Anspruch aus ***§§ 437 Nr. 3, 440, 280 I, III, 281 I 1 Alt. 2, 3***. Dieser Anspruch ist einschlägig, wenn der

Anspruchsteller außer der Rückzahlung ***Schadensersatz bei möglicher Nacherfüllung*** verlangt.

3. Schadensersatzanspruch statt der ganzen Leistung kann natürlich auch bei Unmöglichkeit der Nacherfüllung verlangt werden. ***Bei nachträglicher Unmöglichkeit der Nacherfüllung*** ergibt sich der Anspruch aus ***§§ 437 Nr. 3, 280 I, III, 283 S. 1, 2, 281 I 3*** und ***bei anfänglicher Unmöglichkeit der Nacherfüllung*** aus ***§§ 437 Nr. 3, 311a II 1, 3, 281 I 3***.

4. Achtet darauf, dass beim Schadensersatzanspruch statt der ganzen Leistung eine ***zusätzliche Voraussetzung*** zu prüfen ist. Gemäß ***§ 281 I 3*** kann der Gläubiger Schadensersatzanspruch statt der ganzen Leistung („großer Schadensersatz") nur verlangen, wenn die Pflichtverletzung nicht unerheblich ist. Die ***Pflichtverletzung*** muss also ***erheblich*** sein.

Bei den Ansprüchen aus §§ 437 Nr. 3, 440, 280 I, III, 281 I 1 Alt. 2, 3 (bei möglicher Nacherfüllung) und aus §§ 437 Nr. 3, 280 I, III, 283 S. 1, 2, 281 I 3 (bei nachträglich unmöglicher Nacherfüllung) ergibt sich die zusätzliche Voraussetzung direkt aus § 281 I 3. Beim Anspruch aus §§ 437 Nr. 3, 311a II 1, 3, 281 I 3 (bei anfänglich unmöglicher Nacherfüllung) ergibt sich das aus § 311a II 3.

Und wann ist die Pflichtverletzung nicht unerheblich? Juristische Publikationen vermelden zu dieser Frage, dass über die Unerheblichkeit nur durch eine umfassende Abwägung der Interessen der Beteiligten zu entscheiden ist. Also das übliche Blabla, das euch nicht direkt weiterbringt. Immerhin wird darauf verwiesen, dass Fälle der Unerheblichkeit äußerst selten sein sollen. Im Zweifel werdet ihr in der Klausur – so sich eine Diskussion zum Thema nicht gerade aufdrängt – mit wenigen Worten auskommen.

5. An dieser Stelle des Buchs habe ich darauf verzichtet, weitere Fälle zum ***Schadensersatzanspruch statt der ganzen Leistung*** zu präsentieren. Wie man einen Schadensersatzanspruch statt der (ohne: „ganzen") Leistung bei nachträglicher oder anfänglicher Unmöglichkeit der Nacherfüllung aufbaut, wisst ihr spätestens seit den Fällen 26 und 27. Als zusätzlicher Prüfungspunkt ist lediglich § 281 I 3 zu beachten.

Fall 29

K kauft beim Möbelhändler H eine altdeutsche Schrankwand der Marke „Stehtreu“. Den Kaufpreis bezahlt er sofort. Die Schrankwand wird geliefert und in seinem Wohnzimmer aufgestellt. Nach einigen Wochen brechen drei in das Möbelstück integrierte Regalbretter zusammen, weil der Schrank zum Teil minderwertig verklebt ist. Dabei wird die auf den Regalbrettern untergebrachte Bierkrugsammlung des K zerstört, die einen Wert von 10.000 € hat. H wusste schon vor Abschluss des Kaufvertrags von der minderwertigen Verklebung, hat dem K sein Wissen aber nicht offenbart. Mit dem seitens K geäußerten Reparaturwunsch bezüglich der Regalbretter erklärt sich H einverstanden. Er verweigert jedoch jeglichen Schadensersatz für die Zerstörung der Bierkrugsammlung.

Frage: Hat K gegen H einen diesbezüglichen Schadensersatzanspruch ?

Anmerkung: Deliktische Ansprüche müssen <u>nicht</u> geprüft werden.

Lösungsskizze 29

- K gegen H Schadensersatz ?

Vorüberlegung (gehört nicht in die Formulierung)*:*

Gefragt ist nach einem möglichen Schadensersatzanspruch des K gegen H. Der Fall spielt sich im Bereich der ***Mängel = Schlechtleistung*** ab. Der Anspruchsteller will einen Schaden ersetzt haben, der erst durch einen Mangel der Kaufsache an einem anderen Rechtsgut eingetreten ist (Mangelfolgeschaden). Er verlangt also ***Schadensersatz <u>neben</u> der Leistung*** wegen eines Mangelfolgeschadens.

In dieser Konstellation steht als ***Anspruchsgrundlage*** auf Schadensersatz ***§§ 437 Nr. 3, 280 I*** zur Verfügung.

- K gegen H Schadensersatz (Mangelfolgeschaden) gemäß §§ 437 Nr. 3, 280 I ?

I. Anspruch entstanden ?

1. Verletzung einer Pflicht aus einem Schuldverhältnis, § 280 I ?

a. Wirksames Schuldverhältnis ?

HIER (+) → Kaufvertrag, § 433 zwischen H und K

b. Pflichtverletzung ?

= bei Leistung einer nicht mangelfreien Kaufsache = bei Leistung einer mangelhaften Kaufsache

aa. Sachmangel, § 434 ?

(1) Mangel nach § 434 I 1 ?
= Sache weist nicht die vereinbarte Beschaffenheit auf

HIER (–) → keine Vereinbarung

(2) Mangel nach § 434 I 2 Nr. 1 ?
= Sache eignet sich nicht für die nach dem Vertrag vorausgesetzte Verwendung

HIER (–) → eine bestimmte Verwendung wurde im Vertrag nicht vorausgesetzt

(3) Mangel nach § 434 I 2 Nr. 2 ?
= Sache eignet sich nicht für die gewöhnliche Verwendung oder weist nicht die übliche Beschaffenheit auf, die der Käufer erwarten darf

HIER (+) → die Schrankwand ist minderwertig verklebt und weist deshalb zumindest nicht die übliche Beschaffenheit auf, die ein Käufer erwarten darf

(4) also: Sachmangel (+)

bb. Vorliegen des Mangels bei Gefahrübergang, § 434 ?
= insb. bei Übergabe, § 446 oder bei Übergabe an Transportperson, § 447 (beachte aber seit dem 01.01.2018 beim Verbrauchsgüterkauf § 475 II, davor seit dem 12.06.2014 den gleichlautenden § 474 IV)

HIER (+) → bei Übergabe

cc. Kein Ausschluss der Gewährleistung ?

HIER (+) → Ausschluss nicht ersichtlich

dd. also: Pflichtverletzung (+)

c. also: Verletzung einer Pflicht aus einem Schuldverhältnis (+)

2. Vertretenmüssen des Schuldners, § 280 I 2 ?
= wird angenommen, wenn sich der Schuldner nicht exkulpieren kann

HIER (+) → keine Anhaltspunkte für eine Exkulpation

3. (auf der Pflichtverletzung beruhender) Schaden ?

HIER (+) → Zerstörung der Bierkrugsammlung des K; Wert = 10.000 €

4. also: Anspruch entstanden (+)

II. Anspruch untergegangen ? (–)

III. Anspruch durchsetzbar ? (+)

IV. Ergebnis:
K gegen H Schadensersatz (10.000 €) gemäß §§ 437 Nr. 3, 280 I (+)

Formulierungsvorschlag Fall 29

- K gegen H Schadensersatz gemäß §§ 437 Nr. 3, 280 I

K könnte gegen H wegen der Zerstörung der Bierkrugsammlung einen Anspruch auf Schadensersatz gemäß §§ 437 Nr. 3, 280 I haben.

I. Dann müsste der Anspruch zunächst entstanden sein.

1. Der Anspruchsgegner müsste eine Pflicht aus einem Schuldverhältnis verletzt haben, § 280 I 1.

a. K und H haben einen Kaufvertrag (§ 433) über eine Schrankwand geschlossen.

b. Fraglich ist, ob H eine Pflicht verletzt hat. H ist verpflichtet, die Kaufsache mangelfrei zu leisten. Eine Pflichtverletzung liegt demnach vor, wenn er die Kaufsache mangelhaft geleistet hat.

Die Kaufsache könnte einen Sachmangel aufweisen, § 434.

Die Parteien haben keine Vereinbarung bezüglich einer bestimmten Beschaffenheit der Kaufsache getroffen. Insofern scheidet ein Mangel nach § 434 I 1 aus.

Die Parteien haben im Vertrag auch keine bestimmte Verwendung der Kaufsache vorausgesetzt, für die sich die Kaufsache nicht eignet. Ein Mangel gemäß § 434 I 2 Nr. 1 liegt somit ebenfalls nicht vor.

Die Kaufsache könnte jedoch mangelhaft im Sinne des § 434 I 2 Nr. 2 sein. Dann dürfte sich die Sache nicht für die gewöhnliche Verwendung eignen oder nicht die übliche Beschaffenheit aufweisen, die der Käufer erwarten darf. Die Schrankwand ist minderwertig verklebt. Demnach weist sie zumindest nicht die übliche Beschaffenheit auf, die der Käufer erwarten darf.

Mithin weist die Kaufsache einen Sachmangel auf.

Der Mangel der Kaufsache lag bei Gefahrübergang, nämlich bei der Übergabe (§ 446) vor.

Ein Ausschluss der Gewährleistung ist nicht ersichtlich.

Eine Pflichtverletzung liegt demnach in der Leistung der nicht mangelfreien Kaufsache.

c. Somit hat der Anspruchsgegner eine Pflicht aus einem Schuldverhältnis verletzt.

2. Ein Vertretenmüssen des Schuldners wird angenommen, wenn er sich nicht exkulpieren kann, § 280 I 2. Es gibt keine Anhaltspunkte für eine Exkulpation. Also hat H die Pflichtverletzung zu vertreten.

3. Der Gläubiger müsste durch die Pflichtverletzung einen Schaden erlitten haben. Durch die Lieferung der nicht mangelfreien Sache ist die Bierkrugsammlung zerstört worden, also ein anderes Rechtsgut des K (Eigentum) verletzt worden. Der Wert der zerstörten Sachen beträgt 10.000 €. K hat durch die Pflichtverletzung einen Schaden in dieser Höhe erlitten.

4. Demnach ist der Anspruch entstanden.

II. Der Anspruch ist nicht untergegangen.

III. Er ist durchsetzbar.

IV. K hat gegen H wegen der Zerstörung der Bierkrugsammlung einen Anspruch auf Schadensersatz in Höhe von 10.000 € gemäß §§ 437 Nr. 3, 280 I.

Fazit

1. Hier hat der Anspruchsteller nicht Schadensersatz statt der Leistung verlangt, sondern ***Schadensersatz neben der Leistung***. Es ging im Übrigen um den Ersatz eines Schadens, der durch einen Mangel der Kaufsache an einem anderen Rechtsgut des Anspruchstellers entstanden ist, also um den Ersatz eines ***Mangelfolgeschaden***s.

2. Lest bitte § 280 III. Weil bei einem Schadensersatzanspruch neben der Leistung nicht die Voraussetzungen eines Schadensersatzanspruchs statt der Leistung zu prüfen sind, konzentrierte sich die Prüfung auf die ***Voraussetzungen des § 280 I***. Im Rahmen der Prüfung der „Pflichtverletzung" war zu eruieren, ob der Schuldner nicht mangelfrei geleistet hat, also ob die Kaufsache einen Mangel aufweist.

Fall 30

K schließt mit dem Künstler O am 21.10. einen Kaufvertrag über eine große abstrakte Vase, die die seltsame Bezeichnung „Donald will immer noch etwas Großes bauen" trägt. Da O die Vase in einer Ausstellung präsentieren will, erklärt er dem K, dass er die Vase am 11.12. in der Galerie des G abholen könne. K ist mit der Regelung einverstanden. Außerdem vereinbaren die Parteien, dass K den Kaufpreis erst in drei Monaten zahlen soll. Am 10.12. stößt O leicht fahrlässig das in der Galerie stehende Präsentationsregal um. Er kann die Vase zwar gerade noch auffangen, jedoch nicht verhindern, dass nach dem Sturz ein Sprung zurückbleibt, der den Wert der Vase erheblich mindert. Am 11.12. übereignet er die Vase an K. Erst einige Tage später bemerkt K den Sprung. Er macht O darauf aufmerksam, dass er zur heimischen Präsentation der Vase einen Sockel aus Ebenholz gefertigt habe, dessen Materialkosten sich auf 200 € belaufen. Diesen Betrag fordert er von O, weil die Vase so nicht mehr präsentiert werden kann.

Frage: Hat K gegen O einen Anspruch auf Ersatz der Kosten ?

Anmerkung: Deliktische Ansprüche müssen nicht geprüft werden.

Lösungsskizze 30

- K gegen O Schadensersatz gemäß §§ 437 Nr. 3, 280 I, III, 283 S. 1 ?

I. Anspruch entstanden ?

1. Wirksamer Kaufvertrag, § 433 ?

HIER (+) → zwischen O und K

2. Sachmangel, § 434 ?

a. Mangel nach § 434 I 1 ?
= Sache weist nicht die vereinbarte Beschaffenheit auf

HIER (−) → keine Vereinbarung

b. Mangel nach § 434 I 2 Nr. 1 ?
= Sache eignet sich nicht für die nach dem Vertrag vorausgesetzte Verwendung

HIER (−) → eine bestimmte Verwendung wurde im Vertrag nicht vorausgesetzt

c. Mangel nach § 434 I 2 Nr. 2 ?
= Sache eignet sich nicht für die gewöhnliche Verwendung oder weist nicht die übliche Beschaffenheit auf, die der Käufer erwarten darf

HIER (+) → die Vase hat einen Sprung

d. also: Sachmangel (+)

3. Vorliegen des Mangels bei Gefahrübergang, § 434 ?
= insb. bei Übergabe, § 446 oder bei Übergabe an Transportperson, § 447 (beachte aber seit dem 01.01.2018 beim Verbrauchsgüterkauf § 475 II, davor seit dem 12.06.2014 den gleichlautenden § 474 IV)

HIER (+) → bei Übergabe

4. Kein Ausschluss der Gewährleistung ?

HIER (+) → Ausschluss nicht ersichtlich

5. Voraussetzungen der §§ 280 III, 283 S. 1 i.V.m. § 275 I bis III ?

- ***Leistungsbefreiung nach § 275 I***
  = der Anspruch auf die Leistung (Nacherfüllung) ist ausgeschlossen, wenn diese unmöglich ist

a. Unmöglichkeit der Nacherfüllung ?

HIER (+) → O schuldet K eine ganz bestimmte Vase; niemand kann die ganz bestimmte Vase mangelfrei leisten; insofern ist eine Ersatzlieferung nicht möglich; der Sprung kann nicht repariert werden; insofern ist auch eine Mangelbeseitigung nicht möglich; es handelt sich mithin um eine objektive Unmöglichkeit

b. Nachträgliche Unmöglichkeit ?

HIER (+) → die Unmöglichkeit ist nach Vertragsschluss eingetreten

c. also: Leistungsbefreiung nach § 275 I (+)

6. Voraussetzungen des § 280 I ?

a. Verletzung einer Pflicht aus einem Schuldverhältnis, § 280 I 1 ?

HIER (+) → Leistung einer nicht mangelfreien Sache (s.o.)

b. Vertretenmüssen des Schuldners, § 280 I 2 ?
= wird angenommen, wenn sich der Schuldner nicht exkulpieren kann

HIER (+) → keine Anhaltspunkte für eine Exkulpation

c. (auf der Pflichtverletzung beruhender) Schaden ?

HIER (−) → es werden nur unfreiwillige Vermögensopfer ersetzt; bei den Kosten, die K für die Errichtung des Sockels entstanden sind, handelt es sich jedoch um ein freiwilliges Vermögensopfer

d. also: Voraussetzungen des § 280 I (−)

7. also: Anspruch entstanden (−)

II. Ergebnis:
K gegen O Schadensersatz (200 €)
gemäß §§ 437 Nr. 3, 280 I, III, 283 S. 1 (−)

- K gegen O Aufwendungsersatz
gemäß §§ 437 Nr. 3, 280 I, III, 283 S. 1, 284 ?

I. Anspruch entstanden ?

1. Anspruch auf Schadensersatz statt der Leistung (außer Schaden) ?

HIER (+) → die Voraussetzungen für einen solchen Anspruch (hier aus §§ 280 I, III, 283 S. 1) sind – bis auf den ersatzfähigen Schaden – gegeben

2. Aufwendungen gemäß § 284 ?

a. Aufwendungen ?

HIER (+) → die Investition in den Sockel in Höhe von 200 € ist ein freiwilliges Vermögensopfer

b. billigerweise im Vertrauen auf den Erhalt der Leistung ?

HIER (+) → dadurch, dass K darauf vertraut hat, die Vase werde mangelfrei an ihn übereignet, hat er den Sockel gefertigt

***c. also: Aufwendungen gemäß § 284* (+)**

3. Kein Ausschluss des Aufwendungsersatzanspruchs gemäß § 284 a.E. ?

HIER (+) → K hätte den Sockel nutzen können, wenn der Schuldner O die Vase mangelfrei übereignet hätte

***4. also: Anspruch entstanden* (+)**

***II. Anspruch untergegangen ?* (–)**

***III. Anspruch durchsetzbar ?* (+)**

IV. Ergebnis:
K gegen O Aufwendungsersatz (200 €)
gemäß §§ 437 Nr. 3, 280 I, III, 283 S. 1, 284 (+)

Formulierungsvorschlag Fall 30

- K gegen O Schadensersatz
gemäß §§ 437 Nr. 3, 280 I, III, 283 S. 1

K könnte gegen O einen Anspruch auf Schadensersatz statt der Leistung gemäß §§ 437 Nr. 3, 280 I, III, 283 S. 1 haben.

I. Dann müsste der Anspruch entstanden sein.

1. O und K haben einen Kaufvertrag (§ 433) über eine Vase geschlossen.

2. Die Kaufsache könnte einen Sachmangel aufweisen, § 434.

a. Die Parteien haben keine Vereinbarung bezüglich einer bestimmten Beschaffenheit der Kaufsache getroffen. Insofern scheidet ein Mangel nach § 434 I 1 aus.

b. Die Parteien haben im Vertrag auch keine bestimmte Verwendung der Kaufsache vorausgesetzt, für die sich die Kaufsache nicht eignet. Ein Mangel gemäß § 434 I 2 Nr. 1 liegt somit ebenfalls nicht vor.

c. Die Kaufsache könnte jedoch mangelhaft im Sinne des § 434 I 2 Nr. 2 sein. Dann dürfte sich die Sache nicht für die gewöhnliche Verwendung eignen oder nicht die übliche Beschaffenheit aufweisen, die der Käufer erwarten darf. Die Vase hat einen Sprung. Demnach weist sie zumindest nicht die übliche Beschaffenheit auf, die der Käufer erwarten darf.

d. Mithin weist die Kaufsache einen Sachmangel auf.

3. Der Mangel der Kaufsache lag bei Gefahrübergang, nämlich bei der Übergabe (§ 446) vor.

4. Ein Ausschluss der Gewährleistung ist nicht ersichtlich.

5. Für einen Anspruch auf Schadensersatz statt der Leistung müssten gemäß § 280 III die Voraussetzungen des § 283 S. 1 vorliegen. Fraglich ist, ob der Schuldner nach § 275 I bis III nicht zu leisten braucht, d.h. die Nacherfüllung nicht erbringen muss.

In Betracht kommt eine Befreiung von der Nacherfüllung gemäß § 275 I.

a. Die Nacherfüllung müsste objektiv oder subjektiv unmöglich sein. O schuldet dem K eine ganz bestimmte Vase (Stückschuld). Genau diese Vase kann nicht neu und mangelfrei (nach-) geliefert werden. Eine Mangelbeseitigung ist auch nicht möglich, weil der Sprung nicht zu reparieren ist. Also ist die Nacherfüllung objektiv unmöglich.

b. Außerdem müsste die Unmöglichkeit nachträglich sein. Diese Voraussetzung ergibt sich aus einem Rückschluss aus § 311a II i.V.m. I. Die Unmöglichkeit ist nachträglich, wenn sie erst nach Vertragsschluss entsteht. Die Vase hat erst nach Vertragsschluss einen unbehebbaren Defekt erlitten. Damit ist die Nacherfüllung nachträglich unmöglich geworden.

c. Also ist die Nacherfüllung nach § 275 I wegen Unmöglichkeit ausgeschlossen. O braucht nicht zu leisten. Die Voraussetzungen der §§ 280 III, 283 S. 1 liegen mithin vor.

6. Zudem müssten die Voraussetzungen des § 280 I erfüllt sein.

a. Der Anspruchsgegner müsste eine Pflicht aus einem Schuldverhältnis verletzt haben, § 280 I 1. Aus dem Kaufvertrag resultiert die Pflicht des Schuldners O, die Kaufsache mangelfrei zu übereignen. Der Schuldner O hat die Vase aber nicht mangelfrei übereignet. Die Pflichtverletzung liegt in der nicht mangelfreien Leistung. Also hat der Schuldner eine Pflicht aus dem Schuldverhältnis verletzt.

b. Ein Vertretenmüssen des Schuldners wird angenommen, wenn er sich nicht exkulpieren kann, § 280 I 2. Es gibt keine Anhaltspunkte für eine Exkulpation. Also hat O die Pflichtverletzung zu vertreten.

c. Der Gläubiger müsste durch die Pflichtverletzung einen Schaden erlitten haben. Dann müsste es sich um ein unfreiwilliges Vermögensopfer handeln. Bei den Kosten, die K für die Errichtung des Sockels entstanden sind, handelt es sich jedoch um ein freiwilliges Vermögensopfer. Also hat er keinen Schaden erlitten.

d. Somit liegen nicht alle Voraussetzungen des § 280 I vor.

7. Also sind nicht alle Voraussetzungen des Schadensersatzanspruchs statt der Leistung erfüllt. Der Anspruch aus §§ 437 Nr. 3, 280 I, III, 283 S. 1 ist folglich nicht entstanden.

II. K hat gegen O keinen Anspruch auf Schadensersatz statt der Leistung gemäß §§ 437 Nr. 3, 280 I, III, 283 S. 1.

- K gegen O Aufwendungsersatz gemäß §§ 437 Nr. 3, 280 I, III, 283 S. 1, 284

K könnte jedoch gegen O einen Anspruch auf Aufwendungsersatz gemäß §§ 437 Nr. 3, 280 I, III, 283 S. 1, 284 haben.

I. Dann müsste der Anspruch entstanden sein.

1. Es müssten alle Voraussetzungen eines Schadensersatzanspruch statt der Leistung – mit Ausnahme eines ersatzfähigen Schadens – vorliegen. Die Voraussetzungen für einen solchen Anspruch (hier aus §§ 280 I, III, 283 S. 1) sind – bis auf den ersatzfähigen Schaden – gegeben (s.o.)

2. Der Anspruchsteller müsste Aufwendungen im Sinne des § 284 gemacht haben.

a. Die Investition in den Sockel in Höhe von 200 € ist ein freiwilliges Vermögensopfer, also eine Aufwendung.

b. Dadurch, dass K darauf vertraut hat, die Vase werde mangelfrei an ihn übereignet, hat er den Sockel gefertigt. Insofern hat K die Aufwendungen billigerweise im Vertrauen auf den Erhalt der Leistung gemacht.

c. Demnach handelt es sich bei den 200 € um Aufwendungen gemäß § 284.

3. Ein Ausschluss des Aufwendungsersatzanspruchs gemäß § 284 a.E. ist nicht ersichtlich. K hätte den Sockel nutzen können, wenn der Schuldner O die Vase mangelfrei übereignet hätte.

4. Also sind alle Voraussetzungen des Aufwendungsersatzanspruchs erfüllt. Der Anspruch aus §§ 437 Nr. 3, 280 I, III, 283 S. 1, 284 ist folglich entstanden.

II. Der Anspruch ist nicht untergegangen.

III. Er ist auch durchsetzbar.

IV. K hat gegen O einen Anspruch auf Aufwendungsersatz in Höhe von 200 € gemäß §§ 437 Nr. 3, 280 I, III, 283 S. 1, 284.

Fazit

1. Der ***Aufwendungsersatzanspruch*** bietet an sich nichts, was ihr nicht schon beherrscht. Lediglich der Einstieg in die Prüfung könnte Probleme bereitet haben.

2. Wenn ihr – wie hier – im Kontext nach einem Ersatzanspruch gefragt werdet, bietet es sich an, zunächst zu prüfen, ob der Anspruchsteller einen Schadensersatzanspruch statt der Leistung hat. Oft scheitert dieser Anspruch deshalb, weil kein Schaden existiert. Ein ***Schaden*** ist ein ***unfreiwilliges Vermögensopfer***.

   Im Rahmen der folgenden Prüfung des Aufwendungsersatzanspruchs dürft ihr dann inhaltlich auf die Prüfung des Schadensersatzanspruchs zurückgreifen. Der ***Aufwendung***sersatzanspruch ersetzt ***freiwillige Vermögensopfer***.

3. In diesem Fall ergab sich der Aufwendungsersatzanspruch aus ***§§ 437 Nr. 3, 280 I, III, 283 S. 1, 284***. Denn es ging um Aufwendungsersatz ***bei nachträglicher Unmöglichkeit der Nacherfüllung***.

   Natürlich kann Aufwendungsersatz auch bei anfänglich unmöglicher Nacherfüllung oder bei möglicher Nacherfüllung verlangt werden. Im ersteren Fall ergibt sich der Anspruch aus §§ 437 Nr. 3, 311a II, 284, im zweiten Fall aus §§ 437 Nr. 3, 280 I, III, 281 I 1 Alt. 2, 284.

   Wenn euch der Aufbau unklar sein sollte, schaut in den betreffenden Prüfungsläufer am Ende von SCHEMA I, das weiter hinten im Buch abgedruckt ist.

4. Ho ho ho, Ende des Kapitels. Ja ist denn schon ... ? Nein: Das nächste Kapitel beschäftigt sich mit Mängeln im Werk- und Werklieferungsrecht. Aber dann ...

Mängel im Werk- und Werklieferungsrecht - Eine kleine Einführung

1. Die Abgrenzung

Auch im Werkvertrag und im Werklieferungsvertrag kann einiges schief gehen. Wie sollte es anders sein. Und vielleicht spielen – seit 2018 – auch Normen im Bauvertragsrecht eine Rolle. Beschäftigen wir uns zunächst mit den Grundlagen …

Schauen wir einmal in die wichtigen Normen, die die Mängelhaftung regeln. Beim Werkvertrag (§ 631) sind es die §§ 633 ff. Im Werklieferungsvertrag (§ 650) wird es da schon ein bisschen komplizierter. Oder auch nicht. Wir werden sehen. Zum Verständnis ist es unerlässlich, beide Vertragstypen voneinander abzugrenzen. Dann ist die Lösung im Prinzip eine recht einfache.

Auf den ***Werklieferungsvertrag (§ 650*** / gleichlautend bis Ende 2017: § 651***)*** findet grundsätzlich Kaufrecht Anwendung. Jaja, ***Kaufrecht***. Wie Mängel im Kaufrecht zu handhaben sind, habt ihr im vorigen Kapitel erfahren dürfen. § 650 selbst beinhaltet das Abgrenzungskriterium zwischen Werkvertrag und Werklieferungsvertrag. Da sagt der Gesetzgeber in Satz 1:

> „Auf einen Vertrag, der die Lieferung herzustellender oder zu erzeugender beweglicher Sachen zum Gegenstand hat, finden die Vorschriften über den Kauf Anwendung."

Wichtig ist, dass der Gesetzgeber beim Werklieferungsvertrag von der ***Herstellung beweglicher Sachen*** spricht.

Auf den ***Werkvertrag (§ 631)*** findet ***Werkvertragsrecht*** Anwendung. Der Werkvertrag beinhaltet als Leistung die Erstellung eines Werks. Der Unternehmer schuldet genau diesen Erfolg. Und welcher Erfolg kann das sein? Wir erinnern uns an § 650 (Werklieferungsvertrag). Wenn es dort um die Herstellung und Erzeugung beweglicher Sachen geht, besteht der Erfolg beim Werkvertrag vor allem in der ***Herstellung*** von ***nicht beweglichen Sachen***. Und was sind nicht bewegliche Sachen? Immobilien! Der Werkvertrag erfasst also insbesondere die Herstellung von Bauwerken und die Arbeit an Bauwerken. Die u.a. per 2018 neu ins BGB eingeführten Vertragstypen Bauvertrag (§ 650a) und Verbraucherbauvertrag (§ 650i) unterliegen grundsätzlich Werkvertragsrecht. Sie beinhalten Regelungen, die die Werkvertrag-Vorschriften ergänzen (vgl. den Wortlaut des § 650a I 2 und des § 650i III).

Zusätzlich erfasst der ***Werkvertrag*** die Herstellung geistiger Werke (Paradebeispiel: ***Gutachten***) und die Herstellung nicht körperlicher Werke (Paradebeispiele: Aufführung im ***Theater***, ***Konzert***). Und ganz wichtig: Auch die Leistung an einer bereits bestehenden, also schon hergestellten Sache (Paradebeispiel: ***Reparatur***) ist üblicherweise vom Werkvertrag erfasst.

2. Die gesetzlichen Regelungen

Konzentrieren wir uns auf den Werkvertrag (§ 631). Was kann der Besteller eigentlich verlangen, wenn das Werk mangelhaft ist? Und wann ist denn ein Werk überhaupt mangelhaft?

Die zweite dieser Fragen lässt sich – überwiegend – anhand des Gesetzestextes beantworten. § 633 gibt darüber Auskunft.

§ 633 spricht in seinen einzelnen Absätzen und Sätzen ziemlich viele Arten von Mängeln an. Einen ersten Überblick könnt ihr euch durch mehrmaliges Lesen der gesamten Norm verschaffen.

Und welche Rechte hat der arme Besteller, wenn das Werk mangelhaft ist?

Abermals helfen viele Blicke ins Gesetz, um zumindest eine Ahnung zu bekommen, wie die Frage beantwortet werden könnte. Lest zuerst einmal ***§ 634***. Aus dieser Norm ergibt sich, was der Besteller tun kann, wenn ein Mangel vorliegt. Er kann grundsätzlich das tun, was der Käufer tun kann, wenn die Kaufsache einen Mangel hat. Er kann ***Nacherfüllung*** (Nr. 1) verlangen, es besteht u.U. ein ***Rücktrittsrecht*** (Nr. 3) oder ein ***Minderungsrecht*** (Nr. 3) und es besteht die Möglichkeit, einen ***Schadensersatzanspruch*** (Nr. 4) oder einen ***Aufwendungsersatzanspruch*** (Nr. 4) geltend machen.

Und wo bleibt § 634 Nr. 2? Vergleicht bitte sofort § 437 mit § 634. Der „eingeschobene“ ***§ 634 Nr. 2*** bietet dem Besteller eine zusätzliche Möglichkeit: Der Besteller kann unter bestimmten Voraussetzungen den Mangel selbst beseitigen und Ersatz der (hierfür) erforderlichen Aufwendungen verlangen. Diesen ***Aufwendungsersatzanspruch*** habt ihr in vergleichbarer Form im Kaufrecht nicht kennengelernt. Den gibt es dort nicht.

3. Abschließende Worte

Vieles ist bei Mängeln im Werkvertragsrecht mit dem Kaufrecht vergleichbar. Wenn ihr mit Mängeln im Kaufrecht umgehen könnt, wird euch die Erarbeitung dieses Kapitels leicht fallen. Doch nun frisch an's Werk ...

Fall 31

Der begeisterte Schrottsammler S findet bei einer Entrümpelung mehrere uralte massive Eichenplanken. Verzückt wendet er sich an den Tischler T und erklärt diesem, er sei am Bau eines extravaganten Schubladenschranks für seine umfangreiche Wundertütensammlung interessiert. Nachdem sich die Parteien über Ausmaß, Form und Preis des Möbelstücks geeinigt haben, begibt sich T ans Werk. Nach Abnahme des Schranks muss S feststellen, dass sich zwei der fünf Schubladen nur mit enormem Kraftaufwand öffnen lassen. S scheut einen Bodybuildingkurs und erklärt gegenüber T, dieser solle den Missstand beheben.

Frage: Hat S den geltend gemachten Anspruch ?

Lösungsskizze Fall 31

Vorüberlegung (gehört nicht in die Formulierung)*:*
Gefragt ist nach einem Anspruch auf Behebung des Missstandes, also einen Anspruch auf ***Nacherfüllung***. Welcher Anspruch der richtige ist, hängt davon ab, ob die Parteien einen Werkvertrag (§ 631) oder einen Werklieferungsvertrag (§ 650) geschlossen haben.

Nach ***§ 631 I*** schuldet der Unternehmer beim ***Werkvertrag*** die Herstellung des versprochenen Werks. Dabei ist es unerheblich, ob das Werk aus Sachen des Bestellers oder aus Sachen des Unternehmers erstellt wird. Auf den Werkvertrag finden die §§ 631 ff, also Werkvertragsrecht Anwendung.

Nach ***§ 650 I*** (bis Ende 2017: § 651) wird beim ***Werklieferungsvertrag*** die Lieferung herzustellender oder zu erzeugender beweglicher Sachen geschuldet. Dabei ist es ebenfalls unerheblich, ob Sachen des „Bestellers“ oder Sachen des „Herstellers“ verwendet werden. Auf den Werklieferungsvertrag finden grundsätzlich die Vorschriften über den Kauf, also Kaufvertragsrecht Anwendung.

Das Abgrenzungskriterium ergibt sich hier aus dem Wortlaut des § 650. Er gilt für die Herstellung beweglicher Sachen. Die §§ 631 ff gelten dagegen vornehmlich für die Herstellung von Werken, die mit nicht beweglichen Sachen, also Immobilien in Zusammenhang stehen. Es handelt sich hier auch weder um die Herstellung eines geistigen oder nicht körperlichen Werks noch um eine Reparatur.

Ergebnis der Vorüberlegung:
Es handelt sich um eine herzustellende bewegliche Sache, also um einen ***Werklieferungsvertrag, § 650***. Damit findet Kaufrecht Anwendung. Der Mangelbeseitigungsanspruch ergibt sich aus ***§§ 437 Nr. 1, 434, 439, 650***.

- S gegen T Nacherfüllung gemäß §§ 437 Nr. 1, 434, 439, 650 ?

I. Anspruch entstanden ?

1. Wirksamer Werklieferungsvertrag, § 650 ?

HIER (+) → Werklieferungsvertrag zwischen T und S; T schuldet laut Vertrag die Herstellung eines Schranks, also die Lieferung einer herzustellenden beweglichen Sache; hierbei ist es unerheblich, ob dabei Sachen des Bestellers oder des Unternehmers verwendet werden

2. Sachmangel, § 434 ?

a. Mangel nach § 434 I 1 ?
= Sache weist nicht die vereinbarte Beschaffenheit auf

HIER (–) → keine Vereinbarung

b. Mangel nach § 434 I 2 Nr. 1 ?
= Sache eignet sich nicht für die nach dem Vertrag vorausgesetzte Verwendung

HIER (–) → eine bestimmte Verwendung wurde im Vertrag nicht vorausgesetzt

c. Mangel nach § 434 I 2 Nr. 2 ?
= Sache eignet sich nicht für die gewöhnliche Verwendung oder weist nicht die übliche Beschaffenheit auf, die der Käufer (hier „Besteller" im Werklieferungsvertrag) erwarten darf

HIER (+) → einige Schubladen klemmen

d. <u>also</u>: Sachmangel (+)

3. Vorliegen des Mangels bei Gefahrübergang, § 434 ?
= insb. bei Übergabe, § 446 oder bei Übergabe an Transportperson, § 447

HIER (+) → bei Übergabe

4. Kein Ausschluss der Gewährleistung ?

HIER (+) → Ausschluss nicht ersichtlich

5. <u>also</u>: Anspruch entstanden (+)

II. Anspruch untergegangen ?

- **nach § 275 I**
= der Anspruch auf die Leistung (Nacherfüllung) ist ausgeschlossen, wenn diese unmöglich ist

1. Wirksames Schuldverhältnis ?

HIER (+) → s.o.; Werklieferungsvertrag, § 650 zwischen T und S

2. Unmöglichkeit der Nacherfüllung (Lieferung einer mangelfreien Sache) ?
= niemand kann die Nacherfüllung (Lieferung einer mangelfreien Sache) erbringen (objektive Unmöglichkeit) oder eine dritte Person, nicht aber der Schuld-

ner kann die Nacherfüllung erbringen (subjektive Unmöglichkeit bzw. Unvermögen)

HIER (–) → mangels entgegenstehender Angaben kann T den Mangel beseitigen oder einen neuen Schrank herstellen

***3. <u>also</u>: Anspruch gemäß § 275 I ausgeschlossen* (–)**

***III. Anspruch durchsetzbar ?* (+)**

IV. Ergebnis:

S gegen T Nacherfüllung gemäß §§ 437 Nr. 1, 434, 439, 650 (+)

Formulierungsvorschlag Fall 31

- S gegen T Nacherfüllung gemäß §§ 437 Nr. 1, 434, 439, 650

S könnte gegen T einen Anspruch auf Nacherfüllung gemäß §§ 437 Nr. 1, 434, 439, 650 haben.

I. Dann müsste der Anspruch zunächst entstanden sein.

1. Dies setzt einen wirksamen Werklieferungsvertrag zwischen den Parteien voraus, auf den Kaufrecht Anwendung findet. T und S haben einen Vertrag über die Herstellung eines Schranks, also die Lieferung einer herzustellenden beweglichen Sache geschlossen. Somit handelt es sich um einen Werklieferungsvertrag, § 650 auf den die §§ 433 ff Anwendung finden.

2. Der Schrank könnte einen Sachmangel aufweisen, § 434.

a. Die Parteien haben keine Vereinbarung bezüglich einer bestimmten Beschaffenheit der Sache getroffen. Insofern scheidet ein Mangel nach § 434 I 1 aus.

b. Die Parteien haben im Vertrag auch keine bestimmte Verwendung der Sache vorausgesetzt, für die sich die Sache nicht eignet. Ein Mangel gemäß § 434 I 2 Nr. 1 liegt somit ebenfalls nicht vor.

c. Die Sache könnte jedoch mangelhaft im Sinne des § 434 I 2 Nr. 2 sein. Dann dürfte sich die Sache nicht für die gewöhnliche Verwendung eignen oder nicht die übliche Beschaffenheit aufweisen, die der Käufer (hier „Besteller" im Werklieferungsvertrag) erwarten darf. Einige Schubladen des Schranks lassen sich kaum öffnen. Demnach weist der Schrank zumindest nicht die übliche Beschaffenheit auf, die der Käufer (hier „Besteller" im Werklieferungsvertrag) erwarten darf.

d. Mithin weist der Schrank einen Sachmangel auf.

3. Der Mangel der Sache lag bei Gefahrübergang, nämlich bei der Übergabe (§ 446) vor.

4. Ein Ausschluss der Gewährleistung ist nicht ersichtlich.

5. Demnach ist der Anspruch entstanden.

II. Der Anspruch des S könnte jedoch gemäß § 275 I ausgeschlossen sein.

1. S und T haben einen Werklieferungsvertrag geschlossen, ein Schuldverhältnis liegt demnach vor.

2. Weiterhin müsste die Nacherfüllung objektiv oder subjektiv unmöglich sein.

Mangels entgegenstehender Angaben kann T den Mangel beseitigen oder einen neuen Schrank herstellen. Insofern ist die Nacherfüllung nicht unmöglich.

Der Anspruch des S ist folglich nicht ausgeschlossen.

III. Er ist auch durchsetzbar.

IV. S hat gegen T einen Anspruch auf Nacherfüllung (Lieferung einer mangelfreien Sache oder Mangelbeseitigung) gemäß §§ 437 Nr. 1, 434, 439, 650.

Fazit

1. Vor dem eigentlichen Einstieg in die Prüfung müsst ihr euch vergewissern, ob ihr den Fall über Kaufrecht oder Werkvertragsrecht lösen könnt und dürft. Macht es so, wie in der Vorüberlegung aufgezeigt. Hier handelt es sich um einen ***Werklieferungsvertrag***. Damit findet über ***§ 650 Kaufrecht*** Anwendung.

2. ***Achtung:*** Ihr macht üblicherweise schon in der Überschrift oder in einem ersten Prüfungssatz deutlich, wohin der Weg führen soll. Insbesondere zeigt ihr durch die Nennung der Paragrafen, ob ihr nach Kaufrecht oder Werkvertragsrecht prüfen wollt. Dann müsst ihr aber auch etwas zur Vertragsart sagen, also aufzeigen, warum ihr diesen Fall über Kaufrecht lösen möchtet. Einige kurze Sätze reichen völlig.

3. Hier hat der Anspruchsteller im Übrigen nicht von seinem – nach dem Kaufrecht möglichen – ***Wahlrecht*** Gebrauch gemacht. Also war innerhalb des Prüfungspunktes „Anspruch untergegangen?" zu beleuchten, ob beide Arten der Nacherfüllung unmöglich sind.

4. Der Aufbau des Anspruchs als solcher dürfte keine Probleme bereitet haben. Ihr kennt ihn bereits aus den ersten Fällen dieses Buchs. Wenn nicht: Back to the roots.

Mängel im Werk- und Werklieferungsrecht

Fall 32

Der junggebliebene Rentner R verbringt seine Tage vornehmlich mit Skaten in einem großen Skate-Park. Zu seinem Entsetzen muss er feststellen, dass ab und an ein Rad an seinem Lieblingsboard wegen eines Kugellagerdefekts blockiert. Deshalb begibt sich R zur Skateboard-Werkstatt des S. Die Parteien vereinbaren, dass S den Defekt gegen Entgelt beseitigen soll. Nachdem S vermeldet hat, dass das Board wieder einsatzbereit ist, nimmt R dieses ab und zahlt das vereinbarte Entgelt. Anschließend unterzieht er das Board einer Prüfung. Dabei stürzt er schwer, weil das fragliche Rad abermals blockiert. Sofort begibt sich der ramponierte R zu S und fordert diesen auf, den Mangel zu beseitigen. S verweist auf einen Passus des zwischen ihm und R geschlossenen Formularvertrags, der folgenden Wortlaut hat: „Eine Haftung für Mängel ist ausgeschlossen."

Frage: Hat R den geltend gemachten Anspruch ?

Lösungsskizze Fall 32

Vorüberlegung (gehört nicht in die Formulierung)*:*
Gefragt ist nach einem Anspruch auf Behebung des Missstandes, also einen Anspruch auf ***Nacherfüllung***.

Ist ***Werkvertragsrecht*** oder ***Kaufrecht*** anwendbar? Das hängt davon ab, wie der zwischen den Parteien geschlossene Vertrag rechtlich zu werten ist.

Kaufrecht findet Anwendung, wenn es sich um einen ***Werklieferungsvertrag*** handelt, ***§ 650***. Im Werklieferungsvertrag geht es insbesondere um die Herstellung beweglicher Sachen.

Werkvertragsrecht findet Anwendung, wenn es sich um einen ***Werkvertrag*** handelt, ***§ 631*** oder wenn es sich um einen Vertrag handelt, für den grundsätzlich Werkvertragsrecht gilt, etwa der ***Bauvertrag***, ***§ 650a***. Speziell im Werkvertrag geht es um die Herstellung unbeweglicher Sachen oder um die Herstellung geistiger oder unkörperlicher Werke. Auch Arbeiten an – bereits bestehenden – beweglichen Sachen, z.B. Reparaturen, werden erfasst.

S hat das Board, eine bereits bestehende bewegliche Sache repariert. Somit handelt es sich um einen ***Werkvertrag***, ***§ 631***. Damit findet Werkvertragsrecht Anwendung.

Ergebnis der Vorüberlegung:
Der Mangelbeseitigungsanspruch ergibt sich aus ***§§ 634 Nr. 1, 633, 635***.

- R gegen S Nacherfüllung gemäß §§ 634 Nr. 1, 633, 635 ?

I. Anspruch entstanden ?

1. Wirksamer Werkvertrag, § 631 und Abnahme des Werks, § 640 oder anderer Vertrag, für den Werkvertragsrecht gilt ?

HIER (+) → Werkvertrag zwischen R und S und Abnahme

2. Sachmangel, § 633 ?

a. Mangel nach § 633 II 1 ?
= Werk weist nicht die vereinbarte Beschaffenheit auf

HIER (–) → keine Vereinbarung

b. Mangel nach § 633 II 2 Nr. 1 ?
= Werk eignet sich nicht für die nach dem Vertrag vorausgesetzte Verwendung

HIER (–) → eine bestimmte Verwendung wurde im Vertrag nicht vorausgesetzt

c. Mangel nach § 633 II 2 Nr. 2 ?
= Werk eignet sich nicht für die gewöhnliche Verwendung oder weist nicht die übliche Beschaffenheit auf, die der Besteller erwarten darf

HIER (+) → das Rad blockiert nach wie vor

d. <u>also</u>: Sachmangel (+)

3. Kein Ausschluss der Gewährleistung ?

a. Ausschluss gemäß des Passus im Formularvertrag ?
= Ausschluss sämtlicher Gewährleistungsrechte

aa. Anwendungsbereich der §§ 305 ff eröffnet ?

HIER (+) → insbesondere handelt es sich nicht um einen Verbrauchsgüterkauf, bei dem § 476 zu berücksichtigen wäre

bb. Wirksamkeit der Klausel ?
= bei Übereinstimmung mit §§ 305 ff

(1) Allgemeine Geschäftsbedingung i.S.d. § 305 I ?

HIER (+) → es handelt sich um einen Formularvertrag; der Passus ist somit für eine Vielzahl von Verträgen vorformuliert

(2) Wirksame Einbeziehung der Klausel in den Vertrag, § 305 II ?

HIER (+) → die Vereinbarung findet sich im Vertrag selbst

(3) Unwirksamkeit der Klausel nach §§ 307 bis 309 ?
(Prüfungsreihenfolge immer: § 309 – § 308 – § 307 I, II)

HIER (+) → § 309 Ziffer 8.b)aa); in Allgemeinen Geschäftsbedingungen ist eine Klausel unwirksam, die Ansprüche gegen den Verwender wegen eines Mangels insgesamt ausschließt

(4) <u>also</u>: Wirksamkeit der Klausel (–)

cc. also: Ausschluss wegen des Vertragspassus (–)

b. also: kein Ausschluss der Gewährleistung (+)

4. also: Anspruch entstanden (+)

II. Anspruch untergegangen ?

- **nach § 275 I**
  = der Anspruch auf die Leistung (Nacherfüllung) ist ausgeschlossen, wenn diese unmöglich ist

1. Wirksames Schuldverhältnis ?

HIER (+) → s.o.; Werkvertrag, § 631 zwischen R und S

2. Unmöglichkeit der Leistung (Nacherfüllung) ?
= niemand kann die Nacherfüllung (Verschaffung eines mangelfreien Werks) erbringen (objektive Unmöglichkeit) oder eine dritte Person, nicht aber der Schuldner kann die Nacherfüllung erbringen (subjektive Unmöglichkeit bzw. Unvermögen)

HIER (–) → mangels entgegenstehender Angaben kann S den Mangel beseitigen

3. also: Anspruch gemäß § 275 I ausgeschlossen (–)

III. Anspruch durchsetzbar ? (+)

IV. Ergebnis:
R gegen S Nacherfüllung gemäß §§ 634 Nr. 1, 633, 635 (+); Unternehmer S hat ein Wahlrecht bezüglich der Art der Nacherfüllung (Neuherstellung oder Beseitigung des Mangels)

Formulierungsvorschlag Fall 32

- R gegen S Nacherfüllung gemäß §§ 634 Nr. 1, 633, 635 ?

R könnte gegen S einen Anspruch auf Nacherfüllung gemäß §§ 634 Nr. 1, 633, 635 haben.

I. Dann müsste der Anspruch zunächst entstanden sein.

1. R und S haben einen Vertrag bezüglich der Reparatur einer bereits bestehenden beweglichen Sache, nämlich des Skateboards, also einen Werkvertrag, § 631 geschlossen. Die Abnahme des Werks ist erfolgt, § 640.

2. Das Werk könnte einen Sachmangel aufweisen, § 633.

a. Die Parteien haben keine Vereinbarung bezüglich einer bestimmten Beschaffenheit des Werks getroffen. Insofern scheidet ein Mangel nach § 633 II 1 aus.

b. Die Parteien haben im Vertrag auch keine bestimmte Verwendung des Werks vorausgesetzt, für die sich das Werk nicht eignet. Ein Mangel gemäß § 633 II 2 Nr. 1 liegt somit ebenfalls nicht vor.

c. Das Werk könnte jedoch mangelhaft im Sinne des § 633 II 2 Nr. 2 sein. Dann dürfte sich das Werk nicht für die gewöhnliche Verwendung eignen oder nicht die übliche Beschaffenheit aufweisen, die der Besteller erwarten darf. Das Rad am Board blockiert nach wie vor. Demnach weist es zumindest nicht die übliche Beschaffenheit auf, die der Besteller erwarten darf.

d. Mithin weist das Werk einen Sachmangel auf.

3. Fraglich ist jedoch, ob ein Ausschluss der Gewährleistung vorliegt. Ein solcher könnte sich aus dem in Bezug genommenen Passus des Vertrags ergeben.

a. Laut Formularvertrag sind sämtliche Rechte, die sich aus einem Mangel ergeben, ausgeschlossen. Bei einer Wirksamkeit der Klausel wäre somit der Nacherfüllungsanspruch des R ausgeschlossen.

Der Anwendungsbereich der §§ 305 ff ist grundsätzlich eröffnet. Insbesondere handelt es sich nicht um einen Verbrauchsgüterkauf, bei dem § 476 zu berücksichtigen wäre.

Fraglich ist also, ob die Klausel wirksam ist. Die Wirksamkeit bestimmt sich nach den Vorschriften der §§ 305 ff, wenn die Klausel eine Allgemeine Geschäftsbedingung im Sinne dieser Normen ist.

Dann müsste die Klausel zunächst den Voraussetzungen des § 305 I genügen. Die Bedingung muss für eine Vielzahl von Verträgen vorformuliert sein. Es handelt sich um einen Formularvertrag. Der Passus ist somit für eine Vielzahl von Verträgen vorformuliert. Der Passus ist eine Allgemeine Geschäftsbedingung im Sinne des § 305 I.

Die Vereinbarung findet sich im Vertrag selbst. Eine wirksame Einbeziehung gemäß § 305 II liegt somit vor.

Möglicherweise ist der Passus jedoch gemäß § 309 Ziffer 8.b)aa) unwirksam. Nach der genannten Norm ist in Allgemeinen Geschäftsbedingungen eine Klausel unwirksam, die Ansprüche wegen eines Mangels insgesamt ausschließt. S hat dem R im Vertragspassus sämtliche Rechte wegen eines Mangels verwehrt. Die von S verwendete Klausel ist demnach gemäß § 309 Ziffer 8.b)aa) unwirksam.

Somit sind die Gewährleistungsrechte des R nicht durch den Vertragspassus ausgeschlossen.

b. Also ist die Gewährleistung nicht ausgeschlossen.

4. Demnach ist der Anspruch entstanden.

II. Der Anspruch des R könnte jedoch gemäß § 275 I ausgeschlossen sein.

1. R und S haben einen Werkvertrag geschlossen, ein Schuldverhältnis liegt demnach vor.

2. Weiterhin müsste die Nacherfüllung objektiv oder subjektiv unmöglich sein.

Mangels entgegenstehender Angaben kann S den Mangel beseitigen. Insofern ist die Nacherfüllung nicht unmöglich.

Der Anspruch des R ist folglich nicht ausgeschlossen.

III. Er ist auch durchsetzbar.

IV. R hat gegen S einen Anspruch auf Nacherfüllung (Lieferung einer mangelfreien Sache oder Mangelbeseitigung) gemäß §§ 634 Nr. 1, 633, 635. Unternehmer S hat bezüglich der Art der Nacherfüllung ein Wahlrecht.

Fazit

1. Vor dem eigentlichen Einstieg in die Prüfung müsst ihr euch vergewissern, ob ihr den Fall über Kaufrecht oder Werkvertragsrecht lösen könnt und dürft. Macht es so, wie in der Vorüberlegung aufgezeigt. Hier handelt es sich um einen Werkvertrag. Damit sind die §§ 631 ff anwendbar.

2. Zunächst etwas Grundsätzliches zum Werkvertrag: Der Schuldner der Leistung ist verpflichtet, ein mangelfreies Werk zu erstellen bzw. zu verschaffen (vgl. § 633 I). Daraus ergeben sich wichtige Konsequenzen bezüglich der Systematik der Ansprüche und Rechte, die der Besteller im Falle eines Mangels des Werks geltend machen kann.

3. Weil der Unternehmer ein mangelfreies Werk schuldet (§ 633 I), kann der Besteller – wenn das Werk mangelhaft ist – an allererster Stelle nur ***Nacherfüllung (§ 635)*** beanspruchen.

Erst wenn's mit dem Nacherfüllungsanspruch nicht klappt, ist an Aufwendungsersatz wegen eigener Mangelbeseitigung, an Rücktritt, an Minderung, an Schadensersatz und an sonstigen Aufwendungsersatz zu denken.

Lest noch einmal das Fazit zu Fall 1. Jaja, ganz vorne im Buch! Jetzt.

4. Zurück zum Nacherfüllungsanspruch. In § 635 erleuchtet uns der Gesetzgeber mit folgenden Worten: „ ... kann der ***Unternehmer*** nach seiner ***Wahl*** den Mangel beseitigen oder ein neues Werk herstellen." Nicht der Besteller, sondern der Unternehmer hat das Wahlrecht. Schaut jetzt in § 439 I: Da hat der Käufer ein Wahlrecht. Insofern differieren die Ansprüche auf Nacherfüllung.

Im Gegensatz zum Kaufrecht müsst ihr deshalb nicht schon am Anfang der Prüfung auf das Wahlrecht eingehen.

5. Die Systematik der innerhalb des Nacherfüllungsanspruchs vorzunehmenden „Mangelprüfung" dürfte auch klar geworden sein. Im Prinzip ist es wie im Kaufrecht. Es gibt nur weniger Varianten des Mangels.

6. Das Problem im Prüfungspunkt „Kein Ausschluss der Gewährleistung ?" habe ich eingebaut, um zu zeigen, welche Parallelen es zum Kaufrecht gibt bzw. nicht gibt. Vergleicht diesen Fall mit Fall 5 und mit Fall 14.

7. Innerhalb des Prüfungspunktes „Anspruch untergegangen“ lauert – wie im Kaufrecht – eine böse Falle. Es ist immer zu überdenken, ob der (Nacherfüllungs-) Anspruch nach § 275 I ausgeschlossen ist. Er ist ausgeschlossen, wenn der Schuldner nicht zu leisten braucht, weil niemand oder zwar eine andere Person, nicht aber der Schuldner die Leistung vornehmen kann. Damit ist die Unmöglichkeit der Leistung gemeint. Von Ferne winkt abermals das allgemeine Leistungsstörungsrecht. Und: Die ***Nacherfüllung*** muss unmöglich sein. Und zwar – im Gegensatz zum Nacherfüllungsanspruch im Kaufrecht – beide Varianten der Nacherfüllung. Denn nicht der Besteller hat das Wahlrecht, sondern der Unternehmer.

8. So, nun dürften das Prinzip und die Parallelen und Nichtparallelen zum Kaufrecht klar sein. Auf zum nächsten Fall.

Fall 33

Der biedere Beamte B hat sich seinen Lebenstraum erfüllt und am Stadtrand ein kleines Grundstück erworben. Auf diesem errichtet er ein Einfamilienhaus. Hierfür lässt er den Monteur M bereits vorhandene neue Kellerfenster gegen Entgelt einbauen. Einige Monate nach Fertigstellung und Abnahme dringt bei einem starken Regenguss Wasser an der Nahtstelle zwischen Fernstern und Mauerwerk ein und lässt B seine geliebte Spielzeugeisenbahn nur noch mit hohen Gummistiefeln erreichen. In der Folgezeit erleidet der Keller immer neue Wassereinbrüche. Endlich eilt B zu M und fordert ihn auf, für funktionierende Dichtigkeit zu sorgen. Eine seitens B gesetzte zweiwöchige Frist lässt M verstreichen. B führt die erforderliche Reparatur selbst aus und stellt M die Kosten in Rechnung.

Frage: Hat B den geltend gemachten Anspruch ?

Lösungsskizze Fall 33

Vorüberlegung (gehört nicht in die Formulierung)*:*
Gefragt ist nach einem Anspruch auf Kostenerstattung, also ***Aufwendungsersatz***.

Ist ***Werkvertragsrecht*** oder ***Kaufrecht*** anwendbar? Das hängt davon ab, wie der zwischen den Parteien geschlossene Vertrag rechtlich zu werten ist. Kaufrecht findet Anwendung, wenn es sich um einen ***Werklieferungsvertrag*** handelt, ***§ 650***. Im Werklieferungsvertrag geht es insbesondere um die Herstellung beweglicher Sachen. Werkvertragsrecht findet Anwendung, wenn es sich um einen ***Werkvertrag*** handelt, ***§ 631*** oder wenn es sich um einen Vertrag handelt, für den grundsätzlich Werkvertragsrecht gilt, etwa der ***Bauvertrag***, ***§ 650a***. Speziell im Werkvertrag geht es um die Herstellung unbeweglicher Sachen oder um die Herstellung geistiger oder unkörperlicher Werke. Auch Arbeiten an – bereits bestehenden – beweglichen Sachen, z.B. Reparaturen, werden erfasst. M hat vorhandene Fenster in ein Haus eingebaut, also etwas hergestellt, das in Zusammenhang mit einer Immobilie steht. Unabhängig davon, ob es sich hierbei um einen Werkvertrag, § 631 oder um einen Bauvertrag, § 650a handelt, findet Werkvertragsrecht Anwendung.

Ergebnis der Vorüberlegung:
Es findet Werkvertragsrecht Anwendung.

- B gegen M Aufwendungsersatz gemäß §§ 634 Nr. 2, 633, 637 ?

I. Anspruch entstanden ?

1. Wirksamer Werkvertrag, § 631 und Abnahme des Werks, § 640 oder anderer Vertrag, für den Werkvertragsrecht gilt ?

HIER (+) → Werkvertrag oder Bauvertrag zwischen M und B und Abnahme; es gilt Werkvertragsrecht

2. Sachmangel, § 633 ?

a. Mangel nach § 633 II 1 ?
= Werk weist nicht die vereinbarte Beschaffenheit auf

HIER (–) → keine Vereinbarung

b. Mangel nach § 633 II 2 Nr. 1 ?
= Werk eignet sich nicht für die nach dem Vertrag vorausgesetzte Verwendung

HIER (–) → eine bestimmte Verwendung wurde im Vertrag nicht vorausgesetzt

c. Mangel nach § 633 II 2 Nr. 2 ?
= Werk eignet sich nicht für die gewöhnliche Verwendung oder weist nicht die übliche Beschaffenheit auf, die der Besteller erwarten darf

HIER (+) → die Nahtstellen zwischen Fenster und Mauerwerk sind undicht

***d. <u>also</u>: Sachmangel* (+)**

3. Kein Ausschluss der Gewährleistung ?

HIER (+) → Ausschluss nicht ersichtlich

4. Angemessene Fristbestimmung und Erfolglosigkeit, § 637 I oder Entbehrlichkeit der Fristsetzung, § 637 II ?

a. Angemessene Fristbestimmung, § 637 I ?

HIER (+) → B hat M zur Nacherfüllung aufgefordert; die Frist von 14 Tagen ist angemessen

b. Erfolglosigkeit der Fristsetzung, § 637 I ?

HIER (+) → M hat innerhalb der Frist nicht geleistet

***c. <u>also</u>: erfolglose Fristbestimmung* (+)**

5. Aufwendungen für Mangelbeseitigung ?

HIER (+) → für die Reparatur

6. Kein Verweigerungsrecht des Unternehmers bezüglich der Nacherfüllung ?

HIER (+) → nicht ersichtlich

***7. <u>also</u>: Anspruch entstanden* (+)**

***II. Anspruch untergegangen ?* (–)**

***III. Anspruch durchsetzbar ?* (+)**

IV. Ergebnis:
B gegen M Aufwendungsersatz gemäß §§ 634 Nr. 2, 633, 637 (+)

Formulierungsvorschlag Fall 33

- B gegen M Aufwendungsersatz gemäß §§ 634 Nr. 2, 633, 637 ?

B könnte gegen M einen Anspruch auf Aufwendungsersatz gemäß §§ 634 Nr. 2, 633, 637 haben.

I. Dann müsste der Anspruch zunächst entstanden sein.

1. B und M haben einen Vertrag bezüglich des Einbaus von Fenstern in ein Haus geschlossen. Die Abnahme ist erfolgt. Unabhängig davon, ob der Vertrag als Werkvertrag oder als Bauvertrag zu werten ist, gilt Werkvertragsrecht.

2. Das Werk könnte einen Sachmangel aufweisen, § 633.

a. Die Parteien haben keine Vereinbarung bezüglich einer bestimmten Beschaffenheit des Werks getroffen. Insofern scheidet ein Mangel nach § 633 II 1 aus.

b. Die Parteien haben im Vertrag auch keine bestimmte Verwendung des Werks vorausgesetzt, für die sich das Werk nicht eignet. Ein Mangel gemäß § 633 II 2 Nr. 1 liegt somit ebenfalls nicht vor.

c. Das Werk könnte jedoch mangelhaft im Sinne des § 633 II 2 Nr. 2 sein. Dann dürfte sich das Werk nicht für die gewöhnliche Verwendung eignen oder nicht die übliche Beschaffenheit aufweisen, die der Besteller erwarten darf. Die Nahtstellen zwischen Fenstern und Mauerwerk sind undicht. Demnach weist das Werk zumindest nicht die übliche Beschaffenheit auf, die der Besteller erwarten darf.

d. Mithin weist das Werk einen Sachmangel auf.

3. Ein Ausschluss der Gewährleistung ist nicht ersichtlich.

4. Zusätzlich müsste der Besteller dem Unternehmer eine angemessene Frist zur Nacherfüllung bestimmt haben und die Frist müsste erfolglos abgelaufen sein, § 637 I 1. B hat M eine angemessene Frist von 14 Tagen zur Nacherfüllung gesetzt. M hat innerhalb der Frist nicht nacherfüllt. Demnach ist die Voraussetzung erfüllt.

5. B hat für die Mangelbeseitigung erforderliche Aufwendungen gemacht.

6. Der Unternehmer M hat kein Verweigerungsrecht bezüglich der Nacherfüllung.

7. Demnach ist der Anspruch entstanden.

II. Der Anspruch ist nicht untergegangen.

III. Er ist auch durchsetzbar.

IV. B hat gegen M einen Anspruch auf Ersatz der erforderlichen Aufwendungen für die Mangelbeseitigung gemäß §§ 634 Nr. 2, 633, 637.

Fazit

1. Dieser Fall behandelt eine „Besonderheit“, die ich bereits vorne in „Eine kleine Einführung“ (Seite 191) angesprochen habe. Bei Mängeln im Werkvertrag und bei Mängeln in Verträgen, für die Werkvertragsrecht gilt, gibt es einen Anspruch, der im Kaufrecht nicht auftaucht. Es ist der ***Anspruch auf Aufwendungsersatz nach § 634 Nr. 2***. Er darf nicht mit dem Anspruch auf Aufwendungsersatz gemäß § 634 Nr. 4 verwechselt werden.

2. Es kann dahinstehen, ob es sich bei dem geschlossenen Vertrag um einen ***Werkvertrag***, § 631 oder um einen ***Bauvertag***, § 650a (oder um einen ***Verbraucherbauvertrag***, § 650i) handelt. In allen Fällen gilt ***grundsätzlich Werkvertragsrecht***. Für den Bauvertrag und für den Verbraucherbauvertrag gelten zusätzlich zum Werkvertragsrecht die jeweils dort normierten besonderen Regeln. Lest hierzu § 650a II 1 und § 650i III.

3. Aufbautechnisch dürfte der Fall keine Probleme bereitet haben. Zumindest dann nicht, wenn ihr die Fälle zum Kaufrecht durchgearbeitet habt.

4. Wichtig ist, dass der Besteller erfolglos eine ***Frist*** setzen muss. Die Frist kann aber durchaus entbehrlich sein. Insofern verweist § 637 II 1 auf § 323 II, bietet jedoch bezüglich der ***Entbehrlichkeit*** in § 637 II 2 weitere „Entbehrlichkeitsgründe“.

5. Lest bitte ***§ 637 III***. Der spielte hier zwar keine Rolle. Er gibt aber einen eigenen ***Anspruch auf Vorschuss*** zur Mangelbeseitigung.

6. Achtung: Hier ging es nicht um die Lieferung neuer Fenster. Das wäre gegebenenfalls als Kaufvertrag oder sogar als Werklieferungsvertrag zu werten. In beiden Fällen gälte Kaufvertragsrecht und nicht etwa Werkvertragsrecht.

Fall 34

Der Neureiche N will protzen und lässt deshalb in seinem kleinen Heimatdorf eine prächtige Villa errichten. Heizungsbauer H baut in das Haus eine Heizungsanlage ein. Nach Abnahme der Anlage und Bezug des Anwesens muss N feststellen, dass die Heizung aus unerfindlichen Gründen ab und an aussetzt. N bewegt sich fortan nur noch im Zobel durch seine Gemächer. Der herbeizitierte H versucht sich mehrfach an der – grundsätzlich möglichen – Reparatur der Heizung, scheitert jedoch.

Frage: Hat N ein Rücktrittsrecht ?

Lösungsskizze Fall 34

- Rücktrittsrecht des N wegen mangelhaften Werks ?

Vorüberlegung 1 (gehört nicht in die Formulierung):
Ist ***Werkvertragsrecht*** oder ***Kaufrecht*** anwendbar? ***Kaufrecht*** findet Anwendung, wenn es sich um einen ***Werklieferungsvertrag*** handelt, ***§ 650***. Im Werklieferungsvertrag geht es insbesondere um die Herstellung beweglicher Sachen. ***Werkvertragsrecht*** findet Anwendung, wenn es sich um einen ***Werkvertrag*** handelt, ***§ 631*** oder wenn es sich um einen Vertrag handelt, für den grundsätzlich Werkvertragsrecht gilt, etwa der ***Bauvertrag***, ***§ 650a***. Speziell im Werkvertrag geht es um die Herstellung unbeweglicher Sachen oder um die Herstellung geistiger oder unkörperlicher Werke oder um Arbeiten an bestehenden beweglichen Sachen, z.B. durch Reparaturen. H hat eine Heizungsanlage in ein Haus eingebaut, also etwas hergestellt, das in Zusammenhang mit einer Immobilie steht. Unabhängig davon, ob es sich hierbei um einen Werkvertrag, § 631 oder um einen Bauvertrag, § 650a handelt, findet ***Werkvertragsrecht*** Anwendung.

Vorüberlegung 2 (gehört nicht in die Formulierung):
Da die Parteien kein vertragliches Rücktrittsrecht vereinbart haben, kommt nur ein gesetzlicher Rücktritt in Betracht. Das Rücktrittsrecht kann sich aus

- **§§ 634 Nr. 3 Alt. 1, 633, 326 V i.V.m. § 323** oder aus
- **§§ 634 Nr. 3 Alt. 1, 633, 323** ergeben.

Welches das „richtige“ Rücktrittsrecht ist, hängt davon ab, ob der Nacherfüllungsanspruch nach § 275 „scheitert“ (dann § 326 V) oder nicht (dann § 323). Mit der folgenden ***Hilfsfrage*** kommt ihr zum „richtigen“ Rücktrittsrecht:

Ist die Nacherfüllung (i.S.d. § 275 I bis III) unmöglich ?

wenn ***ja***	→	ist ***§ 326 V***	anwendbar
wenn ***nein***	→	ist ***§ 323***	anwendbar

HIER schuldet H dem N den mangelfreien Heizungseinbau. Sowohl der Einbau einer neuen Anlage als auch die Reparatur der vorhandenen Anlage ist möglich. Die Nacherfüllung ist nicht unmöglich. Ein Rücktrittsrecht ergibt sich (u.U.) aus ***§§ 634 Nr. 3 Alt. 1, 633, 323***.

- Rücktrittsrecht des N *(bei möglicher Nacherfüllung)* gemäß §§ 634 Nr. 3 Alt. 1, 633, 323 ?

(Achtung: Ihr dürft euch in vielen Prüfungspunkten ganz kurz fassen und nach oben verweisen, wenn ihr in der Klausur – bei anderer Fragestellung – vorher einen Anspruch auf Nacherfüllung geprüft habt.*)*

I. Voraussetzungen des Rücktrittsrechts ?

1. Wirksamer Werkvertrag, § 631 und Abnahme des Werks, § 640 oder anderer Vertrag, für den Werkvertragsrecht gilt ?

HIER (+) → Werkvertrag oder Bauvertrag zwischen H und N und Abnahme; es gilt Werkvertragsrecht

2. Sachmangel, § 633 ?

a. Mangel nach § 633 II 1 ?
= Werk weist nicht die vereinbarte Beschaffenheit auf

HIER (–) → keine Vereinbarung

b. Mangel nach § 633 II 2 Nr. 1 ?
= Werk eignet sich nicht für die nach dem Vertrag vorausgesetzte Verwendung

HIER (–) → eine bestimmte Verwendung wurde im Vertrag nicht vorausgesetzt

c. Mangel nach § 633 II 2 Nr. 2 ?
= Werk eignet sich nicht für die gewöhnliche Verwendung oder weist nicht die übliche Beschaffenheit auf, die der Besteller erwarten darf

HIER (+) → die Heizungsanlage funktioniert nicht immer

d. <u>also</u>: Sachmangel (+)

3. Kein Ausschluss der Gewährleistung ?

HIER (+) → Ausschluss nicht ersichtlich

4. Angemessene Fristbestimmung und Erfolglosigkeit, § 323 I oder Entbehrlichkeit der Fristsetzung, § 323 II bzw. § 636 ?

a. Angemessene Fristbestimmung, § 323 I ?

HIER (–) → N hat H zwar zur Nacherfüllung aufgefordert, jedoch keine Frist bestimmt

b. Entbehrlichkeit der Fristsetzung, § 636 ?

HIER (+) → § 636 Var. 2: eine Reparatur durch H ist mehrfach fehlgeschlagen

c. <u>also</u>: Fristsetzung gemäß § 636 entbehrlich

5. Kein Ausschluss des Rücktritts ?

HIER (+) → keine Anhaltspunkte

6. Keine Unwirksamkeit des Rücktritts, § 218 ?

HIER (+) → keine Anhaltspunkte

7. also: Voraussetzungen des Rücktrittsrechts (+)

II. Ergebnis:

Rücktrittsrecht des N gemäß §§ 634 Nr. 3 Alt. 1, 633, 323 (+); N muss gegenüber H den Rücktritt erklären (§ 349), um wirksam zurückzutreten; dann kann er gemäß § 346 I Rückzahlung der Vergütung verlangen

Formulierungsvorschlag Fall 34

- Rücktrittsrecht des N *(bei möglicher Nacherfüllung)* gemäß §§ 634 Nr. 3 Alt. 1, 633, 323

N könnte ein Rücktrittsrecht zustehen.

I. Dann müssten die Voraussetzungen der §§ 634 Nr. 3 Alt. 1, 633, 323 vorliegen.

1. H und N haben einen Vertrag bezüglich des Einbaus einer Heizungsanlage in ein Haus geschlossen. Die Abnahme ist erfolgt. Unabhängig davon, ob der Vertrag als Werkvertrag oder als Bauvertrag zu werten ist, gilt Werkvertragsrecht.

2. Das Werk könnte einen Sachmangel aufweisen, § 633.

a. Die Parteien haben keine Vereinbarung bezüglich einer bestimmten Beschaffenheit des Werks getroffen. Insofern scheidet ein Mangel nach § 633 II 1 aus.

b. Die Parteien haben im Vertrag auch keine bestimmte Verwendung des Werks vorausgesetzt, für die sich das Werk nicht eignet. Ein Mangel gemäß § 633 II 2 Nr. 1 liegt somit ebenfalls nicht vor.

c. Das Werk könnte jedoch mangelhaft im Sinne des § 633 II 2 Nr. 2 sein. Dann dürfte sich das Werk nicht für die gewöhnliche Verwendung eignen oder nicht die übliche Beschaffenheit aufweisen, die der Besteller erwarten darf. Die Heizungsanlage funktioniert nicht immer. Demnach weist sie zumindest nicht die übliche Beschaffenheit auf, die der Besteller erwarten darf.

d. Mithin weist das Werk einen Sachmangel auf.

3. Ein Ausschluss der Gewährleistung ist nicht ersichtlich.

4. Zusätzlich müsste der Gläubiger dem Schuldner eine angemessene Frist zur Nacherfüllung bestimmt haben und die Frist müsste erfolglos abgelaufen sein, § 323 I. N hat H zwar zur Nacherfüllung aufgefordert, jedoch keine Frist bestimmt. Eine Fristsetzung könnte jedoch gemäß § 636 Var. 2 entbehrlich sein. Dann müsste die Nacherfüllung fehlgeschlagen sein. H hat mehrfach vergeblich versucht, die Heizung zu reparieren. Insofern war die Fristbestimmung gemäß § 636 Var. 2 entbehrlich.

5. Ein Ausschluss des Rücktritts ist nicht ersichtlich.

6. Für eine Unwirksamkeit des Rücktritts nach § 218 bestehen keine Anhaltspunkte.

7. Somit liegen alle Voraussetzungen für einen Rücktritt vor.

II. N hat ein Rücktrittsrecht gemäß §§ 634 Nr. 3 Alt. 1, 633, 323. Um sein Rücktrittsrecht auszuüben, muss er gegenüber H den Rücktritt erklären (§ 349). Dann kann er gemäß § 346 I Rückzahlung der Vergütung verlangen.

Fazit

1. Im Bereich des ***Rücktritts*** könnt ihr nach demselben Muster und derselben Systematik arbeiten, wie im Kaufrecht. Vergleicht diesen Fall mit Fall 12.

2. Schaut euch zur Abrundung noch einmal die ***Vorüberlegungen*** auf Seite 206 an. Sie enthalten den existenziellen Schlüssel zum richtigen Lösungseinstieg.

3. Lest zum Aufbau der Fall-Lösung unbedingt das Fazit zu Fall 12. Dort wie hier ist es wichtig, auf die ***konkrete Fallfrage*** zu achten. Wollt ihr ein Rücktrittsrecht prüfen oder einen Anspruch auf Rückzahlung der Vergütung wegen bereits erfolgten Rücktritts? Wann prüft man was? Bitte zurückblättern!

4. Zurück zum Fall: Bevor ihr in die Prüfung des Rücktrittsrechts einsteigt, ist immer eine Vorüberlegung angesagt. Denn das Rücktrittsrecht kann sich aus § 323 oder aus § 326 V ergeben. Und weil § 326 V die speziellere Norm ist, ist es unsinnig, erst innerhalb der Prüfung zu entscheiden, welche der Normen einschlägig ist. Bestenfalls gehört die richtige Norm schon in den Obersatz.

   Wie ihr zum richtigen Rücktrittsrecht kommt, habe ich in der Vorüberlegung aufgezeigt. Es gibt eine Hilfsfrage, mit deren Beantwortung ihr immer zum richtigen Rücktritt kommt. Sie lautet:

   Ist die Nacherfüllung (i.S.d. § 275 I bis III) unmöglich ?

wenn ***ja***	→	ist ***§ 326 V***	anwendbar
wenn ***nein***	→	ist ***§ 323***	anwendbar

5. Natürlich gibt es – in anderen Konstellationen – auch ein Rücktrittsrecht bei unmöglicher Nacherfüllung. Wie bereits in der Vorüberlegung präsentiert, ergibt sich das Rücktrittsrecht dann aus §§ 634 Nr. 3 Alt. 1, 633, 326 V i.V.m. § 323. Wenn euch nicht aus den Fällen zum Kaufrecht präsent ist, wie man eine solche Rücktrittsprüfung aufbaut, schaut ins SCHEMA II fast am Ende des Buchs.

Fall 35

Der Neureiche N will protzen und lässt deshalb in seinem kleinen Heimatdorf eine prächtige Villa errichten. Heizungsbauer H baut in das Haus eine Heizungsanlage ein. Nach Abnahme der Anlage und Bezug des Anwesens muss N feststellen, dass die Heizung aus unerfindlichen Gründen ab und an aussetzt. N bewegt sich fortan nur noch im Zobel durch seine Gemächer. Der herbeizitierte H versucht sich mehrfach an der – grundsätzlich möglichen – Reparatur der Heizung, scheitert jedoch. Daraufhin erklärt N gegenüber H, er sei an der Anlage nicht mehr interessiert.

Frage: Hat N einen Anspruch auf Rückzahlung der bereits gezahlten Vergütung ?

Lösungsskizze Fall 35

- N gegen H Rückzahlungsanspruch ?

Vorüberlegung 1 (gehört nicht in die Formulierung)*:*
Ist ***Werkvertragsrecht*** oder ***Kaufrecht*** anwendbar? ***Kaufrecht*** findet Anwendung, wenn es sich um einen ***Werklieferungsvertrag*** handelt, ***§ 650***. Im Werklieferungsvertrag geht es insbesondere um die Herstellung beweglicher Sachen. ***Werkvertragsrecht*** findet Anwendung, wenn es sich um einen ***Werkvertrag*** handelt, ***§ 631*** oder wenn es sich um einen Vertrag handelt, für den grundsätzlich Werkvertragsrecht gilt, etwa der ***Bauvertrag***, ***§ 650a***. Speziell im Werkvertrag geht es um die Herstellung unbeweglicher Sachen oder um die Herstellung geistiger oder unkörperlicher Werke oder um Arbeiten an bestehenden beweglichen Sachen, z.B. durch Reparaturen. H hat eine Heizungsanlage in ein Haus eingebaut, also etwas hergestellt, das in Zusammenhang mit einer Immobilie steht. Unabhängig davon, ob es sich hierbei um einen Werkvertrag, § 631 oder um einen Bauvertrag, § 650a handelt, findet ***Werkvertragsrecht*** Anwendung.

Vorüberlegung 2 (gehört nicht in die Formulierung)*:*
N hat gegen H gemäß ***§ 346 I*** einen ***Rückzahlungsanspruch***, ***wenn*** er ***wirksam vom Vertrag zurückgetreten*** ist. Dann besteht nämlich ein Rückgewährschuldverhältnis. Er ist wirksam zurückgetreten, wenn ein ***Rücktrittsrecht*** besteht ***und*** er den ***Rücktritt erklärt*** hat. Da die Parteien kein vertragliches Rücktrittsrecht vereinbart haben, kommt nur ein gesetzlicher Rücktritt in Betracht.

Wenn das Werk mangelhaft ist, eröffnet sich für N u.U. ein ***gesetzlicher Vertragsrücktritt gemäß § 634 Nr. 3 Alt. 1***. Nun verweist die genannte Norm aber u.a. auf ***§ 323*** und auf ***§ 326 V***. Ein Rücktritt nach § 323 (allein) ist nur bei erfolgloser Fristbestimmung möglich, während ein Rücktritt unter den Voraussetzungen des § 326 V gerade keine Fristsetzung fordert. ***§ 326 V ist gegenüber § 323 die speziellere Norm.*** Ihr müsst – so ihr das bei anderer Fragestellung nicht schon vorher in der Klausur ihm Rahmen eines Nacherfüllungsanspruchs geprüft habt – bereits gedanklich im Vorfeld ermitteln, ob der Besteller zurücktreten will, weil der Nacherfüllungsanspruch wegen § 275 „scheitert“ oder nicht. Mit der folgenden ***Hilfsfrage*** kommt ihr zur „richtigen“ Rücktrittsnorm:

Ist die Nacherfüllung (i.S.d. § 275 I bis III) unmöglich ?

wenn ***ja***	→	ist ***§ 326 V***	anwendbar
wenn ***nein***	→	ist ***§ 323***	anwendbar

HIER schuldet H dem N den mangelfreien Heizungseinbau. Sowohl der Einbau einer neuen Anlage als auch die Reparatur der vorhandenen Anlage ist möglich. Die Nacherfüllung ist nicht unmöglich. Somit ergibt sich ein Anspruch auf Rückzahlung des Kaufpreises (u.U.) aus ***§§ 346 I, 634 Nr. 3 Alt. 1, 633, 323***.

- N gegen H Rückzahlungsanspruch gemäß §§ 346 I, 634 Nr. 3 Alt. 1, 633, 323 ?

(Achtung: Ihr dürft euch in vielen Prüfungspunkten ganz kurz fassen und nach oben verweisen, wenn ihr in der Klausur vorher einen Anspruch auf Nacherfüllung geprüft habt. Ob ihr ihn geprüft habt, hängt von der jeweiligen Fragestellung ab.*)*

I. Anspruch entstanden ?

= bei wirksamem Rücktritt vom Vertrag = bei Vorliegen der Voraussetzungen eines Rücktrittsrechts und Rücktrittserklärung

1. Wirksamer Werkvertrag, § 631 und Abnahme des Werks, § 640 oder anderer Vertrag, für den Werkvertragsrecht gilt ?

HIER (+) → Werkvertrag oder Bauvertrag zwischen H und N und Abnahme; es gilt Werkvertragsrecht

2. Sachmangel, § 633 ?

a. Mangel nach § 633 II 1 ?

= Werk weist nicht die vereinbarte Beschaffenheit auf

HIER (–) → keine Vereinbarung

b. Mangel nach § 633 II 2 Nr. 1 ?

= Werk eignet sich nicht für die nach dem Vertrag vorausgesetzte Verwendung

HIER (–) → eine bestimmte Verwendung wurde im Vertrag nicht vorausgesetzt

c. Mangel nach § 633 II 2 Nr. 2 ?

= Werk eignet sich nicht für die gewöhnliche Verwendung oder weist nicht die übliche Beschaffenheit auf, die der Besteller erwarten darf

HIER (+) → die Heizungsanlage funktioniert nicht immer

d. also: Sachmangel (+)

3. Kein Ausschluss der Gewährleistung ?

HIER (+) → Ausschluss nicht ersichtlich

4. Angemessene Fristbestimmung und Erfolglosigkeit, § 323 I oder Entbehrlichkeit der Fristsetzung, § 323 II bzw. § 636 ?

a. Angemessene Fristbestimmung, § 323 I ?

HIER (–) → N hat H zwar zur Nacherfüllung aufgefordert, jedoch keine Frist bestimmt

b. Entbehrlichkeit der Fristsetzung, § 636 ?

HIER (+) → § 636 Var. 2: eine Reparatur durch H ist mehrfach fehlgeschlagen

c. also: Fristsetzung gemäß § 636 entbehrlich

5. Kein Ausschluss des Rücktritts ?

HIER (+) → keine Anhaltspunkte

6. Keine Unwirksamkeit des Rücktritts, § 218 ?

HIER (+) → keine Anhaltspunkte

7. Rücktrittserklärung, § 349 ?

HIER (+) → N hat erklärt, er sei an der Anlage nicht mehr interessiert

8. also: wirksamer Rücktritt (+) → Anspruch entstanden (+)

II. Anspruch untergegangen ? (–)

III. Anspruch durchsetzbar ?

- **§ 348 i.V.m. § 320 = Einrede der Zug-um-Zug-Erfüllung**
  = der Anspruchsgegner kann die Rückzahlung verweigern, bis der Anspruchsteller seinerseits das Werk zurückgewährt (§ 346 I)

HIER (–) → H muss die Einrede geltend machen; dies hat er jedoch nicht getan; das bloße Bestehen der Einrede hindert nicht die Durchsetzbarkeit des Anspruchs; der Rückzahlungsanspruch ist durchsetzbar

also: Anspruch durchsetzbar (+)

IV. Ergebnis:

N gegen H Rückzahlungsanspruch
gemäß §§ 346 I, 634 Nr. 3 Alt. 1, 633, 323 (+)

Formulierungsvorschlag Fall 35

- N gegen H Rückzahlungsanspruch gemäß §§ 346 I, 634 Nr. 3 Alt. 1, 633, 323

N könnte gegen H einen Anspruch auf Rückzahlung der Vergütung gemäß §§ 346 I, 634 Nr. 3 Alt. 1, 633, 323 haben.

I. Dann müsste der Anspruch zunächst entstanden sein. Er ist entstanden, wenn N wirksam vom Vertrag zurückgetreten ist.

1. H und N haben einen Vertrag bezüglich des Einbaus einer Heizungsanlage in ein Haus geschlossen. Die Abnahme ist erfolgt. Unabhängig davon, ob der Vertrag als Werkvertrag oder als Bauvertrag zu werten ist, gilt Werkvertragsrecht.

2. Das Werk könnte einen Sachmangel aufweisen, § 633.

a. Die Parteien haben keine Vereinbarung bezüglich einer bestimmten Beschaffenheit des Werks getroffen. Insofern scheidet ein Mangel nach § 633 II 1 aus.

b. Die Parteien haben im Vertrag auch keine bestimmte Verwendung des Werks vorausgesetzt, für die sich das Werk nicht eignet. Ein Mangel gemäß § 633 II 2 Nr. 1 liegt somit ebenfalls nicht vor.

c. Das Werk könnte jedoch mangelhaft im Sinne des § 633 II 2 Nr. 2 sein. Dann dürfte sich das Werk nicht für die gewöhnliche Verwendung eignen oder nicht die übliche Beschaffenheit aufweisen, die der Besteller erwarten darf. Die Heizungsanlage funktioniert nicht immer. Demnach weist sie zumindest nicht die übliche Beschaffenheit auf, die der Besteller erwarten darf.

d. Mithin weist das Werk einen Sachmangel auf.

3. Ein Ausschluss der Gewährleistung ist nicht ersichtlich.

4. Zusätzlich müsste der Gläubiger dem Schuldner eine angemessene Frist zur Nacherfüllung bestimmt haben und die Frist müsste erfolglos abgelaufen sein, § 323 I. N hat H zwar zur Nacherfüllung aufgefordert, jedoch keine Frist bestimmt. Eine Fristsetzung könnte jedoch gemäß § 636 Var. 2 entbehrlich sein. Dann müsste die Nacherfüllung fehlgeschlagen sein. H hat mehrfach vergeblich versucht, die Heizung zu reparieren. Insofern war die Fristbestimmung gemäß § 636 Var. 2 entbehrlich.

5. Ein Ausschluss des Rücktritts ist nicht ersichtlich.

6. Für eine Unwirksamkeit des Rücktritts nach § 218 bestehen keine Anhaltspunkte.

7. Zur wirksamen Ausübung des Rücktrittsrechts müsste der Rücktrittsberechtigte den Rücktritt erklärt haben, § 349. N hat gegenüber H den Vertragsrücktritt erklärt. Zur Wirksamkeit des Rücktritts reicht eine einseitige Erklärung (Gestaltungsrecht). Der Vertragspartner muss mit dem Rücktritt nicht einverstanden sein.

8. Somit liegen alle Voraussetzungen für einen wirksamen Rücktritt vor. Demnach ist der Anspruch entstanden.

II. Der Anspruch ist nicht untergegangen.

III. Fraglich ist aber, ob der Anspruch durchsetzbar ist. In Betracht kommt eine Einrede des Anspruchsgegners gemäß § 348 i.V.m. § 320. Hiernach kann der Anspruchsgegner die Rückzahlung verweigern, bis der Anspruchsteller seinerseits das Werk zurückgewährt. Der Anspruchsgegner muss die Einrede geltend machen. Dies hat H nicht getan. Der Rückzahlungsanspruch ist mithin durchsetzbar.

IV. N hat gegen H einen Anspruch auf Rückzahlung der Vergütung gemäß §§ 346 I, 634 Nr. 3 Alt. 1, 633, 323.

Fazit

1. Der Rücktritt ist nicht nur als Rücktrittsrecht relevant, sondern auch innerhalb eines Anspruchs auf Rückzahlung der Vergütung wegen eines erfolgten Rücktritts. Wichtig und für die eigentliche Fallprüfung entscheidend ist die konkrete Fragestellung in der Klausur. Wenn nach „Rechten" des Bestellers oder nach der Rechtslage gefragt wird, prüft ihr ein ***Rücktrittsrecht*** und erwähnt im Ergebnis, dass der Rücktrittsberechtigte den Rücktritt erklären muss, um dann Rückzahlung der Vergütung verlangen zu können (s.o.). Nicht mehr und nicht weniger. Wenn allerdings konkret nach einem ***Anspruch auf Rückzahlung*** gefragt wird, ist die Prüfung so vorzunehmen, wie in diesem Fall.

Ihr habt gesehen, wie das funktioniert. Zuerst ist klarzustellen, dass der Anspruchsteller die Rückzahlung nur fordern kann, wenn er wirksam vom Vertrag zurückgetreten ist. Er ist wirksam zurückgetreten, wenn er ein Rücktrittsrecht hat und den Rücktritt gegenüber dem Rücktrittsgegner erklärt hat. Dann ist zu prüfen, ob ein Rücktrittsrecht besteht und ob die Erklärung erfolgt ist.

2. Da es sich beim Rückzahlungsanspruch um einen Anspruch handelt, lohnt es sich abermals zu hinterfragen, ob der Anspruch entstanden, (nicht) untergegangen und durchsetzbar ist.

Im Prüfungspunkt ***„Anspruch durchsetzbar ?"*** ist an die ***Einrede gemäß § 348 i.V.m. § 320*** zu denken. Hiernach kann der Anspruchsgegner die Rückzahlung verweigern, bis der Anspruchsteller seinerseits das Werk zurückgewährt (§ 346 I). Die Einrede muss jedoch geltend gemacht werden. Das bloße Bestehen der Einrede hindert nicht die Durchsetzbarkeit des Anspruchs.

3. Wahrscheinlich habt ihr es bemerkt: Die Ausführungen in diesem Fazit sind nahezu dieselben, die ihr bereits im Fazit zu Fall 18 lesen durftet. Ich wollte in diesem Fall die Parallele zum Kaufrecht darstellen.

4. Selbstverständlich kann euch nicht nur ein Rückzahlungsanspruch in dieser Konstellation ereilen (Rücktritt bei möglicher Nacherfüllung). Ein Rückzahlungsanspruch ist auch bei Unmöglichkeit der Nacherfüllung denkbar. Ein Aufbauschema in SCHEMA II fast am Ende des Buchs hilft euch weiter, falls ihr unsicher seid. Die Parallele im Kaufrecht findet sich in Fall 19.

5. Eine Fall zum Untergang des Vergütungsanspruchs wegen wirksamen Rücktritts habe ich mir verkniffen. Auch hier läuft nahezu alles so, wie im Kaufrecht. Schaut hierzu in Fall 20. Spätestens dann wird die Struktur klar. Fast am Ende des Buchs könnt ihr euch im SCHEMA II bezüglich des Aufbaus informieren, der beim Vergütungsanspruch gemäß § 631 I einzuhalten ist.

Fall 36

Der ein wenig selbstverliebte K setzt zur Endpflege seiner famosen Lockenpracht nach der Haarwäsche regelmäßig einer Trockenhaube ein. Nachdem das Gerät jeglichen Dienst versagt, beauftragt K den Elektrospezialisten E mit der Reparatur. Nach der Abnahme der Trockenhaube durch K stellt sich heraus, dass die Reparatur nur insofern Erfolg zeigt, als lediglich fünf der an sich zehn ursprünglich vorhandenen Leistungsstufen zur Verfügung stehen. Ein Sachverständiger diagnostiziert, dass eine gänzliche Reparatur der Trockenhaube nicht möglich ist. Da K an dem Gerät hängt, überlegt er, ob er von E einen Teil der bereits gezahlten Vergütung zurückfordern soll.

Frage: Hat K ein Minderungsrecht ?

Lösungsskizze Fall 36

- Minderungsrecht des K ?

Vorüberlegung 1 (gehört nicht in die Formulierung)*:*
Ist ***Werkvertragsrecht*** oder ***Kaufrecht*** anwendbar? ***Kaufrecht*** findet Anwendung, wenn es sich um einen ***Werklieferungsvertrag*** handelt, ***§ 650***. Im Werklieferungsvertrag geht es insbesondere um die Herstellung beweglicher Sachen. ***Werkvertragsrecht*** findet Anwendung, wenn es sich um einen ***Werkvertrag*** handelt, ***§ 631*** oder wenn es sich um einen Vertrag handelt, für den grundsätzlich Werkvertragsrecht gilt, etwa der ***Bauvertrag***, ***§ 650a***. Speziell im Werkvertrag geht es um die Herstellung unbeweglicher Sachen oder um die Herstellung geistiger oder unkörperlicher Werke oder um Arbeiten an bestehenden beweglichen Sachen, z.B. durch Reparaturen. E hat keine bewegliche Sache hergestellt, sondern eine bestehende repariert. Somit handelt es sich um einen ***Werkvertrag***, ***§ 631***. Also findet ***Werkvertragsrecht*** Anwendung.

Vorüberlegung 2 (gehört nicht in die Formulierung)*:*
K hat ein ***Minderungsrecht***, ***wenn*** auch ein ***Rücktritt*** möglich ist (§ 638 I 1: „Statt zurückzutreten ..."). In Betracht kommt nur ein gesetzlicher Rücktritt.

Wenn das Werk mangelhaft ist, eröffnet sich für K u.U. ein ***gesetzlicher Vertragsrücktritt gemäß § 634 Nr. 3 Alt. 1***. Nun verweist die genannte Norm aber u.a. auf ***§ 323*** und auf ***§ 326 V***. Ein Rücktritt nach § 323 (allein) ist nur bei erfolgloser Fristbestimmung möglich, während ein Rücktritt unter den Voraussetzungen des § 326 V gerade keine Fristsetzung fordert. ***§ 326 V ist gegenüber § 323 die speziellere Norm.*** Ihr müsst – so ihr das bei anderer Fragestellung nicht schon vorher in der Klausur ihm Rahmen eines Nacherfüllungsanspruchs geprüft habt – bereits gedanklich im Vorfeld ermitteln, ob der Besteller mindern bzw. zurücktreten will, weil der Nacherfüllungsanspruch wegen § 275 „scheitert" oder nicht. Mit der folgenden ***Hilfsfrage*** kommt ihr zur „richtigen" Rücktrittsnorm und damit auch zur „richtigen" Minderungsnorm:

Ist die Nacherfüllung (i.S.d. § 275 I bis III) unmöglich ?

wenn ***ja*** → ist ***§ 326 V*** anwendbar
wenn ***nein*** → ist ***§ 323*** anwendbar

HIER schuldet E dem K eine Reparatur der Trockenhaube. Die Reparatur ist nicht gänzlich möglich. Also ist die Nacherfüllung unmöglich.

Ergebnis der Vorüberlegung:
Ein Minderungsrecht ergibt sich (u.U.) aus ***§§ 634 Nr. 3 Alt. 2, 638, 633, 326 V i.V.m. § 323***.

- Minderungsrecht des K *(bei Unmöglichkeit der Nacherfüllung)* gemäß §§ 634 Nr. 3 Alt. 2, 638, 633, 326 V i.V.m. § 323 ?

I. Voraussetzungen des Minderungsrechts ?

K kann nach § 638 I 1 ein Minderungsrecht geltend machen, wenn er ein Rücktrittsrecht hat. Also müssen grundsätzlich die Voraussetzungen für ein Rücktrittsrecht vorliegen.

1. Wirksamer Werkvertrag, § 631 und Abnahme des Werks, § 640 oder anderer Vertrag, für den Werkvertragsrecht gilt ?

HIER (+) → Werkvertrag zwischen E und K und Abnahme

2. Sachmangel, § 633 ?

a. Mangel nach § 633 II 1 ?
= Werk weist nicht die vereinbarte Beschaffenheit auf

HIER (–) → keine Vereinbarung

b. Mangel nach § 633 II 2 Nr. 1 ?
= Werk eignet sich nicht für die nach dem Vertrag vorausgesetzte Verwendung

HIER (–) → eine bestimmte Verwendung wurde im Vertrag nicht vorausgesetzt

c. Mangel nach § 633 II 2 Nr. 2 ?
= Werk eignet sich nicht für die gewöhnliche Verwendung oder weist nicht die übliche Beschaffenheit auf, die der Besteller erwarten darf

HIER (+) → die Reparatur ist nicht gänzlich gelungen

d. also: Sachmangel (+)

3. Kein Ausschluss der Gewährleistung ?

HIER (+) → Ausschluss nicht ersichtlich

4. Entbehrlichkeit der Fristsetzung gemäß § 326 V i.V.m. § 275 I bis III ?
= bei Leistungsbefreiung des Schuldners gemäß § 275 I bis III

- ***Leistungsbefreiung nach § 275 I***
  = der Anspruch auf die Leistung (Nacherfüllung) ist ausgeschlossen, wenn diese unmöglich ist

a. Wirksames Schuldverhältnis ?

HIER (+) → s.o.; Werkvertrag, § 631 zwischen E und K

b. Unmöglichkeit der Leistung (Nacherfüllung) ?

HIER (+) → E schuldet dem K eine Reparatur der Trockenhaube; diese ist jedoch nicht gänzlich möglich; also ist die Nacherfüllung unmöglich

c. <u>also</u>: Leistungsbefreiung nach § 275 I (+)
→ Entbehrlichkeit der Fristsetzung gemäß § 326 V (+)

5. Kein Ausschluss der Minderung ?

HIER (+) → nicht ersichtlich

6. Keine Unwirksamkeit der Minderung, § 218 ?

HIER (+) → nicht ersichtlich

7. Umfang der Minderung

→ *§ 638 III 1*
→ eine Berechnung ist mangels konkreter Angaben im Sachverhalt nicht möglich

8. <u>also</u>: Voraussetzungen des Minderungsrechts (+)

II. Ergebnis:

Minderungsrecht des K gemäß §§ 634 Nr. 3 Alt. 2, 638, 633, 326 V i.V.m. § 323 (+); K muss gemäß § 638 I 1 die Minderung erklären, um wirksam zu mindern; dann kann er gemäß § 638 IV 1 Rückzahlung der zu viel gezahlten Vergütung verlangen

Formulierungsvorschlag Fall 36

- Minderungsrecht des K *(bei Unmöglichkeit der Nacherfüllung)* gemäß §§ 634 Nr. 3 Alt. 2, 638, 633, 326 V i.V.m. § 323

K könnte ein Minderungsrecht zustehen. Er kann nach § 638 I 1 ein Minderungsrecht geltend machen, wenn er ein Rücktrittsrecht hat.

I. Dann müssten die Voraussetzungen der §§ 634 Nr. 3 Alt. 2, 638, 633, 326 V i.V.m. § 323 vorliegen.

1. E und K haben einen Werkvertrag (§ 631) bezüglich der Reparatur einer Trockenhaube geschlossen. Die Abnahme des Werks ist erfolgt, § 640.

2. Das Werk könnte einen Sachmangel aufweisen, § 633.

a. Die Parteien haben keine Vereinbarung bezüglich einer bestimmten Beschaffenheit des Werks getroffen. Insofern scheidet ein Mangel nach § 633 II 1 aus.

b. Die Parteien haben im Vertrag auch keine bestimmte Verwendung des Werks vorausgesetzt, für die sich das Werk nicht eignet. Ein Mangel gemäß § 633 II 2 Nr. 1 liegt somit ebenfalls nicht vor.

c. Das Werk könnte jedoch mangelhaft im Sinne des § 633 II 2 Nr. 2 sein. Dann dürfte sich das Werk nicht für die gewöhnliche Verwendung eignen oder nicht die übliche Beschaffenheit aufweisen, die der Besteller erwarten darf. Die Reparatur ist nicht gänzlich gelungen. Demnach weist das Werk zumindest nicht die übliche Beschaffenheit auf, die der Besteller erwarten darf.

d. Mithin weist das Werk einen Sachmangel auf.

3. Ein Ausschluss der Gewährleistung ist nicht ersichtlich.

4. Die gemäß § 323 grundsätzlich erforderliche Fristbestimmung könnte nach § 326 V entbehrlich sein. Sie ist entbehrlich, wenn der Schuldner nach § 275 I bis III nicht zu leisten braucht, d.h. die Nacherfüllung nicht erbringen muss.

In Betracht kommt eine Befreiung von der Nacherfüllung gemäß § 275 I.

a. E und K haben einen Werkvertrag geschlossen, ein Schuldverhältnis liegt demnach vor.

b. Weiterhin müsste die Nacherfüllung objektiv oder subjektiv unmöglich sein.

E schuldet dem K eine Reparatur der Trockenhaube. Diese ist jedoch nicht gänzlich möglich. Demnach ist die Nacherfüllung unmöglich.

c. Also ist die Nacherfüllung nach § 275 I wegen Unmöglichkeit ausgeschlossen. Somit ist eine Fristbestimmung gemäß § 326 V entbehrlich.

5. Ein Ausschluss der Minderung ist nicht ersichtlich.

6. Für eine Unwirksamkeit der Minderung nach § 218 bestehen keine Anhaltspunkte.

7. Der Umfang der Minderung bestimmt sich nach § 638 III. Die geminderte Vergütung berechnet sich nach der Formel „Geminderte Vergütung = (Wert des Werks mit Mangel x vereinbarte Vergütung) geteilt durch den Wert des Werks ohne Mangel". Eine Berechnung ist mangels konkreter Angaben im Sachverhalt nicht möglich.

8. Somit liegen alle Voraussetzungen für eine Minderung vor.

II. K hat ein Minderungsrecht gemäß §§ 634 Nr. 3 Alt. 2, 638, 633, 326 V i.V.m. § 323. Um sein Minderungsrecht auszuüben, muss er gegenüber E die Minderung erklären (§ 638 I 1). Dann kann er gemäß § 638 IV 1 Rückzahlung der zu viel gezahlten Vergütung verlangen.

Fazit

1. Das war ein einfacher aber wichtiger Fall aus dem Bereich der ***Minderung***. Ihr solltet lediglich erkennen, wie eine solche Minderungsprüfung aufzubauen ist. Der Fall findet seine kaufrechtliche Parallele in Fall 21. Arbeitet insbesondere dessen Fazit noch einmal durch.

2. Schaut euch zur Abrundung noch einmal die ***Vorüberlegung*** am Anfang des Falls an. Sie enthält den existenziellen Schlüssel zum richtigen Lösungseinstieg.

3. Der Prüfungsaufbau in der Klausur hängt von der konkreten Fragestellung ab. Oft werdet ihr gefragt werden, was der Besteller tun kann. Wenn lediglich „allgemein" gefragt wird, ist ein Minderungsrecht zu prüfen. Erst wenn die Minderung wirksam geltend gemacht worden ist, besteht ein Anspruch auf teilweise Rückzahlung der Vergütung.

4. Die ***Berechnung der Minderung*** spielte mangels konkreter Anhaltspunkte im Sachverhalt keine Rolle. Sie wird üblicherweise gemäß § 638 III 1 vorgenommen und zwar nach der Formel:

$$\text{geminderte Vergütung} = \frac{\text{Wert des Werks mit Mangel} \times \text{vereinbarte Vergütung}}{\text{Wert des Werks ohne Mangel}}$$

Das entspricht systematisch der Berechnung der Minderung im Kaufrecht (vgl. dazu § 441 III 1).

5. Dies war ein Fall zum Minderungsrecht bei unmöglicher Nacherfüllung. Wie die Prüfung des Minderungsrechts bei möglicher Nacherfüllung aufgebaut wird, erseht ihr im SCHEMA II fast am Ende des Buchs.

Hierzu gibt es auch einen Parallelfall im Kaufrecht, nämlich Fall 22.

Fall 37

Der ein wenig selbstverliebte K setzt zur Endpflege seiner famosen Lockenpracht nach der Haarwäsche regelmäßig einer Trockenhaube ein. Nachdem das Gerät jeglichen Dienst versagt, beauftragt K den Elektrospezialisten E mit der Reparatur. Nach der Abnahme der Trockenhaube durch K stellt sich heraus, dass die Reparatur nur insofern Erfolg zeigt, als lediglich fünf der an sich zehn ursprünglich vorhandenen Leistungsstufen zur Verfügung stehen. Ein Sachverständiger diagnostiziert, dass eine gänzliche Reparatur der Trockenhaube nicht möglich ist. E verlangt Zahlung der gesamten Vergütung. K möchte das Gerät behalten, erklärt aber gegenüber E, er sei lediglich bereit, einen Teil der Reparaturkosten zu tragen.

Frage: Hat E einen Anspruch auf Zahlung der gesamten Vergütung ?

Lösungsskizze Fall 37

- E gegen K Zahlung der Vergütung gemäß § 631 I ?

Vorüberlegung 1 (gehört nicht in die Formulierung):
Ist ***Werkvertragsrecht*** oder ***Kaufrecht*** anwendbar? ***Kaufrecht*** findet Anwendung, wenn es sich um einen ***Werklieferungsvertrag*** handelt, ***§ 650***. Im Werklieferungsvertrag geht es insbesondere um die Herstellung beweglicher Sachen. ***Werkvertragsrecht*** findet Anwendung, wenn es sich um einen ***Werkvertrag*** handelt, ***§ 631*** oder wenn es sich um einen Vertrag handelt, für den grundsätzlich Werkvertragsrecht gilt, etwa der ***Bauvertrag***, ***§ 650a***. Speziell im Werkvertrag geht es um die Herstellung unbeweglicher Sachen oder um die Herstellung geistiger oder unkörperlicher Werke oder um Arbeiten an bestehenden beweglichen Sachen, z.B. durch Reparaturen. E hat keine bewegliche Sache hergestellt, sondern eine bestehende repariert. Somit handelt es sich um einen ***Werkvertrag***, ***§ 631***. Also findet ***Werkvertragsrecht*** Anwendung.

Vorüberlegung2 (gehört nicht in die Formulierung):
E hat gegen K einen ***Anspruch auf die gesamte Vergütung***, wenn der Anspruch nicht ***teilweise durch wirksame Minderung*** des K ***untergegangen*** ist. K hat wirksam gemindert, wenn ein ***Minderungsrecht*** besteht ***und*** er die ***Minderung erklärt*** hat. K hat ein ***Minderungsrecht***, ***wenn*** ihm ein vertragliches oder gesetzliches ***Rücktrittsrecht*** zusteht (§ 638 I 1: „Statt zurückzutreten ..."). In Betracht kommt nur ein gesetzlicher Rücktritt.

Wenn das Werk mangelhaft ist, eröffnet sich für K u.U. ein ***gesetzlicher Vertragsrücktritt gemäß § 634 Nr. 3 Alt. 1***. Nun verweist die genannte Norm aber u.a. auf ***§ 323*** und auf ***§ 326 V***. Ein Rücktritt nach § 323 (allein) ist nur bei erfolgloser Fristbestimmung möglich, während ein Rücktritt unter den Voraussetzungen des § 326 V gerade keine Fristsetzung fordert. ***§ 326 V ist gegenüber § 323 die speziellere Norm.*** Ihr müsst – so ihr das bei anderer Fragestellung nicht schon vorher in der

Klausur ihm Rahmen eines Nacherfüllungsanspruchs geprüft habt – bereits gedanklich im Vorfeld ermitteln, ob der Gläubiger mindern bzw. zurücktreten will, weil der Nacherfüllungsanspruch wegen § 275 „scheitert" oder nicht. Mit der folgenden ***Hilfsfrage*** kommt ihr zur „richtigen" Rücktrittsnorm:

Ist die Nacherfüllung (i.S.d. § 275 I bis III) unmöglich ?

wenn ***ja***	→	ist ***§ 326 V***	anwendbar
wenn ***nein***	→	ist ***§ 323***	anwendbar

HIER schuldet E dem K eine Reparatur der Trockenhaube. Die Reparatur ist nicht gänzlich möglich. Also ist die Nacherfüllung unmöglich.

Ergebnis der Vorüberlegung: Ein Anspruch auf Zahlung der gesamten Vergütung kann (u.U.) zum Teil nach ***§§ 638 IV 1, 634 Nr. 3 Alt. 2, 638 I, III, 633, 326 V i.V.m. § 323*** untergegangen sein.

- E gegen K Zahlung der Vergütung gemäß § 631 I ?

I. Anspruch entstanden ?

1. Wirksamer Werkvertrag, § 631 und Abnahme des Werks, § 640 oder anderer Vertrag, für den Werkvertragsrecht gilt ?

HIER (+) → Werkvertrag zwischen E und K und Abnahme

2. also: Anspruch entstanden (+)

II. Anspruch (teilweise) untergegangen ?

- **durch Minderung gemäß §§ 638 IV 1, 634 Nr. 3 Alt. 2, 638 I, III, 633, 326 V i.V.m. § 323**

= der Anspruch auf die Gegenleistung entfällt zum Teil, wenn der Anspruchsgegner wirksam gemindert hat

1. Wirksamer Werkvertrag ?

HIER (+) → § 631 zwischen E und K

2. Sachmangel, § 633 ?

a. Mangel nach § 633 II 1 ?

= Werk weist nicht die vereinbarte Beschaffenheit auf

HIER (–) → keine Vereinbarung

b. Mangel nach § 633 II 2 Nr. 1 ?

= Werk eignet sich nicht für die nach dem Vertrag vorausgesetzte Verwendung

HIER (–) → eine bestimmte Verwendung wurde im Vertrag nicht vorausgesetzt

c. Mangel nach § 633 II 2 Nr. 2 ?

= Werk eignet sich nicht für die gewöhnliche Verwendung oder weist nicht die übliche Beschaffenheit auf, die der Besteller erwarten darf

HIER (+) → die Reparatur ist nicht gänzlich gelungen

d. <u>also</u>: Sachmangel (+)

3. Kein Ausschluss der Gewährleistung ?

HIER (+) → Ausschluss nicht ersichtlich

4. Entbehrlichkeit der Fristsetzung gemäß § 326 V i.V.m. § 275 I bis III ?
= bei Leistungsbefreiung des Schuldners gemäß § 275 I bis III

- ***Leistungsbefreiung nach § 275 I***
  = der Anspruch auf die Leistung (Nacherfüllung) ist ausgeschlossen, wenn diese unmöglich ist

  a. Wirksames Schuldverhältnis ?

  HIER (+) → s.o.; Werkvertrag, § 631 zwischen E und K

  b. Unmöglichkeit der Leistung (Nacherfüllung) ?

  HIER (+) → E schuldet dem K eine Reparatur der Trockenhaube. Diese ist jedoch nicht gänzlich möglich; also ist die Nacherfüllung unmöglich

  c. <u>also</u>: Leistungsbefreiung nach § 275 I (+)
  → ***Entbehrlichkeit der Fristsetzung gemäß § 326 V*** (+)

5. Kein Ausschluss der Minderung ?

HIER (+) → nicht ersichtlich

6. Keine Unwirksamkeit der Minderung, § 218 ?

HIER (+) → nicht ersichtlich

7. Minderungserklärung, § 638 I 1 ?

HIER (+) → K hat erklärt, er wolle einen Teil der Vergütung nicht zahlen

8. Umfang der Minderung

→ ***§ 638 III 1***
→ eine Berechnung ist mangels konkreter Angaben im Sachverhalt nicht möglich

9. <u>also</u>: wirksame Minderung (+) → ***Anspruch zum Teil untergegangen*** (+)

III. (Rest-) Anspruch durchsetzbar ? (+)

IV. Ergebnis:
E gegen K Zahlung der Vergütung gemäß § 631 I (+), aber nur in Höhe der geminderten Vergütung; also E gegen K Zahlung der gesamten Vergütung (−)

Formulierungsvorschlag Fall 37

- E gegen K Zahlung der Vergütung gemäß § 631 I

E könnte gegen K einen Anspruch auf Zahlung der Vergütung gemäß § 631 I haben.

I. Dann müsste der Anspruch zunächst entstanden sein.

1. E und K haben einen Werkvertrag (§ 631) bezüglich der Reparatur einer Trockenhaube geschlossen. Die Abnahme des Werks ist erfolgt, § 640.

2. Demnach ist der Anspruch entstanden.

II. Der Anspruch des E könnte jedoch gemäß §§ 638 IV 1, 634 Nr. 3 Alt. 2, 638 I, III, 633, 326 V i.V.m. § 323 teilweise untergegangen sein. Der Anspruch auf die Gegenleistung entfällt teilweise, wenn der Anspruchsgegner (K) wirksam gemindert hat. Er hat wirksam gemindert, wenn auch die Voraussetzungen für einen Rücktritt vorliegen und er die Minderung erklärt hat.

1. E und K haben einen Werkvertrag (§ 631) geschlossen.

2. Das Werk könnte einen Sachmangel aufweisen, § 633.

a. Die Parteien haben keine Vereinbarung bezüglich einer bestimmten Beschaffenheit des Werks getroffen. Insofern scheidet ein Mangel nach § 633 II 1 aus.

b. Die Parteien haben im Vertrag auch keine bestimmte Verwendung des Werks vorausgesetzt, für die sich das Werk nicht eignet. Ein Mangel gemäß § 633 II 2 Nr. 1 liegt somit ebenfalls nicht vor.

c. Das Werk könnte jedoch mangelhaft im Sinne des § 633 II 2 Nr. 2 sein. Dann dürfte sich das Werk nicht für die gewöhnliche Verwendung eignen oder nicht die übliche Beschaffenheit aufweisen, die der Besteller erwarten darf. Die Reparatur ist nicht gänzlich gelungen. Demnach weist das Werk zumindest nicht die übliche Beschaffenheit auf, die der Besteller erwarten darf.

d. Mithin weist das Werk einen Sachmangel auf.

3. Ein Ausschluss der Gewährleistung ist nicht ersichtlich.

4. Die gemäß § 323 grundsätzlich erforderliche Fristbestimmung könnte nach § 326 V entbehrlich sein. Sie ist entbehrlich, wenn der Schuldner nach § 275 I bis III nicht zu leisten braucht, d.h. die Nacherfüllung nicht erbringen muss.

In Betracht kommt eine Befreiung von der Nacherfüllung gemäß § 275 I.

a. E und K haben einen Werkvertrag geschlossen, ein Schuldverhältnis liegt demnach vor.

b. Weiterhin müsste die Nacherfüllung objektiv oder subjektiv unmöglich sein.

E schuldet dem K eine Reparatur der Trockenhaube. Diese ist jedoch nicht gänzlich möglich. Demnach ist die Nacherfüllung unmöglich.

c. Also ist die Nacherfüllung nach § 275 I wegen Unmöglichkeit ausgeschlossen. Somit ist eine Fristbestimmung gemäß § 326 V entbehrlich.

5. Ein Ausschluss der Minderung ist nicht ersichtlich.

6. Für eine Unwirksamkeit der Minderung nach § 218 bestehen keine Anhaltspunkte.

7. Zur wirksamen Ausübung des Minderungsrechts müsste der Besteller die Minderung erklärt haben, § 638 I 1. K hat gegenüber E die Minderung erklärt. Zur Wirksamkeit der Minderung reicht eine einseitige Erklärung (Gestaltungsrecht). Der Vertragspartner muss mit der Minderung nicht einverstanden sein.

8. Der Umfang der Minderung bestimmt sich nach § 638 III. Die geminderte Vergütung berechnet sich nach der Formel „Geminderte Vergütung = (Wert des Werks mit Mangel x vereinbarte Vergütung) geteilt durch den Wert des Werks ohne Mangel". Eine Berechnung ist mangels konkreter Angaben im Sachverhalt nicht möglich.

9. Somit liegen alle Voraussetzungen für eine wirksame Minderung vor. Mithin ist der Vergütungsanspruch zum Teil untergegangen.

III. Der nunmehr verbleibende (Rest-) Anspruch ist durchsetzbar.

IV. E hat gegen K einen Anspruch auf Zahlung der Vergütung gemäß § 631 I, jedoch nur in Höhe des geminderten Betrags. Also hat E gegen K keinen Anspruch auf Zahlung der gesamten Vergütung.

Fazit

1. Die Minderung ist also auch im ***Vergütungsanspruch nach § 631 I*** zu berücksichtigen.

   Die Einstiegsüberlegung lautet wie folgt: Der Unternehmer hat gegen den Besteller einen ***Anspruch auf die gesamte Vergütung***, wenn der Anspruch nicht ***durch wirksame Minderung*** des Bestellers ***teilweise <u>untergegangen</u>*** ist. Der Besteller hat wirksam gemindert, ***wenn*** ein ***Rücktrittsrecht*** besteht ***und*** er die ***Minderung erklärt*** hat.

2. Auch hier habt ihr systematisch nichts Neues kennengelernt. Spaßeshalber solltet ihr diesen Fall mit Fall 24 vergleichen.

3. Aufmerksame Bearbeiter werden einen Fall zur ***teilweise***n ***Rückzahlung der Vergütung*** vermisst haben. Wie dieser Anspruch aufgebaut werden muss, sollte an sich klar sein. Wenn nicht, lohnt es sich, einige Minuten für ein (nochmaliges) Durcharbeiten von Fall 23 zu investieren. Im SCHEMA II fast am Ende des Buchs gibt's eine Aufbauhilfe.

4. Denkt daran, dass der (Rest-) Anspruch durchsetzbar sein muss.

Fall 38

Kaffeemaschinensammler S interessiert sich für eine seltene ungarische Kaffeemaschine des E. Schnell bemerkt S, dass die Maschine einen Defekt hat, der nur schwer zu beheben ist. Er bietet deshalb einen geringen Preis für die Maschine. E schlägt vor, den Defekt auf eigene Kosten beseitigen zu lassen, will für das reparierte Stück dann aber mehr Geld haben, um nach Abzug seiner Kosten insgesamt 100 € Gewinn zu erwirtschaften. S ist mit beiden Möglichkeiten einverstanden. E schließt daraufhin mit R, der eine Werkstatt für Kaffeemaschinen betreibt, einen Reparaturvertrag. Nach Abnahme des Werks durch E stellt sich heraus, dass R nicht in der Lage gewesen ist, den Defekt zu beheben. Nachdem eine durch E gegenüber R gesetzte angemessene Frist erfolglos verstrichen ist, möchte E gegen R vorgehen, weil er die Maschine lediglich für den geringen Preis an S veräußern kann.

Frage: Hat E gegen R einen Anspruch auf Schadensersatz ?

Lösungsskizze Fall 38

- E gegen R Schadensersatz ?

Vorüberlegung 1 (gehört nicht in die Formulierung)*:*
Ist ***Werkvertragsrecht*** oder ***Kaufrecht*** anwendbar? ***Kaufrecht*** findet Anwendung, wenn es sich um einen ***Werklieferungsvertrag*** handelt, ***§ 650***. Im Werklieferungsvertrag geht es insbesondere um die Herstellung beweglicher Sachen. ***Werkvertragsrecht*** findet Anwendung, wenn es sich um einen ***Werkvertrag*** handelt, ***§ 631*** oder wenn es sich um einen Vertrag handelt, für den grundsätzlich Werkvertragsrecht gilt, etwa der ***Bauvertrag***, ***§ 650a***. Speziell im Werkvertrag geht es um die Herstellung unbeweglicher Sachen oder um die Herstellung geistiger oder unkörperlicher Werke oder um Arbeiten an bestehenden beweglichen Sachen, z.B. durch Reparaturen. R hat keine bewegliche Sache hergestellt, sondern eine bestehende repariert. Somit handelt es sich um einen ***Werkvertrag***, ***§ 631***. Also findet ***Werkvertragsrecht*** Anwendung.

Vorüberlegung 2 (gehört nicht in die Formulierung)*:*
Gefragt ist nach einem möglichen Schadensersatzanspruch des E gegen R. Einsichtig dürfte sein, dass sich der Fall im Bereich der ***Mängel = Schlechtleistung*** abspielt. Die Maschine ist nicht repariert worden. Der Anspruchsteller verlangt ***Schadensersatz statt der Leistung***.

In diesem Bereich stehen aber grundsätzlich ***drei denkbare Anspruchsgrundlagen*** zur Verfügung. Ein Schadensersatzanspruch kann sich aus

- **§§ 634 Nr. 4, 636, 280 I, III, 281 I 1 Alt. 2** oder aus
- **§§ 634 Nr. 4, 280 I, III, 283 S. 1** oder aus
- **§§ 634 Nr. 4, 311a II 1** ergeben.

Die Frage lautet also immer: Welche Anspruchsgrundlage ist denn nun einschlägig? Die folgende ***Hilfsfrage*** (einprägen!) führt vielleicht schon zur richtigen Anspruchsgrundlage:

Ist die Nacherfüllung (i.S.d. § 275 I bis III) unmöglich ?

wenn ***ja*** → sind ***§§ 634 Nr. 4, 280 I, III, 283 S. 1***
oder §§ 634 Nr. 4, 311a II 1 die Anspruchsgrundlage

wenn ***nein*** → sind ***§§ 634 Nr. 4, 636, 280 I, III, 281 I 1 Alt. 2*** die Anspruchsgrundlage

HIER schuldet R dem E eine Reparatur. Der Defekt ist schwer zu beheben, also nicht unmöglich. Insofern ist die Nacherfüllung möglich.

Ergebnis der Vorüberlegung:
Anspruchsgrundlage sind die ***§§ 634 Nr. 4, 636, 280 I, III, 281 I 1 Alt. 2***

- E gegen R Schadensersatz gemäß §§ 634 Nr. 4, 636, 280 I, III, 281 I 1 Alt. 2 ?

I. Anspruch entstanden ?

1. Wirksamer Werkvertrag, § 631 und Abnahme des Werks, § 640 oder anderer Vertrag, für den Werkvertragsrecht gilt ?

HIER (+) → Werkvertrag zwischen R und E und Abnahme

2. Voraussetzungen der §§ 280 III, 281 I 1 Alt. 2 ?
= nicht wie geschuldet erbrachte Leistung (= mangelhafte Leistung) und erfolglose Fristbestimmung oder Entbehrlichkeit der Fristsetzung

a. Sachmangel, § 633 ?

aa. Mangel nach § 633 II 1 ?
= Werk weist nicht die vereinbarte Beschaffenheit auf

HIER (–) → keine Vereinbarung

bb. Mangel nach § 633 II 2 Nr. 1 ?
= Werk eignet sich nicht für die nach dem Vertrag vorausgesetzte Verwendung

HIER (–) → eine bestimmte Verwendung wurde im Vertrag nicht vorausgesetzt

cc. Mangel nach § 633 II 2 Nr. 2 ?
= Werk eignet sich nicht für die gewöhnliche Verwendung oder weist nicht die übliche Beschaffenheit auf, die der Besteller erwarten darf

HIER (+) → die Kaffeemaschine funktioniert nicht

dd. also: Sachmangel **(+)**

b. Kein Ausschluss der Gewährleistung ?

HIER (+) → Ausschluss nicht ersichtlich

c. Angemessene Fristbestimmung und Erfolglosigkeit, § 281 I 1 oder Entbehrlichkeit der Fristsetzung, § 281 II bzw. § 636 ?

aa. Angemessene Fristbestimmung, § 281 I 1 ?

HIER (+) → E hat R aufgefordert, den Mangel innerhalb einer angemessenen Frist zu beseitigen

bb. Erfolglosigkeit der Fristsetzung, § 281 I 1 ?

HIER (+) → R hat innerhalb der Frist nicht geleistet

cc. also: erfolglose Fristbestimmung (+)

d. also: Voraussetzungen der §§ 280 III, 281 I 1 Alt. 2 (+)

3. Voraussetzungen des § 280 I ?

a. Verletzung einer Pflicht aus einem Schuldverhältnis, § 280 I 1 ?

HIER (+) → Leistung eines nicht mangelfreien Werks (s.o.)

b. Vertretenmüssen des Schuldners, § 280 I 2 ?
= wird angenommen, wenn sich der Schuldner nicht exkulpieren kann

HIER (+) → keine Anhaltspunkte für eine Exkulpation

c. (auf der Pflichtverletzung beruhender) Schaden ?

HIER (+) → entgangener Gewinn = 100 € aufgrund der nicht mangelfreien Leistung

d. also: Voraussetzungen des § 280 I (+)

4. also: Anspruch entstanden (+)

II. Anspruch untergegangen ? (–)

III. Anspruch durchsetzbar ? (+)

IV. Ergebnis:

E gegen R Schadensersatz (100 €)
gemäß §§ 634 Nr. 4, 636, 280 I, III, 281 I 1 Alt. 2 (+)

Formulierungsvorschlag Fall 38

- E gegen R Schadensersatz gemäß §§ 634 Nr. 4, 636, 280 I, III, 281 I 1 Alt. 2

E könnte gegen R einen Anspruch auf Schadensersatz statt der Leistung gemäß §§ 634 Nr. 4, 636, 280 I, III, 281 I 1 Alt. 2 haben.

I. Dann müsste der Anspruch entstanden sein.

1. R und E haben einen Werkvertrag (§ 631) bezüglich der Reparatur einer Kaffeemaschine geschlossen. Die Abnahme des Werks ist erfolgt, § 640.

2. Für einen Anspruch auf Schadensersatz statt der Leistung müssten gemäß § 280 III die Voraussetzungen des § 281 I 1 Alt. 2 vorliegen.

Fraglich ist zunächst, ob der Anspruchsgegner die Leistung nicht wie geschuldet erbracht hat, also ob die Leistung mangelhaft ist.

a. Das Werk könnte einen Sachmangel aufweisen, § 633.

Die Parteien haben keine Vereinbarung bezüglich einer bestimmten Beschaffenheit des Werks getroffen. Insofern scheidet ein Mangel nach § 633 II 1 aus.

Die Parteien haben im Vertrag auch keine bestimmte Verwendung des Werks vorausgesetzt, für die sich das Werk nicht eignet. Ein Mangel gemäß § 633 II 2 Nr. 1 liegt somit ebenfalls nicht vor.

Das Werk könnte jedoch mangelhaft im Sinne des § 633 II 2 Nr. 2 sein. Dann dürfte sich das Werk nicht für die gewöhnliche Verwendung eignen oder nicht die übliche Beschaffenheit aufweisen, die der Besteller erwarten darf. Die Kaffeemaschine funktioniert nicht. Demnach weist sie zumindest nicht die übliche Beschaffenheit auf, die der Besteller erwarten darf.

Mithin weist das Werk einen Sachmangel auf.

b. Ein Ausschluss der Gewährleistung ist nicht ersichtlich.

c. Zusätzlich müsste der Gläubiger dem Schuldner eine angemessene Frist zur Nacherfüllung bestimmt haben und die Frist müsste erfolglos abgelaufen sein, § 281 I 1. E hat R zur Nacherfüllung innerhalb einer angemessenen Frist aufgefordert. Die Frist ist erfolglos verstrichen. Demnach ist die Voraussetzung erfüllt.

d. Die Voraussetzungen der §§ 280 III, 281 I 1 Alt. 2 liegen mithin vor.

3. Zudem müssten die Voraussetzungen des § 280 I erfüllt sein.

a. Der Anspruchsgegner müsste eine Pflicht aus einem Schuldverhältnis verletzt haben, § 280 I 1. Aus dem Werkvertrag resultiert die Pflicht des Schuldners R, die Kaffeemaschine erfolgreich zu reparieren. Der Schuldner R hat die Maschine nicht repariert. Die Pflichtverletzung liegt in der nicht mangelfreien Leistung. Also hat der Schuldner eine Pflicht aus dem Schuldverhältnis verletzt.

b. Ein Vertretenmüssen des Schuldners wird angenommen, wenn er sich nicht exkulpieren kann, § 280 I 2. Es gibt keine Anhaltspunkte für eine Exkulpation. Also hat R die Pflichtverletzung zu vertreten.

c. Der Gläubiger müsste durch die Pflichtverletzung einen Schaden erlitten haben. Bei einer erfolgten Leistung, also der mangelfreien Reparatur, hätte E die Kaffeemaschine mit 100 € Gewinn weiterveräußern können. Der entgangene Gewinn beträgt 100 €. E hat durch die Pflichtverletzung einen Schaden in dieser Höhe erlitten.

d. Somit liegen die Voraussetzungen des § 280 I vor.

4. Also sind alle Voraussetzungen des Schadensersatzanspruchs statt der Leistung erfüllt. Der Anspruch aus §§ 634 Nr. 4, 636, 280 I, III, 281 I 1 Alt. 2 ist folglich entstanden.

II. Der Anspruch ist nicht untergegangen.

III. Er ist auch durchsetzbar.

IV. E hat gegen R einen Anspruch auf Schadensersatz statt der Leistung in Höhe von 100 € gemäß §§ 634 Nr. 4, 636, 280 I, III, 281 I 1 Alt. 2

Fazit

1. Wenn im Bereich des mangelhaften Werks nach Schadensersatz statt der Leistung gefragt ist, stehen grundsätzlich ***drei Anspruchsgrundlagen*** zur Verfügung. Welche das sind, könnt ihr in der Vorüberlegung sehen. Dort habe ich auch erklärt, wie man zur richtigen Anspruchsgrundlage gelangt.

2. Es ist wie im Kaufrecht: Um die richtige Anspruchsgrundlage zu ermitteln, ist wiederum zu unterscheiden, ob die Nacherfüllung möglich oder unmöglich ist. Wenn die Nacherfüllung unmöglich ist, ist zu hinterfragen, ob sie erst nach Vertragsschluss (= nachträglich) unmöglich geworden ist oder ob die Unmöglichkeit bereits bei Vertragsschluss (= anfänglich) bestand.

3. Lest zu den ***Möglichkeiten des Prüfungsaufbaus*** eines Schadensersatzanspruchs bitte (noch einmal) den EXKURS vor Fall 25.

4. Der Fall findet seine kaufrechtliche Parallele in Fall 25. Dort ist vor allem das Fazit interessant. Ergötzt euch an der Arbeit des Gesetzgebers. Da möchte man doch ab und an klatschen.

Fall 39

Kaffeemaschinensammler S interessiert sich für eine seltene ungarische Kaffeemaschine des E. Schnell bemerkt S, dass die Maschine einen Defekt hat. Er bietet deshalb einen geringen Preis für die Maschine. E schlägt vor, den Defekt auf eigene Kosten beseitigen zu lassen, will für das reparierte Stück dann aber mehr Geld haben, um nach Abzug seiner Kosten insgesamt 100 € Gewinn zu erwirtschaften. S ist mit beiden Möglichkeiten einverstanden. E schließt daraufhin mit R, der eine Werkstatt für Kaffeemaschinen betreibt, einen Reparaturvertrag. Nach Abnahme des Werks durch E stellt sich heraus, dass R nicht in der Lage gewesen ist, den Defekt zu beheben. Tatsächlich ist niemand in der Lage, die Maschine zu reparieren. Dies hat R übersehen. E möchte gegen R vorgehen, weil er die Maschine lediglich für den geringen Preis an S veräußern kann.

Frage: Hat E gegen R einen Anspruch auf Schadensersatz ?

Lösungsskizze Fall 39

- E gegen R Schadensersatz ?

Vorüberlegung 1 (gehört nicht in die Formulierung)*:*
Ist ***Werkvertragsrecht*** oder ***Kaufrecht*** anwendbar? ***Kaufrecht*** findet Anwendung, wenn es sich um einen ***Werklieferungsvertrag*** handelt, ***§ 650***. Im Werklieferungsvertrag geht es insbesondere um die Herstellung beweglicher Sachen. ***Werkvertragsrecht*** findet Anwendung, wenn es sich um einen ***Werkvertrag*** handelt, ***§ 631*** oder wenn es sich um einen Vertrag handelt, für den grundsätzlich Werkvertragsrecht gilt, etwa der ***Bauvertrag***, ***§ 650a***. Speziell im Werkvertrag geht es um die Herstellung unbeweglicher Sachen oder um die Herstellung geistiger oder unkörperlicher Werke oder um Arbeiten an bestehenden beweglichen Sachen, z.B. durch Reparaturen. R hat keine bewegliche Sache hergestellt, sondern eine bestehende repariert. Somit handelt es sich um einen ***Werkvertrag***, ***§ 631***. Also findet ***Werkvertragsrecht*** Anwendung.

Vorüberlegung 2 (gehört nicht in die Formulierung)*:*
Gefragt ist nach einem möglichen Schadensersatzanspruch des E gegen R. Der Fall spielt sich im Bereich der ***Mängel = Schlechtleistung*** ab. Die Maschine ist nicht zu reparieren. Der Anspruchsteller verlangt ***Schadensersatz statt der Leistung***.

In diesem Bereich stehen aber grundsätzlich ***drei denkbare Anspruchsgrundlagen*** zur Verfügung. Ein Schadensersatzanspruch kann sich aus

- **§§ 634 Nr. 4, 636, 280 I, III, 281 I 1 Alt. 2** oder aus
- **§§ 634 Nr. 4, 280 I, III, 283 S. 1** oder aus
- **§§ 634 Nr. 4, 311a II 1** ergeben.

Die Frage lautet also immer: Welche Anspruchsgrundlage ist denn nun einschlägig? Die folgende ***Hilfsfrage*** (einprägen!) führt vielleicht schon zur richtigen Anspruchsgrundlage:

Ist die Nacherfüllung (i.S.d. § 275 I bis III) unmöglich ?

wenn ***ja*** → sind ***§§ 634 Nr. 4, 280 I, III, 283 S. 1***
oder §§ 634 Nr. 4, 311a II 1 die Anspruchsgrundlage

wenn ***nein*** → sind ***§§ 634 Nr. 4, 636, 280 I, III, 281 I 1 Alt. 2***
die Anspruchsgrundlage

HIER schuldet R dem E eine Reparatur. Der Defekt ist nicht zu beheben, also ist die Nacherfüllung unmöglich.

Wegen der Unmöglichkeit der Nacherfüllung bleiben zwei Anspruchsgrundlagen „im Rennen“. Mit der ***nächste***n ***Hilfsfrage*** kommt ihr zur richtigen Anspruchsgrundlage:

Bestand die Unmöglichkeit schon bei oder erst nach dem Vertragsschluss?

wenn erst ***nach Vertragsschluss*** → ***§§ 634 Nr. 4, 280 I, III, 283 S. 1***
wenn schon ***bei Vertragsschluss*** → ***§§ 634 Nr. 4, 311a II 1***

HIER ist der Defekt schon vor Vertragsschluss eingetreten. Insofern bestand die Unmöglichkeit der Nacherfüllung bei Vertragsschluss.

Ergebnis der Vorüberlegung:
Anspruchsgrundlage sind die ***§§ 634 Nr. 4, 311a II 1***.

- E gegen R Schadensersatz gemäß §§ 634 Nr. 4, 311a II 1 ?

I. Anspruch entstanden ?

1. Wirksamer Werkvertrag, § 631 und Abnahme des Werks, § 640 oder anderer Vertrag, für den Werkvertragsrecht gilt ?

HIER (+) → Werkvertrag zwischen R und E und Abnahme; ein etwaiges Leistungshindernis, das schon bei Vertragsschluss vorgelegen hat, steht gemäß § 311a I der Wirksamkeit des Vertrags nicht entgegen

2. Sachmangel, § 633 ?

a. Mangel nach § 633 II 1 ?
= Werk weist nicht die vereinbarte Beschaffenheit auf

HIER (–) → keine Vereinbarung

b. Mangel nach § 633 II 2 Nr. 1 ?
= Werk eignet sich nicht für die nach dem Vertrag vorausgesetzte Verwendung

HIER (–) → eine bestimmte Verwendung wurde im Vertrag nicht vorausgesetzt

c. Mangel nach § 633 II 2 Nr. 2 ?
= Werk eignet sich nicht für die gewöhnliche Verwendung oder weist nicht die übliche Beschaffenheit auf, die der Besteller erwarten darf

HIER (+) → die Kaffeemaschine funktioniert nicht

d. also: Sachmangel (+)

3. Kein Ausschluss der Gewährleistung ?

HIER (+) → Ausschluss nicht ersichtlich

4. Leistungsbefreiung des Schuldners, § 311a I i.V.m. § 275 I bis III ?

- ***Leistungsbefreiung nach § 275 I***
= der Anspruch auf die Leistung (Nacherfüllung) ist ausgeschlossen, wenn diese unmöglich ist

a. Unmöglichkeit der Leistung (Nacherfüllung) ?

HIER (+) → R schuldet E eine Reparatur der Maschine; der Defekt ist nicht zu beheben; es handelt sich mithin um eine objektive Unmöglichkeit

b. Anfängliche Unmöglichkeit, § 311a I ?

HIER (+) → die Unmöglichkeit ist schon vor Vertragsschluss eingetreten

c. also: Leistungsbefreiung nach § 275 I (+)

5. Kenntnis des Leistungshindernisses bei Vertragsschluss oder Vertretenmüssen der Unkenntnis, § 311a II 2 ?
= wird angenommen, wenn sich der Schuldner nicht exkulpieren kann

HIER (+) → keine Anhaltspunkte für eine Exkulpation

6. Schaden ?

HIER (+) → entgangener Gewinn = 100 € aufgrund der nicht mangelfreien Leistung

7. also: Anspruch entstanden (+)

II. Anspruch untergegangen ? (–)

III. Anspruch durchsetzbar ? (+)

IV. Ergebnis:
E gegen R Schadensersatz (100 €) gemäß §§ 634 Nr. 4, 311a II 1 (+)

Formulierungsvorschlag Fall 39

- E gegen R Schadensersatz gemäß §§ 634 Nr. 4, 311a II 1 ?

E könnte gegen R einen Anspruch auf Schadensersatz statt der Leistung gemäß §§ 634 Nr. 4, 311a II 1 haben.

I. Dann müsste der Anspruch zunächst entstanden sein.

1. R und E haben einen Werkvertrag (§ 631) bezüglich der Reparatur einer Kaffeemaschine geschlossen. Ein etwaiges Leistungshindernis, das bereits bei Vertragsschluss vorgelegen hat, steht gemäß § 311a I der Wirksamkeit des Vertrags nicht entgegen. Die Abnahme des Werks ist erfolgt, § 640.

2. Das Werk könnte einen Sachmangel aufweisen, § 633.

a. Die Parteien haben keine Vereinbarung bezüglich einer bestimmten Beschaffenheit des Werks getroffen. Insofern scheidet ein Mangel nach § 633 II 1 aus.

b. Die Parteien haben im Vertrag auch keine bestimmte Verwendung des Werks vorausgesetzt, für die sich das Werk nicht eignet. Ein Mangel gemäß § 633 II 2 Nr. 1 liegt somit ebenfalls nicht vor.

c. Das Werk könnte jedoch mangelhaft im Sinne des § 633 II 2 Nr. 2 sein. Dann dürfte sich das Werk nicht für die gewöhnliche Verwendung eignen oder nicht die übliche Beschaffenheit aufweisen, die der Besteller erwarten darf. Die Kaffeemaschine funktioniert nicht. Demnach weist sie zumindest nicht die übliche Beschaffenheit auf, die der Besteller erwarten darf.

d. Mithin weist das Werk einen Sachmangel auf.

3. Ein Ausschluss der Gewährleistung ist nicht ersichtlich.

4. Für einen Anspruch auf Schadensersatz statt der Leistung (§ 311a II 1) müssten die Voraussetzungen des § 311a I vorliegen. Fraglich ist, ob der Schuldner nach § 275 I bis III nicht zu leisten braucht, d.h. die Nacherfüllung nicht erbringen muss.

In Betracht kommt eine Befreiung von der Nacherfüllung gemäß § 275 I.

a. Die Nacherfüllung müsste objektiv oder subjektiv unmöglich sein. R schuldet E eine Reparatur der Maschine. Der Defekt ist nicht zu beheben; also ist die Nacherfüllung objektiv unmöglich.

b. Außerdem müsste die Unmöglichkeit anfänglich sein, § 311a I. Die Unmöglichkeit ist anfänglich, wenn sie bereits bei Vertragsschluss vorgelegen hat. Die Maschine konnte schon vor Vertragsschluss nicht repariert werden. Damit ist die Leistung bzw. Nacherfüllung anfänglich unmöglich.

c. Somit braucht der Schuldner gemäß § 311a I i.V.m. § 275 I nicht nachzuerfüllen.

5. Eine Kenntnis des Schuldners hinsichtlich des Leistungshindernisses bei Vertragsschluss bzw. ein Vertretenmüssen des Schuldners hinsichtlich seiner Unkenntnis wird angenommen, wenn er sich nicht exkulpieren kann, § 311a II 2.

Es gibt keine Anhaltspunkte für eine Exkulpation. Also ist von der Kenntnis bzw. dem Vertretenmüssen der Unkenntnis seitens R auszugehen.

6. Fraglich ist, ob E einen Schaden erlitten hat. Wenn die Leistung erfolgt wäre – also bei mangelfreier Reparatur – hätte E die Kaffeemaschine mit 100 € Gewinn weiterveräußern können. Der entgangene Gewinn beträgt demnach 100 €. E hat einen Schaden in dieser Höhe erlitten.

7. Also sind alle Voraussetzungen des Schadensersatzanspruchs statt der Leistung erfüllt. Der Anspruch aus §§ 634 Nr. 4, 311a II ist folglich entstanden.

II. Der Anspruch ist nicht untergegangen.

III. Er ist auch durchsetzbar.

IV. E hat gegen R einen Anspruch auf Schadensersatz in Höhe von 100 € gemäß §§ 634 Nr. 4, 311a II.

Fazit

1. Und abermals eine Parallele. Diesmal zu Fall 27.

2. ***Noch einmal zum Mitdenken:*** Der Schuldner schuldet dem Gläubiger gemäß § 633 I ein mangelfreies Werk. Der Nacherfüllungsanspruch ist eine zwingende Variante des eigentlichen Erfüllungsanspruchs, wenn der Schuldner zwar geleistet hat, aber eben nicht mangelfrei, sondern mangelhaft. Wenn sich dann aber herausstellt, dass die Nacherfüllung und damit natürlich auch die eigentliche Erfüllung schon anfänglich (= bei Vertragsschluss) unmöglich war, fängt der Spaß erst richtig an. Findige Grübler könnten auf den – berechtigten – Gedanken kommen, dass die vertragliche Vereinbarung von Anfang an auf eine unmögliche Leistung gerichtet war. Hat das vielleicht schon Auswirkungen auf die Wirksamkeit des Vertrags? Ist der Vertrag im schlimmsten Fall nichtig? So war das jedenfalls vor der Reform des Schuldrechts bei der anfänglichen objektiven Unmöglichkeit (vgl. § 306 alter Fassung). Seit 2002 stellt der Gesetzgeber in § 311a I klar, dass die Wirksamkeit des Vertrags in solchen Konstellationen nicht berührt ist.

3. ***Aber:*** Zwar gibt § 311a II in solchen Fällen einen Anspruch auf Schadensersatz statt der Leistung, verweist jedoch nicht auf § 280 I. Das ist ganz wichtig. § 311a II präsentiert sich also als ein Schadensersatzanspruch, der außerhalb der zentralen Schadensersatznorm des § 280 I steht. ***§ 311a II ist etwas Besonderes***. Wie ein Anspruch aus § 311a II zu prüfen ist, habt ihr gesehen.

4. Der Aufbau des hier nicht behandelten Falls des Schadensersatzanspruchs statt der Leistung bei nachträglicher Unmöglichkeit der Nacherfüllung erschließt sich durch einen Blick in Fall 26 und/oder in das SCHEMA II weiter hinten im Buch.

5. Durchatmen. Noch ein Fall ...

Fall 40

Der ein wenig selbstverliebte K setzt zur Endpflege seiner famosen Lockenpracht nach der Haarwäsche regelmäßig einer Trockenhaube ein. Nachdem das Gerät jeglichen Dienst versagt, beauftragt K den Elektrospezialisten E mit der Reparatur. Als K nach der Abnahme des Werks zum ersten Mal seinen Kopf unter die Haube steckt, bläst ihm plötzlich unerträglich heiße Luft gegen die Stirn, die in diesem Bereich zu erheblichen Verbrennungen führt. Der neuerliche Defekt der Trockenhaube rührt daher, dass E versehentlich zwei Kabel falsch angeschlossen hat. Die Heilbehandlung der Brandverletzung kostet 3.000 €. Diesen Betrag fordert K von E.

Frage: Hat K gegen E einen diesbezüglichen Schadensersatzanspruch ?

Anmerkung: Deliktische Ansprüche müssen <u>nicht</u> geprüft werden.

Lösungsskizze 40

- K gegen E Schadensersatz ?

Vorüberlegung 1 (gehört nicht in die Formulierung)*:*
Ist ***Werkvertragsrecht*** oder ***Kaufrecht*** anwendbar? ***Kaufrecht*** findet Anwendung, wenn es sich um einen ***Werklieferungsvertrag*** handelt, ***§ 650***. Im Werklieferungsvertrag geht es insbesondere um die Herstellung beweglicher Sachen. ***Werkvertragsrecht*** findet Anwendung, wenn es sich um einen ***Werkvertrag*** handelt, ***§ 631*** oder wenn es sich um einen Vertrag handelt, für den grundsätzlich Werkvertragsrecht gilt, etwa der ***Bauvertrag***, ***§ 650a***. Speziell im Werkvertrag geht es um die Herstellung unbeweglicher Sachen oder um die Herstellung geistiger oder unkörperlicher Werke oder um Arbeiten an bestehenden beweglichen Sachen, z.B. durch Reparaturen. E hat keine bewegliche Sache hergestellt, sondern eine bestehende repariert. Somit handelt es sich um einen ***Werkvertrag***, ***§ 631***. Also findet ***Werkvertragsrecht*** Anwendung.

Vorüberlegung 2 (gehört nicht in die Formulierung)*:*
Gefragt ist nach einem möglichen Schadensersatzanspruch des K gegen E. Der Fall spielt sich im Bereich der ***Mängel = Schlechtleistung*** ab. Der Anspruchsteller will einen Schaden ersetzt haben, der durch einen Mangel des Werks an einem anderen Rechtsgut eingetreten ist (Mangelfolgeschaden). Er verlangt also ***Schadensersatz <u>neben</u> der Leistung*** wegen eines Mangelfolgeschadens.

In dieser Konstellation steht als ***Anspruchsgrundlage*** auf Schadensersatz ***§§ 634 Nr. 4, 280 I*** zur Verfügung.

- K gegen E Schadensersatz (Mangelfolgeschaden) gemäß §§ 634 Nr. 4, 280 I ?

I. Anspruch entstanden ?

1. Verletzung einer Pflicht aus einem Schuldverhältnis, § 280 I ?

a. Wirksames Schuldverhältnis ?

HIER (+) → Werkvertrag, § 631 zwischen E und K

b. Pflichtverletzung ?
= bei Leistung einer nicht mangelfreien Reparatur = bei Leistung einer mangelhaften Reparatur

aa. Sachmangel, § 633 ?

(1) Mangel nach § 633 II 1 ?
= Werk weist nicht die vereinbarte Beschaffenheit auf

HIER (–) → keine Vereinbarung

(2) Mangel nach § 633 II 2 Nr. 1 ?
= Werk eignet sich nicht für die nach dem Vertrag vorausgesetzte Verwendung

HIER (–) → eine bestimmte Verwendung wurde im Vertrag nicht vorausgesetzt

(3) Mangel nach § 633 II 2 Nr. 2 ?
= Werk eignet sich nicht für die gewöhnliche Verwendung oder weist nicht die übliche Beschaffenheit auf, die der Besteller erwarten darf

HIER (+) → die Trockenhaube hat einen Defekt

(4) <u>also</u>: Sachmangel (+)

bb. Kein Ausschluss der Gewährleistung ?

HIER (+) → Ausschluss nicht ersichtlich

cc. <u>also</u>: Pflichtverletzung (+)

c. <u>also</u>: Verletzung einer Pflicht aus einem Schuldverhältnis (+)

2. Vertretenmüssen des Schuldners, § 280 I 2 ?
= wird angenommen, wenn sich der Schuldner nicht exkulpieren kann

HIER (+) → keine Anhaltspunkte für eine Exkulpation

3. (auf der Pflichtverletzung beruhender) Schaden ?

HIER (+) → Kopfverletzung des K; Genesungskosten = 3.000 €

4. <u>also</u>: Anspruch entstanden (+)

II. Anspruch untergegangen ? (–)

III. Anspruch durchsetzbar ? (+)

IV. Ergebnis:

K gegen E Schadensersatz (3.000 €) gemäß §§ 634 Nr. 4, 280 I (+)

Formulierungsvorschlag Fall 40

- K gegen E Schadensersatz gemäß §§ 634 Nr. 4, 280 I

K könnte gegen E wegen der Kopfverletzung einen Anspruch auf Schadensersatz gemäß §§ 634 Nr. 4, 280 I haben.

I. Dann müsste der Anspruch zunächst entstanden sein.

1. Der Anspruchsgegner müsste eine Pflicht aus einem Schuldverhältnis verletzt haben, § 280 I 1.

a. E und K haben einen Werkvertrag (§ 631) bezüglich der Reparatur einer Trockenhaube geschlossen.

b. Fraglich ist, ob E eine Pflicht verletzt hat. E ist verpflichtet, die Leistung mangelfrei zu erbringen. Eine Pflichtverletzung liegt demnach vor, wenn er das Werk mangelhaft geleistet hat.

Das Werk könnte einen Sachmangel aufweisen, § 633.

Die Parteien haben keine Vereinbarung bezüglich einer bestimmten Beschaffenheit des Werks getroffen. Insofern scheidet ein Mangel nach § 633 II 1 aus.

Die Parteien haben im Vertrag auch keine bestimmte Verwendung des Werks vorausgesetzt, für die sich das Werk nicht eignet. Ein Mangel gemäß § 633 II 2 Nr. 1 liegt somit ebenfalls nicht vor.

Das Werk könnte jedoch mangelhaft im Sinne des § 633 II 2 Nr. 2 sein. Dann dürfte sich das Werk nicht für die gewöhnliche Verwendung eignen oder nicht die übliche Beschaffenheit aufweisen, die der Besteller erwarten darf. Die Trockenhaube funktioniert nicht gänzlich. Demnach weist sie zumindest nicht die übliche Beschaffenheit auf, die der Besteller erwarten darf.

Mithin weist das Werk einen Sachmangel auf.

Ein Ausschluss der Gewährleistung ist nicht ersichtlich.

Eine Pflichtverletzung liegt demnach in der Leistung des nicht mangelfreien Werks.

c. Somit hat der Anspruchsgegner eine Pflicht aus einem Schuldverhältnis verletzt.

2. Ein Vertretenmüssen des Schuldners wird angenommen, wenn er sich nicht exkulpieren kann, § 280 I 2. Es gibt keine Anhaltspunkte für eine Exkulpation. Also hat E die Pflichtverletzung zu vertreten.

3. Der Gläubiger müsste durch die Pflichtverletzung einen Schaden erlitten haben. Durch die nicht mangelfreie Reparatur hat er Brandverletzungen am Kopf erlitten, also ist ein anderes Rechtsgut des K (Gesundheit) verletzt worden. Die Heilbehandlung hat 3.000 € gekostet. K hat durch die Pflichtverletzung einen Schaden in dieser Höhe erlitten.

4. Demnach ist der Anspruch entstanden.

II. Der Anspruch ist nicht untergegangen.

III. Er ist durchsetzbar.

IV. K hat gegen E wegen der Kopfverletzung einen Anspruch auf Schadensersatz in Höhe von 3.000 € gemäß §§ 634 Nr. 4, 280 I.

Fazit

1. Hier hat der Anspruchsteller nicht Schadensersatz statt der Leistung verlangt, sondern ***Schadensersatz neben der Leistung***. Es ging im Übrigen um den Ersatz eines Schadens, der durch einen Mangel des Werks an einem anderen Rechtsgut des Anspruchstellers entstanden ist, also um den Ersatz eines ***Mangelfolgeschaden***s.

2. Lest bitte § 280 III. Weil bei einem Schadensersatzanspruch neben der Leistung nicht die Voraussetzungen eines Schadensersatzanspruchs statt der Leistung zu prüfen sind, konzentrierte sich die Prüfung auf die ***Voraussetzungen des § 280 I***. Im Rahmen der Prüfung der „Pflichtverletzung“ war zu eruieren, ob der Schuldner nicht mangelfrei geleistet hat, also ob das Werk einen Mangel aufweist.

3. ***Nicht gefragt, aber:*** Ich habe bewusst auf die Prüfung sogenannter ***deliktischer Ansprüche*** verzichtet. Fälle (nicht nur) zu diesem Themenbereich findet ihr im Buch ***Die Fälle – BGB Schuldrecht BT 2***.

K hat gegen E natürlich einen Schadensersatzanspruch gemäß § 823 I (Körper, Gesundheit) und einen Schadensersatzanspruch gemäß § 823 II i.V.m. § 229 StGB (fahrlässige Körperverletzung).

4. Einen Prüfungsläufer zum hier nicht behandelten Aufwendungsersatzanspruch nach § 634 Nr. 4 findet ihr – na wo wohl – im SCHEMA II fast am Ende des Buchs.

5. Das soll es erst einmal gewesen sein. War's schwer?

6. Gleich folgen die schon mehrfach erwähnten Aufbauschemata. Und dann natürlich das Gesetzesverzeichnis und das Sachverzeichnis. Viel Erfolg!!!

Aufbauschemata

Mängel

Die wichtigsten Ansprüche und Rechte

Einige Schmankerl am Ende des Buchs dürfen nicht fehlen. Deshalb habe ich mich entschlossen, die wichtigsten Ansprüche und Rechte in Kurzform zu präsentieren.

Wohlgemerkt: An dieser Stelle kann ***nicht jedes Detail*** erklärt werden. Die folgenden Schemata sollen ***lediglich*** einen ***Überblick*** verschaffen, an welcher Stelle man welchen Prüfungspunkt erwähnen kann. Ergänzend und zur Ordnung eures Verständnisses scheint es angebracht, wiederum die Einleitungen zu den jeweiligen Fallkapiteln durchzuarbeiten.

Die Schemata sollen und können keinen Einstieg in die Materie darstellen, sondern dienen zur Wiederholung!!!

Vor der Bearbeitung der Fälle solltet ihr nicht mit den Schemata arbeiten. Ihr bringt euch möglicherweise um ein grandioses Erfolgserlebnis.

Doch nun zum Aufbau der Schemata:

Sie sind nach Vertragstypen geordnet und orientieren sich an der Reihenfolge der im Buch zu bearbeitenden Fälle.

Zuerst ereilen euch Aufbauhilfen zur ***Mängelhaftung im Kaufrecht (SCHEMA I)*** und dann Aufbauhilfen zur ***Mängelhaftung im Werkvertragsrecht (SCHEMA II)***.

Achtet auf die Kopfzeilen.

Jeder dieser Bereiche beinhaltet die wichtigsten Ansprüche und Rechte, die euch in einer schriftlichen Bearbeitung tangieren können.

Ich wiederhole mich: Nicht jeder irgendwie denkbare Prüfungspunkt taucht in den Schemata auf. Auch nicht jedes Problem kann in epischer Breite dargestellt werden. Ihr solltet also bei Unsicherheiten und/oder Unklarheiten unbedingt noch einmal die Fälle durcharbeiten, in denen die Problempunkte auftauchen. Um in die betreffenden Fälle zu gelangen, hilft ein Blick ins ganz am Ende des Buchs befindliche Sachregister.

SCHEMA I

- Mängel im Kaufrecht

Damit niemand die ***Übersicht*** verliert, liste ich alle Schemata auf, die ihr im **SCHEMA I – Mängel im Kaufrecht** findet.

Anspruch auf Nacherfüllung (Achtung: Wahlrecht des Käufers)

- **Lieferung** einer mangelfreien Sache
  oder **Mangelbeseitigung**
  gemäß §§ 437 Nr. 1, 434, 439

Rücktritt des Käufers

- **Rücktrittsrecht** gemäß §§ 437 Nr. 2 Alt. 1, 434, 323
  bei möglicher Nacherfüllung
- **Rücktrittsrecht** gemäß §§ 437 Nr. 2 Alt. 1, 434, 326 V i.V.m. § 323
  bei Unmöglichkeit der Nacherfüllung
- **Rückzahlung** des Kaufpreises gemäß §§ 346 I, 437 Nr. 2 Alt. 1, 434, 323
  bei möglicher Nacherfüllung
- **Rückzahlung** des Kaufpreises
  gemäß §§ 346 I, 437 Nr. 2 Alt. 1, 434, 326 V i.V.m. § 323
  bei Unmöglichkeit der Nacherfüllung
- **Zahlung** des Kaufpreises gemäß § 433 II
  bei Rücktritt vom Vertrag und möglicher Nacherfüllung
- **Zahlung** des Kaufpreises gemäß § 433 II
  bei Rücktritt vom Vertrag und Unmöglichkeit der Nacherfüllung

Minderung des Käufers

- **Minderungsrecht** gemäß §§ 437 Nr. 2 Alt. 2, 441, 434, 323
  bei möglicher Nacherfüllung
- **Minderungsrecht** gemäß §§ 437 Nr. 2 Alt. 2, 441, 434, 326 V i.V.m. § 323
  bei Unmöglichkeit der Nacherfüllung

Minderung des Käufers (Fortsetzung)

- **Teil-Rückzahlung** des Kaufpreises
  gemäß §§ 441 IV 1, 437 Nr. 2 Alt. 2, 441 I, III, 434, 323
  bei Minderung und möglicher Nacherfüllung

- **Teil-Rückzahlung** des Kaufpreises
  gemäß §§ 441 IV 1, 437 Nr. 2 Alt. 2, 441 I, III, 434, 326 V i.V.m. § 323
  bei Minderung und Unmöglichkeit der Nacherfüllung

- **Zahlung** des Kaufpreises gemäß § 433 II
  bei Minderung und möglicher Nacherfüllung

- **Zahlung** des Kaufpreises gemäß § 433 II
  bei Minderung und Unmöglichkeit der Nacherfüllung

Schadensersatz

- **Schadensersatz** statt der Leistung
  gemäß §§ 437 Nr. 3, 434, 280 I, III, 281 I 1 Alt. 2
  bei möglicher Nacherfüllung

- **Schadensersatz** statt der Leistung
  gemäß §§ 437 Nr. 3, 434, 280 I, III, 283 S. 1
  bei nachträglich unmöglicher Nacherfüllung

- **Schadensersatz** statt der Leistung
  gemäß §§ 437 Nr. 3, 434, 311a II
  bei anfänglich unmöglicher Nacherfüllung

Aufwendungsersatz

- **Aufwendungsersatz**
  gemäß §§ 437 Nr. 3, 434, 280 I, III, 281 I 1 Alt. 2, 284
  bei möglicher Nacherfüllung

- **Aufwendungsersatz**
  gemäß §§ 437 Nr. 3, 280 I, III, 283 S. 1, 284
  bei nachträglich unmöglicher Nacherfüllung

- **Aufwendungsersatz**
  gemäß §§ 437 Nr. 3, 311a II, 284
  bei anfänglich unmöglicher Nacherfüllung

Anspruch auf Nacherfüllung

(Achtung: Wahlrecht des Käufers)

- K gegen V Lieferung einer mangelfreien Sache oder Mangelbeseitigung gemäß §§ 437 Nr. 1, 434, 439 ?

I. Anspruch entstanden ?

1. Wirksamer Kaufvertrag, § 433 ?

2. Sachmangel, § 434 ?

- Mangel nach § 434 I 1 ?
= Sache weist nicht die vereinbarte Beschaffenheit auf

- Mangel nach § 434 I 2 Nr. 1 ?
= Sache eignet sich nicht für die nach dem Vertrag vorausgesetzte Verwendung

- Mangel nach § 434 I 2 Nr. 2 ?
= Sache eignet sich nicht für die gewöhnliche Verwendung oder weist nicht die übliche Beschaffenheit auf, die der Käufer erwarten darf

der Beschaffenheitsbegriff ist in ***§ 434 I 3*** für einen besonderen Fall ausgefüllt und erweitert: zur Beschaffenheit gehören auch Eigenschaften, die der Käufer nach öffentlichen Äußerungen ... insbesondere in der Werbung ... erwarten darf, außer ... (s. Gesetz)

- Mangel nach § 434 II 1 ?
= vereinbarte Montage der Sache ist durch den Verkäufer oder dessen Erfüllungsgehilfen (vgl. § 278) unsachgemäß durchgeführt worden

- Mangel nach § 434 II 2 ?
= bei einer zur Montage bestimmten Sache ist die Montageanleitung mangelhaft; außer: fehlerfreie Montage

- Mangel nach § 434 III ?
= Lieferung einer anderen Sache oder Lieferung einer zu geringen Menge

oder

2. Rechtsmangel, § 435 ?
= Sache ist nicht frei von Rechten Dritter (v.a. im Immobiliarsachenrecht)

3. Vorliegen des Mangels bei Gefahrübergang, § 434 ?
= insb. bei Übergabe, § 446 oder bei Übergabe an Transportperson, § 447 (beachte aber seit dem 01.01.2018 beim Verbrauchsgüterkauf § 475 II, davor seit dem 12.06.2014 den gleichlautenden § 474 IV)

4. Kein Ausschluss der Gewährleistung ?

- gesetzlicher Ausschluss ?

- nach § 442 ?
= bei Kenntnis des Käufers vom Mangel, § 442 I 1 oder bei grob fahrlässiger Unkenntnis, § 442 I 2, außer: arglistiges Verschweigen des Mangels oder Beschaffenheitsgarantie des Verkäufers

- nach § 445 ?
= bei öffentlicher Versteigerung, außer: arglistiges Verschweigen des Mangels oder Beschaffenheitsgarantie des Verkäufers

- nach § 377 HGB ?
= siehe Gesetz

- vertraglicher Ausschluss ?
= grundsätzlich möglich

- Unwirksamkeit des Ausschlusses nach § 476 I, III ?
= beim Verbrauchsgüterkauf; Details: s. Gesetz

- Unwirksamkeit des Ausschlusses nach § 444 ?
= arglistiges Verschweigen des Mangels oder Beschaffenheitsgarantie des Verkäufers

- Unwirksamkeit des Ausschlusses nach § 309 Nr. 8 b) ?
= bei Ausschluss in Allgemeinen Geschäftsbedingungen

II. Anspruch untergegangen ?

- ***nach § 275 I*** (*„Anspruch ... ausgeschlossen“*)

1. Wirksames Schuldverhältnis ?

2. Unmöglichkeit der Nacherfüllung (= Leistung) ?

- beim Anspruch auf Lieferung einer mangelfreien Sache (Wahlrecht!):

→ wenn die Sache eine ***Stückschuld*** ist, kann genau diese Sache üblicherweise nicht mangelfrei (nach-) geliefert werden

→ wenn die Sache eine ***Gattungsschuld*** ist, kann üblicherweise eine andere Sache aus der Gattung nachgeliefert werden; Ausnahmen: alle Sachen der Gattung sind mangelhaft oder die ganze Gattung existiert nicht mehr bzw. aus der ganzen Gattung kann nur noch seitens eines Dritten, jedoch nicht (mehr) vom Schuldner (nach-) geliefert werden

- beim Anspruch auf Beseitigung des Mangels (Wahlrecht!):

→ hier ist es egal, ob die Sache eine ***Stückschuld*** oder eine ***Gattungsschuld*** ist; die Mangelbeseitigung ist unmöglich, wenn sie nicht vorgenommen werden kann

III. Anspruch durchsetzbar ?

- ***§ 275 II* = Einrede wegen „faktischer" Unmöglichkeit**
  = der Anspruchsgegner kann die Leistung verweigern, wenn sie einen unangemessenen Aufwand erfordert

- ***§ 275 III* = Einrede wegen „moralischer" Unmöglichkeit**
  = der Anspruchsgegner kann die Leistung verweigern, wenn sie ihm nicht zugemutet werden kann

- ***§ 439 IV* = Einrede wegen unverhältnismäßiger Kosten**
  = der Anspruchsgegner kann den vom Anspruchsteller gewählten Nacherfüllungsanspruch verweigern; ...

- ***§ 320* = Einrede des nicht erfüllten Vertrags**
  = der Anspruchsgegner kann die Leistung verweigern, bis der Anspruchsteller seinerseits leistet; tatsächliche Geltendmachung der Einrede ist erforderlich

- ***§ 438 I* = Verjährungseinrede**
  = ab Ablieferung der Sache (§ 438 II)

  - Wirksame Verkürzung der Frist ?

  - beim Verbrauchsgüterkauf nach § 476 II
  = bei neuen Sachen nicht weniger als zwei Jahre ab Verjährungsbeginn
  = bei gebrauchten Sachen nicht weniger als ein Jahr

  - individualvertraglich (= nicht Verbrauchsgüterkauf)
  = Verkürzung grundsätzlich möglich und wirksam

  - durch Allgemeine Geschäftsbedingungen (= nicht Verbrauchsgüterkauf)
  = beachten: § 309 Nr. 7, § 309 Nr. 8 b)

  - Verlängerung der Frist ?

  - gesetzlich durch § 438 III
  = bei arglistigem Verschweigen eines Mangels

  - vertraglich
  = Verlängerung grundsätzlich möglich und wirksam; Grenze: § 202 II

IV. Ergebnis

Rücktritt des Käufers

- Rücktrittsrecht bei möglicher Nacherfüllung
gemäß §§ 437 Nr. 2 Alt. 1, 434, 323 ?

I. Voraussetzungen des Rücktrittsrechts ?

1. Wirksamer Kaufvertrag, § 433 ?

2. Sachmangel, § 434 ?

- Mangel nach § 434 I 1 ?
= Sache weist nicht die vereinbarte Beschaffenheit auf

- Mangel nach § 434 I 2 Nr. 1 ?
= Sache eignet sich nicht für die nach dem Vertrag vorausgesetzte Verwendung

- Mangel nach § 434 I 2 Nr. 2 ?
= Sache eignet sich nicht für die gewöhnliche Verwendung oder weist nicht die übliche Beschaffenheit auf, die der Käufer erwarten darf

der Beschaffenheitsbegriff ist in ***§ 434 I 3*** für einen besonderen Fall ausgefüllt und erweitert: zur Beschaffenheit gehören auch Eigenschaften, die der Käufer nach öffentlichen Äußerungen ... insbesondere in der Werbung ... erwarten darf, außer ... (s. Gesetz)

- Mangel nach § 434 II 1 ?
= vereinbarte Montage der Sache ist durch den Verkäufer oder dessen Erfüllungsgehilfen (vgl. § 278) unsachgemäß durchgeführt worden

- Mangel nach § 434 II 2 ?
= bei einer zur Montage bestimmten Sache ist die Montageanleitung mangelhaft; außer: fehlerfreie Montage

- Mangel nach § 434 III ?
= Lieferung einer anderen Sache oder Lieferung einer zu geringen Menge

oder

2. Rechtsmangel, § 435 ?
= Sache ist nicht frei von Rechten Dritter (v.a. im Immobiliarsachenrecht)

3. Vorliegen des Mangels bei Gefahrübergang, § 434 ?
= insb. bei Übergabe, § 446 oder bei Übergabe an Transportperson, § 447 (beachte aber seit dem 01.01.2018 beim Verbrauchsgüterkauf § 475 II, davor seit dem 12.06.2014 den gleichlautenden § 474 IV)

4. Kein Ausschluss der Gewährleistung ?

- gesetzlicher Ausschluss ?

- Ausschluss nach § 442 ?
= bei Kenntnis des Käufers vom Mangel, § 442 I 1 oder bei grob fahrlässiger Unkenntnis, § 442 I 2, außer: arglistiges Verschweigen des Mangels oder Beschaffenheitsgarantie des Verkäufers

- Ausschluss nach § 445 ?
= bei öffentlicher Versteigerung, außer: arglistiges Verschweigen des Mangels oder Beschaffenheitsgarantie des Verkäufers

- Ausschluss nach § 377 HGB ?
= siehe Gesetz

- vertraglicher Ausschluss ?
= grundsätzlich möglich

- Unwirksamkeit des Ausschlusses nach § 476 I, III ?
= beim Verbrauchsgüterkauf; Details: s. Gesetz

- Unwirksamkeit des Ausschlusses nach § 444 ?
= arglistiges Verschweigen des Mangels oder Beschaffenheitsgarantie des Verkäufers

- Unwirksamkeit des Ausschlusses nach § 309 Nr. 8 b) ?
= bei Ausschluss in Allgemeinen Geschäftsbedingungen

5. Angemessene Fristbestimmung und Erfolglosigkeit, § 323 I oder Entbehrlichkeit der Fristsetzung, § 323 II oder § 440 ?

- Angemessene Fristbestimmung und Erfolglosigkeit, § 323 I ?

- Angemessene Fristbestimmung ?

- Erfolglosigkeit der Fristbestimmung ?

oder

- Entbehrlichkeit der Fristsetzung , § 323 II oder § 440 ?

- Entbehrlichkeit der Fristsetzung nach § 323 II Nr. 1 ?
= wenn der Schuldner die Leistung ernsthaft und endgültig verweigert

- Entbehrlichkeit der Fristsetzung nach § 323 II Nr. 2 ?
= wenn der Schuldner die Leistung zu einem im Vertrag bestimmten Termin oder innerhalb einer bestimmten Frist nicht bewirkt und der Gläubiger im Vertrag den Fortbestand seines Leistungsinteresses an die Rechtzeitigkeit der Leistung gebunden hat

- Entbehrlichkeit der Fristsetzung nach § 323 II Nr. 3 ?
= wenn besondere Umstände vorliegen, die unter Abwägung der beiderseitigen Interessen den sofortigen Rücktritt rechtfertigen

- Entbehrlichkeit der Fristsetzung nach § 440 ?
= wenn der Verkäufer beide Arten der Nacherfüllung gemäß § 439 IV verweigert hat

oder wenn die dem Käufer zustehende Art der Nacherfüllung fehlgeschlagen ist (beachte hierzu § 440 S. 2)
oder wenn die Nacherfüllung dem Käufer unzumutbar ist

aber

- ***Achtung:*** beim ***Verbrauchsgüterkauf*** (Kauf zwischen Unternehmer und Verbraucher, vgl. § 474) muss die Frage, ob § 323 mit der Verbrauchsgüterkauf-Richtlinie (EU-Recht) vereinbar ist (nach § 323 Fristsetzung erforderlich, nach EU-Recht nicht, sondern nur Abwarten einer angemessenen Frist), meist nicht beantwortet werden. Der BGH fordert hier wenig: Bereits die dringende Aufforderung zur Nacherfüllung („sofort“, „umgehend“ o.ä.) ist als Fristsetzung zu werten.

6. Kein Ausschluss des Rücktritts ?

- ***Ausschluss nach § 323 VI Alt. 1 ?***
  = wenn der Gläubiger für den Rücktrittsumstand allein oder weit überwiegend verantwortlich ist
- ***Ausschluss nach § 323 VI Alt. 2 ?***
  = wenn der vom Schuldner nicht zu vertretende Rücktrittsumstand zu einer Zeit eintritt, in der der Gläubiger im Annahmeverzug ist; dies bestimmt sich nach §§ 293 ff
- ***Ausschluss nach § 323 V 2 ?***
  = bei nur unerheblichem Mangel

7. Keine Unwirksamkeit des Rücktritts, § 218 I 1 ?
= wenn der Nacherfüllungsanspruch verjährt ist

II. Ergebnis

Rücktritt des Käufers

- Rücktrittsrecht bei Unmöglichkeit der Nacherfüllung gemäß §§ 437 Nr. 2 Alt. 1, 434, 326 V i.V.m. § 323 ?

I. Voraussetzungen des Rücktrittsrechts ?

1. Wirksamer Kaufvertrag, § 433 ?

2. Sachmangel, § 434 ? → vgl. Seite 245

- ***Mangel nach § 434 I 1 ?***
- ***Mangel nach § 434 I 2 Nr. 1 ?***
- ***Mangel nach § 434 I 2 Nr. 2 ?***
- ***Mangel nach § 434 II 1 ?***
- ***Mangel nach § 434 II 2 ?***
- ***Mangel nach § 434 III ?***

oder

2. Rechtsmangel, § 435 ? → vgl. Seite 245

3. Vorliegen des Mangels bei Gefahrübergang, § 434 ? → vgl. Seite 245

4. Kein Ausschluss der Gewährleistung ? → vgl. Seite 246

- ***gesetzlicher Ausschluss ?***
  - ***Ausschluss nach § 442 ?***
  - ***Ausschluss nach § 445 ?***
  - ***Ausschluss nach § 377 HGB ?***
- ***vertraglicher Ausschluss ?***
  - ***Unwirksamkeit des Ausschlusses nach § 476 I, III ?***
  - ***Unwirksamkeit des Ausschlusses nach § 444 ?***
  - ***Unwirksamkeit des Ausschlusses nach § 309 Nr. 8 b) ?***

5. Entbehrlichkeit der Fristsetzung gemäß § 326 V i.V.m. § 275 I bis III ?
= bei Leistungsbefreiung des Schuldners gemäß § 275 I bis III

- ***Leistungsbefreiung nach § 275 I***
  = der Anspruch auf die Leistung (Nacherfüllung) ist ausgeschlossen, wenn diese unmöglich ist

  a. Wirksames Schuldverhältnis ?

  b. Unmöglichkeit der <u>Nacherfüllung</u> (= Leistung) ?

  - beim Anspruch auf Lieferung einer mangelfreien Sache (Wahlrecht!):

  → wenn die Sache eine ***Stückschuld*** ist, kann genau diese Sache üblicherweise nicht mangelfrei (nach-) geliefert werden

  → wenn die Sache eine ***Gattungsschuld*** ist, kann üblicherweise eine andere Sache aus der Gattung nachgeliefert werden; Ausnahmen: alle Sachen der Gattung sind mangelhaft oder die ganze Gattung existiert nicht mehr bzw. aus der ganzen Gattung kann nur noch seitens eines Dritten, jedoch nicht (mehr) vom Schuldner (nach-) geliefert werden

  - beim Anspruch auf Beseitigung des Mangels (Wahlrecht!):

  → hier ist es egal, ob die Sache eine ***Stückschuld*** oder eine ***Gattungsschuld*** ist; die Mangelbeseitigung ist unmöglich, wenn sie nicht vorgenommen werden kann

- ***Leistungsbefreiung nach § 275 II***
  = der Anspruchsgegner kann die Leistung verweigern, wenn sie einen unangemessenen Aufwand erfordert

- ***Leistungsbefreiung nach § 275 III***
  = der Anspruchsgegner kann die Leistung verweigern, wenn sie ihm nicht zugemutet werden kann

6. Kein Ausschluss des Rücktritts ? → vgl. Seite 247

- Ausschluss nach § 326 V i.V.m. § 323 VI Alt. 1 ?

- Ausschluss nach § 326 V i.V.m. § 323 VI Alt. 2 ?

- Ausschluss nach § 326 V i.V.m. § 323 V 2 ?

7. Keine Unwirksamkeit des Rücktritts, § 218 I 2 ?

- Unwirksamkeit nach § 218 i.V.m. § 275 I bis III ?
= wenn der Schuldner zwar nach § 275 I bis III nicht zu leisten braucht (= Unmöglichkeit der Nacherfüllung), der Nacherfüllungsanspruch – so er bestünde – jedoch verjährt wäre

- Unwirksamkeit nach § 218 i.V.m. § 439 IV ?
= wenn der Schuldner zwar nach § 439 IV nicht zu leisten braucht, der Nacherfüllungsanspruch – so er bestünde – jedoch verjährt wäre

II. Ergebnis

Rücktritt des Käufers

- K gegen V Rückzahlung des Kaufpreises bei möglicher Nacherfüllung
gemäß §§ 346 I, 437 Nr. 2 Alt. 1, 434, 323 ?

I. Anspruch entstanden ?

1. *Wirksamer Kaufvertrag, § 433 ?*

2. *Sachmangel, § 434 ?*

- *Mangel nach § 434 I 1 ?*
= Sache weist nicht die vereinbarte Beschaffenheit auf

- *Mangel nach § 434 I 2 Nr. 1 ?*
= Sache eignet sich nicht für die nach dem Vertrag vorausgesetzte Verwendung

- *Mangel nach § 434 I 2 Nr. 2 ?*
= Sache eignet sich nicht für die gewöhnliche Verwendung oder weist nicht die übliche Beschaffenheit auf, die der Käufer erwarten darf

der Beschaffenheitsbegriff ist in ***§ 434 I 3*** für einen besonderen Fall ausgefüllt und erweitert: zur Beschaffenheit gehören auch Eigenschaften, die der Käufer nach öffentlichen Äußerungen ... insbesondere in der Werbung ... erwarten darf, außer ... (s. Gesetz)

- *Mangel nach § 434 II 1 ?*
= vereinbarte Montage der Sache ist durch den Verkäufer oder dessen Erfüllungsgehilfen (vgl. § 278) unsachgemäß durchgeführt worden

- *Mangel nach § 434 II 2 ?*
= bei einer zur Montage bestimmten Sache ist die Montageanleitung mangelhaft; außer: fehlerfreie Montage

- *Mangel nach § 434 III ?*
= Lieferung einer anderen Sache oder Lieferung einer zu geringen Menge

oder

2. *Rechtsmangel, § 435 ?*
= Sache ist nicht frei von Rechten Dritter (v.a. im Immobiliarsachenrecht)

3. *Vorliegen des Mangels bei Gefahrübergang, § 434 ?*
= insb. bei Übergabe, § 446 oder bei Übergabe an Transportperson, § 447 (beachte aber seit dem 01.01.2018 beim Verbrauchsgüterkauf § 475 II, davor seit dem 12.06.2014 den gleichlautenden § 474 IV)

4. Kein Ausschluss der Gewährleistung ?

- gesetzlicher Ausschluss ?

- Ausschluss nach § 442 ?
= bei Kenntnis des Käufers vom Mangel, § 442 I 1 oder bei grob fahrlässiger Unkenntnis, § 442 I 2, außer: arglistiges Verschweigen des Mangels oder Beschaffenheitsgarantie des Verkäufers

- Ausschluss nach § 445 ?
= bei öffentlicher Versteigerung, außer: arglistiges Verschweigen des Mangels oder Beschaffenheitsgarantie des Verkäufers

- Ausschluss nach § 377 HGB ?
= siehe Gesetz

- vertraglicher Ausschluss ?
= grundsätzlich möglich

- Unwirksamkeit des Ausschlusses nach § 476 I, III
= beim Verbrauchsgüterkauf; Details: s. Gesetz

- Unwirksamkeit des Ausschlusses nach § 444
= arglistiges Verschweigen des Mangels oder Beschaffenheitsgarantie des Verkäufers

- Unwirksamkeit des Ausschlusses nach § 309 Nr. 8 b)
= bei Ausschluss in Allgemeinen Geschäftsbedingungen

5. Angemessene Fristbestimmung und Erfolglosigkeit, § 323 I oder Entbehrlichkeit der Fristsetzung, § 323 II oder § 440 ?

- Angemessene Fristbestimmung und Erfolglosigkeit, § 323 I ?

- Angemessene Fristbestimmung ?

- Erfolglosigkeit der Fristbestimmung ?

oder

- Entbehrlichkeit der Fristsetzung , § 323 II oder § 440 ?

- Entbehrlichkeit der Fristsetzung nach § 323 II Nr. 1 ?
= wenn der Schuldner die Leistung ernsthaft und endgültig verweigert

- Entbehrlichkeit der Fristsetzung nach § 323 II Nr. 2 ?
= wenn der Schuldner die Leistung zu einem im Vertrag bestimmten Termin oder innerhalb einer bestimmten Frist nicht bewirkt und der Gläubiger im Vertrag den Fortbestand seines Leistungsinteresses an die Rechtzeitigkeit der Leistung gebunden hat

- Entbehrlichkeit der Fristsetzung nach § 323 II Nr. 3 ?
= wenn besondere Umstände vorliegen, die unter Abwägung der beiderseitigen Interessen den sofortigen Rücktritt rechtfertigen

- ***Entbehrlichkeit der Fristsetzung nach § 440 ?***
  = wenn der Verkäufer beide Arten der Nacherfüllung gemäß § 439 IV verweigert hat
  oder wenn die dem Käufer zustehende Art der Nacherfüllung fehlgeschlagen ist (beachte hierzu § 440 S. 2)
  oder wenn die Nacherfüllung dem Käufer unzumutbar ist

- ***Achtung:*** beim ***Verbrauchsgüterkauf*** (Kauf zwischen Unternehmer und Verbraucher, vgl. § 474) muss die Frage, ob § 323 mit der Verbrauchsgüterkauf-Richtlinie (EU-Recht) vereinbar ist (nach § 323 Fristsetzung erforderlich, nach EU-Recht nicht, sondern nur Abwarten einer angemessenen Frist), muss meist nicht beantwortet werden. Der BGH fordert hier wenig: Bereits die dringende Aufforderung zur Nacherfüllung („sofort“, „umgehend“ o.ä.) ist als Fristsetzung zu werten.

6. Kein Ausschluss des Rücktritts ?

- ***Ausschluss nach § 323 VI Alt. 1 ?***
  = wenn der Gläubiger für den Rücktrittsumstand allein oder weit überwiegend verantwortlich ist

- ***Ausschluss nach § 323 VI Alt. 2 ?***
  = wenn der vom Schuldner nicht zu vertretende Rücktrittsumstand zu einer Zeit eintritt, in der der Gläubiger im Annahmeverzug ist; dies bestimmt sich nach §§ 293 ff

- ***Ausschluss nach § 323 V 2 ?***
  = bei nur unerheblichem Mangel

7. Keine Unwirksamkeit des Rücktritts, § 218 I 1 ?
= wenn der Nacherfüllungsanspruch verjährt ist

8. Rücktrittserklärung, § 349 ?
= gegenüber dem anderen Teil

II. Anspruch untergegangen ?

- ***nach §§ 389, 387, 388 S. 1, 346 II***
  = der Rückzahlungsanspruch erlischt, wenn der Anspruchsgegner wirksam mit einer Gegenforderung aufrechnet (z.B. Wertersatzanspruch gemäß § 346 II); tatsächliche Aufrechnung ist erforderlich

III. Anspruch durchsetzbar ?

- ***§ 348 i.V.m. § 320* = Einrede der Zug-um-Zug-Erfüllung**
  = der Anspruchsgegner kann die Rückzahlung verweigern, bis der Anspruchsteller seinerseits der Rückgewährverpflichtung aus § 346 nachkommt; tatsächliche Geltendmachung der Einrede ist erforderlich

IV. Ergebnis

Rücktritt des Käufers

- K gegen V Rückzahlung des Kaufpreises bei Unmöglichkeit der Nacherfüllung
gemäß §§ 346 I, 437 Nr. 2 Alt. 1, 434, 326 V i.V.m. § 323 ?

I. Anspruch entstanden ?

1. Wirksamer Kaufvertrag, § 433 ?

2. Sachmangel, § 434 ? → vgl. Seite 250

- ***Mangel nach § 434 I 1 ?***
- ***Mangel nach § 434 I 2 Nr. 1 ?***
- ***Mangel nach § 434 I 2 Nr. 2 ?***
- ***Mangel nach § 434 II 1 ?***
- ***Mangel nach § 434 II 2 ?***
- ***Mangel nach § 434 III ?***

oder

2. Rechtsmangel, § 435 ? → vgl. Seite 250

3. Vorliegen des Mangels bei Gefahrübergang, § 434 ? → vgl. Seite 250

4. Kein Ausschluss der Gewährleistung ? → vgl. Seite 251

- ***gesetzlicher Ausschluss ?***
  - ***Ausschluss nach § 442 ?***
  - ***Ausschluss nach § 445 ?***
  - ***Ausschluss nach § 377 HGB ?***
- ***vertraglicher Ausschluss ?***
  - ***Unwirksamkeit des Ausschlusses nach § 476 I, III ?***
  - ***Unwirksamkeit des Ausschlusses nach § 444 ?***
  - ***Unwirksamkeit des Ausschlusses nach § 309 Nr. 8 b) ?***

5. *Entbehrlichkeit der Fristsetzung gemäß § 326 V i.V.m. § 275 I bis III ?*
= bei Leistungsbefreiung des Schuldners gemäß § 275 I bis III

- ***Leistungsbefreiung nach § 275 I***
  = der Anspruch auf die Leistung (Nacherfüllung) ist ausgeschlossen, wenn diese unmöglich ist

  a. Wirksames Schuldverhältnis ?

  b. Unmöglichkeit der Nacherfüllung (= Leistung) ?

  - beim Anspruch auf Lieferung einer mangelfreien Sache (Wahlrecht!):

  → wenn die Sache eine ***Stückschuld*** ist, kann genau diese Sache üblicherweise nicht mangelfrei (nach-) geliefert werden

  → wenn die Sache eine ***Gattungsschuld*** ist, kann üblicherweise eine andere Sache aus der Gattung nachgeliefert werden; Ausnahmen: alle Sachen der Gattung sind mangelhaft oder die ganze Gattung existiert nicht mehr bzw. aus der ganzen Gattung kann nur noch seitens eines Dritten, jedoch nicht (mehr) vom Schuldner (nach-) geliefert werden

  - beim Anspruch auf Beseitigung des Mangels (Wahlrecht!):

  → hier ist es egal, ob die Sache eine ***Stückschuld*** oder eine ***Gattungsschuld*** ist; die Mangelbeseitigung ist unmöglich, wenn sie nicht vorgenommen werden kann

- ***Leistungsbefreiung nach § 275 II***
  = der Anspruchsgegner kann die Leistung verweigern, wenn sie einen unangemessenen Aufwand erfordert

- ***Leistungsbefreiung nach § 275 III***
  = der Anspruchsgegner kann die Leistung verweigern, wenn sie ihm nicht zugemutet werden kann

6. *Kein Ausschluss des Rücktritts ?* → vgl. Seite 252

- Ausschluss nach § 326 V i.V.m. § 323 VI Alt. 1 ?

- Ausschluss nach § 326 V i.V.m. § 323 VI Alt. 2 ?

- Ausschluss nach § 326 V i.V.m. § 323 V 2 ?

7. *Keine Unwirksamkeit des Rücktritts, § 218 I 2 ?*

- Unwirksamkeit nach § 218 i.V.m. § 275 I bis III ?
= wenn der Schuldner zwar nach § 275 I bis III nicht zu leisten braucht (= Unmöglichkeit der Nacherfüllung), der Nacherfüllungsanspruch – so er bestünde – jedoch verjährt wäre

- Unwirksamkeit nach § 218 i.V.m. § 439 IV ?
= wenn der Schuldner zwar nach § 439 IV nicht zu leisten braucht, der Nacherfüllungsanspruch – so er bestünde – jedoch verjährt wäre

8. Rücktrittserklärung, § 349 ?
= gegenüber dem anderen Teil

II. Anspruch untergegangen ?

- ***nach §§ 389, 387, 388 S. 1, 346 II***
  = der Rückzahlungsanspruch erlischt, wenn der Anspruchsgegner wirksam mit einer Gegenforderung aufrechnet (z.B. Wertersatzanspruch gemäß § 346 II); tatsächliche Aufrechnung ist erforderlich

III. Anspruch durchsetzbar ?

- ***§ 348 i.V.m. § 320* = Einrede der Zug-um-Zug-Erfüllung**
  = der Anspruchsgegner kann die Rückzahlung verweigern, bis der Anspruchsteller seinerseits der Rückgewährverpflichtung aus § 346 nachkommt; tatsächliche Geltendmachung der Einrede ist erforderlich

IV. Ergebnis

Rücktritt des Käufers

- V gegen K <u>Zahlung</u> des Kaufpreises
gemäß § 433 II ?
(bei Rücktritt und möglicher Nacherfüllung)

I. Anspruch entstanden ?

- Wirksamer Kaufvertrag ?

II. Anspruch untergegangen ?

- **durch Rücktritt gemäß §§ 346 I, 437 Nr. 2 Alt. 1, 434, 323**
  (bei möglicher Nacherfüllung)
  = der Anspruch auf die Gegenleistung entfällt, wenn der Anspruchsgegner wirksam vom Vertrag zurückgetreten ist; er ist wirksam zurückgetreten, wenn die Voraussetzungen eines Rücktrittsrechts vorliegen <u>und</u> eine Rücktrittserklärung erfolgt ist

1. Wirksamer Kaufvertrag, § 433 ?

2. <u>Sach</u>mangel, § 434 ?

- Mangel nach § 434 I 1 ?
= Sache weist nicht die vereinbarte Beschaffenheit auf

- Mangel nach § 434 I 2 Nr. 1 ?
= Sache eignet sich nicht für die nach dem Vertrag vorausgesetzte Verwendung

- Mangel nach § 434 I 2 Nr. 2 ?
= Sache eignet sich nicht für die gewöhnliche Verwendung oder weist nicht die übliche Beschaffenheit auf, die der Käufer erwarten darf

der Beschaffenheitsbegriff ist in ***§ 434 I 3*** für einen besonderen Fall ausgefüllt und erweitert: zur Beschaffenheit gehören auch Eigenschaften, die der Käufer nach öffentlichen Äußerungen ... insbesondere in der Werbung ... erwarten darf, außer ... (s. Gesetz)

- Mangel nach § 434 II 1 ?
= vereinbarte Montage der Sache ist durch den Verkäufer oder dessen Erfüllungsgehilfen (vgl. § 278) unsachgemäß durchgeführt worden

- Mangel nach § 434 II 2 ?
= bei einer zur Montage bestimmten Sache ist die Montageanleitung mangelhaft; außer: fehlerfreie Montage

- *Mangel nach § 434 III ?*
= Lieferung einer anderen Sache oder Lieferung einer zu geringen Menge

oder

2. Rechtsmangel, § 435 ?
= Sache ist nicht frei von Rechten Dritter (v.a. im Immobiliarsachenrecht)

3. Vorliegen des Mangels bei Gefahrübergang, § 434 ?
= insb. bei Übergabe, § 446 oder bei Übergabe an Transportperson, § 447 (beachte aber seit dem 01.01.2018 beim Verbrauchsgüterkauf § 475 II, davor seit dem 12.06.2014 den gleichlautenden § 474 IV)

4. Kein Ausschluss der Gewährleistung ?

- gesetzlicher Ausschluss ?

- Ausschluss nach § 442 ?
= bei Kenntnis des Käufers vom Mangel, § 442 I 1 oder bei grob fahrlässiger Unkenntnis, § 442 I 2, außer: arglistiges Verschweigen des Mangels oder Beschaffenheitsgarantie des Verkäufers

- Ausschluss nach § 445 ?
= bei öffentlicher Versteigerung, außer: arglistiges Verschweigen des Mangels oder Beschaffenheitsgarantie des Verkäufers

- Ausschluss nach § 377 HGB ?
= siehe Gesetz

- vertraglicher Ausschluss ?
= grundsätzlich möglich

- Unwirksamkeit des Ausschlusses nach § 476 I, III
= beim Verbrauchsgüterkauf; Details: s. Gesetz

- Unwirksamkeit des Ausschlusses nach § 444
= arglistiges Verschweigen des Mangels oder Beschaffenheitsgarantie des Verkäufers

- Unwirksamkeit des Ausschlusses nach § 309 Nr. 8 b)
= bei Ausschluss in Allgemeinen Geschäftsbedingungen

5. Angemessene Fristbestimmung und Erfolglosigkeit, § 323 I oder Entbehrlichkeit der Fristsetzung, § 323 II oder § 440 ?

- Angemessene Fristbestimmung und Erfolglosigkeit, § 323 I ?

- Angemessene Fristbestimmung ?

- Erfolglosigkeit der Fristbestimmung ?

oder

- Entbehrlichkeit der Fristsetzung , § 323 II oder § 440 ?

- Entbehrlichkeit der Fristsetzung nach § 323 II Nr. 1 ?
= wenn der Schuldner die Leistung ernsthaft und endgültig verweigert

- ***Entbehrlichkeit der Fristsetzung nach § 323 II Nr. 2 ?***
  = wenn der Schuldner die Leistung zu einem im Vertrag bestimmten Termin oder innerhalb einer bestimmten Frist nicht bewirkt und der Gläubiger im Vertrag den Fortbestand seines Leistungsinteresses an die Rechtzeitigkeit der Leistung gebunden hat

- ***Entbehrlichkeit der Fristsetzung nach § 323 II Nr. 3 ?***
  = wenn besondere Umstände vorliegen, die unter Abwägung der beiderseitigen Interessen den sofortigen Rücktritt rechtfertigen

- ***Entbehrlichkeit der Fristsetzung nach § 440 ?***
  = wenn der Verkäufer beide Arten der Nacherfüllung gemäß § 439 IV verweigert hat
  oder wenn die dem Käufer zustehende Art der Nacherfüllung fehlgeschlagen ist (beachte hierzu § 440 S. 2)
  oder wenn die Nacherfüllung dem Käufer unzumutbar ist

- ***Achtung:*** beim ***Verbrauchsgüterkauf*** (Kauf zwischen Unternehmer und Verbraucher, vgl. § 474) muss die Frage, ob § 323 mit der Verbrauchsgüterkauf-Richtlinie (EU-Recht) vereinbar ist (nach § 323 Fristsetzung erforderlich, nach EU-Recht nicht, sondern nur Abwarten einer angemessenen Frist), muss meist nicht beantwortet werden. Der BGH fordert hier wenig: Bereits die dringende Aufforderung zur Nacherfüllung („sofort", „umgehend" o.ä.) ist als Fristsetzung zu werten.

6. Kein Ausschluss des Rücktritts ?

- ***Ausschluss nach § 323 VI Alt. 1 ?***
  = wenn der Gläubiger für den Rücktrittsumstand allein oder weit überwiegend verantwortlich ist

- ***Ausschluss nach § 323 VI Alt. 2 ?***
  = wenn der vom Schuldner nicht zu vertretende Rücktrittsumstand zu einer Zeit eintritt, in der der Gläubiger im Annahmeverzug ist; dies bestimmt sich nach §§ 293 ff

- ***Ausschluss nach § 323 V 2 ?***
  = bei nur unerheblichem Mangel

7. Keine Unwirksamkeit des Rücktritts, § 218 I 1 ?
= wenn der Nacherfüllungsanspruch verjährt ist

8. Rücktrittserklärung, § 349 ?
= gegenüber dem anderen Teil

III. Anspruch durchsetzbar ?

IV. Ergebnis

Rücktritt des Käufers

- V gegen K Zahlung des Kaufpreises
gemäß § 433 II ?
(bei Rücktritt und Unmöglichkeit der Nacherfüllung)

I. Anspruch entstanden ?

- Wirksamer Kaufvertrag ?

II. Anspruch untergegangen ?

- **durch Rücktritt gemäß §§ 346 I, 437 Nr. 2 Alt. 1, 434, 326 V i.V.m. § 323**
  (bei Unmöglichkeit der Nacherfüllung)
  = der Anspruch auf die Gegenleistung entfällt, wenn der Anspruchsgegner wirksam vom Vertrag zurückgetreten ist; er ist wirksam zurückgetreten, wenn die Voraussetzungen eines Rücktrittsrechts vorliegen und eine Rücktrittserklärung erfolgt ist

1. Wirksamer Kaufvertrag, § 433 ?

2. Sachmangel, § 434 ? → vgl. Seiten256/257

- Mangel nach § 434 I 1 ?

- Mangel nach § 434 I 2 Nr. 1 ?

- Mangel nach § 434 I 2 Nr. 2 ?

- Mangel nach § 434 II 1 ?

- Mangel nach § 434 II 2 ?

- Mangel nach § 434 III ?

oder

2. Rechtsmangel, § 435 ? → vgl. Seite 257

3. Vorliegen des Mangels bei Gefahrübergang, § 434 ? → vgl. Seite 257

4. Kein Ausschluss der Gewährleistung ? → vgl. Seite 257

- gesetzlicher Ausschluss ?

- Ausschluss nach § 442 ?

- Ausschluss nach § 445 ?

- Ausschluss nach § 377 HGB ?

- vertraglicher Ausschluss ?

- Unwirksamkeit des Ausschlusses nach § 476 I, III ?

- Unwirksamkeit des Ausschlusses nach § 444 ?

- Unwirksamkeit des Ausschlusses nach § 309 Nr. 8 b) ?

5. Entbehrlichkeit der Fristsetzung gemäß § 326 V i.V.m. § 275 I bis III ?
= bei Leistungsbefreiung des Schuldners gemäß § 275 I bis III

- ***Leistungsbefreiung nach § 275 I***
= der Anspruch auf die Leistung (Nacherfüllung) ist ausgeschlossen, wenn diese unmöglich ist

a. Wirksames Schuldverhältnis ?

b. Unmöglichkeit der <u>Nacherfüllung</u> (= Leistung) ?

- beim Anspruch auf Lieferung einer mangelfreien Sache (Wahlrecht!):

→ wenn die Sache eine ***Stückschuld*** ist, kann genau diese Sache üblicherweise nicht mangelfrei (nach-) geliefert werden

→ wenn die Sache eine ***Gattungsschuld*** ist, kann üblicherweise eine andere Sache aus der Gattung nachgeliefert werden; Ausnahmen: alle Sachen der Gattung sind mangelhaft oder die ganze Gattung existiert nicht mehr bzw. aus der ganzen Gattung kann nur noch seitens eines Dritten, jedoch nicht (mehr) vom Schuldner (nach-) geliefert werden

- beim Anspruch auf Beseitigung des Mangels (Wahlrecht!):

→ hier ist es egal, ob die Sache eine ***Stückschuld*** oder eine ***Gattungsschuld*** ist; die Mangelbeseitigung ist unmöglich, wenn sie nicht vorgenommen werden kann

- ***Leistungsbefreiung nach § 275 II***
= der Anspruchsgegner kann die Leistung verweigern, wenn sie einen unangemessenen Aufwand erfordert

- ***Leistungsbefreiung nach § 275 III***
= der Anspruchsgegner kann die Leistung verweigern, wenn sie ihm nicht zugemutet werden kann

6. Kein Ausschluss des Rücktritts ? → vgl. Seite 258

- Ausschluss nach § 326 V i.V.m. § 323 VI Alt. 1 ?

- Ausschluss nach § 326 V i.V.m. § 323 VI Alt. 2 ?

- Ausschluss nach § 326 V i.V.m. § 323 V 2 ?

7. Keine Unwirksamkeit des Rücktritts, § 218 I 2 ?

- ***Unwirksamkeit nach § 218 i.V.m. § 275 I bis III ?***
  = wenn der Schuldner zwar nach § 275 I bis III nicht zu leisten braucht (= Unmöglichkeit der Nacherfüllung), der Nacherfüllungsanspruch – so er bestünde – jedoch verjährt wäre

- ***Unwirksamkeit nach § 218 i.V.m. § 439 IV ?***
  = wenn der Schuldner zwar nach § 439 IV nicht zu leisten braucht, der Nacherfüllungsanspruch – so er bestünde – jedoch verjährt wäre

8. Rücktrittserklärung, § 349 ?
= gegenüber dem anderen Teil

III. Anspruch durchsetzbar ?

IV. Ergebnis

Minderung des Käufers

- *Minderungsrecht bei möglicher Nacherfüllung gemäß §§ 437 Nr. 2 Alt. 2, 441, 434, 323 ?*

I. Voraussetzungen des Minderungsrechts ?

1. Wirksamer Kaufvertrag, § 433 ?

2. Sachmangel, § 434 ? → vgl. Seite 245
oder
2. Rechtsmangel, § 435 ?

3. Vorliegen des Mangels bei Gefahrübergang, § 434 ? → vgl. Seite 245

4. Kein Ausschluss der Gewährleistung ? → vgl. Seite 246

5. Angemessene Fristbestimmung und Erfolglosigkeit, § 323 I oder Entbehrlichkeit der Fristsetzung, § 323 II oder § 440 ? → vgl. Seite 246

6. Kein Ausschluss der Minderung ?
→ vgl. Seite 247; außer § 323 V 2 (nur Rücktritt!)

7. Keine Unwirksamkeit der Minderung, § 218 I 1 ? → vgl. Seite 247

8. Umfang der Minderung

→ ***§ 441 III 1*** → ***Berechnung:***

$$\text{geminderter Kaufpreis} = \frac{\text{Wert der Sache mit Mangel} \times \text{vereinbarter Kaufpreis}}{\text{Wert der Sache ohne Mangel}}$$

II. Ergebnis

Minderung des Käufers

- Minderungsrecht bei Unmöglichkeit der Nacherfüllung gemäß §§ 437 Nr. 2 Alt. 2, 441, 434, 326 V i.V.m. § 323 ?

I. Voraussetzungen des Minderungsrechts ?

1. Wirksamer Kaufvertrag, § 433 ?

2. Sachmangel, § 434 ? → vgl. Seite 245
oder
2. Rechtsmangel, § 435 ?

3. Vorliegen des Mangels bei Gefahrübergang, § 434 ? → vgl. Seite 245

4. Kein Ausschluss der Gewährleistung ? → vgl. Seite 246

5. Entbehrlichkeit der Fristsetzung gemäß § 326 V i.V.m. § 275 I bis III ?
= bei Leistungsbefreiung des Schuldners gemäß § 275 I bis III
→ vgl. Seite 249

6. Kein Ausschluss der Minderung ?
→ vgl. Seite 247; außer § 323 V 2 (nur Rücktritt!)

7. Keine Unwirksamkeit der Minderung, § 218 I 2 ? → vgl. Seite 249

8. Umfang der Minderung

→ § 441 III 1 → Berechnung:

$$\text{geminderter Kaufpreis} = \frac{\text{Wert der Sache mit Mangel} \times \text{vereinbarter Kaufpreis}}{\text{Wert der Sache ohne Mangel}}$$

II. Ergebnis

Minderung des Käufers

- *K gegen V Teil-Rückzahlung des Kaufpreises*
gemäß §§ 441 IV 1, 437 Nr. 2 Alt. 2, 441 I, III, 434, 323 ?
bei Minderung und möglicher Nacherfüllung

I. Anspruch entstanden ?

1. Wirksamer Kaufvertrag, § 433 ?

2. Sachmangel, § 434 ? → vgl. Seite 245

oder

2. Rechtsmangel, § 435 ?

3. Vorliegen des Mangels bei Gefahrübergang, § 434 ? → vgl. Seite 245

4. Kein Ausschluss der Gewährleistung ? → vgl. Seite 246

5. Angemessene Fristbestimmung und Erfolglosigkeit, § 323 I
oder Entbehrlichkeit der Fristsetzung, § 323 II oder § 440 ?
(bei möglicher Nacherfüllung) → vgl. Seite 246

6. Kein Ausschluss der Minderung ?
→ vgl. Seite 247; außer § 323 V 2 (nur Rücktritt!)

7. Keine Unwirksamkeit der Minderung, § 218 I 1 ? → vgl. Seite 247

8. Minderungserklärung, § 441 I 1 ?

9. Umfang der Minderung → § 441 III 1 → Berechnung → vgl. Seite 262

II. Anspruch untergegangen ?

- ***nach §§ 389, 387, 388 S. 1, 346 II***
  = der Teil-Rückzahlungsanspruch erlischt, wenn und soweit der Anspruchsgegner wirksam mit einer Gegenforderung aufrechnet; tatsächliche Aufrechnung ist erforderlich

III. Anspruch durchsetzbar ?

- ***§ 348 i.V.m. § 320* = Einrede der Zug-um-Zug-Erfüllung**
  = der Anspruchsgegner kann die Rückzahlung verweigern, bis der Anspruchsteller seinerseits der Rückgewährverpflichtung aus § 346 (Nutzungen) nachkommt; tatsächliche Geltendmachung der Einrede ist erforderlich

IV. Ergebnis

Minderung des Käufers

- K gegen V Teil-Rückzahlung des Kaufpreises gem. §§ 441 IV 1, 437 Nr. 2 Alt. 2, 441 I, III, 434, 326 V i.V.m. § 323 bei Minderung und Unmöglichkeit der Nacherfüllung

I. Anspruch entstanden ?

1. ***Wirksamer Kaufvertrag, § 433 ?***
2. ***Sachmangel, § 434 ?*** → vgl. Seite 245

oder

2. ***Rechtsmangel, § 435 ?***
3. ***Vorliegen des Mangels bei Gefahrübergang, § 434 ?*** → vgl. Seite 245
4. ***Kein Ausschluss der Gewährleistung ?*** → vgl. Seite 246
5. ***Entbehrlichkeit der Fristsetzung gemäß § 326 V i.V.m. § 275 I bis III ?*** (bei Unmöglichkeit der Nacherfüllung) → vgl. Seite 249
6. ***Kein Ausschluss der Minderung ?*** → vgl. Seite 247, außer § 323 V 2 (nur Rücktritt!)
7. ***Keine Unwirksamkeit der Minderung, § 218 I 2 ?*** → vgl. Seite 249
8. ***Minderungserklärung, § 441 I 1 ?***
9. ***Umfang der Minderung → § 441 III 1 → Berechnung*** → vgl. Seite 262

II. Anspruch untergegangen ?

- ***nach §§ 389, 387, 388 S. 1, 346 II***
  = der Teil-Rückzahlungsanspruch erlischt, wenn und soweit der Anspruchsgegner wirksam mit einer Gegenforderung aufrechnet; tatsächliche Aufrechnung ist erforderlich

III. Anspruch durchsetzbar ?

- ***§ 348 i.V.m. § 320* = Einrede der Zug-um-Zug-Erfüllung**
  = der Anspruchsgegner kann die Rückzahlung verweigern, bis der Anspruchsteller seinerseits der Rückgewährverpflichtung aus § 346 (Nutzungen) nachkommt; tatsächliche Geltendmachung der Einrede ist erforderlich

IV. Ergebnis

Minderung des Käufers

- V gegen K Zahlung des Kaufpreises gemäß § 433 II bei Minderung und möglicher Nacherfüllung

I. Anspruch entstanden ?

- Wirksamer Kaufvertrag ?

II. Anspruch (teilweise) untergegangen ?

- **durch Minderung gemäß §§ 441 IV 1, 437 Nr. 2 Alt. 2, 441 I, III, 434, 323**
  (bei möglicher Nacherfüllung)
  = der Anspruch auf die Gegenleistung entfällt teilweise, wenn der Anspruchsgegner wirksam gemindert hat; er hat wirksam gemindert, wenn die Voraussetzungen eines Minderungsrechts vorliegen und eine Minderungserklärung erfolgt ist

1. Wirksamer Kaufvertrag, § 433 ?

2. Sachmangel, § 434 ? → vgl. Seite 245
oder
2. Rechtsmangel, § 435 ?

3. Vorliegen des Mangels bei Gefahrübergang, § 434 ? → vgl. Seite 245

4. Kein Ausschluss der Gewährleistung ? → vgl. Seite 246

5. Angemessene Fristbestimmung und Erfolglosigkeit, § 323 I oder Entbehrlichkeit der Fristsetzung, § 323 II oder § 440 ?
(bei möglicher Nacherfüllung) → vgl. Seite 246

6. Kein Ausschluss der Minderung ?
→ vgl. Seite 247, außer § 323 V 2 (nur Rücktritt!)

7. Keine Unwirksamkeit der Minderung, § 218 I 1 ? → vgl. Seite 247

8. Minderungserklärung, § 441 I 1 ?

9. Umfang der Minderung → § 441 III 1 → Berechnung → vgl. Seite 262

III. Anspruch durchsetzbar ?

IV. Ergebnis

Minderung des Käufers

- V gegen K Zahlung des Kaufpreises gemäß § 433 II bei Minderung und Unmöglichkeit der Nacherfüllung

I. Anspruch entstanden ?

- Wirksamer Kaufvertrag ?

II. Anspruch (teilweise) untergegangen ?

- **durch Minderung gemäß §§ 441 IV 1, 437 Nr. 2 Alt. 2, 441 I, III, 434, 326 V i.V.m. § 323** (bei Unmöglichkeit der Nacherfüllung)
  = der Anspruch auf die Gegenleistung entfällt teilweise, wenn der Anspruchsgegner wirksam gemindert hat; er hat wirksam gemindert, wenn die Voraussetzungen eines Minderungsrechts vorliegen und eine Minderungserklärung erfolgt ist

1. Wirksamer Kaufvertrag, § 433 ?

2. Sachmangel, § 434 ? → vgl. Seite 245
oder
2. Rechtsmangel, § 435 ?

3. Vorliegen des Mangels bei Gefahrübergang, § 434 ? → vgl. Seite 245

4. Kein Ausschluss der Gewährleistung ? → vgl. Seite 246

5. Entbehrlichkeit der Fristsetzung gemäß § 326 V i.V.m. § 275 I bis III ?
(bei Unmöglichkeit der Nacherfüllung) → vgl. Seite 249

6. Kein Ausschluss der Minderung ?
→ vgl. Seite 247, außer § 323 V 2 (nur Rücktritt!)

7. Keine Unwirksamkeit der Minderung, § 218 I 2 ? → vgl. Seite 249

8. Minderungserklärung, § 441 I 1 ?

9. Umfang der Minderung → § 441 III 1 → Berechnung → vgl. Seite 262

III. Anspruch durchsetzbar ?

IV. Ergebnis

Anspruch auf Schadensersatz

Achtung:
Die folgenden drei Schemata beziehen sich auf ***Schadensersatz statt der Leistung***. Es handelt sich hierbei um den sogenannten „kleinen" Schadensersatzanspruch, in dem „nur" Schadensersatz verlangt wird.

Wenn der Gläubiger aber Schadensersatz und Kaufpreisrückzahlung verlangt, macht er ***Schadensersatz statt der ganzen Leistung*** geltend. Es handelt sich hierbei um den sogenannten „großen" Schadensersatzanspruch. Vergleicht hierzu ***Fall 28***. Bei allen Varianten des „großen" Schadensersatzanspruchs ist ***zusätzlich*** zu den Voraussetzungen des „kleinen" Schadensersatzanspruchs im Rahmen des Prüfungspunktes „Anspruch entstanden?" die ***„Erheblichkeit der Pflichtverletzung"*** zu prüfen. Das ergibt sich aus § 281 I 3 direkt bzw. aus § 311a II 3 i.V.m. § 281 I 3.

Wenn der Gläubiger Schadensersatz wegen eines Mangelfolgeschadens aufgrund einer mangelhaften Kaufsache verlangt, macht er ***Schadensersatz neben der Leistung*** geltend. Aus ***Fall 29*** könnt ihr den Aufbau eines solchen Anspruchs ersehen. Er beschränkt sich auf die Prüfung der Voraussetzungen des § 280 I.

Anspruch auf Schadensersatz

- K gegen V Schadensersatz statt der Leistung bei möglicher Nacherfüllung gemäß §§ 437 Nr. 3, 434, 280 I, III, 281 I 1 Alt. 2 ?

I. Anspruch entstanden ?

1. Wirksamer Kaufvertrag, § 433 ?

2. Voraussetzungen der §§ 280 III, 281 I 1 Alt. 2 ?
= nicht wie geschuldet erbrachte Leistung (= mangelhafte Leistung) und erfolglose Fristbestimmung oder Entbehrlichkeit der Fristsetzung

a. Vereinbarte Leistung = mangelfreie Übereignung ... (§ 433 I 1 und 2)

b. Sachmangel, § 434 (= nicht wie geschuldet erbrachte Leistung) ?
→ vgl. Seite 245

- Mangel nach § 434 I 1 ?

- Mangel nach § 434 I 2 Nr. 1 ?

- Mangel nach § 434 I 2 Nr. 2 ?

- Mangel nach § 434 II 1 ?

- ***Mangel nach § 434 II 2 ?***

- ***Mangel nach § 434 III ?***

oder

b. Rechtsmangel, § 435 (= nicht wie geschuldet erbrachte Leistung) ?

c. Vorliegen des Mangels bei Gefahrübergang, § 434 ? → vgl. Seite 245

d. Kein Ausschluss der Gewährleistung ? → vgl. Seite 246

e. Angemessene Fristbestimmung und Erfolglosigkeit, § 281 I 1 oder Entbehrlichkeit der Fristsetzung, § 281 II oder § 440 ?
→ vgl. Seite 246

- ***Angemessene Fristbestimmung und Erfolglosigkeit, § 281 I 1 ?***
  - ***Angemessene Fristbestimmung ?***
  - ***Erfolglosigkeit der Fristbestimmung ?***

oder

- ***Entbehrlichkeit der Fristsetzung , § 281 II oder § 440 ?***
  - ***Entbehrlichkeit der Fristsetzung nach § 281 II Alt. 1 ?***
    = wenn der Schuldner die Leistung ernsthaft und endgültig verweigert
  - ***Entbehrlichkeit der Fristsetzung nach § 281 II Alt. 2 ?***
    = wenn besondere Umstände vorliegen, die unter Abwägung der beiderseitigen Interessen den sofortigen Rücktritt rechtfertigen
  - ***Entbehrlichkeit der Fristsetzung nach § 440 ?***
    = wenn der Verkäufer beide Arten der Nacherfüllung gemäß § 439 IV verweigert hat oder wenn die dem Käufer zustehende Art der Nacherfüllung fehlgeschlagen ist (beachte hierzu § 440 S. 2) oder wenn die Nacherfüllung dem Käufer unzumutbar ist

3. Voraussetzungen des § 280 I ?

a. Verletzung einer Pflicht aus einem Schuldverhältnis, § 280 I 1 ?
= Leistung einer nicht mangelfreien Sache (s.o.)

b. Vertretenmüssen des Schuldners, § 280 I 2 ?
= wird angenommen, wenn sich der Schuldner nicht exkulpieren kann

c. (auf der Pflichtverletzung beruhender) Schaden ?

II. Anspruch untergegangen ?

III. Anspruch durchsetzbar ?

- ***§ 438 I* = Verjährungseinrede**

IV. Ergebnis

Anspruch auf Schadensersatz

- K gegen V Schadensersatz statt der Leistung bei nachträglich unmöglicher Nacherfüllung gemäß §§ 437 Nr. 3, 434, 280 I, III, 283 S. 1 ?

I. Anspruch entstanden ?

1. ***Wirksamer Kaufvertrag, § 433 ?***
2. ***Sachmangel, § 434 ?*** oder 2. ***Rechtsmangel, § 435 ?*** → vgl. Seite 245
3. ***Vorliegen des Mangels bei Gefahrübergang, § 434 ?*** → vgl. Seite 245
4. ***Kein Ausschluss der Gewährleistung ?*** → vgl. Seite 246
5. ***Voraussetzungen der §§ 280 III, 283 S. 1 i.V.m. § 275 I bis III ?*** → vgl. Seite 249
   - ***Leistungsbefreiung nach § 275 I***

     a. ***Unmöglichkeit der Nacherfüllung, § 275 I ?***

     b. ***Nachträgliche Unmöglichkeit ?***
   - ***Leistungsbefreiung nach § 275 II***
     = der Anspruchsgegner kann die Leistung verweigern, wenn sie einen unangemessenen Aufwand erfordert
   - ***Leistungsbefreiung nach § 275 III***
     = der Anspruchsgegner kann die Leistung verweigern, wenn sie ihm nicht zugemutet werden kann
6. ***Voraussetzungen des § 280 I ?***

   a. ***Verletzung einer Pflicht aus einem Schuldverhältnis, § 280 I 1 ?***
   = Leistung einer nicht mangelfreien Sache (s.o.)

   b. ***Vertretenmüssen des Schuldners, § 280 I 2 ?***
   = wird angenommen, wenn sich der Schuldner nicht exkulpieren kann

   c. ***(auf der Pflichtverletzung beruhender) Schaden ?***

II. Anspruch untergegangen ?

III. Anspruch durchsetzbar ?

- *§ 438 I* = **Verjährungseinrede**

IV. Ergebnis

Anspruch auf Schadensersatz

- K gegen V Schadensersatz statt der Leistung bei anfänglich unmöglicher Nacherfüllung gemäß §§ 437 Nr. 3, 434, 311a II ?

I. Anspruch entstanden ?

1. Wirksamer Kaufvertrag, § 433 ?
→ ein etwaiges Leistungshindernis, das schon bei Vertragsschluss vorgelegen hat, steht gemäß § 311a I der Wirksamkeit des Vertrags nicht entgegen

2. Sachmangel, § 434 ? oder ***2. Rechtsmangel, § 435 ?*** → vgl. Seite 245

3. Vorliegen des Mangels bei Gefahrübergang, § 434 ? → vgl. Seite 245

4. Kein Ausschluss der Gewährleistung ? → vgl. Seite 246

5. Leistungsbefreiung des Schuldners, § 311a I i.V.m. § 275 I bis III ?
→ vgl. Seite 249

- ***Leistungsbefreiung nach § 275 I***

  a. Unmöglichkeit der Nacherfüllung, § 275 I ?

  b. Anfängliche Unmöglichkeit, § 311a I ?

- ***Leistungsbefreiung nach § 275 II***
  = der Anspruchsgegner kann die Leistung verweigern, wenn sie einen unangemessenen Aufwand erfordert

- ***Leistungsbefreiung nach § 275 III***
  = der Anspruchsgegner kann die Leistung verweigern, wenn sie ihm nicht zugemutet werden kann

6. Kenntnis des Leistungshindernisses bei Vertragsschluss oder Vertretenmüssen der Unkenntnis, § 311a II 2 ?
= wird angenommen, wenn sich der Schuldner nicht exkulpieren kann

7. Schaden ?

II. Anspruch untergegangen ?

III. Anspruch durchsetzbar ?

- ***§ 438 I* = Verjährungseinrede**

IV. Ergebnis

Anspruch auf Aufwendungsersatz

- K gegen V Aufwendungsersatz
bei möglicher Nacherfüllung
gemäß §§ 437 Nr. 3, 280 I, III, 281 I 1 Alt. 2, 284 ?

I. Anspruch entstanden ?

1. Anspruch auf Schadensersatz statt der Leistung (außer Schaden) ?

!!! detailliert prüfen, wenn nicht schon vorher geprüft → vgl. Seiten 268/269*!!!*

a. Wirksamer Kaufvertrag, § 433 ?

b. Voraussetzungen der §§ 280 III, 281 I 1 Alt. 2 ?
= nicht wie geschuldet erbrachte Leistung (= mangelhafte Leistung)
und erfolglose Fristbestimmung oder Entbehrlichkeit der Fristsetzung

c. Voraussetzungen des § 280 I ?

aa. Verletzung einer Pflicht aus einem Schuldverhältnis, § 280 I 1 ?
= Leistung einer nicht mangelfreien Sache (s.o.)

bb. Vertretenmüssen des Schuldners, § 280 I 2 ?
= wird angenommen, wenn sich der Schuldner nicht exkulpieren kann

2. Aufwendungen gemäß § 284 ?

a. Aufwendungen ?
= freiwilliges Vermögensopfer

b. billigerweise im Vertrauen auf den Erhalt der Leistung ?

3. Kein Ausschluss des Aufwendungsersatzanspruchs gemäß § 284 a.E. ?

II. Anspruch untergegangen ?

III. Anspruch durchsetzbar ?

- *§ 438 I* = **Verjährungseinrede**

IV. Ergebnis

Anspruch auf Aufwendungsersatz

- K gegen V Aufwendungsersatz
bei nachträglich unmöglicher Nacherfüllung
gemäß §§ 437 Nr. 3, 280 I, III, 283 S. 1, 284 ?

I. Anspruch entstanden ?

1. Anspruch auf Schadensersatz statt der Leistung (außer Schaden) ?

!!! detailliert prüfen, wenn nicht schon vorher geprüft → vgl. Seite 270*!!!*

a. Wirksamer Kaufvertrag, § 433 ?

b. Sachmangel, § 434 ? oder ***2. Rechtsmangel, § 435 ?***

c. Vorliegen des Mangels bei Gefahrübergang, § 434 ?

d. Kein Ausschluss der Gewährleistung ?

e. Voraussetzungen der §§ 280 III, 283 S. 1 i.V.m. § 275 I bis III ?

- ***Leistungsbefreiung nach § 275 I***

  aa. Unmöglichkeit der Nacherfüllung, § 275 I ?

  bb. Nachträgliche Unmöglichkeit ?

- ***Leistungsbefreiung nach § 275 II***
  = der Anspruchsgegner kann die Leistung verweigern, wenn sie einen unangemessenen Aufwand erfordert

- ***Leistungsbefreiung nach § 275 III***
  = der Anspruchsgegner kann die Leistung verweigern, wenn sie ihm nicht zugemutet werden kann

f. Voraussetzungen des § 280 I ?

aa. Verletzung einer Pflicht aus einem Schuldverhältnis, § 280 I 1 ?
= Leistung einer nicht mangelfreien Sache (s.o.)

bb. Vertretenmüssen des Schuldners, § 280 I 2 ?
= wird angenommen, wenn sich der Schuldner nicht exkulpieren kann

2. Aufwendungen gemäß § 284 ?

a. Aufwendungen ?
= freiwilliges Vermögensopfer

b. billigerweise im Vertrauen auf den Erhalt der Leistung ?

3. Kein Ausschluss des Aufwendungsersatzanspruchs gemäß § 284 a.E. ?

II. Anspruch untergegangen ?

III. Anspruch durchsetzbar ?

- *§ 438 I* = Verjährungseinrede

IV. Ergebnis

Anspruch auf Aufwendungsersatz

- K gegen V Aufwendungsersatz
bei anfänglich unmöglicher Nacherfüllung
gemäß §§ 437 Nr. 3, 311a II, 284 ?

I. Anspruch entstanden ?

1. Anspruch auf Schadensersatz statt der Leistung (außer Schaden) ?

!!! detailliert prüfen, wenn nicht schon vorher geprüft → vgl. Seite 271*!!!*

a. Wirksamer Kaufvertrag, § 433 ?
→ ein etwaiges Leistungshindernis, das schon bei Vertragsschluss vorgelegen hat, steht gemäß § 311a I der Wirksamkeit des Vertrags nicht entgegen

b. Sachmangel, § 434 ? oder ***2. Rechtsmangel, § 435 ?***

c. Vorliegen des Mangels bei Gefahrübergang, § 434 ?

d. Kein Ausschluss der Gewährleistung ?

e. Leistungsbefreiung des Schuldners, § 311a I i.V.m. § 275 I bis III ?

- ***Leistungsbefreiung nach § 275 I***

aa. Unmöglichkeit der Nacherfüllung, § 275 I ?

bb. Anfängliche Unmöglichkeit, § 311a I ?

- ***Leistungsbefreiung nach § 275 II***
  = der Anspruchsgegner kann die Leistung verweigern, wenn sie einen unangemessenen Aufwand erfordert

- ***Leistungsbefreiung nach § 275 III***
  = der Anspruchsgegner kann die Leistung verweigern, wenn sie ihm nicht zugemutet werden kann

f. Kenntnis des Leistungshindernisses bei Vertragsschluss oder Vertretenmüssen der Unkenntnis, § 311a II 2 ?
= wird angenommen, wenn sich der Schuldner nicht exkulpieren kann

2. Aufwendungen gemäß § 284 ?

a. Aufwendungen ?
= freiwilliges Vermögensopfer

b. billigerweise im Vertrauen auf den Erhalt der Leistung ?

3. Kein Ausschluss des Aufwendungsersatzanspruchs gemäß § 284 a.E. ?

II. Anspruch untergegangen ?

III. Anspruch durchsetzbar ?

- ***§ 438 I*** **= Verjährungseinrede**

IV. Ergebnis

SCHEMA II

- Mängel im Werkvertragsrecht

Und damit abermals niemand die ***Übersicht*** verliert, liste ich hier zunächst alle Schemata auf, die ihr im **SCHEMA II – Mängel im Werkvertragsrecht** findet.

Anspruch auf Nacherfüllung (Achtung: Wahlrecht des Unternehmers)

- **Herstellung** eines neuen Werks
  oder **Mangelbeseitigung**
  gemäß §§ 634 Nr. 1, 633, 635

Anspruch auf Aufwendungsersatz zur Mangelbeseitigung

- **Aufwendungsersatz**
  gemäß §§ 634 Nr. 2, 637, 633

Rücktritt des Bestellers

- **Rücktrittsrecht** gemäß §§ 634 Nr. 3 Alt. 1, 633, 323
  bei möglicher Nacherfüllung

- **Rücktrittsrecht** gemäß §§ 634 Nr. 3 Alt. 1, 633, 326 V i.V.m. § 323
  bei Unmöglichkeit der Nacherfüllung

- **Rückzahlung** der Vergütung gemäß §§ 346 I, 634 Nr. 3 Alt. 1, 633, 323
  bei möglicher Nacherfüllung

- **Rückzahlung** der Vergütung
  gemäß §§ 346 I, 634 Nr. 3 Alt. 1, 633, 326 V i.V.m. § 323
  bei Unmöglichkeit der Nacherfüllung

- **Zahlung** der Vergütung gemäß § 631 I
  bei Rücktritt vom Vertrag und möglicher Nacherfüllung

- **Zahlung** der Vergütung gemäß § 631 I
  bei Rücktritt vom Vertrag und Unmöglichkeit der Nacherfüllung

Minderung des Bestellers

- **Minderungsrecht** gemäß §§ 634 Nr. 3 Alt. 2, 638, 633, 323
  bei möglicher Nacherfüllung

- **Minderungsrecht** gemäß §§ 437 Nr. 2 Alt. 2, 441, 434, 326 V i.V.m. § 323
  bei Unmöglichkeit der Nacherfüllung

- **Teil-Rückzahlung** der Vergütung
  gemäß §§ 638 IV 1, 634 Nr. 3 Alt. 2, 638 I, III, 633, 323
  bei Minderung und möglicher Nacherfüllung

- **Teil-Rückzahlung** der Vergütung
  gemäß §§ 638 IV 1, 634 Nr. 3 Alt. 2, 638 I, III, 633, 326 V i.V.m.§ 323
  bei Minderung und Unmöglichkeit der Nacherfüllung

- **Zahlung** der Vergütung gemäß § 631 I
  bei Minderung und möglicher Nacherfüllung

- **Zahlung** der Vergütung gemäß § 631 I
  bei Minderung und Unmöglichkeit der Nacherfüllung

Schadensersatz

- **Schadensersatz** statt der Leistung
  gemäß §§ 634 Nr. 4, 633, 280 I, III, 281 I 1 Alt. 2
  bei möglicher Nacherfüllung

- **Schadensersatz** statt der Leistung
  gemäß §§ 634 Nr. 4, 633, 280 I, III, 283 S. 1
  bei nachträglich unmöglicher Nacherfüllung

- **Schadensersatz** statt der Leistung
  gemäß §§ 634 Nr. 4, 633, 311a II
  bei anfänglich unmöglicher Nacherfüllung

Aufwendungsersatz

- **Aufwendungsersatz**
  gemäß §§ 634 Nr. 4, 434, 280 I, III, 281 I 1 Alt. 2, 284
  bei möglicher Nacherfüllung

- **Aufwendungsersatz**
  gemäß §§ 634 Nr. 4, 280 I, III, 283 S. 1, 284
  bei nachträglich unmöglicher Nacherfüllung

- **Aufwendungsersatz**
  gemäß §§ 634 Nr. 4, 311a II, 284
  bei anfänglich unmöglicher Nacherfüllung

Anspruch auf Nacherfüllung

(Achtung: Wahlrecht des Unternehmers)

- B gegen H Herstellung eines neuen Werks oder Mangelbeseitigung gemäß §§ 634 Nr. 1, 633, 635 ?

I. Anspruch entstanden ?

1. Wirksamer Werkvertrag, § 631 und Abnahme des Werks, § 640 ?

2. Sachmangel, § 633 II ?

- Mangel nach § 633 II 1 ?
= Werk weist nicht die vereinbarte Beschaffenheit auf

- Mangel nach § 633 II 2 Nr. 1 ?
= Werk eignet sich nicht für die nach dem Vertrag vorausgesetzte Verwendung

- Mangel nach § 633 II 2 Nr. 2 ?
= Werk eignet sich nicht für die gewöhnliche Verwendung oder weist nicht die übliche Beschaffenheit auf, die der Besteller erwarten darf

- Mangel nach § 633 II 3 ?
= Herstellung eines anderen Werks oder Herstellung in zu geringer Menge

oder

2. Rechtsmangel, § 633 III ?
= Werk ist nicht frei von Rechten Dritter

3. Kein Ausschluss der Gewährleistung ?

- gesetzlicher Ausschluss ?

- nach § 640 II ?
= bei Abnahme trotz Kenntnis des Bestellers vom Mangel; außer: Besteller behält sich Rechte wegen des Mangels vor

- vertraglicher Ausschluss ?
= grundsätzlich möglich

- Unwirksamkeit des Ausschlusses nach § 639
= arglistiges Verschweigen des Mangels oder Beschaffenheitsgarantie des Unternehmers

- Unwirksamkeit des Ausschlusses nach § 309 Nr. 8 b)
= bei Ausschluss in Allgemeinen Geschäftsbedingungen

II. Anspruch untergegangen ?

- ***nach § 275 I*** *(„Anspruch ... ausgeschlossen")*

  1. Wirksames Schuldverhältnis ?

  2. Unmöglichkeit der Nacherfüllung (= Leistung) ?

III. Anspruch durchsetzbar ?

- ***§ 275 II*** **= Einrede wegen „faktischer" Unmöglichkeit**
  = der Anspruchsgegner kann die Leistung verweigern, wenn sie einen unangemessenen Aufwand erfordert

- ***§ 275 III*** **= Einrede wegen „moralischer" Unmöglichkeit**
  = der Anspruchsgegner kann die Leistung verweigern, wenn sie ihm nicht zugemutet werden kann

- ***§ 635 III*** **= Einrede wegen unverhältnismäßiger Kosten**
  = der Anspruchsgegner kann den vom Anspruchsteller gewählten Nacherfüllungsanspruch verweigern; ...

- ***§ 320*** **= Einrede des nicht erfüllten Vertrags**
  = der Anspruchsgegner kann die Leistung verweigern, bis der Anspruchsteller seinerseits leistet; tatsächliche Geltendmachung der Einrede ist erforderlich

- ***§ 634 a*** **= Verjährungseinrede**

  - Wirksame Verkürzung der Frist ?

    - individualvertraglich
    = Verkürzung grundsätzlich möglich und wirksam

    - durch Allgemeine Geschäftsbedingungen
    = beachten: § 309 Nr. 7, § 309 Nr. 8 b)

  - Verlängerung der Frist ?

    - gesetzlich durch § 634 a III
    = bei arglistigem Verschweigen eines Mangels

    - vertraglich
    = Verlängerung grundsätzlich möglich und wirksam; Grenze: § 202 II

IV. Ergebnis

Anspruch auf Aufwendungsersatz
zur Mangelbeseitigung

- B gegen H Aufwendungsersatz
gemäß §§ 634 Nr. 2, 637, 633 ?

I. Anspruch entstanden ?

1. Wirksamer Werkvertrag, § 631 und Abnahme des Werks, § 640 ?

2. Sachmangel, § 633 II ?

- Mangel nach § 633 II 1 ?
= Werk weist nicht die vereinbarte Beschaffenheit auf

- Mangel nach § 633 II 2 Nr. 1 ?
= Werk eignet sich nicht für die nach dem Vertrag vorausgesetzte Verwendung

- Mangel nach § 633 II 2 Nr. 2 ?
= Werk eignet sich nicht für die gewöhnliche Verwendung oder weist nicht die übliche Beschaffenheit auf, die der Besteller erwarten darf

- Mangel nach § 633 II 3 ?
= Herstellung eines anderen Werks oder Herstellung in zu geringer Menge

oder

2. Rechtsmangel, § 633 III ?
= Werk ist nicht frei von Rechten Dritter

3. Kein Ausschluss der Gewährleistung ?

- gesetzlicher Ausschluss ?

- nach § 640 II ?
= bei Abnahme trotz Kenntnis des Bestellers vom Mangel; außer: Besteller behält sich Rechte wegen des Mangels vor

- vertraglicher Ausschluss ?
= grundsätzlich möglich

- Unwirksamkeit des Ausschlusses nach § 639
= arglistiges Verschweigen des Mangels oder Beschaffenheitsgarantie des Unternehmers

- Unwirksamkeit des Ausschlusses nach § 309 Nr. 8 b)
= bei Ausschluss in Allgemeinen Geschäftsbedingungen

4. Angemessene Fristbestimmung und Erfolglosigkeit, § 637 I oder Entbehrlichkeit der Fristsetzung, § 637 II ?

- Angemessene Fristbestimmung und Erfolglosigkeit, § 637 I ?

- Angemessene Fristbestimmung ?

- Erfolglosigkeit der Fristbestimmung ?

oder

- Entbehrlichkeit der Fristsetzung , § 637 II ?

- Entbehrlichkeit der Fristsetzung nach § 637 II 1 i.V.m. § 323 II Nr. 1 ?
= wenn der Schuldner die Leistung ernsthaft und endgültig verweigert

- Entbehrlichkeit der Fristsetzung nach § 637 II 1 i.V.m. § 323 II Nr. 2 ?
= wenn der Schuldner die Leistung zu einem im Vertrag bestimmten Termin oder innerhalb einer bestimmten Frist nicht bewirkt und der Gläubiger im Vertrag den Fortbestand seines Leistungsinteresses an die Rechtzeitigkeit der Leistung gebunden hat

- Entbehrlichkeit der Fristsetzung nach § 637 II 1 i.V.m. § 323 II Nr. 3 ?
= wenn besondere Umstände vorliegen, die unter Abwägung der beiderseitigen Interessen den sofortigen Rücktritt rechtfertigen

- Entbehrlichkeit der Fristsetzung nach § 637 II 2 ?
= wenn die Nacherfüllung fehlgeschlagen ist
oder dem Besteller unzumutbar ist

5. Aufwendungen für Mangelbeseitigung ?

6. Kein Verweigerungsrecht des Unternehmers bezüglich der Nacherfüllung ?

II. Anspruch untergegangen ?

III. Anspruch durchsetzbar ?

IV. Ergebnis

Rücktritt des Bestellers

- Rücktrittsrecht bei möglicher Nacherfüllung gemäß §§ 634 Nr. 3 Alt. 1, 633, 323 ?

I. Voraussetzungen des Rücktrittsrechts ?

1. Wirksamer Werkvertrag, § 631 und Abnahme des Werks, § 640 ?

2. Sachmangel, § 633 II ?

- ***Mangel nach § 633 II 1 ?***
  = Werk weist nicht die vereinbarte Beschaffenheit auf
- ***Mangel nach § 633 II 2 Nr. 1 ?***
  = Werk eignet sich nicht für die nach dem Vertrag vorausgesetzte Verwendung
- ***Mangel nach § 633 II 2 Nr. 2 ?***
  = Werk eignet sich nicht für die gewöhnliche Verwendung oder weist nicht die übliche Beschaffenheit auf, die der Besteller erwarten darf
- ***Mangel nach § 633 II 3 ?***
  = Herstellung eines anderen Werks oder Herstellung in zu geringer Menge

oder

2. Rechtsmangel, § 633 III ?
= Werk ist nicht frei von Rechten Dritter

3. Kein Ausschluss der Gewährleistung ?

- ***gesetzlicher Ausschluss ?***
  - ***nach § 640 II ?***
    = bei Abnahme trotz Kenntnis des Bestellers vom Mangel; außer: Besteller behält sich Rechte wegen des Mangels vor
- ***vertraglicher Ausschluss ?***
  = grundsätzlich möglich
  - ***Unwirksamkeit des Ausschlusses nach § 639***
    = arglistiges Verschweigen des Mangels oder Beschaffenheitsgarantie des Unternehmers
  - ***Unwirksamkeit des Ausschlusses nach § 309 Nr. 8 b)***
    = bei Ausschluss in Allgemeinen Geschäftsbedingungen

4. Angemessene Fristbestimmung und Erfolglosigkeit, § 323 I
oder Entbehrlichkeit der Fristsetzung, § 323 II oder § 636 ?

- ***Angemessene Fristbestimmung und Erfolglosigkeit, § 323 I ?***
    - ***Angemessene Fristbestimmung ?***
    - ***Erfolglosigkeit der Fristbestimmung ?***

oder

- ***Entbehrlichkeit der Fristsetzung , § 323 II oder § 636 ?***
    - ***Entbehrlichkeit der Fristsetzung nach § 323 II Nr. 1 ?***
      = wenn der Schuldner die Leistung ernsthaft und endgültig verweigert
    - ***Entbehrlichkeit der Fristsetzung nach § 323 II Nr. 2 ?***
      = wenn der Schuldner die Leistung zu einem im Vertrag bestimmten Termin oder innerhalb einer bestimmten Frist nicht bewirkt und der Gläubiger im Vertrag den Fortbestand seines Leistungsinteresses an die Rechtzeitigkeit der Leistung gebunden hat
    - ***Entbehrlichkeit der Fristsetzung nach § 323 II Nr. 3 ?***
      = wenn besondere Umstände vorliegen, die unter Abwägung der beiderseitigen Interessen den sofortigen Rücktritt rechtfertigen
    - ***Entbehrlichkeit der Fristsetzung nach § 636 ?***
      = wenn der Unternehmer die Nacherfüllung gem. § 635 III verweigert hat
      oder wenn die Nacherfüllung fehlgeschlagen ist
      oder dem Besteller unzumutbar ist

5. Kein Ausschluss des Rücktritts ?

- ***Ausschluss nach § 323 VI Alt. 1 ?***
  = wenn der Gläubiger für den Rücktrittsumstand allein oder weit überwiegend verantwortlich ist
- ***Ausschluss nach § 323 VI Alt. 2 ?***
  = wenn der vom Schuldner nicht zu vertretende Rücktrittsumstand zu einer Zeit eintritt, in der der Gläubiger im Annahmeverzug ist; dies bestimmt sich nach §§ 293 ff
- ***Ausschluss nach § 323 V 2 ?***
  = bei nur unerheblichem Mangel

6. Keine Unwirksamkeit des Rücktritts, § 218 I 1 ?
= wenn der Nacherfüllungsanspruch verjährt ist

II. Ergebnis

Rücktritt des Bestellers

- Rücktrittsrecht bei Unmöglichkeit der Nacherfüllung gemäß §§ 634 Nr. 3 Alt. 1, 633, 326 V i.V.m. § 323 ?

I. Voraussetzungen des Rücktrittsrechts ?

1. Wirksamer Werkvertrag, § 631 und Abnahme des Werks, § 640 ?

2. Sachmangel, § 633 II ? → vgl. Seite 282

- ***Mangel nach § 633 II 1 ?***
- ***Mangel nach § 633 II 2 Nr. 1 ?***
- ***Mangel nach § 633 II 2 Nr. 2 ?***
- ***Mangel nach § 633 II 3 ?***

oder

2. Rechtsmangel, § 633 III ? → vgl. Seite 282

3. Kein Ausschluss der Gewährleistung ? → vgl. Seite 282

- ***gesetzlicher Ausschluss ?***
  - ***nach § 640 II ?***
- ***vertraglicher Ausschluss ?***
  - ***Unwirksamkeit des Ausschlusses nach § 639***
  - ***Unwirksamkeit des Ausschlusses nach § 309 Nr. 8 b)***

4. Entbehrlichkeit der Fristsetzung gemäß § 326 V i.V.m. § 275 I bis III ?
= bei Leistungsbefreiung des Schuldners gemäß § 275 I bis III

- ***Leistungsbefreiung nach § 275 I***
  = der Anspruch auf die Leistung (Nacherfüllung) ist ausgeschlossen, wenn diese unmöglich ist

  a. Wirksames Schuldverhältnis ?

  b. Unmöglichkeit der Nacherfüllung (= Leistung) ?

- ***Leistungsbefreiung nach § 275 II***
  = der Anspruchsgegner kann die Leistung verweigern, wenn sie einen unangemessenen Aufwand erfordert
- ***Leistungsbefreiung nach § 275 III***
  = der Anspruchsgegner kann die Leistung verweigern, wenn sie ihm nicht zugemutet werden kann

5. Kein Ausschluss des Rücktritts ? → vgl. Seite 283

- ***Ausschluss nach § 326 V i.V.m. § 323 VI Alt. 1 ?***
- ***Ausschluss nach § 326 V i.V.m. § 323 VI Alt. 2 ?***
- ***Ausschluss nach § 326 V i.V.m. § 323 V 2 ?***

6. Keine Unwirksamkeit des Rücktritts, § 218 I 2 ?

- ***Unwirksamkeit nach § 218 i.V.m. § 275 I bis III ?***
  = wenn der Schuldner zwar nach § 275 I bis III nicht zu leisten braucht (= Unmöglichkeit der Nacherfüllung), der Nacherfüllungsanspruch – so er bestünde – jedoch verjährt wäre
- ***Unwirksamkeit nach § 218 i.V.m. § 635 III ?***
  = wenn der Schuldner zwar nach § 635 III nicht zu leisten braucht, der Nacherfüllungsanspruch – so er bestünde – jedoch verjährt wäre

II. Ergebnis

Rücktritt des Bestellers

- B gegen H Rückzahlung der Vergütung bei möglicher Nacherfüllung gemäß §§ 346 I, 634 Nr. 3 Alt. 1, 633, 323 ?

I. Anspruch entstanden ?

1. Wirksamer Werkvertrag, § 631 und Abnahme des Werks, § 640 ?

2. Sachmangel, § 633 II ?

- ***Mangel nach § 633 II 1 ?***
  = Werk weist nicht die vereinbarte Beschaffenheit auf
- ***Mangel nach § 633 II 2 Nr. 1 ?***
  = Werk eignet sich nicht für die nach dem Vertrag vorausgesetzte Verwendung
- ***Mangel nach § 633 II 2 Nr. 2 ?***
  = Werk eignet sich nicht für die gewöhnliche Verwendung oder weist nicht die übliche Beschaffenheit auf, die der Besteller erwarten darf
- ***Mangel nach § 633 II 3 ?***
  = Herstellung eines anderen Werks oder Herstellung in zu geringer Menge

oder

2. Rechtsmangel, § 633 III ?
= Werk ist nicht frei von Rechten Dritter

3. Kein Ausschluss der Gewährleistung ?

- ***gesetzlicher Ausschluss ?***
  - ***nach § 640 II ?***
    = bei Abnahme trotz Kenntnis des Bestellers vom Mangel; außer: Besteller behält sich Rechte wegen des Mangels vor
- ***vertraglicher Ausschluss ?***
  = grundsätzlich möglich
  - ***Unwirksamkeit des Ausschlusses nach § 639***
    = arglistiges Verschweigen des Mangels oder Beschaffenheitsgarantie des Unternehmers
  - ***Unwirksamkeit des Ausschlusses nach § 309 Nr. 8 b)***
    = bei Ausschluss in Allgemeinen Geschäftsbedingungen

4. Angemessene Fristbestimmung und Erfolglosigkeit, § 323 I
oder Entbehrlichkeit der Fristsetzung, § 323 II oder § 636 ?

- Angemessene Fristbestimmung und Erfolglosigkeit, § 323 I ?

- Angemessene Fristbestimmung ?

- Erfolglosigkeit der Fristbestimmung ?

oder

- Entbehrlichkeit der Fristsetzung , § 323 II oder § 636 ?

- Entbehrlichkeit der Fristsetzung nach § 323 II Nr. 1 ?
= wenn der Schuldner die Leistung ernsthaft und endgültig verweigert

- Entbehrlichkeit der Fristsetzung nach § 323 II Nr. 2 ?
= wenn der Schuldner die Leistung zu einem im Vertrag bestimmten Termin oder innerhalb einer bestimmten Frist nicht bewirkt und der Gläubiger im Vertrag den Fortbestand seines Leistungsinteresses an die Rechtzeitigkeit der Leistung gebunden hat

- Entbehrlichkeit der Fristsetzung nach § 323 II Nr. 3 ?
= wenn besondere Umstände vorliegen, die unter Abwägung der beiderseitigen Interessen den sofortigen Rücktritt rechtfertigen

- Entbehrlichkeit der Fristsetzung nach § 636 ?
= wenn der Unternehmer die Nacherfüllung gem. § 635 III verweigert hat
oder wenn die Nacherfüllung fehlgeschlagen ist
oder dem Besteller unzumutbar ist

5. Kein Ausschluss des Rücktritts ?

- Ausschluss nach § 323 VI Alt. 1 ?
= wenn der Gläubiger für den Rücktrittsumstand allein oder weit überwiegend verantwortlich ist

- Ausschluss nach § 323 VI Alt. 2 ?
= wenn der vom Schuldner nicht zu vertretende Rücktrittsumstand zu einer Zeit eintritt, in der der Gläubiger im Annahmeverzug ist; dies bestimmt sich nach §§ 293 ff

- Ausschluss nach § 323 V 2 ?
= bei nur unerheblichem Mangel

6. Keine Unwirksamkeit des Rücktritts, § 218 I 1 ?
= wenn der Nacherfüllungsanspruch verjährt ist

7. Rücktrittserklärung, § 349 ?

II. Anspruch untergegangen ?

- ***nach §§ 389, 387, 388 S. 1, 346 II***
  = der Rückzahlungsanspruch erlischt, wenn der Anspruchsgegner wirksam mit einer Gegenforderung aufrechnet (z.B. Wertersatzanspruch gemäß § 346 II); tatsächliche Aufrechnung ist erforderlich

III. Anspruch durchsetzbar ?

- ***§ 348 i.V.m. § 320*** **= Einrede der Zug-um-Zug-Erfüllung**
  = der Anspruchsgegner kann die Rückzahlung verweigern, bis der Anspruchsteller seinerseits der Rückgewährverpflichtung aus § 346 nachkommt; tatsächliche Geltendmachung der Einrede ist erforderlich

IV. Ergebnis

Rücktritt des Bestellers

- B gegen H <u>Rückzahlung</u> der Vergütung bei Unmöglichkeit der Nacherfüllung gemäß §§ 346 I, 634 Nr. 3 Alt. 1, 633, 326 V i.V.m. § 323 ?

I. Anspruch entstanden ?

1. Wirksamer Werkvertrag, § 631 und Abnahme des Werks, § 640 ?

2. <u>Sach</u>mangel, § 633 II ? → vgl. Seite 286

- Mangel nach § 633 II 1 ?

- Mangel nach § 633 II 2 Nr. 1 ?

- Mangel nach § 633 II 2 Nr. 2 ?

- Mangel nach § 633 II 3 ?

oder

2. <u>Rechts</u>mangel, § 633 III ? → vgl. Seite 286

3. Kein Ausschluss der Gewährleistung ? → vgl. Seite 286

- gesetzlicher Ausschluss ?

- nach § 640 II ?

- vertraglicher Ausschluss ?

- Unwirksamkeit des Ausschlusses nach § 639

- Unwirksamkeit des Ausschlusses nach § 309 Nr. 8 b)

4. Entbehrlichkeit der Fristsetzung gemäß § 326 V i.V.m. § 275 I bis III ?
= bei Leistungsbefreiung des Schuldners gemäß § 275 I bis III

- ***Leistungsbefreiung nach § 275 I***
  = der Anspruch auf die Leistung (Nacherfüllung) ist ausgeschlossen, wenn diese unmöglich ist

  a. Wirksames Schuldverhältnis ?

  b. Unmöglichkeit der <u>Nacherfüllung</u> (= Leistung) ?

- ***Leistungsbefreiung nach § 275 II***
  = der Anspruchsgegner kann die Leistung verweigern, wenn sie einen unangemessenen Aufwand erfordert

- ***Leistungsbefreiung nach § 275 III***
  = der Anspruchsgegner kann die Leistung verweigern, wenn sie ihm nicht zugemutet werden kann

5. Kein Ausschluss des Rücktritts ? → vgl. Seite 287

- ***Ausschluss nach § 326 V i.V.m. § 323 VI Alt. 1 ?***
- ***Ausschluss nach § 326 V i.V.m. § 323 VI Alt. 2 ?***
- ***Ausschluss nach § 326 V i.V.m. § 323 V 2 ?***

6. Keine Unwirksamkeit des Rücktritts, § 218 I 2 ?

- ***Unwirksamkeit nach § 218 i.V.m. § 275 I bis III ?***
  = wenn der Schuldner zwar nach § 275 I bis III nicht zu leisten braucht (= Unmöglichkeit der Nacherfüllung), der Nacherfüllungsanspruch – so er bestünde – jedoch verjährt wäre
- ***Unwirksamkeit nach § 218 i.V.m. § 635 III ?***
  = wenn der Schuldner zwar nach § 635 III nicht zu leisten braucht, der Nacherfüllungsanspruch – so er bestünde – jedoch verjährt wäre

7. Rücktrittserklärung, § 349 ?

II. Anspruch untergegangen ?

- ***nach §§ 389, 387, 388 S. 1, 346 II***
  = der Rückzahlungsanspruch erlischt, wenn der Anspruchsgegner wirksam mit einer Gegenforderung aufrechnet (z.B. Wertersatzanspruch gemäß § 346 II); tatsächliche Aufrechnung ist erforderlich

III. Anspruch durchsetzbar ?

- ***§ 348 i.V.m. § 320* = Einrede der Zug-um-Zug-Erfüllung**
  = der Anspruchsgegner kann die Rückzahlung verweigern, bis der Anspruchsteller seinerseits der Rückgewährverpflichtung aus § 346 nachkommt; tatsächliche Geltendmachung der Einrede ist erforderlich

IV. Ergebnis

Rücktritt des Bestellers

- H gegen B Zahlung der Vergütung gemäß § 631 I
(bei Rücktritt und möglicher Nacherfüllung)

I. Anspruch entstanden ?

- Wirksamer Werkvertrag, § 631 ?

II. Anspruch untergegangen ?

- **durch Rücktritt gemäß §§ 346 I, 634 Nr. 3 Alt. 1, 633, 323**
  (bei möglicher Nacherfüllung)
  = der Anspruch auf die Gegenleistung entfällt, wenn der Anspruchsgegner wirksam vom Vertrag zurückgetreten ist; er ist wirksam zurückgetreten, wenn die Voraussetzungen eines Rücktrittsrechts vorliegen und eine Rücktrittserklärung erfolgt ist

1. Wirksamer Werkvertrag, § 631 und Abnahme des Werks, § 640 ?

2. Sachmangel, § 633 II ?

- Mangel nach § 633 II 1 ?
= Werk weist nicht die vereinbarte Beschaffenheit auf

- Mangel nach § 633 II 2 Nr. 1 ?
= Werk eignet sich nicht für die nach dem Vertrag vorausgesetzte Verwendung

- Mangel nach § 633 II 2 Nr. 2 ?
= Werk eignet sich nicht für die gewöhnliche Verwendung oder weist nicht die übliche Beschaffenheit auf, die der Besteller erwarten darf

- Mangel nach § 633 II 3 ?
= Herstellung eines anderen Werks oder Herstellung in zu geringer Menge

oder

2. Rechtsmangel, § 633 III ?
= Werk ist nicht frei von Rechten Dritter

3. Kein Ausschluss der Gewährleistung ?

- gesetzlicher Ausschluss ?

- nach § 640 II ?
= bei Abnahme trotz Kenntnis des Bestellers vom Mangel; außer: Besteller behält sich Rechte wegen des Mangels vor

- vertraglicher Ausschluss ?
= grundsätzlich möglich

- Unwirksamkeit des Ausschlusses nach § 639
= arglistiges Verschweigen des Mangels oder Beschaffenheitsgarantie des Unternehmers

- Unwirksamkeit des Ausschlusses nach § 309 Nr. 8 b)
= bei Ausschluss in Allgemeinen Geschäftsbedingungen

4. Angemessene Fristbestimmung und Erfolglosigkeit, § 323 I
oder Entbehrlichkeit der Fristsetzung, § 323 II oder § 636 ?

- Angemessene Fristbestimmung und Erfolglosigkeit, § 323 I ?

- Angemessene Fristbestimmung ?

- Erfolglosigkeit der Fristbestimmung ?

oder

- Entbehrlichkeit der Fristsetzung , § 323 II oder § 636 ?

- Entbehrlichkeit der Fristsetzung nach § 323 II Nr. 1 ?
= wenn der Schuldner die Leistung ernsthaft und endgültig verweigert

- Entbehrlichkeit der Fristsetzung nach § 323 II Nr. 2 ?
= wenn der Schuldner die Leistung zu einem im Vertrag bestimmten Termin oder innerhalb einer bestimmten Frist nicht bewirkt und der Gläubiger im Vertrag den Fortbestand seines Leistungsinteresses an die Rechtzeitigkeit der Leistung gebunden hat

- Entbehrlichkeit der Fristsetzung nach § 323 II Nr. 3 ?
= wenn besondere Umstände vorliegen, die unter Abwägung der beiderseitigen Interessen den sofortigen Rücktritt rechtfertigen

- Entbehrlichkeit der Fristsetzung nach § 636 ?
= wenn der Unternehmer die Nacherfüllung gem. § 635 III verweigert hat
oder wenn die Nacherfüllung fehlgeschlagen ist
oder dem Besteller unzumutbar ist

5. Kein Ausschluss des Rücktritts ?

- Ausschluss nach § 323 VI Alt. 1 ?
= wenn der Gläubiger für den Rücktrittsumstand allein oder weit überwiegend verantwortlich ist

- ***Ausschluss nach § 323 VI Alt. 2 ?***
  = wenn der vom Schuldner nicht zu vertretende Rücktrittsumstand zu einer Zeit eintritt, in der der Gläubiger im Annahmeverzug ist; dies bestimmt sich nach §§ 293 ff

- ***Ausschluss nach § 323 V 2 ?***
  = bei nur unerheblichem Mangel

6. Keine Unwirksamkeit des Rücktritts, § 218 I 1 ?
= wenn der Nacherfüllungsanspruch verjährt ist

7. Rücktrittserklärung, § 349 ?

III. Anspruch durchsetzbar ?

IV. Ergebnis

Rücktritt des Bestellers

- H gegen B <u>Zahlung</u> der Vergütung gemäß § 631 I (bei Rücktritt und Unmöglichkeit der Nacherfüllung)

I. Anspruch entstanden ?

- Wirksamer Werkvertrag, § 631 ?

II. Anspruch untergegangen ?

- **durch Rücktritt gemäß §§ 346 I, 634 Nr. 3 Alt. 1, 633, 326 V i.V.m. § 323**
  (bei Unmöglichkeit der Nacherfüllung)
  = der Anspruch auf die Gegenleistung entfällt, wenn der Anspruchsgegner wirksam vom Vertrag zurückgetreten ist; er ist wirksam zurückgetreten, wenn die Voraussetzungen eines Rücktrittsrechts vorliegen <u>und</u> eine Rücktrittserklärung erfolgt ist

  1. Wirksamer Werkvertrag, § 631 und Abnahme des Werks, § 640 ?

  2. <u>Sach</u>mangel, § 633 II ? → vgl. Seite 291

  - ***Mangel nach § 633 II 1 ?***
  - ***Mangel nach § 633 II 2 Nr. 1 ?***
  - ***Mangel nach § 633 II 2 Nr. 2 ?***
  - ***Mangel nach § 633 II 3 ?***

  oder

  2. <u>Rechts</u>mangel, § 633 III ? → vgl. Seite 291

  3. Kein Ausschluss der Gewährleistung ? → vgl. Seite 291

  - ***gesetzlicher Ausschluss ?***
    - ***nach § 640 II ?***
  - ***vertraglicher Ausschluss ?***
    - ***Unwirksamkeit des Ausschlusses nach § 639***
    - ***Unwirksamkeit des Ausschlusses nach § 309 Nr. 8 b)***

4. Entbehrlichkeit der Fristsetzung gemäß § 326 V i.V.m. § 275 I bis III ?
= bei Leistungsbefreiung des Schuldners gemäß § 275 I bis III

- ***Leistungsbefreiung nach § 275 I***
  = der Anspruch auf die Leistung (Nacherfüllung) ist ausgeschlossen, wenn diese unmöglich ist

  a. Wirksames Schuldverhältnis ?

  b. Unmöglichkeit der <u>Nacherfüllung</u> (= Leistung) ?

- ***Leistungsbefreiung nach § 275 II***
  = der Anspruchsgegner kann die Leistung verweigern, wenn sie einen unangemessenen Aufwand erfordert

- ***Leistungsbefreiung nach § 275 III***
  = der Anspruchsgegner kann die Leistung verweigern, wenn sie ihm nicht zugemutet werden kann

5. Kein Ausschluss des Rücktritts ? → vgl. Seiten 292/293

- ***Ausschluss nach § 326 V i.V.m. § 323 VI Alt. 1 ?***
- ***Ausschluss nach § 326 V i.V.m. § 323 VI Alt. 2 ?***
- ***Ausschluss nach § 326 V i.V.m. § 323 V 2 ?***

6. Keine Unwirksamkeit des Rücktritts, § 218 I 2 ?

- ***Unwirksamkeit nach § 218 i.V.m. § 275 I bis III ?***
  = wenn der Schuldner zwar nach § 275 I bis III nicht zu leisten braucht (= Unmöglichkeit der Nacherfüllung), der Nacherfüllungsanspruch – so er bestünde – jedoch verjährt wäre

- ***Unwirksamkeit nach § 218 i.V.m. § 635 III ?***
  = wenn der Schuldner zwar nach § 635 III nicht zu leisten braucht, der Nacherfüllungsanspruch – so er bestünde – jedoch verjährt wäre

7. Rücktrittserklärung, § 349 ?

III. Anspruch durchsetzbar ?

IV. Ergebnis

Minderung des Bestellers

- *Minderungsrecht bei möglicher Nacherfüllung gemäß §§ 634 Nr. 3 Alt. 2, 638, 633, 323 ?*

I. Voraussetzungen des Minderungsrechts ?

1. Wirksamer Werkvertrag, § 631 und Abnahme des Werks, § 640 ?

2. Sachmangel, § 633 II ? → vgl. Seite 282

oder

2. Rechtsmangel, § 633 III ?

3. Kein Ausschluss der Gewährleistung ? → vgl. Seite 282

4. Angemessene Fristbestimmung und Erfolglosigkeit, § 323 I
oder Entbehrlichkeit der Fristsetzung, § 323 II oder § 636 ? → vgl. Seite 283

5. Kein Ausschluss der Minderung ?
→ vgl. Seite 283; außer § 323 V 2 (nur Rücktritt!)

6. Keine Unwirksamkeit der Minderung, § 218 I 1 ? → vgl. Seite 283

7. Umfang der Minderung

→ ***§ 638 III 1*** → ***Berechnung:***

$$\text{geminderte Vergütung} = \frac{\text{Wert des Werks mit Mangel} \times \text{vereinbarte Vergütung}}{\text{Wert des Werks ohne Mangel}}$$

II. Ergebnis

Minderung des Bestellers

- Minderungsrecht bei Unmöglichkeit der Nacherfüllung gemäß §§ 634 Nr. 3 Alt. 2, 638, 633, 326 V i.V.m. § 323 ?

I. Voraussetzungen des Minderungsrechts ?

1. Wirksamer Werkvertrag, § 631 und Abnahme des Werks, § 640 ?

2. Sachmangel, § 633 II ? → vgl. Seite 282
oder
2. Rechtsmangel, § 633 III ?

3. Kein Ausschluss der Gewährleistung ? → vgl. Seite 282

4. Entbehrlichkeit der Fristsetzung gemäß § 326 V i.V.m. § 275 I bis III ?
= bei Leistungsbefreiung des Schuldners gemäß § 275 I bis III
→ vgl. Seite 284

5. Kein Ausschluss der Minderung ?
→ vgl. Seite 283; außer § 323 V 2 (nur Rücktritt!)

6. Keine Unwirksamkeit der Minderung, § 218 I 2 ? → vgl. Seite 285

7. Umfang der Minderung

→ § 638 III 1 → Berechnung:

$$\text{geminderte Vergütung} = \frac{\text{Wert des Werks mit Mangel} \times \text{vereinbarte Vergütung}}{\text{Wert des Werks ohne Mangel}}$$

II. Ergebnis

Minderung des Bestellers

- B gegen H Teil-Rückzahlung der Vergütung
gemäß §§ 638 IV 1, 634 Nr. 3 Alt. 2, 638 I, III, 633, 323 ?
bei Minderung und möglicher Nacherfüllung

I. Anspruch entstanden ?

1. ***Wirksamer Werkvertrag, § 631 und Abnahme des Werks, § 640 ?***
2. ***Sachmangel, § 633 II ?*** → vgl. Seite 282

oder

2. ***Rechtsmangel, § 633 III ?***
3. ***Kein Ausschluss der Gewährleistung ?*** → vgl. Seite 282
4. ***Angemessene Fristbestimmung und Erfolglosigkeit, § 323 I oder Entbehrlichkeit der Fristsetzung, § 323 II oder § 636 ?***
   (bei möglicher Nacherfüllung) → vgl. Seite 283
5. ***Kein Ausschluss der Minderung ?***
   → vgl. Seite 283; außer § 323 V 2 (nur Rücktritt!)
6. ***Keine Unwirksamkeit der Minderung, § 218 I 1 ?*** → vgl. Seite 283
7. ***Minderungserklärung, § 638 I 1 ?***
8. ***Umfang der Minderung → § 638 III 1 → Berechnung*** → vgl. Seite 296

II. Anspruch untergegangen ?

- ***nach §§ 389, 387, 388 S. 1, 346 II***
  = der Teil-Rückzahlungsanspruch erlischt, wenn und soweit der Anspruchsgegner wirksam mit einer Gegenforderung aufrechnet; tatsächliche Aufrechnung ist erforderlich

III. Anspruch durchsetzbar ?

- ***§ 348 i.V.m. § 320*** **= Einrede der Zug-um-Zug-Erfüllung**
  = der Anspruchsgegner kann die Rückzahlung verweigern, bis der Anspruchsteller seinerseits der Rückgewährverpflichtung aus § 346 (Nutzungen) nachkommt; tatsächliche Geltendmachung der Einrede ist erforderlich

IV. Ergebnis

Minderung des Bestellers

- B gegen H Teil-Rückzahlung der Vergütung gem. §§ 638 IV 1, 634 Nr. 3 Alt. 2, 638 I, III, 633, 326 V i.V.m. § 323 ? bei Minderung und Unmöglichkeit der Nacherfüllung

I. Anspruch entstanden ?

1. ***Wirksamer Werkvertrag, § 631 und Abnahme des Werks, § 640 ?***
2. ***Sachmangel, § 633 II ?*** → vgl. Seite 282

oder

2. ***Rechtsmangel, § 633 III ?***
3. ***Kein Ausschluss der Gewährleistung ?*** → vgl. Seite 282
4. ***Entbehrlichkeit der Fristsetzung gemäß § 326 V i.V.m. § 275 I bis III ?***
   (bei Unmöglichkeit der Nacherfüllung) → vgl. Seite 284
5. ***Kein Ausschluss der Minderung ?***
   → vgl. Seite 283; außer § 323 V 2 (nur Rücktritt!)
6. ***Keine Unwirksamkeit der Minderung, § 218 I 2 ?*** → vgl. Seite 285
7. ***Minderungserklärung, § 638 I 1 ?***
8. ***Umfang der Minderung → § 638 III 1 → Berechnung*** → vgl. Seite 297

II. Anspruch untergegangen ?

- ***nach §§ 389, 387, 388 S. 1, 346 II***
  = der Teil-Rückzahlungsanspruch erlischt, wenn und soweit der Anspruchsgegner wirksam mit einer Gegenforderung aufrechnet; tatsächliche Aufrechnung ist erforderlich

III. Anspruch durchsetzbar ?

- ***§ 348 i.V.m. § 320*** **= Einrede der Zug-um-Zug-Erfüllung**
  = der Anspruchsgegner kann die Rückzahlung verweigern, bis der Anspruchsteller seinerseits der Rückgewährverpflichtung aus § 346 (Nutzungen) nachkommt; tatsächliche Geltendmachung der Einrede ist erforderlich

IV. Ergebnis

Minderung des Bestellers

- H gegen B Zahlung des Vergütung gemäß § 631 I
(bei Minderung und möglicher Nacherfüllung)

I. Anspruch entstanden ?

- Wirksamer Werkvertrag, § 631 ?

II. Anspruch (teilweise) untergegangen ?

- **durch Minderung gemäß §§ 638 IV 1, 634 Nr. 3 Alt. 2, 638 I, III, 633, 323**
  (bei möglicher Nacherfüllung)
  = der Anspruch auf die Gegenleistung entfällt teilweise, wenn der Anspruchsgegner wirksam gemindert hat; er hat wirksam gemindert, wenn die Voraussetzungen eines Minderungsrechts vorliegen und eine Minderungserklärung erfolgt ist

1. Wirksamer Werkvertrag, § 631 und Abnahme des Werks, § 640 ?

2. Sachmangel, § 633 II ? → vgl. Seite 282

oder

2. Rechtsmangel, § 633 III ?

3. Kein Ausschluss der Gewährleistung ? → vgl. Seite 282

4. Angemessene Fristbestimmung und Erfolglosigkeit, § 323 I
oder Entbehrlichkeit der Fristsetzung, § 323 II oder § 636 ?
(bei möglicher Nacherfüllung) → vgl. Seite 283

5. Kein Ausschluss der Minderung ?
→ vgl. Seite 283; außer § 323 V 2 (nur Rücktritt!)

6. Keine Unwirksamkeit der Minderung, § 218 I 1 ? → vgl. Seite 283

7. Minderungserklärung, § 638 I 1 ?

8. Umfang der Minderung → § 638 III 1 → Berechnung → vgl. Seite 296

III. Anspruch durchsetzbar ?

IV. Ergebnis

Minderung des Bestellers

- H gegen B Zahlung des Vergütung gemäß § 631 I (bei Minderung und Unmöglichkeit der Nacherfüllung)

I. Anspruch entstanden ?

- Wirksamer Werkvertrag, § 631 ?

II. Anspruch (teilweise) untergegangen ?

- **durch Minderung gemäß §§ 638 IV 1, 634 Nr. 3 Alt. 2, 638 I, III, 633, 326 V i.V.m. § 323** (bei Unmöglichkeit der Nacherfüllung)
  = der Anspruch auf die Gegenleistung entfällt teilweise, wenn der Anspruchsgegner wirksam gemindert hat; er hat wirksam gemindert, wenn die Voraussetzungen eines Minderungsrechts vorliegen und eine Minderungserklärung erfolgt ist

1. Wirksamer Werkvertrag, § 631 und Abnahme des Werks, § 640 ?

2. Sachmangel, § 633 II ? → vgl. Seite 282

oder

2. Rechtsmangel, § 633 III ?

3. Kein Ausschluss der Gewährleistung ? → vgl. Seite 282

4. Entbehrlichkeit der Fristsetzung gemäß § 326 V i.V.m. § 275 I bis III ?
(bei Unmöglichkeit der Nacherfüllung) → vgl. Seite 284

5. Kein Ausschluss der Minderung ?
→ vgl. Seite 283; außer § 323 V 2 (nur Rücktritt!)

6. Keine Unwirksamkeit der Minderung, § 218 I 2 ? → vgl. Seite 285

7. Minderungserklärung, § 638 I 1 ?

8. Umfang der Minderung → § 638 III 1 → Berechnung → vgl. Seite 297

III. Anspruch durchsetzbar ?

IV. Ergebnis

Anspruch auf Schadensersatz

Achtung:
Die folgenden drei Schemata beziehen sich auf ***Schadensersatz statt der Leistung***. Es handelt sich hierbei um den sogenannten „kleinen" Schadensersatzanspruch, in dem „nur" Schadensersatz verlangt wird.

Wenn der Gläubiger aber Schadensersatz und Rückzahlung der Vergütung verlangt, macht er ***Schadensersatz statt der ganzen Leistung*** geltend. Es handelt sich hierbei um den sogenannten „großen" Schadensersatzanspruch. Bei allen Varianten des „großen" Schadensersatzanspruchs ist ***zusätzlich*** zu den Voraussetzungen des „kleinen" Schadensersatzanspruchs im Rahmen des Prüfungspunktes „Anspruch entstanden?" die ***„Erheblichkeit der Pflichtverletzung"*** zu prüfen. Das ergibt sich aus § 281 I 3 direkt bzw. aus § 311a II 3 i.V.m. § 281 I 3.

Wenn der Gläubiger Schadensersatz wegen eines Mangelfolgeschadens aufgrund eines mangelhaften Werks verlangt, macht er ***Schadensersatz neben der Leistung*** geltend. Aus ***Fall 40*** könnt ihr den Aufbau eines solchen Anspruchs ersehen. Er beschränkt sich auf die Prüfung der Voraussetzungen des § 280 I.

Anspruch auf Schadensersatz

- B gegen H Schadensersatz statt der Leistung bei möglicher Nacherfüllung gemäß §§ 634 Nr. 4, 633, 280 I, III, 281 I 1 Alt. 2 ?

I. Anspruch entstanden ?

1. Wirksamer Werkvertrag, § 631 und Abnahme des Werks, § 640 ?

2. Voraussetzungen der §§ 280 III, 281 I 1 Alt. 2 ?
= nicht wie geschuldet erbrachte Leistung (= mangelhafte Leistung) und erfolglose Fristbestimmung oder Entbehrlichkeit der Fristsetzung

a. Vereinbarte Leistung = mangelfreie Herstellung ... (§ 633 I)

b. Sachmangel, § 633 II (= nicht wie geschuldet erbrachte Leistung) ?
→ vgl. Seite 282

- Mangel nach § 633 II 1 ?

- Mangel nach § 633 II 2 Nr. 1 ?

- Mangel nach § 633 II 2 Nr. 2 ?

- Mangel nach § 633 II 3 ?

oder

b. Rechtsmangel, § 633 III (= nicht wie geschuldet erbrachte Leistung) ?

c. Kein Ausschluss der Gewährleistung ? → vgl. Seite 283

d. Angemessene Fristbestimmung und Erfolglosigkeit, § 281 I 1 oder Entbehrlichkeit der Fristsetzung, § 281 II oder § 636 ?
→ vgl. Seite 283

- Angemessene Fristbestimmung und Erfolglosigkeit, § 281 I 1 ?

- Angemessene Fristbestimmung ?

- Erfolglosigkeit der Fristbestimmung ?

oder

- Entbehrlichkeit der Fristsetzung , § 281 II oder § 440 ?

- Entbehrlichkeit der Fristsetzung nach § 281 II Alt. 1 ?
= wenn der Schuldner die Leistung ernsthaft und endgültig verweigert

- Entbehrlichkeit der Fristsetzung nach § 281 II Alt. 2 ?
= wenn besondere Umstände vorliegen, die unter Abwägung der beiderseitigen Interessen den sofortigen Rücktritt rechtfertigen

- Entbehrlichkeit der Fristsetzung nach § 636 ?
= wenn der Unternehmer die Nacherfüllung gemäß § 635 III verweigert hat
oder wenn die Nacherfüllung fehlgeschlagen ist
oder dem Besteller unzumutbar ist

3. Voraussetzungen des § 280 I ?

a. Verletzung einer Pflicht aus einem Schuldverhältnis, § 280 I 1 ?
= Leistung eines nicht mangelfreien Werks (s.o.)

b. Vertretenmüssen des Schuldners, § 280 I 2 ?
= wird angenommen, wenn sich der Schuldner nicht exkulpieren kann

c. (auf der Pflichtverletzung beruhender) Schaden ?

II. Anspruch untergegangen ?

III. Anspruch durchsetzbar ?

- ***§ 634 a* = Verjährungseinrede**

IV. Ergebnis

Anspruch auf Schadensersatz

- B gegen H Schadensersatz statt der Leistung bei nachträglich unmöglicher Nacherfüllung gemäß §§ 634 Nr. 4, 633, 280 I, III, 283 S. 1 ?

I. Anspruch entstanden ?

1. Wirksamer Werkvertrag, § 631 und Abnahme des Werks, § 640 ?

2. Sachmangel, § 633 II ? oder ***2. Rechtsmangel, § 633 III ?*** → vgl. Seite 282

3. Kein Ausschluss der Gewährleistung ? → vgl. Seite 283

4. Voraussetzungen der §§ 280 III, 283 S. 1 i.V.m. § 275 I bis III ? → vgl. Seite 284

- ***Leistungsbefreiung nach § 275 I***

  a. Unmöglichkeit der Nacherfüllung, § 275 I ?

  b. Nachträgliche Unmöglichkeit ?

- ***Leistungsbefreiung nach § 275 II***
  = der Anspruchsgegner kann die Leistung verweigern, wenn sie einen unangemessenen Aufwand erfordert

- ***Leistungsbefreiung nach § 275 III***
  = der Anspruchsgegner kann die Leistung verweigern, wenn sie ihm nicht zugemutet werden kann

5. Voraussetzungen des § 280 I ?

a. Verletzung einer Pflicht aus einem Schuldverhältnis, § 280 I 1 ?
= Leistung eines nicht mangelfreien Werks (s.o.)

b. Vertretenmüssen des Schuldners, § 280 I 2 ?
= wird angenommen, wenn sich der Schuldner nicht exkulpieren kann

c. (auf der Pflichtverletzung beruhender) Schaden ?

II. Anspruch untergegangen ?

III. Anspruch durchsetzbar ?

- ***§ 634 a* = Verjährungseinrede**

IV. Ergebnis

Anspruch auf Schadensersatz

- B gegen H Schadensersatz statt der Leistung bei anfänglich unmöglicher Nacherfüllung gemäß §§ 634 Nr. 4, 633, 311a II ?

I. Anspruch entstanden ?

1. Wirksamer Werkvertrag, § 631 und Abnahme des Werks, § 640 ?
→ ein etwaiges Leistungshindernis, das schon bei Vertragsschluss vorgelegen hat, steht gemäß § 311a I der Wirksamkeit des Vertrags nicht entgegen

2. Sachmangel, § 633 II ? oder ***2. Rechtsmangel, § 633 III ?*** → vgl. Seite 282

3. Kein Ausschluss der Gewährleistung ? → vgl. Seite 282

4. Leistungsbefreiung des Schuldners, § 311a I i.V.m. § 275 I bis III ?
→ vgl. Seite 284

- ***Leistungsbefreiung nach § 275 I***

  a. Unmöglichkeit der Nacherfüllung, § 275 I ?

  b. Anfängliche Unmöglichkeit, § 311a I ?

- ***Leistungsbefreiung nach § 275 II***
  = der Anspruchsgegner kann die Leistung verweigern, wenn sie einen unangemessenen Aufwand erfordert

- ***Leistungsbefreiung nach § 275 III***
  = der Anspruchsgegner kann die Leistung verweigern, wenn sie ihm nicht zugemutet werden kann

5. Kenntnis des Leistungshindernisses bei Vertragsschluss oder Vertretenmüssen der Unkenntnis, § 311a II 2 ?
= wird angenommen, wenn sich der Schuldner nicht exkulpieren kann

6. Schaden ?

II. Anspruch untergegangen ?

III. Anspruch durchsetzbar ?

- ***§ 634 a* = Verjährungseinrede**

IV. Ergebnis

Anspruch auf Aufwendungsersatz

- B gegen H Aufwendungsersatz
bei <u>möglicher</u> Nacherfüllung
gemäß §§ 634 Nr. 4, 280 I, III, 281 I 1 Alt. 2, 284 ?

I. Anspruch entstanden ?

1. Anspruch auf Schadensersatz statt der Leistung (außer Schaden) ?

!!! detailliert prüfen, wenn nicht schon vorher geprüft → vgl. Seiten302/303*!!!*

a. Wirksamer Werkvertrag, § 631 und Abnahme des Werks, § 640 ?

b. Voraussetzungen der §§ 280 III, 281 I 1 Alt. 2 ?
= nicht wie geschuldet erbrachte Leistung (= mangelhafte Leistung)
<u>und</u> erfolglose Fristbestimmung oder Entbehrlichkeit der Fristsetzung

c. Voraussetzungen des § 280 I ?

aa. Verletzung einer Pflicht aus einem Schuldverhältnis, § 280 I 1 ?
= Leistung einer nicht mangelfreien Sache (s.o.)

bb. Vertretenmüssen des Schuldners, § 280 I 2 ?
= wird angenommen, wenn sich der Schuldner nicht exkulpieren kann

2. Aufwendungen gemäß § 284 ?

a. Aufwendungen ?
= freiwilliges Vermögensopfer

b. billigerweise im Vertrauen auf den Erhalt der Leistung ?

3. Kein Ausschluss des Aufwendungsersatzanspruchs gemäß § 284 a.E. ?

II. Anspruch untergegangen ?

III. Anspruch durchsetzbar ?

- *§ 634 a* = **Verjährungseinrede**

IV. Ergebnis

Anspruch auf Aufwendungsersatz

- B gegen H Aufwendungsersatz bei nachträglich unmöglicher Nacherfüllung gemäß §§ 634 Nr. 4, 280 I, III, 283 S. 1, 284 ?

I. Anspruch entstanden ?

1. Anspruch auf Schadensersatz statt der Leistung (außer Schaden) ?

!!! detailliert prüfen, wenn nicht schon vorher geprüft → vgl. Seite 304*!!!*

a. Wirksamer Werkvertrag, § 631 und Abnahme des Werks, § 640 ?

b. Sachmangel, § 633 II ? oder ***2. Rechtsmangel, § 633 III ?***

c. Kein Ausschluss der Gewährleistung ?

d. Voraussetzungen der §§ 280 III, 283 S. 1 i.V.m. § 275 I bis III ?

- ***Leistungsbefreiung nach § 275 I***

  aa. Unmöglichkeit der Nacherfüllung, § 275 I ?

  bb. Nachträgliche Unmöglichkeit ?

- ***Leistungsbefreiung nach § 275 II***
  = der Anspruchsgegner kann die Leistung verweigern, wenn sie einen unangemessenen Aufwand erfordert

- ***Leistungsbefreiung nach § 275 III***
  = der Anspruchsgegner kann die Leistung verweigern, wenn sie ihm nicht zugemutet werden kann

e. Voraussetzungen des § 280 I ?

aa. Verletzung einer Pflicht aus einem Schuldverhältnis, § 280 I 1 ?
= Leistung eines nicht mangelfreien Werks (s.o.)

bb. Vertretenmüssen des Schuldners, § 280 I 2 ?
= wird angenommen, wenn sich der Schuldner nicht exkulpieren kann

2. Aufwendungen gemäß § 284 ?

a. Aufwendungen ?
= freiwilliges Vermögensopfer

b. billigerweise im Vertrauen auf den Erhalt der Leistung ?

3. Kein Ausschluss des Aufwendungsersatzanspruchs gemäß § 284 a.E. ?

II. Anspruch untergegangen ?

III. Anspruch durchsetzbar ?

- *§ 634 a* = Verjährungseinrede

IV. Ergebnis

Anspruch auf Aufwendungsersatz

- B gegen H Aufwendungsersatz
bei anfänglich unmöglicher Nacherfüllung
gemäß §§ 634 Nr. 4, 311a II, 284 ?

I. Anspruch entstanden ?

1. Anspruch auf Schadensersatz statt der Leistung (außer Schaden) ?

!!! detailliert prüfen, wenn nicht schon vorher geprüft → vgl. Seite 305*!!!*

a. Wirksamer Werkvertrag, § 631 und Abnahme des Werks, § 640 ?
→ ein etwaiges Leistungshindernis, das schon bei Vertragsschluss vorgelegen hat, steht gemäß § 311a I der Wirksamkeit des Vertrags nicht entgegen

b. Sachmangel, § 633 II ? oder ***2. Rechtsmangel, § 633 III ?***

c. Kein Ausschluss der Gewährleistung ?

d. Voraussetzungen der § 311a i.V.m. § 275 I bis III ?

- ***Leistungsbefreiung nach § 275 I***

  aa. Unmöglichkeit der Nacherfüllung, § 275 I ?

  bb. Anfängliche Unmöglichkeit, § 311a ?

- ***Leistungsbefreiung nach § 275 II***
  = der Anspruchsgegner kann die Leistung verweigern, wenn sie einen unangemessenen Aufwand erfordert

- ***Leistungsbefreiung nach § 275 III***
  = der Anspruchsgegner kann die Leistung verweigern, wenn sie ihm nicht zugemutet werden kann

e. Kenntnis des Leistungshindernisses bei Vertragsschluss oder Vertretenmüssen der Unkenntnis, § 311a II 2 ?
= wird angenommen, wenn sich der Schuldner nicht exkulpieren kann

2. Aufwendungen gemäß § 284 ?

a. Aufwendungen ?
= freiwilliges Vermögensopfer

b. billigerweise im Vertrauen auf den Erhalt der Leistung ?

3. Kein Ausschluss des Aufwendungsersatzanspruchs gemäß § 284 a.E. ?

II. Anspruch untergegangen ?

III. Anspruch durchsetzbar ?

- *§ 634 a* = Verjährungseinrede

IV. Ergebnis

Gesetzesverzeichnis

Das Verzeichnis bezieht sich auf <u>Fallziffern</u>.
Hervorhebungen weisen auf Fundstellen im jeweiligen Prüfungsobersatz hin !!!

BGB

StGB

Das Verzeichnis bezieht sich auf die jeweiligen <u>Seitenzahlen</u> !!!

A

B

D

E

F

Sachverzeichnis

Das Verzeichnis bezieht sich auf die jeweiligen <u>Seitenzahlen</u> !!!

Das Verzeichnis bezieht sich auf die jeweiligen Seitenzahlen !!!

N

O

P

R

S

T

U

Sachverzeichnis

Das Verzeichnis bezieht sich auf die jeweiligen <u>Seitenzahlen</u> !!!

V

W

Z

Ask your local dealer ...

Bisher im Fall-Fallag erschienen:

Dräger / Rumpf-Rometsch
Das Recht
Ein Basisbuch
Arbeitstechnik, Sprache,
Grundbegriffe, Fallbeispiele
Gratis-Download!!!
unter www.fall-fallag.de

Rumpf-Rometsch
Die Fälle
BGB AT
Allgemeiner Teil

Rumpf-Rometsch
Die Fälle
BGB Schuldrecht AT
Unmöglichkeit, Verzug,
Pflichtverletzung vor/im Vertrag

Rumpf-Rometsch
Die Fälle
BGB Schuldrecht BT 1
Mängel im Kaufrecht und in
anderen Rechtsbereichen

Rumpf-Rometsch / Dräger
Die Fälle
BGB Schuldrecht BT 2
GoA, Deliktsrecht und
Bereicherungsrecht

Rumpf-Rometsch / Dräger
Die Fälle
BGB Sachenrecht 1
Mobiliarsachenrecht
Grundlagen

Rumpf-Rometsch
Die Fälle
BGB Sachenrecht 2
Immobiliarsachenrecht
Grundlagen

Dräger / Rumpf-Rometsch
Die Fälle
Strafrecht AT
Allgemeiner Teil

Dräger / Rumpf-Rometsch
Die Fälle
Strafrecht BT 1
Nichtvermögensdelikte

Dräger / Rumpf-Rometsch
Die Fälle
Strafrecht BT 2
Vermögensdelikte

Rumpf-Rometsch u.a
Die Fälle
Verwaltungsrecht
Klagearten und
Allgemeines Verwaltungsrecht

Rumpf-Rometsch
Die Fälle
Grundrechte
Verfassungsbeschwerde
und mehr

Dräger / Rumpf-Rometsch
Die Fälle
Staatsrecht
Verfahren vor dem Bundes-
verfassungsgericht und
Staatsorganisationsrecht

und für Referendare ...

Dräger / Rumpf-Rometsch
Das Urteil
in Zivilsachen
Urteilstechnik und Urteilsstil
Arbeit am Sachverhalt
Übungen
Verständnisfragen
Rubrum, Tenor, Tatbestand,
Entscheidungsgründe

Die jeweils aktuellen Auflagen, ISBN, Preise, Neuerscheinungen, Infos, Leseproben und und und ...

www.fall-fallag.de